21世纪高职高专规划教材·公共基础系列

现代服务礼仪
（修订本）

张岩松　邹春霞　马丽萍　**主　编**
付　强　徐莎莎　车秀英　**副主编**

清华大学出版社
北京交通大学出版社
·北京·

内 容 简 介

本书作为反映高职教育教学改革最新理念的新型实用教材,是工作过程导向课程开发的一次有益尝试。它根据各行业服务工作中所涉及的礼仪活动确定了设计服务人员服务形象礼仪、基础服务礼仪、行业服务礼仪和服务行业从业人员形体训练四大学习领域,每个学习领域包含若干个学习情境,共计 13 个学习情境,每个学习情境下设若干个任务。每个任务包含情境导入、任务分析、知识储备、实践训练、自主学习、评价考核六个部分。让学生在做中学,在学中做,学做结合,切实提高服务实践操作能力。本书附录部分还提供了涉外礼仪规范、三大宗教礼仪、中国民俗礼仪、国外民俗风情及常用礼仪资料等,便于服务行业从业人员使用和参考。

本书可作为高职高专院校相关专业学生的礼仪教材,还可作为服务行业从业人员提高礼仪素养和交际能力的自我训练手册,它也是各级各类组织进行服务礼仪岗位培训的创新型教材。

本书封面贴有清华大学出版社防伪标签,无标签者不得销售。
版权所有,侵权必究。侵权举报电话: 010-62782989 13501256678 13801310933

图书在版编目(CIP)数据

现代服务礼仪/张岩松,邹春霞,马丽萍主编. —北京:清华大学出版社;北京交通大学出版社,2009.12(2019.1 重印)
(21 世纪高职高专规划教材·公共基础系列)
ISBN 978-7-81123-989-8

Ⅰ. ①现… Ⅱ. ①张… ②邹… ③马… Ⅲ. ①服务业-礼仪-高等学校:技术学校-教材 Ⅳ. ①F719

中国版本图书馆 CIP 数据核字(2009)第 220129 号

责任编辑:郭东青
出版发行:清华大学出版社　邮编:100084　电话:010-62776969
　　　　　北京交通大学出版社　邮编:100044　电话:010-51686414
印　刷　者:北京鑫海金澳胶印有限公司
经　　　销:全国新华书店
开　　　本:185 mm×230 mm　印张:21.75　字数:534 千字
版　　　次:2010 年 1 月第 1 版　2019 年 1 月第 1 次修订　2019 年 1 月第 5 次印刷
书　　　号:ISBN 978-7-81123-989-8/F·576
印　　　数:11 001～13 000 册　定价:49.00 元

本书如有质量问题,请向北京交通大学出版社质监组反映。对您的意见和批评,我们表示欢迎和感谢。
投诉电话:010-51686043,51686008;传真:010-62225406;E-mail:press@bjtu.edu.cn。

出 版 说 明

高职高专教育是我国高等教育的重要组成部分，它的根本任务是培养生产、建设、管理和服务第一线需要的德、智、体、美全面发展的高等技术应用型专门人才，所培养的学生在掌握必要的基础理论和专业知识的基础上，应重点掌握从事本专业领域实际工作的基本知识和职业技能，因而与其对应的教材也必须有自己的体系和特色。

为了适应我国高职高专教育发展及其对教学改革和教材建设的需要，在教育部的指导下，我们在全国范围内组织并成立了"21 世纪高职高专教育教材研究与编审委员会"（以下简称"教材研究与编审委员会"）。"教材研究与编审委员会"的成员单位皆为教学改革成效较大、办学特色鲜明、办学实力强的高等专科学校、高等职业学校、成人高等学校及高等院校主办的二级职业技术学院，其中一些学校是国家重点建设的示范性职业技术学院。

为了保证规划教材的出版质量，"教材研究与编审委员会"在全国范围内选聘"21 世纪高职高专规划教材编审委员会"（以下简称"教材编审委员会"）成员和征集教材，并要求"教材编审委员会"成员和规划教材的编著者必须是从事高职高专教学第一线的优秀教师或生产第一线的专家。"教材编审委员会"组织各专业的专家、教授对所征集的教材进行评选，对所列选教材进行审定。

目前，"教材研究与编审委员会"计划用 2～3 年的时间出版各类高职高专教材 200 种，范围覆盖计算机应用、电子电气、财会与管理、商务英语等专业的主要课程。此次规划教材全部按教育部制定的"高职高专教育基础课程教学基本要求"编写，其中部分教材是教育部《新世纪高职高专教育人才培养模式和教学内容体系改革与建设项目计划》的研究成果。此次规划教材按照突出应用性、实践性和针对性的原则编写并重组系列课程教材结构，力求反映高职高专课程和教学内容体系改革方向；反映当前教学的新内容，突出基础理论知识的应用和实践技能的培养；适应"实践的要求和岗位的需要"，不依照"学科"体系，即贴近岗位，淡化学科；在兼顾理论和实践内容的同时，避免"全"而"深"的面面俱到，基础理论以应用为目的，以必要、够用为度；尽量体现新知识、新技术、新工艺、新方法，以利于学生综合素质的形成和科学思维方式与创新能力的培养。

此外，为了使规划教材更具广泛性、科学性、先进性和代表性，我们希望全国从事高职高专教育的院校能够积极加入到"教材研究与编审委员会"中来，推荐"教材编审委员会"成员和有特色的、有创新的教材。同时，希望将教学实践中的意见与建议，及时反馈给我们，以便对已出版的教材不断修订、完善，不断提高教材质量，完善教材体系，为社会奉献更多更新的与高职高专教育配套的高质量教材。

此次所有规划教材由全国重点大学出版社——清华大学出版社与北京交通大学出版社联合出版，适合于各类高等专科学校、高等职业学校、成人高等学校及高等院校主办的二级职业技术学院使用。

21 世纪高职高专教育教材研究与编审委员会

2010 年 1 月

前　言

当今，现代服务业在国民经济中的重要性日益凸显，推动服务业的发展关键在于服务行业从业人员的素质，而服务行业从业人员的素质集中表现在对服务礼仪规范的遵守和履行上。有形、规范、系统的服务礼仪，可以树立服务行业从业人员和企业良好的形象，能让服务行业从业人员在和客户交往中赢得理解、好感和信任。鉴于此，我们编写了《现代服务礼仪》教材。

本教材作为反映高职教育教学改革最新理念的新型实用教材，是以工作过程为导向的高职课程开发的一次有益尝试，是基于行动导向的情境化教学模式的有益探索。情境化教学模式以学习情境为载体，关注学生的兴趣和经验，具有鲜活的魅力，可以充分拓展学生的创造性思维空间和实践空间。同时针对不同的情境，采用独立探索、协作学习、教师辅导、案例收集、企业参观、技能训练、角色扮演、讲座、报告撰写及答辩等方式，教学多以小组进行，强调合作和交流，培养学生运用方法的能力和社会活动能力。教师从知识传授者的角色转变为学习过程的组织者、咨询者、指导者和评估者，最终将学习的压力传递到学生身上，实现由教学过程向学生自觉学习过程的转化。

鉴于以上理念，我们根据各行业服务工作中所涉及的礼仪活动确定了服务人员形象礼仪、基础服务礼仪、行业服务礼仪和服务行业从业人员形体训练四大学习领域，每个学习领域包含若干学习情境，共计13个学习情境，每个学习情境下设若干个任务。每个任务一般按照情境导入、任务分析、知识储备、实践训练、自主学习、评价考核六个部分进行编写。"情境导入"提出在服务工作中需要面对的服务礼仪工作和问题；"任务分析"对急需解决的服务礼仪任务进行分析，提出教学需要面对的具体问题；"知识储备"旨在让学生在教师的指导下掌握基本的服务礼仪知识，以便于下一步操作训练；"实践训练"是教师课堂教学的主要内容，通过设计教学情境，模拟角色扮演等方式方法，让学生在做中学，在学中做，学做结合，不断提高其实践操作能力；"自主学习"包括案例分析、自我操作练习等各类型题，方便实用，目的是让学生深化对服务礼仪知识的把握，将服务礼仪规范不断内化为行为习惯，塑造出全新的自我；"评价考核"旨在全面检验学生对本"任务"要求的应知应会知识、专业能力、通用能力和工作态度等目标的实现情况。本书形体训练部分按照"任务分析"、"训练指南"和"课后练习"组织编写，并且配备了生动的动作图片，便于教师指导学生进行练习，举一反三。本书附录部分还提供了涉外礼仪规范、三大宗教礼俗、中国民俗礼仪、国外民俗风情及常用礼仪资料等，便于服务行业从业人员使用和参考。

本书由张岩松、邹春霞、马丽萍任主编，付强、徐莎莎、车秀英任副主编，具体分工为：张岩松负责全书体例和框架设计并编写绪论、学习情境 10 和附录 E；邹春霞编写学习情境 4、学习情境 6、学习情境 9 及附录 D；马丽萍编写学习情境 1、学习情境 2、学习情境 8 及附录 B 和附录 C；徐莎莎编写学习情境 5 和附录 A；付强编写学习情境 3、学习情境 11、学习情境 12 和学习情境 13；车秀英编写学习情境 7。包红君、张昀、王海鉴、刘桂华、徐东闽、齐迹、佟昌杰、王洪亮、于凯、周宏波、唐成人、房红怡、李健、黄岚、刘晶、刘晓燕、蔡颖颖、马乐、穆秀英等完成了资料收集、文字录入工作，郭颖、徐娜、武萌萌、宗峰、吴佳霖等完成了图片拍摄和制作工作，车秀英、张岩松进行了全书的文字校对与统稿工作。

本书可作为高职高专院校相关专业学生的礼仪教材，还可作为服务行业从业人员提高礼仪素养和交际能力的自我训练手册，它也是进行服务行业从业人员礼仪岗位培训的创新型教材。本教材克服了礼仪传统教材重理论轻实践、重普及轻操作的缺点，相信它必将受到广大师生和相关人员的欢迎。

本书在编写过程中，参考了大量报刊文献，吸收了国内学者最新的研究成果，在此向各位专家、学者表示衷心的感谢。

本书是尝试之作，对书中的疏漏之处，敬请读者不吝赐教。

编　者
2009 年岁末

目　　录

绪论 ·· 1
 0.1　什么是礼仪 ·· 1
 0.2　服务礼仪的含义与特征 ·· 5
 0.3　服务礼仪的要求 ·· 6
 0.4　服务礼仪修养 ··· 10

学习领域Ⅰ　服务形象礼仪

学习情境1　仪容设计 ··· 17
 任务1　良好卫生习惯的养成 ·· 17
 任务2　容貌的修饰 ·· 22
学习情境2　服饰选配 ··· 35
 任务1　规范的着装 ·· 35
 任务2　饰物的选配 ·· 43
 任务3　常规用品的使用 ·· 50
学习情境3　仪态设计 ··· 57
 任务1　体态 ··· 57
 任务2　表情 ··· 67
 任务3　手势 ··· 75

学习领域Ⅱ　基础服务礼仪

学习情境4　服务日常交往 ·· 87
 任务1　见面的礼节 ·· 87
 任务2　礼物馈赠 ··· 96
 任务3　拜访与接待 ··· 103
 任务4　顾客投诉处理 ·· 110
学习情境5　服务语言礼仪 ·· 117

任务1　服务语言应用 …………………………………………………………… 117
　　任务2　交谈 …………………………………………………………………… 126
　　任务3　电话沟通 ……………………………………………………………… 136

学习领域Ⅲ　行业服务礼仪

学习情境6　酒店服务礼仪 ……………………………………………………… 147
　　任务1　前厅服务礼仪 ………………………………………………………… 147
　　任务2　客房服务礼仪 ………………………………………………………… 154
　　任务3　餐厅服务礼仪 ………………………………………………………… 160
　　任务4　康乐服务礼仪 ………………………………………………………… 166

学习情境7　旅游服务礼仪 ……………………………………………………… 171
　　任务1　旅行社接待销售礼仪 ………………………………………………… 171
　　任务2　导游员接待服务礼仪 ………………………………………………… 178

学习情境8　会展服务礼仪 ……………………………………………………… 188
　　任务1　会议礼仪 ……………………………………………………………… 188
　　任务2　展览会礼仪 …………………………………………………………… 201

学习情境9　银行服务礼仪 ……………………………………………………… 209
　　任务1　银行服务规范 ………………………………………………………… 209
　　任务2　银行岗位服务礼仪 …………………………………………………… 216

学习情境10　护理服务礼仪 ……………………………………………………… 221
　　任务1　日常工作礼仪 ………………………………………………………… 221
　　任务2　护患沟通礼仪 ………………………………………………………… 230

学习领域Ⅳ　形体训练

学习情境11　形体基本动作组合训练 …………………………………………… 245
　　任务1　手臂动作训练 ………………………………………………………… 246
　　任务2　躯干动作训练 ………………………………………………………… 247
　　任务3　下肢动作训练 ………………………………………………………… 250
　　任务4　形体舞蹈组合训练 …………………………………………………… 252

学习情境12　芭蕾 ………………………………………………………………… 255
　　任务1　芭蕾基本手位和脚位 ………………………………………………… 255
　　任务2　擦地练习 ……………………………………………………………… 258

任务 3　蹲的练习 ……………………………………………………… 261
　　任务 4　踢腿练习 ……………………………………………………… 264
学习情境 13　时尚健身美体术 ……………………………………………… 267
　　任务 1　瑜伽 …………………………………………………………… 267
　　任务 2　有氧健身操 …………………………………………………… 270
　　任务 3　社交舞蹈 ……………………………………………………… 272
附录 A　涉外礼仪规范 ……………………………………………………… 277
附录 B　三大宗教礼俗 ……………………………………………………… 290
附录 C　中国民俗礼仪 ……………………………………………………… 298
附录 D　国外民俗风情 ……………………………………………………… 307
附录 E　常用礼仪资料 ……………………………………………………… 325
参考文献 ………………………………………………………………………… 335

绪　　论

0.1 >>> 什么是礼仪

礼仪是人际交往过程中的外在表现的形式与规则的总和。它作为在人类历史发展中逐渐形成并积淀下来的一种文化，始终以其某种精神的约束力支配着每一个人的行为。礼仪是人类文明进步的重要标志，是适应时代发展、促进个人进步和成功的重要途径。礼仪、法律与道德，被称为人生幸福的三位守护神。而礼仪却不像法律那样威严，不像道德那样肃然。礼仪始终是一个会心的微笑、一种温和的声音、一种怡情悦心的需要。

1. 礼仪的含义

（1）礼仪是一种行为准则或规范。它是一种程序，有一定的套路，表现为一定的章法，只有遵守这些习俗和规范，才能适应社会发展。

（2）礼仪是一定社会关系中人们约定俗成、共同认可的行为规范。它表现为一些零散的规矩、习惯，然后才逐渐上升为大家认可的，可以用语言、文字、动作进行准确描述和规定的行为准则，并成为人们有章可循、可以自觉学习和遵守的行为规范。

（3）礼仪是一种情感互动的过程。在礼仪的实施过程中，既有施礼者的控制行为，也有受礼者的反馈行为。即礼仪是施礼者与受礼者的尊重互换、情感互动的过程。

（4）礼仪的目的是为了实现社会交往各方面的互相尊重，从而达到人与人之间关系的和谐。在现代社会，礼仪体现着一个人对他人和社会的认知水平、尊重程度，是一个人学识、修养和价值的外在表现。遵守礼仪是人获得自由的重要手段和途径之一。

2. 礼仪的内容

随着时代的变迁和社会的进步，人们的文明程度在不断地提高，现代礼仪在对我国古代礼仪扬弃的基础上，不断推陈出新，内容更完善、更合理、更加丰富多彩。礼仪主要包括如下方面内容。

（1）礼节。礼节是人们在交际过程中逐渐形成的约定俗成的和惯用的各种行为规范的总和。礼节是社会外在文明的组成部分，具有严格的礼仪性质。它反映着一定的道德原则的内容，反映着对人对己的尊重，是人们心灵美的外化。在阶级社会，由于不同阶级的人在利益上的根本冲突，礼节多流于形式。在现代社会中，由于人与人之间地位平等，其礼节从形式到内容都体现出人与人之间相互平等、相互尊重和相互关心。现代礼节主要包括：介绍的礼

> 人有礼则安，无礼则危。故曰：礼者，不可不学也。
> ——《礼记·曲礼》

节、握手的礼节、打招呼的礼节、鞠躬的礼节、拥抱的礼节、亲吻的礼节、举手的礼节、脱帽的礼节、致意的礼节、作揖的礼节、使用名片的礼节、使用电话的礼节、约会的礼节、聚会的礼节、舞会的礼节、宴会的礼节等。当今世界是个多元化的世界,不同国家、不同民族、不同地区的人们在各自生存环境中形成了各自不同的价值观、世界观和风俗习惯,其礼节从形式到内容都不尽相同。

(2) 礼貌。礼貌是指人们在社会交往过程中良好的言谈和行为。它主要包括口头语言的礼貌、书面语言的礼貌、态度和行为举止的礼貌。礼貌是人的道德品质修养的最简单、最直接的体现,也是人类文明行为的最基本的要求。在现代社会,使用礼貌用语,对他人态度和蔼,举止适度,彬彬有礼,尊重他人已成为日常的行为规范。

(3) 仪表。仪表指人的外表,包括仪容、服饰、体态等。仪表属于美的外在因素,反映人的精神状态。仪表美是一个人心灵美与外在美的和谐统一,美好纯正的仪表来自于高尚的道德品质,它和人的精神境界融为一体。端庄的仪表既是对他人的一种尊重,也是自尊、自重、自爱的一种表现。

(4) 仪式。仪式指行礼的具体过程或程序。它是礼仪的具体表现形式。仪式是一种比较正规、隆重的礼仪形式。人们在社会交往过程中或是组织在开展各项专题活动过程中,常常要举办各种仪式,以体现出对某人或某事的重视,或是为了纪念等。常见的仪式包括开业或开幕仪式、闭幕仪式、欢迎仪式、升旗仪式、入场仪式、签字仪式、剪彩仪式、揭匾挂牌仪式、颁奖授勋仪式、宣誓就职仪式、交接仪式、奠基仪式、捐赠仪式等。仪式往往具有程序化的特点,这种程序有些是人为地约定俗成的。在现代礼仪中,仪式中有些程序是必要的,有些则可以简化。因此,仪式也大有越来越简化的趋势。但是,有些仪式的程序是不可省略的,否则就是非礼。

(5) 礼俗。礼俗即民俗礼仪,它是指各种风俗习惯,是礼仪的一种特殊形式。礼俗是由历史形成的,普及于社会和群体之中并根植于人们心中,在一定的环境经常重复出现的行为方式。不同国家、不同民族、不同地区在长期的社会实践中形成了各具特色的风俗习惯。"十里不同风,百里不同俗",不但每一个民族、地区,甚至一个小小的村落都可能形成自己的风俗习惯。

3. 礼仪的特性

礼仪是人们在漫长的社会实践中逐步地形成、演变和发展的。现代礼仪是在一番脱胎换骨之后形成的,它具有文明性、共通性、多样性、变化性和规范性等特性。

(1) 文明性。礼仪是人类文明的结晶,是现代文明的重要组成部分。人类从出世那天起就开始了对文明的追求,亚当、夏娃用树叶遮身便是文明之举。人类从茹毛饮血到共享狩猎成果,从盲目迷信、敬畏鬼神到崇尚科学、论证无神,从战争到和平,尤其是文字的发明,人类运用语言文字来表达文明、宣传文明、建设文明。文明的体现宗旨是尊重,既是对人也是对己的尊重,这种尊重总是同人们的生活方式有机地、自然地、和谐地和毫不勉强地融合在一起,成为人们日常生活、工作中的行为规范。这种行为规范包含着个人的文明素养,比如待人接物热情周到、彬彬有礼；人们彼此间互帮互助、彼此尊重、和睦相处，体现出人们日常生活中的文明、友好；注重个人卫生，穿着适时得体，见人总是微笑着问候致意，礼貌交谈，文明用语，这也体现出人们的品行修养。总之，礼仪是人们内心文明与外在文明的综合体现。

(2) 共通性。礼仪是人们在社会交往过程中形成并得到共同认可的行为规范。我们今天生活的世界可谓千姿百态。人们尽管分散居住于五大洲的不同角落，但是，许多礼仪都是世界通用的。例如，问候、打招呼、礼貌用语、各种庆典仪式、签字仪式等，大体上是世界通用的。虽然由于各国家、各地区、各民族形成了许多特有的风俗习惯，但就礼仪本身的内涵和作用来说，仍具有共通性。正是由于礼仪拥有共通性，才形成了涉外交往礼仪。

(3) 多样性。世界是丰富多彩的，其中礼仪也是五花八门、绚烂多姿的。世界各地民俗礼仪千奇百怪，几乎没有人能说清楚世界上到底有多少种礼仪形式。从语言的表达礼仪到文字的使用礼仪，从举止礼仪到规范化礼仪，从服饰礼仪到仪表礼仪，从风俗礼仪到宗教礼仪等，在不同的国家、不同的场合，礼仪的表达方式也有所不同。比如在人们常见的国际交往礼仪中，仅见面礼节就有握手礼、点头礼、亲吻礼、鞠躬礼、合十礼、拱手礼、脱帽礼、问候礼等。礼仪可谓多种多样，纷繁复杂。有些礼仪所表达的方式和内容，在甲国家或地区与乙国家或地区可能截然相反。

(4) 变化性。礼仪并不存在僵死不变的永恒模式，随着时间的推移，礼仪会发生巨大的变化。可以说，每一种礼仪都有其产生、形成、演变、发展的过程。礼仪在运用时也具有灵活性。一般说来，在非正式场合，有些礼仪可不必拘泥约定俗成的规范，可增可减，随意性较大。在正式场合，讲究礼仪规范是十分必要的。但如果双方已非常熟悉，即使是较正式的场合，有时也不必过于讲究礼仪规范。

(5) 规范性。礼仪，指的就是人们在交际场合待人接物时必须遵守的行为规范。这种规范性，不仅约束着人们在一切交际场合的言谈话语、行为举止，使之合乎礼仪；而且也是人们在一切交际场合必须采用的一种"通用语言"，是衡量他人、判断自己是否自律、敬人的一种尺度。中国WTO首席谈判代表龙永图曾讲过一个耐人寻味的故事。

一次在瑞士，龙永图与几个朋友去公园散步，上厕所时，听到隔壁的卫生间里"砰砰"地响，他有点纳闷。出来之后，一位女士很着急地问他有没有看到她的孩子，她的小孩进厕所十多分钟了，还没有出来，她又不能进去找。龙永图想起了隔壁厕所间里的响声，便进去打开厕所门，看到一个七八岁的小孩正在修抽水马桶，但他怎么弄都抽不出水来，急得他满头大汗，这个小孩觉得他上厕所不冲水是违背规范的。

这个儿童自觉遵守礼仪规范的精神是很值得我们学习的。礼仪是约定俗成的一种自尊、敬人的惯用形式，任何人要想在交际场合表现得合乎礼仪、彬彬有礼，都必须对交际礼仪无条件地加以遵守。另起炉灶，自搞一套，或是只遵守个人适应的部分，而不遵守自己不适应的部分，都难以为交往对象所接受、所理解。

4. 礼仪的原则

人们的各种交际活动自始至终都有一些具有普遍性、共同性、指导性的规律可循，这就是礼仪的原则。探讨这些原则，有助于交际礼仪的规范化，增强人们对交际礼仪的认识，进而加强礼仪在社会活动中的指导作用。

（1）遵守原则。礼仪规范是为维护社会生活保持稳定而形成和存在的，实际上是反映了人们的共同利益要求。社会上的每个成员不论身份贵贱、职位高低、财富多寡，都有自觉遵守、应用礼仪的义务，都要以礼仪去规范自己的一言一行、一举一动。如果违背了礼仪规范，会受到社会舆论的谴责，自然交际就难以成功。例如，前苏联领导人赫鲁晓夫在这方面就有前车之鉴，他在一次联合国会议上为了让人们安静下来，竟然脱下鞋子，并用鞋子敲打会议桌子，他的不雅举止显然违背了礼仪规范，更有损他本人及前苏联的国际形象，在这次会议上联合国作出决定对前苏联代表团罚款一万美元，可见违背交际礼仪的遵守原则是不行的。从这一原则出发，关键是养成好的习惯，有这样一个实例：

某省会城市一家三星级饭店的女总经理，衣着得体大方，语言热情适宜，正在宴请北京来的专家。席间，秘书突然过来说有急事，请她暂时离席去送外宾，可惜这位女经理迟迟未起身，原来双脚不堪忍受高跟鞋束缚，出来"解放"了一会儿，突然有了情况，一时找不到"归宿"，令女经理好不难堪。

造成这种情况的原因恐怕不是不懂礼仪知识，主要还是没有养成良好的习惯，对礼仪规则遵守得不够造成的。

（2）敬人原则。孔子说："礼者，敬人也。"敬人是礼仪的一个基本原则，它要求人们在交际活动中互尊互敬，友好相待，对交往的对象要重视、恭敬。尊敬是"礼"的本义，是交际礼仪的重点和核心。在对待他人的诸多做法中最重要的一条，就是要敬人之心长存，处处不可失敬于人，不可伤害他人的个人尊严，更不能侮辱对方的人格。可以说，掌握了敬人的原则就等于掌握了礼仪的灵魂。尊敬的作用是十分巨大的，有这样一个实例：

日本东芝电器公司，曾一度陷入困境，员工士气低落。当士光敏夫出任董事长时，他经常不带秘书，一个人来到各工厂与工人聊天，听工人的意见，更有意思的是，士光敏夫还经常提着一瓶酒去慰劳员工，和他们共饮。他终于赢得了公司上下的支持，员工的士气也高涨了起来。在三年内，士光敏夫终于重振了日暮途穷的东芝公司。

士光敏夫的诀窍就是关心、重视、尊重每一个员工，"敬人者，人恒敬之"，他同时也赢得了员工的信服与支持。

（3）宽容原则。一般来说，交往双方的心理总存在一定的距离，存在不相容的心理状态，这种差异会在交往者之间产生思想隔膜，甚至会使关系僵化，要想缩小这种心理上的差异，求得人与人之间能多一份和谐、多一份信赖，就必须抱着宽容之心。宽容就是要求人们既要严于律己，又要宽以待人，要多容忍他人，多体谅他人，多理解他人，而不能求全责备，斤斤计较，过分苛求，咄咄逼人。唯有宽容才能排除人际交往中的各种障碍，不能宽容他人的人，往往会得理不饶人，使人际关系恶化。共性是寓于个性之中的，人们应该维护和发展共性，以理解和宽容来增强人们之间的凝聚力。

（4）真诚原则。礼仪的运用基于交际主体对他人的态度，如果能抱着诚意与对方交往，那么交际主体的行为自然而然地便显示出对对方的关切与爱心。因为无论用何种语言表达，行为则是最好的证明。在通常情况下人们可以用假话来掩饰自己的企图，但却无法用行为来掩饰自己的虚伪，因为体态语是无法掩饰虚假的。因此唯有真诚，才能使你的行为举止自然得体，与此相反，倘若仅把运用礼仪作为一种道具和伪装，在具体操作礼仪规范时口是心非、言行不一、弄虚作假、投机取巧，或是当面一个样，背后一个样，有求于人时一个样，被人所求时又一个样，将礼仪等同于"厚黑学"，是违背交际礼仪的基本原则的。

（5）适度原则。俗话说："礼多人不怪。"人们讲究礼仪是基于对对方的尊重，这是无可厚非的，但是，凡事过犹不及，人际交往要因人而异，要考虑时间、地点、环境等条件。施礼过度或不足，都是失礼的表现。比如见面时握手时间过长，或是见谁都主动伸手，不讲究主次、长幼、性别；告别时一次次地握手，或是不住地感谢，让人觉得厌烦。礼仪的施行是内心情感的表露，只要内心情感表达出来，就完成了礼仪的使命。如果反复重复，给人以不理解、不领情之嫌，画蛇添足，实无必要。

0.2 >>> 服务礼仪的含义与特征

在市场的竞争条件下，一个企业要获得成功，必须以服务质量求生存、求发展。用服务创造价值，推行"以顾客满意为中心"的服务战略。打造以优质服务为核心的竞争优势，已经成为新形势下的竞争法则。优质服务是企业发展的永恒主题，更是企业生存与发展的根本所在。

在市场经济条件下，商品的竞争就是服务的竞争。在与服务对象打交道的过程中，讲究服务礼仪，遵守服务规范，学会与顾客交往和沟通，能够展现一名服务行业从业人员的外在美和内在修养，拉近服务行业从业人员与顾客的距离，赢得顾客的满意和对企业的忠诚，提升企业的形象，实现品牌的增值。

服务是指服务方遵照被服务方的意愿和要求，为满足被服务方需要而提供相应满意活动的过程。服务是一种劳动方式，它不是以实物形式而是以提供劳动的形式满足他人某种需求的活动。它不创造实物产品，但又必须以实物产品为依托。

1. 服务礼仪的含义

服务的产生过程是指将部分家务劳动变为带有交换性质的服务劳动的过程，其目的是为了解决人们实际生活中的难题。它是伴随人类需求不断增长而发展起来的。服务礼仪与礼仪有着密切的关系。礼仪是服务礼仪的基础和内容。服务礼仪是礼仪在服务过程中的具体运用，是礼仪的一种特殊形式，是体现服务的具体过程和手段，使无形的服务有形化、规范化、系统化。服务礼仪是指服务行业从业人员在自己的工作岗位上向服务对象提供服务时的标准的、正确的做法。

服务礼仪主要以服务行业从业人员的仪容规范、仪态规范、服饰规范、语言规范和岗位规范为主要内容。由于服务范围广、服务对象复杂，所以服务行业从业人员还要掌握交际礼仪、涉外礼仪、我国部分少数民族及港澳台地区习俗礼仪、我国主要客源国习俗礼仪、宗教礼仪等，这样才能游刃有余地做好服务工作。

2. 服务礼仪的特征

（1）规范性。服务礼仪是指服务行业从业人员在自己的工作岗位上应当严格遵守的行为规范。这种规范，要求服务单位及员工要按照一定的礼仪规范做好服务与接待工作，服务过程中的言谈话语、行为举止要合乎礼仪规范。"顾客至上"应该是服务行业各个部门共同的行为准则。

（2）可操作性。服务礼仪是礼仪在服务过程中的具体应用，具有简便易行、容易操作的特征。它既有总体上的服务礼仪原则、操作规范，又在具体的细节上有一系列的方式、方法。

（3）灵活性。服务礼仪的规范是具体的，但不是死板的教条，它是灵活的、可变的，服务行业从业人员应该在不同的场景下，根据交往对象的不同特点，灵活地处理各种情况。

0.3 >>> 服务礼仪的要求

1. 讲"五快"

邹翙燕、丁永玲在其《现代服务礼仪》（武汉大学出版社 2007 年版）一书中强调服务行业从业人员在服务中要尽量做到"五快"，这是服务礼仪的基本要求之一。

（1）眼快。主要是要求服务行业从业人员看清楚服务对象的态度、表情和反应。服务对象的好恶和即时需求，往往会通过一定表征显露出来，服务行业从业人员如能及时捕捉并正确反应，就能让服务达到事半功倍的效果。眼快一方面要求服务行业从业人员要精神集中、注意观察，不能心不在焉、目光呆滞；另一方面还要求服务行业从业人员要力争眼顾全局，不能只凝视一处。只有一位服务对象时，要尽量抓住每一个细节；有一群服务对象时，既要抓住主要宾客，也要兼顾其他客人。

（2）耳快。主要是要求服务行业从业人员听清楚服务对象的意见、反映和谈论。耳快要求服务行业从业人员能快速区分"该听"与"不该听"的内容，服务对象谈论与本次服务或本组织有关的内容时要仔细聆听，必要时服务行业从业人员可以用复述的形式来表示听清楚了，对于重要的意见和反映，应做书面记录、留取客户电话，并告知反馈时间。服务对象之间谈论私事及其周边的趣闻时不要旁听，更不要插嘴。耳快，清楚是前提，它要求"正确"和"全部"。听到的内容一定要保证正确，否则由错误的理解而产生的服务行为，当然也是不正确的。服务对象的话一定要听完整，不能仅听只言片语或断章取义。如果服务对象采用的是较重的方言，可以要求他慢慢地、逐字地重述一遍，或请同来的客人帮忙，或用文字进行沟通。

（3）脑快。主要是要求服务行业从业人员对于耳闻目睹的事情作出准确而及时的判断，并且迅速作出必要的反应。脑快要勤思考。未经思考地看或听只会是"视而不见"、"充耳不闻"。对有的服务行业从业人员来说无用的东西，往往却在善于思考的服务行业从业人员那里成为信息。脑快要多积累经验。判断的准确性取决于丰富的经验，因此服务行业从业人员要在工作中，多看看、多听、多学习、多积累经验，为服务工作中及时、准确的判断打下良好的基础。

（4）手快。主要是要求服务行业从业人员在有必要以手为服务对象拿取、递送物品，或以手为其提供其他服务、帮助时，又快又稳。手快要注意技巧。服务的方式、顺序、手势等都有具体的要求，服务行业从业人员要多观察、多请教、多学习，才能符合规范的要求。手快要勤练习。熟能生巧，多花时间，基本功扎实了，动作自然就又快又稳。以物为媒介时，服务行业从业人员可以在家用相似的东西进行练习，也可以在工作场所没有客人时进行练习；以人为对象时，服务行业从业人员可两人或几人一组，相互练习。

（5）脚快。主要是要求服务行业从业人员腿脚利索，办事效率高，行动速度快。既显得自己训练有素，又不会耽误服务对象的时间。脚快要求服务行业从业人员态度积极，要把服务对象的事情当自己的事情去做，把时间看成生命，不能慢条斯理、拖拖拉拉、敷衍了事。脚快还要求服务行业从业人员熟悉工作程序和协作部门。欲速则不达，如果不熟悉工作程序，往往只会忙中出错，反而耽误时间。所以服务工作开始前，就应详细了解整个程序，并积极和协作部门沟通，取得他们的支持。

2. 无差错

完成本行业（或本单位）所规定的服务项目，向顾客提供无差错的服务是形象塑造的基本要求，客观地说，服务行业从业人员在工作中出点差错是难免的。但是，这差错哪怕只占企业全部工作的1%，对于接受它的顾客来说，企业的服务也不能算是100%优质。要创优质服务，服务者就必须认真对待服务工作的每个环节，在服务中不出差错。当然，金无足赤，人无完人。当企业的服务一旦出差错时，服务者的态度就成了决定服务优劣的关键。对能知错改错的态度，顾客通常是能够谅解和接受的。

优质服务最忌讳的就是不正视和纠正服务中的差错。杭州太子楼酒家的一名服务员曾为了证明顾客投诉的包子是干净的，便当众吃下了带鸡毛的包子。此事在全国引发了一场讨论。事实上，该服务员要维护企业声誉的出发点是好的，但最大的失误就在于其不能正视企业服务中出现的差错。因为出售了不卫生的包子这是事实，企业是推卸不掉责任的。不正视错误和承担责任，就不能积极地纠正错误，确保今后的服务质量。因此，创优质服务，塑造形象，除在服务中力争不出差错外，要紧的就是有一个知错就改的态度。

3. 热情高

据记载，清朝著名画家郑板桥一天到一座寺院游玩，接待的和尚看来客是个其貌不扬的小老头，随便说了一句"坐"，又对司茶叫了一声"茶"，就了事了。当郑板桥仔细欣赏几方碑刻的时候，和尚估计这老头准是个读书人，于是就改口对郑板桥说"请坐"，回头对司茶说"泡茶"。后来，寺里来了一伙达官贵人，其中有人认识郑板桥，尊敬地喊"郑先生"时，和尚这才知道小老头就是大名鼎鼎的郑板桥，马上跑上前去，打躬作揖，口里说"请上坐，请上坐"，回头又大声对司茶喊"泡好茶"。当郑板桥要走时，和尚拿出纸笔，请郑板桥留下墨宝。郑板桥挥笔写下"坐，请坐，请上坐；茶，泡茶，泡好茶"，活灵活现地勾画出这个和尚对"卑贱者"鄙视、对"高贵者"讨好的嘴脸。在服务中，应热情友好、办事热心，急顾客之所急，想顾客之所想，对每一位顾客和每一笔生意都表现出极大的热忱，一视同仁，绝不能像那位和尚那样将人分为三六九等。

就服务而言，热情包括情感上的热烈，如用微笑表达欢迎顾客的愿望等；也包括行为上的主动，如乘务员遇到行动不便的旅客上下车时主动搀扶一把等。前者毋庸赘言，后者则应提醒服务者重视。宾馆服务台的工作人员告知一位老者要找的人住在6楼时，看着老者吃力地攀上了楼梯。事后有人问服务员为什么不告诉老人在拐弯处可乘电梯上楼，服务员一脸疑惑地回答："他又没有问我电梯的事。"像这种等着顾客张嘴要的服务，绝不能算热情。

4. 善突破

这是指突破规定的服务项目，作为服务，不一定是写在服务公约上的，而是由顾客随时产生的需求决定的。有位先生曾光顾美国著名的花旗银行，向一个营业窗口的职员提出将一张旧的百元钞票换成一张崭新的，像这种不在服务公约之内的服务项目，即使拒绝提供也无可非议。但是，那位接待他的职员欣然接受了他的需求，并接连打了好几个电话，才在其他营业窗口内找到了一张同面值的新钞票。最后，一个小纸盒被递到这位先生面前，里面除了一张新钞票外，还附了张字条，上面写着："谢谢您想到了我们。"这种把本是额外的服务也当作分内的并尽心尽力做好的服务，就是优质的服务。

5. 技艺好

服务的特点之一是具有颇高的手工技艺性。以烹饪业来说，绵延上千年的中国烹饪，为中华子孙留下了丰富的饮食文化。中国的八大菜系技艺超群，各领千秋，名闻遐迩，久盛不衰，使中国烹饪技艺居世界之巅。技艺是服务的技术基础。不只烹饪业具有颇高的手工技艺性，商店售货也有很高的技艺性，当好一名营业员，为顾客提供优质服务，也并非轻而易举的，这需要掌握一定的技巧；不掌握一定的技巧，光凭热情是不能搞好服务的。

北京百货大楼模范售货员杜学昌以全国劳动模范、著名售货员张秉贵为榜样，刻苦钻研，掌握了不用询问，凭经验就能准确判断适合这位顾客穿着的服装型号、款式的本领。更有甚者，如果顾客为别人代购，只需说出身高、体重、脸型、年龄、职业等特征，他就能为顾客选出合适的服装，使顾客高兴而来、满意而归。正是凭借这种娴熟技艺，杜学昌塑造了良好的服务形象。

6. 举止雅

行为美是服务美的表现形式之一，是由服务者的形象美、举止美构成的。抽象的服务美通过服务者的形象美、举止美而具体地表现出来。微笑服务就是行为美的具体内容之一。一个面带微笑"发自内心不是勉强装出"的服务行业从业人员，会使顾客产生亲切感和信赖感。一个表情冷淡的服务行业从业人员则会使顾客望而生畏、避而远之。外国一些服务行业把"微笑"作为工作的座右铭，认为"微笑是打动人的心弦的最美好的语言""微笑是通往世界的护照""笑脸相迎使你的工作生辉"。在旅店业最萧条的时候，希尔顿号召全体职员把微笑献给顾客，把周到的服务献给顾客，微笑使希尔顿走出困境。在顺利时期，希尔顿又对员工说，第一流服务员的微笑比第一流设备重要，微笑好比花园里春天的风和阳光，微笑使希尔顿长盛不衰。

大方得体，衣冠整洁，精神饱满，就能给顾客以美好的印象，体现出一种礼貌，体现出高度的文明美；反之，不修边幅，无精打采，就会显得对顾客不礼貌、不尊重，既没有美的形象，也无法创造出美好的服务形象来。

7. 语言美

语言是人们交流思想感情的工具。服务者与服务对象之间的思想感情交流主要通过语言来进行。服务者的语言美，可以立即吸引顾客，缩短二者的距离，给人以美好的印象。服务者的语言不美，就会增加二者的矛盾，给人留下不良的印象。

服务行业从业人员说话和气、善言待客，是塑造服务形象的基本要求，常言说得好："善言待客三九暖，恶语伤人六月寒。"对此，北京某菜市场的营业员小唐有着深刻的体会。一次，一位顾客买了一只肥母鸡。小唐热情地问："您要装进口袋吗？"这位顾客一听，很不高兴地说："什么，把我装进口袋？你说话可得注意点，多不文明。"说得小唐很难受，但她并不生气，仔细一琢磨，发现自己的话确有毛病。她认识到，光对顾客热心还不够，必须注意语法修辞，研究客户心理，把话说得恰当、科学。比如，以前卖母鸡时问："您是买肥的还是买瘦的？"后来改成："您喜欢油多的还是肉多的？"这种问法满足了不同顾客的心理，顾客满意了，买卖做活了。

总之，服务中的语言包括招呼顾客的礼貌用语和介绍业务用语等方面，服务行业从业人员要有丰富的商品知识和对顾客认真负责的求实精神，只有这样才能真正做到语言美。

8. 全方位

向顾客提供周到的、全方位的服务是搞好服务的重要方面。企业应该将服务视为义务，随时为顾客排忧解难、提供方便，使顾客得到尽可能周到的服务，甚至顾客自己都没有想到的，也要替他们想到。

广州中国大酒店曾接待一个由145人组成的会议团体。一天，这批客人去郊区参观，遇到大雨。酒店客户部得知他们傍晚返回后，紧接着要参加另一个活动。考虑到穿脏鞋参加这种活动很不适宜，酒店的员工就为他们准备好了145个标着房间号的塑料袋和145双干净的鞋在门口迎候。客人一下车，员工们就递上干净的鞋，并将又湿又脏的鞋对号装入袋中，而当客人结束晚上的活动返回房间时，他们的那些脏鞋已一尘不染、整齐地摆在了面前。这种处处替顾客着想且无论是分内分外、是否有报酬，只要顾客需要就尽可能提供的服务，就是全方位的服务，就是良好的服务形象的最动人之处。

9. 多训练

现在很多企业在训练方面总是纯技术的，而忽视服务方面的训练，其实这种服务训练需要落到实处，需要做得很细才行，否则服务形象是很难真正树立起来的。

比如，酒店拉门看起来很简单，但照顾得客人很舒服就不是那么简单了，拉门的强度、角度、速度、怎么点头、怎么微笑这都是要练的。平安保险总部的工作人员说，他们导入国外的做法，寿险推销员必须练鞠躬三千下，这三千下练下来，肯定是和一般人不一样的。日本有一位著名的寿险推销人，在挨家挨户敲门时发现，首先进入对方视线的是脸部的面容，它比说话重要。所以他就琢磨怎么笑得最好，他后来发现婴儿的笑最好看，所以他就观察、练习婴儿般的纯真笑脸。后来人家一打开门，看见这个笑脸就不讨厌他，这时候他就有说话的机会了。

0.4 >>> 服务礼仪修养

1. 强化职业道德

每一种职业都有其特殊性，都有该职业从业者所必须了解、掌握并身体力行的各种行为规范。所谓职业道德，就是指各类服务行业从业人员在从事职业活动中所必须遵守的各种行为规范的总和。

职业道德与社会公德息息相关，从某种意义上说，职业道德属于社会公德的有机组成部分，二者在内容上有着许多相同之处。在职业道德中包含着社会公德的因素。如热情周到、以礼相待、诚实待人等，既是职业道德的要求，也是社会公德的内容。

职业道德是人们在长期的职业活动中逐渐总结积累起来的，它对于协调社会组织与职员之间的关系，约束和规范职业工作者的思想观念和行为，乃至调整职业之间的关系，都起着重要作用。它也是提高社会文明程度的一个重要因素。由于社会的不断发展、职业范围的不断扩大，使得当今社会各行各业出现了许多背离职业标准的不文明行为。尤其是发展社会主义市场经济过程中，市场竞争日趋激烈，人们的价值观念发生了很大变化，在名誉、金钱和物欲的面前，许多人的道德天平出现了倾斜。这样一方面亵渎了职业的尊严和荣誉，另一方面又丧失了自身的人格，而且还污染了社会风气。

职业道德的具体内容因职业不同而有所差异，但其基本内容是相似的。无论从事何种职业，都必须忠于职守、爱岗敬业、热情服务、诚实待人、讲求信誉、尊重人权、无私奉献、不谋私利、作风端正、态度和蔼、廉洁奉公、遵纪守法、文明礼貌、互敬互助、谦虚谨慎、仪容整洁等。目前我国各行各业都制定了相应的职业道德规范，比如，教师职业道德规范、全国职工守则、医生职业道德规范、公务员职业道德规范、科技工作者职业道德规范、商业工作者职业道德规范、新闻工作者职业道德规范、服务行业职业道德规范、外事工作者职业道德规范、大学生守则、中学生守则、小学生守则、城市市民守则等。从中不难看出，讲究礼仪是职业道德的基本要求。只有掌握一定的礼仪规范，才能提高职业道德修养。

职业道德，既是服务礼仪的主要理论基石之一，也是对现代企业员工的基本要求。服务行业的职业道德，是指服务行业从业人员在服务过程中，接待自己的服务对象，处理自己与服务对象、与所在单位和国家之间的相互关系时所应当遵守的职业行为准则。它本身受到个人素质与自我良心的制约。

服务行业的职业道德的核心思想，是要为社会服务，为人民服务，对服务对象负责，让对方对于我方的服务质量诚心满意，并且通过全体服务行业从业人员的一言一行，传达出本单位对服务对象的体贴、关心与敬意，反映出本单位积极进取、报效国家与社会的精神风貌。

良好的服务礼仪能体现人的高尚的道德修养，使他获得人们的尊敬和好感，实际上，也只有具有优良道德修养的人，才会有得体的服务礼仪形式和可人的仪表风度。《北京青年报》曾报道北京百货大楼已故全国劳动模范张秉贵的感人事迹，其中充分说明了这一点，现摘录如下。

北京百货大楼的张秉贵同志在生前50年的柜台生涯中，练就了"一口清"和"一抓准"的娴熟技艺，博得了广大顾客的称赞。一位年逾古稀的老人送来一张诗笺，上面用毛笔恭敬地写着赞美的诗句："首都春浓任春游，柜台送暖遍神州，燕京八景添一景，秉贵技艺领风流。"张秉贵的"一团火"精神和超群技艺如同一团圣火，越烧越旺。

张秉贵1955年11月到百货大楼站柜台，三十多年的时间接待顾客400万人，没有跟顾客红过一次脸，吵过一次嘴，没有怠慢过任何一个人。他把为人民服务的信念与本职工作密切联系起来，他认为："站柜台不单是经济工作，也是政治工作；不但是买与卖的关系，还是相互服务的关系。""一个营业员服务态度不好，外地人会说你那个城市服务态度不好，港澳同胞会感到祖国不温暖，外国人会说中华人民共和国不文明。我们真是工作平凡，岗位光荣，责任重大！"

从为国家争光、为人民服务的政治信念出发，他练就了"一抓准"和"一口清"的过硬本领，通过眼神、语言、动作、表情、步伐、姿态等调动各个器官的功能，几乎成了那个时代商业领域的服务规范，商业服务业的简单操作，被他升华为艺术境界。

在北京，传统的"燕京八景"名扬天下，而张秉贵售货艺术被人们誉为"第九景"。张秉贵不仅技术过硬，而且注重仪表，天天服装整洁，容光焕发。他坚持每周理发，每天刮胡子、换衬衣、擦皮鞋。

张秉贵一进柜台，就像战士进入阵地。普通售货员一般早晨精神饱满，服务态度较好；下午人疲倦了，不太爱说话了，也懒得动弹，对顾客就容易冷漠。张秉贵却不然，从清晨开门接待第一个顾客，到晚上送走最后一个顾客，自始至终都能春风满面，笑容可掬。他到了退休年龄，体力明显不济，但一上柜台还是表现得生龙活虎。到了下班后，他却往往步履蹒跚。同志们说他是"上班三步并作一步走，下班一步变为三步迈"。

看张秉贵工作，也成了许多人的享受。有一位拄着拐杖的老人，经常来欣赏他卖货。这位老人对他说："我是因病休息的人，每天来看看您站柜台的精神劲儿，我的病也仿佛好了许多。"一位音乐家看他售货后说:"你的动作优美,富有节奏感,如果配上音乐,是非常动人的旋律。"

由此可见,职业道德与礼仪是相辅相成的,讲究礼仪是高尚职业道德的体现,服务礼仪不是做作的、僵硬的模式,它的原动力来自高尚的职业道德。

2. 讲究修养方法

礼仪的修养,不仅指对礼仪的学习、习练,还包括将所习之礼培养成一种习性或者说是品性的过程,非一朝一夕可就。一般说来,应着重于知、情、意、行的统一,注重运用以下方法。

(1) 树立学习礼仪的意识。在明确礼仪重要性的基础上,最要紧的就是必须树立长久的"习礼意识",处处留心,时时经意。礼仪是一个社会文化沉淀的外显方式。经历了传承、变异过程,它的习得首先便是个体的"社会化"、"文化化"过程。也就是说,大量的是靠传统,靠有意无意的模仿,靠周围环境的影响,靠在交际实践中不断地学习、摸索,逐渐地总结经验教训而习得的。又因为礼仪具有变异性的特点,在完成了社会化以后,还有一个"社会化"的过程。所以,习礼可谓是一个萦绕终生的过程,除此之外,对于一些跨文化交往所涉及的不同民族、不同文化的礼仪,其习得则是靠着入境问俗的诚心和细心去了解和熟悉,并以此调控自己的言行。

同时,就社会方面而言,为适应现代市场经济发展的需要,可开办一些习练礼仪的学校或短期培训,也可通过电视、广播等传播媒介开办专题系列讲座,发挥大众传媒的示范作用,甚至可以搞得活泼些,这些都是人们学习礼仪仪式的良好方法。这样做,无疑也有助于整个社会文明程度和道德水平的提高。

(2) 陶冶尊重他人的情感。在礼仪教育过程中,情感是由知到行的一个桥梁。陶冶情感就是要使受教育者产生一种尊重他人的真挚的感情,能够时时处处替他人着想,对人始终抱有一种热情友好的态度。一个人可以很快就了解一些礼仪方面的知识,但若缺少对人的情感,那么他就无法使这些礼仪形式圆满地表现出来,这些形式也就成了没有灵魂的僵死的躯壳。因此也可看出,情感比认识具有更大的保守性,改变情感比改变认识要困难得多,陶冶情感是礼仪教育中更为艰巨的一项任务。

(3) 锻炼履行礼仪的意志。要使礼仪规范变成自觉的行为,没有坚忍不拔的意志是办不到的。意志坚强的人,能有效地控制自己的言行,特别是在不顺利的情况下,也能不畏困难,始终不渝地按照自己的信念待人处世。

所习之礼要培养成习,要有意识地摒弃不合礼仪的旧习惯,养成遵从礼仪的新习性。习性是一个人行为方式的自动化,是不需要多加思考和意志努力的行为方式,它受人的性格核心层和中介层的支配与制约。一个人的行为习惯是其观念、态度的下意识表现。习性一旦形成后,具有一定的稳固性,但通过意志努力可以使之改变。因此,不该以"习惯成自然"为由,姑息迁就那些不合礼仪的坏习惯,而应从思想观念上重视、加强"礼仪意识",牢记坚强的意志是保证实现礼仪规范的精神力量。

(4) 养成遵从礼仪的行为。礼仪教育的综合结果就在于使人们养成良好的礼仪行为，也就是使人们在交际活动中对于礼仪原则和规范的遵从变成一种习惯的行为。衡量礼仪教育的效果如何，主要不是看受教育者了解多少有关礼仪的书本知识，而是看他在交际活动中的行为是否符合礼仪规范的要求，是否能够促进交际活动顺利进行。因此，在礼仪教育中，要认真组织和指导受教育者的行为演练，通过严格的训练培养调节行为的能力，养成良好的行为习惯。从一件件具体、琐碎的小事做起，点滴养成；大处着眼，小处着手；寓礼仪于细微之中，逐渐成习。

在礼仪教育过程中，知、情、意、行是相互联系、相互渗透、相互促进，缺一不可的。没有知，情失去了理性指导，意和行就会是盲目的；没有情，就难以形成意，知就无法转化为行；没有意，行即缺乏巨大的力量，知和情也就无法落到实处；没有行，知、情、意都没有具体的表现，也就都变成了空谈。因此，在礼仪教育过程中，要坚持晓之以理、动之以情、炼之以意、守之以行。

思考与训练

1. 收集一两则中国古代有关文明礼貌的佳话，并向周围的人宣讲。
2. 你准备怎样提高自己的交际礼仪修养？
3. 服务礼仪与职业道德有怎样的关系？
4. 大学生，尤其是职业技术学院的学生掌握礼仪礼节的重要意义何在？
5. 举出近一个月来发现的不符合礼仪礼节的 5 个例子，并分析其问题所在及其改进办法。
6. 将学生分成不同类别的小组，走上街头观察并收集服务礼仪在生活中应用的小案例。
7. 案例分析：

都不容易

一位企业家去某地咨询投资事宜，等他赶到该地某局的时候，还有半个多小时就要下班了。但服务大厅里，五个窗口就剩下一个窗口有人——一个年轻的女工作人员正眉飞色舞地煲着电话粥。

他来到这个窗口前面，对那位小姐连说了三次"您好"，没什么反应。差不多十分钟过去了，终于在一句"讨厌"声中挂了电话，这个工作人员看见自己的窗口前面站了人，头也不抬地说："明天再来！"

"可明天是周六……"

"那周一再来，还用我教你。"她终于抬起了头，给了个白眼。

"我大老远来一趟不容易，而且现在还不到下班时间……"

"那我容易吗？我还要接孩子、做饭……懒得跟你说。"

"啪"地一声，最后一个窗口也关上了。

思考讨论题：
(1) 服务行业从业人员应该怎样接待客人的咨询？
(2) 本案例对你有何启示？

8. 实践训练

礼仪自我完善训练

要有效地改变自己，应该把积极的"自我暗示"与积极的想象和积极的行动结合起来，这里根据吴正平《现代饭店人际关系学》中"用于改变自己的公式"，提供给大家进行礼仪自我完善训练。公式里的"X"可以根据各人的具体情况，换成适当的词，例如，"彬彬有礼"、"落落大方"、"言行得体"、"举止文雅"、"沉得住气"等，公式是这样的，举例来说，如果你想让自己从一个沉不住气的人，变成一个能够沉得住气的人，你就应该用"沉得住气"，去取代公式中的"X"。

改变自己的公式：只要我相信自己是一个X的人，并能像一个X的人那样去行动，且在行动中自我感觉良好，我就是一个X的人。

只要我相信自己是一个沉得住气的人，并能像一个沉得住气的人那样去行动，且在行动中自我感觉良好，我就是一个沉得住气的人。

按照"改变自己的公式"，第一步，你要进入身心放松的状态，在这种放松的状态中，完全不加怀疑、不加抵制地，反复地对自己说："无论遇到什么样的人、什么样的事，我都能沉得住气。"

第二步，仔细地考虑，一个沉得住气的人，遇事是怎样行动的。例如，遇到一个自以为是、盛气凌人的人，他是怎样行动的；遇到一个蛮不讲理、胡搅蛮缠的人，他是怎样行动的。

第三步，进行逼真的想象演习，例如，想象你遇到一个自以为是、盛气凌人的人。因为你是一个无论遇到什么样的人、什么样的事，都能沉得住气的人；你知道，一个沉得住气的人，遇到这种情况会怎样做，所以，你就很平静地复述他的意思，然后……在交往的全过程中，你自我感觉良好。

(资料来源：牟红，杨梅. 旅游礼仪实务. 北京：清华大学出版社，2007.)

服务形象礼仪

仪容设计　学习情境1
服饰选配　学习情境2
仪态设计　学习情境3

学习领域 I

学习情境 1　仪容设计

任务 1　良好卫生习惯的养成

情境导入

关于"卫生"的一段对话

甲：现在有一些饭店表面上卫生状况很好，但是一些小细节却注意不到。

乙：哪一方面的细节，能举个例子吗？

甲：昨天晚上，我跟同事在王府井一家饭店吃饭，吃完后发现桌子上没有牙签，就让服务员去拿，结果那个服务员竟然用拿过盘子的手直接给我们抓过来一把牙签。

乙：是挺不卫生的。

甲：不光如此，我还看见她把不小心从牙签盒里掉到桌子上的牙签又重新捡起来，装到了盒子里。桌子好像还没有擦，多脏呀，这样让顾客怎么用。

乙：看来一些饭店细节方面的卫生的确应该注意一下了。服务行业从业人员的卫生习惯的养成真是一个大问题呀！

任务分析

个人卫生可以反映社会文明程度，体现社会风尚。服务行业的员工因为工作性质所决定，要特别注意个人卫生，具备良好的个人卫生习惯。个人卫生是向客人提供优质服务的基础和前提，个人卫生是良好的个人仪容所必须具备的基本要求。正如全国劳动模范、北京百货大楼售货员张秉贵所说："站柜台就得有个干净利落的精神劲儿，顾客见了才会高兴地买我们的东西。特别是我们卖食品的，如果不干不净，顾客就先倒了胃口，谁还会再买我们的东西啊！"

因此，无论是哪个行业的服务行业从业人员都应该明确服务行业从业人员个人卫生的基本规范和要求，高度重视个人卫生，做到干净整洁，这样才能更好地为顾客服务。而"情境导入"中那家饭店的服务员是缺乏基本的卫生意识和卫生习惯的。

知识储备

干净整洁是对服务行业从业人员仪容的基本要求，要做到这一点，重要的是养成良好的

> 除真挚的心灵外，别无高贵的仪容。
> ——［英］拉斯金

卫生习惯，长年累月坚持不懈，不厌其烦地进行仪容细节的修饰工作。

1. 坚持洗澡、洗脸

洗澡可以除去身上的尘土、油垢和汗味，并且使人精神焕发。有可能的话要常洗澡，至少也要坚持每星期洗一次。在参加重大礼仪活动之前还要加洗一次。若脸上常有灰尘、污垢、泪痕或汤渍，难免会让人觉得此人又懒又脏。所以除了早上起床后、晚上睡觉前洗脸之外，只要有必要、有可能，随时随地都要抽出一点时间洗脸净面。

要注意眼部保洁，这是对服务行业从业人员最起码的要求，应注意及时擦去眼角出现的分泌物，使眼睛看起来清爽、干净。要注意用眼卫生和眼病的防治，服务行业从业人员患有传染性眼病，必须及时治疗、休息，绝不可直接与顾客接触。还要注意眉毛的修整，每天上班前梳理一下眉毛，留意自己的眉部是否整洁，防止眉部出现灰尘、死皮或脱落的眉毛等异物。

要注意鼻部的整洁。有必要去除鼻垢时，要在无人场合以手帕或纸巾辅助轻声进行，切不要将此举搞得响声大作，令人反感。不要当众擤鼻涕、挖鼻孔或者乱抹、乱弹鼻垢。男性服务行业从业人员要注意及时修剪鼻毛。

要注意耳部的清理。服务行业从业人员务必每天认真清洗耳垢，但要注意此举不要在工作岗位上进行。如果有耳毛也要注意及时进行修剪。

2. 保持手部卫生

在每个人的身上，手是与外界进行直接接触最多的一个部位，它最容易沾染脏东西，所以必须在饭前、便后，还要在一切有必要的时候勤洗手。要常剪手指甲，绝不要留长指甲，因为它不符合礼仪人员的身份，还会藏污纳垢，给人不讲卫生的印象，所以要经常剪，手指甲的长度以不长过手指指尖为宜。

洗手是有规范要求的，不是用水随便冲一下就可以的。其规范如下。

（1）先用清水冲洗双手，在手上均匀涂抹洗手液或抹肥皂。
（2）掌心相对，手指并拢搓擦。
（3）手心对手背沿指缝搓擦，交换进行。
（4）掌心相对，双手交叉沿指缝搓擦。
（5）一只手握另一只手的大拇指，旋转搓擦，交换进行。
（6）弯曲各手指关节，在另一只手掌心旋转搓擦，交换进行。
（7）搓洗手腕，交换进行，最后用清水将双手彻底冲洗干净。
（8）用干毛巾或手纸彻底抹干双手，或以干手机吹干双手。
（9）以擦手巾包裹水龙头，或在水龙头上泼水冲洗干净，才把水龙头关上。

3. 注意口腔卫生

口腔是表现清洁感的另一个重点。与人说话的时候露出的牙齿上嵌有、沾有食物残渣，这是很让人厌恶的，它会让人产生窝囊、作风马马虎虎的印象。所以应该注意口腔卫生。

还应当特别注意口中的异味，也就是我们通常所说的口臭。与人交谈的时候如果口中发散出难闻的气味，会使对方很不愉快，自己也很难堪。口腔异味原因很多，口腔内本来就有多种细菌，能够分解食物残渣中的淀粉类物质和蛋白类物质，产生酸性或其他异味。坚持随时刷牙漱口的习惯，口腔中细菌没有作用的对象，口腔中的异味就自然消除了。

有时候我们吃了葱、韭菜、大蒜、萝卜等刺激性食物，也会产生强烈异味，所以，在与人交往、工作之前，如果碰巧吃了这一类食物，可在口中嚼一嚼茶叶、红枣和花生，它们有助于清除异味。必要时可以使用口香糖减少口腔异味。但应该指出，参加比较正式的交际活动，在他人面前大嚼口香糖是不礼貌的。造成口腔异味的另一个原因是口腔疾病，如龋齿、牙龈炎、牙槽脓肿、口腔溃疡等疾病。这种原因造成的口中异味，单靠刷牙漱口的方法不可能消除。只有治疗好这些口腔疾病，异味才会随之消失。

如果上述两种情况都已经排除，那么口中异味就与体内疾病有关了。如消化不良、肺病、肝病、糖尿病、气管炎等，这就需要治疾病之本了。切记，口臭会使一个人的好印象大打折扣。坚持每天刷牙，消除口腔异味，维护口腔卫生，是非常必要的。有可能的话，在吃完每顿饭以后都要刷一次牙，切勿用以水漱口和咀嚼口香糖一类无效的方法来替代刷牙。还要养成平日不吃生蒜、生葱和韭菜一类带刺激性气味的食物的良好习惯，免得在工作中担心自己说话"带味道"，或使接近自己的人感到不快。

4. 保持发部整洁

头发是人体的制高点，因为人们的发型多有不同，故此它颇受他人的关注。

首先要清洗头发。只有经常洗头，方可确保头发不粘连，不板结，无发屑，无汗馊气味。一般认为，每周至少应当清洗头发两三次。

其次要修剪头发。与清洗头发一样，修剪头发同样需要定期进行，并且持之以恒。在正常情况之下，通常应当每半个月左右修剪一次自己的头发。至少，也要确保每个月修剪头发一次。否则，自己的头发便难有"秩序"可言。

最后是梳理头发。梳理头发是每天必做之事，而且往往不止一次。按照常规，在下述情况下皆应自觉梳理一下自己的头发。一是出门上班前，二是换装上岗前，三是摘下帽子时，四是下班回家时，五是其他必要时。在梳理自己的头发时，还有三点应予以注意：一是梳理头发不宜当众进行。作为私人事务，梳理头发时当然应当避开外人。二是梳理头发不宜直接下手，最好随身携带一把发梳，以便必要时梳理头发之用。不到万不得已，千万不要以手指去代替发梳。三是断发、头屑不宜随手乱扔。梳理头发时，难免会产生少许断发、头屑等，信手乱扔，是缺乏教养的表现。

5. 保持脚部清洁

脚作为支撑人体的重要部位，每天要进行运动。它会分泌出大量汗液，恶化脚底环境，为真菌繁衍提供温床，如不及时改善，会导致各种脚部疾病，如脱皮、脚癣、脚部溃烂等。所以，平时要注意勤洗脚，让其通气，擦些护脚霜，还要加以适当保健按摩，美化脚部肌肤。

要勤换鞋袜。一般每天换洗一次袜子，才能避免脚臭，还要注意尽量不穿不透气、吸湿性差、易产生异味的袜子。定期更换自己的鞋子,并且要勤清洗、勤晾晒。在穿鞋前务必清洁鞋面、鞋跟、鞋底等处,使其一尘不染,皮鞋要定期擦油使其锃亮光洁。

6. 保持衣裳整洁

要勤换内衣,外衣也要定期清洗、消毒。要勤换鞋袜,保持鞋袜舒适干净,不要在集会或看演出等公共场合脱鞋。

此外,要使用自己的毛巾、口杯、脸盆、牙刷和香皂,这也是养成良好的卫生习惯的基本要求。

实践训练

项目:洗手

实训目标:掌握洗手的操作要领,规范地洗手。

实训学时:0.5学时。

实训地点:实训室。

实训准备:洗脸盆、毛巾、清洁纸巾、洗手液等。

实训方法:教师示范,学生分别操作。

自主学习

1. 案例分析。

新加坡的"人人OK"运动

新加坡国家环境局和新加坡人民协会正在民众中开展以养成八项个人卫生习惯为主要内容的"人人OK"运动,旨在推动民众负起维护公共环境清洁卫生的责任,引导民众养成注重个人和环境卫生的习惯。这八大个人卫生习惯是:不乱丢垃圾;吐痰、咳嗽和打喷嚏使用纸巾;经常用肥皂洗手;保持公共厕所清洁;把垃圾装进袋子再丢进垃圾桶;保持环境清洁,防止害虫滋生;健康饮食和定期运动;坚持测量体温,身体不适时不到人多的地方去。

新加坡把养成良好的个人卫生习惯放在国家战略的高度,进行全民动员。

思考讨论题:

(1) 这八大个人卫生习惯你能做到吗?请在工作和生活中坚持做到。

(2) 对新加坡的"人人OK"运动你有何感想?

2. 以下是某饭店制定的"餐饮业从业人员个人卫生规定",阅读后请回答问题。

餐饮业从业人员个人卫生规定

(一) 应保持良好个人卫生,操作时应穿戴清洁的工作服、工作帽(专间操作人员还需戴口罩),头发不得外露,不得留长指甲,涂指甲油,佩戴饰物。

(二) 操作时手部应保持清洁,操作前手部应洗净。接触直接入口食品时,手部还应进行消毒。

（三）接触直接入口食品的操作人员在有下列情形时应洗手。

1. 开始工作前。
2. 处理食物前。
3. 上厕所后。
4. 处理生食物后。
5. 处理弄污的设备或饮食用具后。
6. 咳嗽、打喷嚏或擤鼻子后。
7. 处理动物或废物后。
8. 触摸耳朵、鼻子、头发、口腔或身体其他部位后。
9. 从事任何可能会污染双手活动（如理货、执行清洁任务）后。

问题：
(1) 对餐饮从业人员个人卫生的规定你有何看法？
(2) 服务行业从业人员怎样才能更好地遵守这些规范？

3. 坚持在刷牙、洗脸、洗头时采用正确的方法，养成良好的卫生习惯。
4. 让我们一起来做做手部健美操。具体方法是：将拇指放在手掌内紧紧握成拳，突然间打开，尽量将手指向外伸，10 次为一组，每天坚持做 5 组。这套动作可以起到锻炼手部关节的作用。

评价考核

能力评价表

内 容		评 价	
学习目标	评价内容	小组评价 (5、4、3、2、1)	教师评价 (5、4、3、2、1)
知识（应知应会）	行业卫生的规范		
	服务行业从业人员个人卫生的基本要求		
专业能力	手部的卫生		
	发部的卫生		
	口腔的卫生		
通用能力	自我管理能力		
	自控能力		

内　　容		评　　价	
学习目标	评价内容	小组评价 (5、4、3、2、1)	教师评价 (5、4、3、2、1)
态　　度	热爱服务工作 一丝不苟的精神 遵守服务规范		
努力方向：		建议：	

任务 2 >>> 容貌的修饰

情境导入

美中不足

　　一天，黄先生与两位好友小聚，来到某知名酒店。接待他们的是一位五官清秀的服务员，接待服务工作做得很好，可是她面无血色，显得无精打采。黄先生一看到她就觉得心情欠佳，仔细留意才发现，这位服务员没有化工作淡妆，在餐厅昏黄的灯光下显得病态十足。上菜时，黄先生又突然看到传菜员涂的指甲油缺了一块，他的第一个反应就是"不知是不是掉到我的菜里了"。但为了不惊扰其他客人用餐，黄先生没有将他的怀疑说出来。用餐结束后，黄先生喊柜台内服务员结账，而服务员却一直对着反光玻璃墙面修饰自己的妆容，丝毫没注意到客人的需要。自此以后，黄先生再也没有去过这家酒店。

任务分析

　　在服务行业中，个人容貌是最受服务对象重视的部位。实践证明，当服务对象选择服务单位时，服务行业从业人员容貌端庄、秀丽，看上去赏心悦目，自然就会挽留住客人，甚至有可能激起进一步消费的欲望；相反，服务行业从业人员"面目可憎"，则很有可能令顾客望而却步。服务行业虽然不要求服务行业从业人员都是俊男靓女，但是至少应当要求五官端正，不存在明显缺陷。总之，服务行业有必要将服务行业从业人员的容貌端正与否，上升到维护企业整体形象的高度来考虑。美好的仪容，既反映了个人爱美的一面，又能体现对他人的礼貌，既振奋了自己的精神，又表现了敬业精神。
　　值得深思的是：在"情境导入"案例中，黄先生再也没有光顾这家酒店的原因究竟是什么？身为服务行业从业人员应该怎样对自身进行容貌的修饰呢？应该掌握哪些容貌修饰的基本技能呢？无论男性服务行业从业人员还是女性服务行业从业人员在走上工作岗位时，对于这些基本而又重要的问题都是不能含糊的。

知识储备

1. 容貌修饰的重点：适度化妆

在服务工作中，适当化妆，不仅是服务工作的需要，同时也是对他人尊重的一种表现。做任何事情都贵在适度，化妆也不例外，过分醉心于美容，化妆化得浓艳，不仅有损于皮肤的健康，而且还有损于别人的观瞻，因此，化妆适度是仪容美的基本要求。

1）妆前自我认识

一个人要让别人觉得美，全身的整体比例很重要，因为只有符合比例的才是和谐的，只有和谐的才是美的。

（1）"黄金分割"。美学上著名的"黄金分割"，是指事物各部分间的一定数学比例关系，即将一条线段一分为二，其较短一段与较长一段之比等于较长一段与全线段之比。按照此种比例关系组织的任何对象，都表现出变化的统一、内部关系的和谐。因此，许多哲学家与美学家认为，无论在艺术界还是自然界中，"黄金分割"都是形式美中较为理想的关系。对于人类而言，通常人的脸形是接近黄金矩形的，椭圆形脸之所以被较多数人视为理想的脸形，就是因为脸形的长宽之比近似黄金矩形。然而生活中的人们并不都是这样的脸形，于是我们可以从美的比例出发，利用发型和化妆弥补脸形的比例不足，使整个头部形象形成一种新的比例关系。

（2）"三庭五眼"。除了脸形的长宽之比之外，"三庭五眼"也是对人的面部按长宽比例进行测量的一种简单方法。五官端正就是指符合"三庭五眼"的比例要求。

"三庭"是指上庭、中庭和下庭。①上庭：从额头发际线到两眉头连线之间的距离；②中庭：从两眉头连线到鼻头底端之间的距离；③下庭：从鼻头底端到下颌（下巴尖）的距离。理想的比例是上庭∶中庭∶下庭＝1∶1∶1，即三者长度相等。

"五眼"是指：①左太阳穴处发际至左眼尾的长度；②左眼长度；③左眼内眼角至右眼内眼角的长度；④右眼长度；⑤右眼眼尾至右太阳穴发际处的长度。

"三庭"、"五眼"示意图如图 1-1 所示（选自：http://www.samlong.cn）。

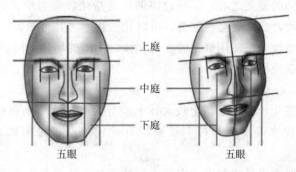

图 1-1　"三庭"、"五眼"示意图

理想的比例是这五者长度相等，即从左太阳穴发际到右太阳穴发际之间的横向连线长度正好是五只眼睛的长度，并且均匀分布。

"三庭""五眼"是人的脸长与脸宽及颜面器官布局的标准比例，如不符合这个比例，就会与理想脸形产生距离，在化妆时可以运用一定的技巧进行调整和弥补。

通过自我形象分析，我们便可以了解自己容貌上的优点与不足，虽然人的相貌在很大程度上依赖于遗传，但是后天的努力、科学的保养及恰到好处的修饰也有举足轻重的作用。

2) 化妆的原则

（1）美化原则。每一个化妆的人都希望化妆能使自己变得更美丽，这是无疑的，但事实上，有些人以为把各种色彩涂抹在脸的相应部位就自然美了，这是错误的。我们看到许多幼儿园的孩子被阿姨化妆化得脸上一团红、眼睛一团黑，看起来又凶又老气，孩子的天真可爱荡然无存。因此，美化的原则是从效果来说的。要使化妆达到美的效果，首先必须了解自己的脸的各部位特点，孰优孰劣要心中有数；还要清楚怎样化妆和矫正才能扬长避短，使容貌更迷人。这些，要在把握脸部个性特征和正确的审美观的指导下进行。

（2）自然原则。自然是化妆的生命，它能使化妆后的脸看起来真实而生动，不是一张呆板生硬的面具。化妆失去了自然的效果，那就是假，假的东西就无生命力和美了。自然的化妆要依赖正确的化妆技巧、合适的化妆品；要一丝不苟，井井有条；要讲究过渡、体现层次；要点面到位、浓淡相宜。总之，要使化妆说其有，看似无，使被化妆的人像是生就这样一张美丽的面容。化妆时不讲艺法，敷衍了事，片面追求速度，都有可能使妆面失真。

（3）协调原则。这包括：①妆面协调，指化妆部位色彩搭配协调、浓淡适宜，所化的妆针对脸部个性特点，整体设计协调。②整体协调，指脸部化妆还必须注意与发型、服装、饰物协调，如在穿大红色的衣服或配戴大红色的饰物时，口红可以采用大红色的。它力求取得完美的整体效果。③与身份协调，指礼仪人员化妆时要考虑到自己的职业特点和身份，采用不同的化妆手段和化妆品。作为职业人士，注意化妆后应体现端庄稳重的气质；作为专门从事各种关系建立和协调的从业人员，出头露面的机会多，与有身份、有地位、有权力的人打交道频繁，要表现出一定的人际吸引魅力，化妆就不能太艳俗或太单调，而应浓淡相宜，青春妩媚，适合人们共同的爱美之心。④场合协调，是指化妆要与所去的场合气氛要求一致。日常办公，可以化淡妆；出席宴会、舞会，可以化浓妆，尤其是舞会，妆可以亮丽一些；参加追悼会，提倡素衣淡妆，忌使用鲜艳的红色化妆。不同的场合不同的妆容，不仅会使化妆者内心保持平衡，也会使周围的人心情愉悦。

3) 化妆的步骤

化妆时要认真掌握化妆的方法。化妆大体上应分为打粉底、画眼线、施眼影、描眉形、上腮红、涂唇彩、喷香水等步骤。每个步骤均有一定之法，必须认真遵守，讲求化妆的方法。

（1）打粉底，又叫敷底粉或打底。它是以调整面部皮肤颜色为目的的一种基础化妆。在打粉底时，有四点应特别予以注意。一是事先要清洗好面部，并且拍上适量的化妆水、乳液。二是要选择好粉底霜的色彩。通常，不同的肤色应选用不同的粉底霜。选用的粉底霜最好与自己的肤色相接近，而不宜使二者反差过大，看起来失真。三是打粉底时一定要借助于海绵，而且要做到取用适量、涂抹细致、薄厚均匀。四是切勿忘记脖颈部位。在那里打上一点儿粉底，才不会使自己的面部与颈部"泾渭分明"。

（2）画眼线。这一步骤在化妆时最好不要省掉。它的最大好处是可以让化妆者的一双眼睛生动而精神，并且更富有光泽。在画眼线时，一般应当把它画得紧贴眼睫毛。具体而言，画上眼线时，应当从内眼角朝外眼角方向画；画下眼线时，则应当从外眼角朝内眼角画，并且在距内眼角约1/3处收笔。应予重点强调的是，在画外眼线时，特别要重视笔法。最好是先粗后细，由浓而淡，要注意避免眼线画得呆板、锐利、曲里拐弯。画完之后的上下眼线，一般在外眼角处不应当交合。上眼线看上去要稍长一些，这样才会使双眼显得大而充满活力。

（3）施眼影。主要目的是强化面部的立体感，以凹眼反衬隆鼻，并且使化妆者的双眼显得更为明亮传神。施眼影时，有两大问题应予以注意。一是要选对眼影的颜色。过分鲜艳的眼影，一般仅适用于晚妆，而不适用于工作妆。对中国人来说，化工作妆时选用浅咖啡色的眼影，往往收效较好。二是要施出眼影的层次感。施眼影时，最忌没有厚薄深浅之分。要注意使之由浅而深，层次分明，以此来强化化妆者眼部的轮廓。

（4）描眉形。一个人眉毛的浓淡与形状，对其容貌发挥着重要的烘托作用。任何有经验的化妆者，都会将描眉视为化妆时的重中之重。在描眉时，有四点需要注意。一是先要进行修眉，以专用的镊子拔除那些杂乱无序的眉毛。二是描眉所要描出的整个眉形，必须要兼顾本人的性别、年龄与脸形。三是在描眉形时，要逐根眉毛进行细描，切忌一画而过。四是描眉之后应使眉形具有立体感，所以在描眉时通常都要注意两头淡，中间浓；上边浅，下边深。

（5）上腮红。是指化妆时在面颊处涂上适量的胭脂。上腮红的好处，是可以使化妆者的面颊更加红润，面部轮廓更加优美，并且显示出其健康与活力。在化工作妆时，上腮红需要注意四条：一是要选择优质的腮红，若其质地不佳，便难出良好的化妆效果。二是要使腮红与唇彩或眼影属于同一色系，以体现妆面的和谐之美。三是要使腮红与面部肤色过渡自然。正确的做法是，以小刷蘸取腮红，先上在颧骨下方，即高不及眼睛、低不过嘴角、长不到眼长的1/2处，然后才略作延展晕染。四是要扑粉进行定妆。在上好腮红后，即应以定妆粉定妆，以便吸收汗液、皮脂，并避免脱妆。扑粉时不要用量过多，并且不要忘记在颈部也要扑上一些。

（6）涂唇彩。化妆时，唇部的地位仅次于眼部。涂唇彩，既可改变不理想的唇形，又可使双唇更加娇媚迷人。涂唇彩时的主要注意事项有三：一是要先以唇线笔描好唇线，勾画出理想的唇形。唇线笔的颜色要略深于唇彩的颜色。描唇形时，嘴应自然放松张开，先描上唇，后描下唇。在描唇形时，应从左右两侧分别沿着唇部的轮廓线向中间画。上唇嘴角要略细，下唇嘴角则要略粗。二是要涂好唇彩。以唇线笔描好唇形后，才能涂唇彩。选择唇彩时，既可以选彩色的，也可以选无色的。但要求其安全无害，并要避免选用鲜艳古怪之色。女性一般宜选棕色、橙色或紫色唇彩，男性则宜选无色唇彩。涂唇彩时，应从两侧向中间涂，并要使之均匀而又不超出以唇线笔画出的唇形。三是要仔细检查。涂毕，要用纸巾吸去多余的唇彩，并细心检查牙齿上有无唇彩的痕迹。

（7）喷香水。喷香水主要是为了掩盖不雅的体味，而不是为了使自己香气袭人，这一点很重要。喷香水要注意的问题有：一是不应使之影响本职工作，或是有碍于人。二是宜选气味淡雅清新的香水，并应使之与同时使用的其他化妆品香型大体上一致，而不是彼此"串味"。三是切勿使用过量，产生适得其反的效果。四是应当将其喷在或涂抹于适当之处，如腕部、耳后、颌下、膝后等处，而千万不要将它直接喷在衣物上、头发上或身上其他易于出汗的部位。

4）不同脸形的化妆技巧

脸部化妆一方面要突出面部五官最美的部分，使其更加美丽，另一方面要掩盖或矫正缺陷或不足的部分。经过化妆品修饰的美有两种：一种是趋于自然的美，一种是艳丽的美。前者是通过恰当的淡妆来实现的，它给人以大方、悦目、清新的感觉，最适合在家或平时上班时使用。后者是通过浓妆来实现的，它给人以庄重高贵的印象，可出现在晚宴、演出等特殊的社交场合。无论是淡妆还是浓妆，都要利用各种技术，恰当使用化妆品，通过一定的艺术处理，才能达到美化形象的目的。

（1）椭圆脸化妆。椭圆脸可谓公认的理想脸形，化妆时宜注意保持其自然形状，突出其可爱之处，不必通过化妆去改变脸形。

① 涂胭脂。胭脂应涂在颊部颧骨的最高处，再向上、向外抹开去。

② 涂唇彩。除嘴唇唇形有缺陷外，尽量按自然唇形涂抹。

③ 修眉毛。可顺着眼睛的轮廓修成弧形，眉头应与内眼角齐，眉尾可稍长于外眼角。

正因为椭圆形脸是无须太多装饰的，所以化妆时一定要找出脸部最动人、最美丽的部位，而后突出之，以免给人平平淡淡、毫无特点的印象。

（2）长脸形化妆。长脸形的人，在化妆时力求达到的效果应是：增加面部的宽度。

① 涂胭脂。应注意离鼻子稍远些，在视觉上拉宽面部。可沿颧骨的最高处与太阳穴下方所构成的曲线部位，向外、向上抹开去。

② 施粉底。若双颊下陷或者额部窄小，应在双颊和额部施以浅色调的粉底，造成光影，使之变得丰满一些。

③ 修眉毛。应顺着眼睛的轮廓修成弧形，切不可有棱有角的。眉毛的位置不宜太高，眉毛尾部切忌高翘。

（3）圆脸形化妆。圆脸形给人可爱、玲珑之感，若要将这种脸形修正为椭圆形，并不十分困难。

① 涂胭脂。可从颧骨起涂至下颌部，注意，不能简单地将颧骨凸出部位涂成圆形。

② 涂唇彩。可将上嘴唇涂成浅浅的弓形，不能涂成圆形的小嘴，以免有圆上加圆之感。

③ 施粉底。可用粉底在两颊造阴影，使圆脸看起来消瘦一点。选用暗色调粉底，沿额头靠近发际处起向下窄窄地涂抹，至颧骨下可加宽涂抹的面积，造成脸部亮度自颧骨以下逐步集中于鼻子、嘴唇、下巴附近部位。

④ 修眉毛。可顺着跟眼的轮廓修成弧形，可作少许弯曲，不可太平直或有棱角，也不可过于弯曲。

(4) 方脸形化妆。方脸形的人以双颊骨凸出为特点，因而在化妆时，要设法加以掩饰，增加柔和感。

① 涂胭脂。宜涂抹得与眼部平行，切忌涂在颧骨最凸出处。可抹在颧骨稍下处并往外抹开。

② 施粉底。可用暗色调在颧骨最宽处造成阴影，令其方正感减弱。下颚部宜用大面积的暗色调粉底造阴影，以改变面部轮廓。

③ 涂唇彩。可涂厚一些，强调柔和感。

④ 修眉毛。应修得稍宽一些，眉形可稍带弯曲，不宜有角。

(5) 三角脸形化妆。三角脸的特点是额部较窄而两腮较阔，整个脸部呈上窄下宽状。化妆时应将下部宽处"削"去，把脸形变为椭圆状。

① 涂胭脂。可由外眼角处起，向下抹涂，在视觉上拉宽面部。

② 施粉底。可用较深色调的粉底在两腮部位涂抹、掩饰。

③ 修眉毛。宜保持自然状态，不可太平直或太弯曲。

(6) 倒三角脸形化妆。倒三角脸形的特点是额部较宽大而两腮较窄小，呈上阔下窄状。人们常说的"瓜子脸"、"心形脸"即指这种脸形。化妆时，掌握的诀窍恰恰与三角脸形相似，需要修饰部分则正好相反。

① 涂胭脂。应涂在颧骨最凸出处，而后向上、向外抹开。

② 施粉底。可用较深色调的粉底涂在过宽的额头两侧，而用较浅的粉底涂抹在两腮及下巴处，造成掩饰上部、突出下部的效果。

③ 涂唇彩。宜用稍亮些的唇彩，以加强柔和感。唇形宜稍宽厚些。

④ 修眉毛。应顺着眼部轮廓修成弧形，眉尾不可上翘，描眉时从眉心到眉尾宜由深渐浅。

5) 化妆的禁忌

(1) 切忌在公共场合化妆。在众目睽睽之下化妆是非常失礼的，这样做有碍于别人，也不尊重自己。

(2) 女士不能当着男士化妆。如何让自己更加妩媚，应是每个女性的私人问题，即便是丈夫或男朋友，这点距离也是要有的，从某种意义上来说"距离"就是美。

(3) 不能非议他人的妆容。由于个人文化修养、皮肤及种族的差异，每个人对化妆的要求及审美观是不一样的。不要总认为只有自己的妆容才是最好的。在和他人交往的过程中，即便是好朋友，也不要主动去为别人化妆、改妆及修饰，这样做就是强人所难和热情过度。

（4）不要借用别人的化妆品。如确实忘了带化妆盒而又需要化妆，在这种情况下除非别人主动给你提供方便，否则千万不要用别人的化妆品，因为这既不卫生，也是很不礼貌的。

（5）男士使用化妆品不宜过多。目前，男士化妆品也越来越多，但男女有别。男士不能使用过多的化妆品，否则会给人留下不良的印象，不要让人感到你化妆后有"男扮女装"的感觉。

（6）女士不要忽视颈部皮肤的护理。颈部皮肤与脸部的皮肤差不多，所以你不必去买专门护颈的营养霜，可以使用用于脸上的护肤品。使用方法和程序跟面部护理一样，只不过在春天、秋天和冬天，脖子上因为有衣服和围巾等的遮掩，护肤品使用次数不必太频繁，可以在每天早晨或晚上各使用一次。夏天因为脖子皮肤裸露在外较多，出外晒太阳时，应与脸部皮肤一样，使用防晒霜。每天进行两次爽肤并使用营养霜。女士把自己的颈部护理得与自己的脸一样年轻，就会更加完美了。

6）男士的"化妆"

以上化妆主要针对女士而言，其实男士也应注意面容之美，除了具有宗教信仰与风俗习惯者之外，男性不宜蓄留胡须，因为一来显得不清洁，二来显得对交往对象不够尊重，因此男同志最好每天坚持剃一次胡须，绝对不可以胡子拉碴地上班或与人会面。如果有必要蓄须的话，也要考虑工作是否允许，并且要经常修剪，保持卫生，不管是留络腮胡还是小胡子，整洁大方最重要。

剃须虽然人人都会，但仍需要注意操作程序和方法是否正确和得当。男子剃须方法和程序具体内容如下。

（1）清洁皮肤。剃须前，应先用中性肥皂洗净脸部。如脸上、胡须上留有污物及灰尘，在剃须时，因剃刀对皮肤会产生刺激，或轻微地碰伤皮肤，污物会引起皮肤感染。

（2）软化胡须。洗净脸后，再用热毛巾捂胡须，或将软化胡须膏涂于胡须上，使胡须软化。过一会儿再涂上剃须膏或皂液，以利于刀锋对胡须的切割和减轻对皮肤的刺激。剃须膏是男子剃须的专用品，有泡沫型和非泡沫型两种，有的还可自动发热。剃须膏使用方法比较简单，先用温水将胡须部位拍湿，再挤少量剃须膏均匀地涂抹在胡须上，待泡沫出现或稍等片刻后，即可开始剃须。

（3）正确剃刮。剃须时应绷紧皮肤，以减少剃刀在皮肤上运行时的阻力，并可防止碰破皮肤。尤其年纪大或者瘦弱的人，皮肤易起皱褶，更应绷紧皮肤，使之保持弹性和一定的支撑力。剃须完毕，用热毛巾把泡沫擦净或用温水洗净后，应检查一下还有没有胡楂。

（4）剃后保养。剃须后应注意皮肤保养，因为剃刮胡须时，对皮肤有一定的刺激，并且易使皮脂膜受损，为了在新皮脂膜再生之前保护好皮肤，应在剃须后用热毛巾再敷上几分钟，然后可选用诸如须后膏、须后水、面后蜜、护肤脂或润肤霜之类的外搽。这样可形成保护膜，使皮肤少受外界刺激。

（5）胡须修剪与保养。对于蓄须者，修剪胡须时可用一把细齿小木梳和一把弯头小剪，先将胡须梳顺，然后再剪翘起的胡子和长于胡型的胡子，使修剪后的胡须保持整齐挺括的外形。上唇胡须的下缘要齐整，否则会影响面容美观。

如果要改变胡子的形象，可用剪刀将不需要的部分仔细地修剪掉，不要一下子剪得太多，以免失手而影响胡型。

保养胡须，首先要求胡须清洁，每天应认真地清洗胡须，以免尘埃及脏物污染胡须和其根基部的皮肤。洗完后可涂少量的滋润剂，以保持胡须的柔软和光泽。

此外，还要注意经常检查和修剪"鼻毛"，在人际交往中，偶尔有一两根鼻毛黑糊糊地"外出"，是很破坏他人对自己的看法的；吸烟的男子要注意吸烟后能嚼口香糖等去除烟味；有"汗脚"的男士应注意保持鞋袜清洁，最好有两双以上鞋子换着穿。

男士的形象与其精神面貌有很大关系，如果外表各方面都处于最佳状态，但目中无人，神态不振，这个人的形象也就谈不上好，所以，男士在精神面貌上要保持对生活的乐观和追求，少些抑郁忧愁，多些爽朗欢笑。

2. 皮肤的保养

护肤是仪容美的关键。皮肤，尤其是面部皮肤的经常护理和保养，是实现仪容美的首要前提。正常健康的人皮肤具有光泽，且柔软、细腻洁净、富有弹性，而当人处于病态或衰老的时候，其皮肤就会失去光泽、弹性，出现皱纹或色斑。对皮肤进行经常性的护理和保养有助于保持皮肤的青春活力。皮肤的保养主要应该注意以下几点。

（1）分类型保养。皮肤一般分为干性皮肤、中性皮肤、油性皮肤、混合性皮肤、敏感性皮肤。对于不同类型的皮肤需用不同的方法加以护理和保养。干性皮肤红白细嫩，油脂分泌较少，经不起风吹日晒，对外界的刺激十分敏感，极易出现色素沉着和皱纹。有些干性皮肤的人苦于自己的皮肤少了一份"亮光"，使劲儿往脸上涂抹"增亮"的油脂，殊不知此举减少了皮肤的秀气性。其实对于这种皮肤，每天在洗脸的时候，可以在水中加入少许蜂蜜，湿润整个面部，用手拍干。坚持一段时间，就能改善面部肌肤，使其光滑细腻。保养要点是补充油脂和保湿。中性皮肤比较润泽细嫩，对外界的刺激不太敏感。这种皮肤比较容易护理，可以在晚上用水洗脸后，再用热水捂脸片刻，然后轻轻抹干。保养要点是维持水油平衡。油性皮肤肤色较深，毛孔粗大，油光满面，易生痤疮等皮脂性皮肤病，但适应性强，不易显皱。洗脸时可在热水中加入少许白醋，以便有效地去除皮肤上过多的皮脂、皮屑和尘埃，使皮肤富有光泽和弹性。保养要点是控制油脂分泌和保湿。混合性皮肤看起来很健康且质地光滑，但T形区（额头、鼻子、下巴的区域）有些油腻，两颊及脸部的外缘有一些干燥的迹象。混合性皮肤在护肤时可考虑分区护肤的法则，对于干燥的部位除了更多地补水保养外，可以适当地选择一些营养成分较丰富的护肤品，而偏油部分可以使用清爽护肤品。保养要点是控制T形区的油脂分泌，消除两颊的干燥现象并保湿。敏感性皮肤表皮较薄，毛细血管明显，使用保养品时很容易过敏，出现发炎、泛红、起斑疹、瘙痒等症状。保养要点是适度清洁，不过度去角质，不频繁更换保养品，不使用含有致敏成分的化妆品。

确定皮肤类型的简单方法是：在早晨起床前，准备三张干纸片，分别贴在额头、鼻子、面颊上，两分钟后揭下，放在亮处观察，就可判断自己的皮肤类型，如果满纸油迹即为油性皮肤，极少油迹即为干性皮肤；如果额头、鼻子有油迹，脸颊上几乎没有即为中性皮肤，额头、鼻子有较多油迹，脸颊上没有为混合性皮肤。

（2）合理的饮食。合理的饮食是美容保健的根本。人体需要多种养分，有了养分，皮肤才有自然健康的美。因此，在日常生活中应注意饮食上的多种多样，多吃富含维生素的食物，少吃刺激性食物，保持吸收、消化系统的畅通。一项研究表明：美好容颜的养成，内在营养占80%，外在营养占20%。

（3）保持乐观情绪。乐观的情绪是最好的"润肤剂"。俗话说"笑一笑，十年少"。笑能激发人体各器官，尤其是激发头脑、内分泌系统的活动，笑的时候，脸部肌肉舒展，使面部皮肤新陈代谢加快，促进血液循环，增强皮肤弹性，起到美容作用。经常笑能使人面色红润，容光焕发，给人年轻健康的美感。放松是保持乐观情绪的一剂良药，每天平躺在床上，使脚比头高，什么也不想，可以听轻音乐，10分钟后，即可增加面部的供血量，收到护肤的功效。

（4）保证良好的睡眠。保持卧室的良好环境，卧室的温度、床垫和枕头的软硬，都要适合自己入睡的要求，如有可能，特别是北方的冬季，可在室内装置加湿器，防止皮肤干裂。良好的睡眠使皮肤可以获得更多的氧气，满足代谢的需要。

（5）保持皮肤适度的水分。皮肤的弹性和光泽是由含水量决定的。要使皮肤滋润，每天要保证喝水2000毫升。每天晚上睡前饮一杯凉开水，睡眠时，水分会融入细胞，为细胞所吸收。早晨起床后，也要饮一杯凉开水，使胃肠畅通，使水随血液循环分布全身，滋润皮肤。因为皮肤角质层水分也可以从体外吸收，因而要保持环境湿度。在化妆品中配合上保湿剂，是保持皮肤水分的好方法。坚持每天用冷水浸脸一次，约2分钟，坚持必有成效。

（6）正确洗脸。正确洗脸，保持皮肤清洁卫生是不可或缺的。正确的洗脸方法是：洗脸水温不要太高，一般应低于35℃；洗脸应从下往上洗，从里向外的方向洗，这样有助于皮肤血液循环；要使用温和的洗面奶，少用或不用香皂；洗脸的动作要轻柔。

（7）避免不良刺激。紫外线对皮肤有破坏作用，过度暴晒会使皮肤变黑、粗糙并出现皱纹，因此阳光太强的天气，要注意防晒。应化淡妆，不要浓妆艳抹，以减轻对皮肤的刺激。不要使用伪劣化妆品。

（8）按摩皮肤。具体方法是：两手掌相互摩擦发热，然后两手掌由前额顺着脸的两旁轻轻向下擦，擦至下巴时，再上擦至前额，如此一上一下将脸的各处擦周到，上下共36次，每天早晚洗脸后进行。在按摩时手法要轻柔，不可过分用力。

总之，只有自觉地、习惯地在日常生活和工作中保养皮肤，坚持皮肤"锻炼"，才能使皮肤细腻、光泽、柔嫩、红润、富有弹性，青春永驻。

3. 手部的护理

服务工作中要经常需要与人握手，要做各种手势，所以健康美观的双手及手上的指甲是不可忽视。

（1）滋润双手。拥有一双美丽的纤纤玉手尤其对女性来说是非常重要的。在招待客人端茶给对方时，在签字仪式上众目注视时，如果自己的手非常漂亮，不但可表现出自己的魅力，同时也会让他人觉得非常舒服。因此，平时就要多多注意手部的保养。

手部肌肤的油脂腺较少，较身体其他部分更易变得干燥，但又经常需要暴露于空气中，因此细心呵护双手要注意：①每晚用滋润的润手霜按摩双手；②经常除去手上的死皮；③做家务或粗活时戴上手套；④经常运动，使之保持柔软；⑤偶尔可敷上一些现成或自制的护手膜。

（2）护理指甲。和保持身体其他部分的健康一样，指甲也必须从护理和营养着手，才可保持其健康。指甲是身体最先表露紧张、疾病或不良饮食习惯症状的部分。如果它们的健康被忽视，便会出现干燥、起薄片和脆裂的现象，因此必须注意日常的营养和定期护理。定期修剪指甲，将其修剪成椭圆形，不仅使之变得美观，而且可保持它们的健康，手指简单的按摩运动，可促进指尖血液循环，有利于营养和氧气输送至指甲。

4．发型的设计

发型是构成容貌美的重要内容。美观的发型能给人一种整洁、庄重、洒脱、文雅、活泼的感觉。发型的选择要与性别、发质、服装、身材、脸形等相匹配，还要与自己的气质、职业、身份相吻合。只有这样，才能扬长避短，和谐统一，显现出真正的美。

（1）发型与性别。对于男士来讲，头发的具体长度，有着规定的上限和下限。所谓上限，是指头发最长的极限。按照常规，一般不允许男子在工作时长发披肩，或者梳起辫子，在修饰头发时要做到：前发不覆额，侧发不掩耳。男士头发长度的下限是不允许剃光头。对于女士来讲，在工作岗位上头发长度的上限是：不宜长于肩部，不宜挡住眼睛。长发过肩的女子在上岗之前，可以采取一定的措施，如将超长的头发盘起来、束起来、编起来，不可以披头散发。女士头发长度的下限也是不允许剃光头。

（2）发型与发质、服装。一般来说，直而硬的头发容易修剪得整齐，故设计发型时应尽量避免花样复杂，应以修剪技巧为主，做成简单而又高雅大方的发型。比如梳理成披肩长发，会给人一种飘逸秀美的悬垂美感；用大号发卷梳理成略带波浪的发型或梳成发髻等，会体现一种雍容、典雅的高贵气质。

细而柔软的头发，比较服帖、容易整理成形，可塑性强，适合做小卷曲的波浪式发型，显得蓬松自然；也可以梳成俏丽的短发，能充分体现你的个性美。

在现代美容中，一个人的发式与服装有着十分密切的关系。什么样的服装应当有什么样的发式相配，这样才显得谐调大方。假如一个高贵典雅的发髻配上一套牛仔服系列就显得不伦不类，因此，只有和谐统一才体现美。

（3）发型与身材。身材高大威壮者，应选择显示大方、健康洒脱美的发式，以避免给人大而粗、呆板生硬的印象。高大身材的女士，一般留简单的短发为好，切忌花样复杂。烫发时，不应卷小卷，以免造成与高大身材的不协调。

身材高瘦者，适合留长发型，并且适当增加些发型的装饰性。如若梳卷曲的波浪式发型,对高瘦身材会有一定的协调作用。但高瘦身材者不宜盘高发髻,或将头发削剪得太短,以免给人一种更加瘦长的感觉。

身材矮小者,适宜留短发或盘发,因露出脖子可以使身材显得高些,并可以根据自己的喜爱,将发式做得精巧、别致些,追求优美、秀丽。但矮小身材者不宜留长发或粗犷、蓬松的发型,那样会使身材显得更矮。

身材较胖者,适宜梳舒展、轻盈俏丽的发式,尤其应注意将全部头发向上拢起,将两侧束紧,使脖子露出,这样会使人产生视错觉,感觉你瘦些。但若留长波浪,两侧蓬松,则会显得更胖。

另外,如果你的上身比下身长,或上下身等长,发式可选择长发以遮盖其上身;如肩宽臀窄,就应选择披肩发或下部头发蓬松的发式,以发盖肩,分散肩部宽大的感觉;若颈部细长,可选择长发式,不适宜采用短发式,以免使脖颈显得更长;若颈部短粗,则适宜选择中长发式或短发式,以分散颈粗的感觉。

总之,进行发式选择时,必须根据自己的体型,选择一个与之相称的发型。

(4) 发型与脸形。

① 椭圆形脸。任何发式与它配合,都能达到美容效果。但若采用中分头,左右均衡、顶部略蓬松的发式,会更贴切,以显示脸形之美。

② 圆形脸。接近于孩童脸,双颊较宽,因此应选择头前部或顶部略半隆的发式,两侧则要略向后梳,将两颊及两耳稍微露出,这样,既可以在视觉上冲淡脸圆的感觉,又显得端庄大方。圆脸形的人尤其适合梳纵向线条垂直向下的发型或是盘发,使人显得挺拔而秀气。

③ 长形脸。端庄凝重,但给人一种老成感。因此,应选择优雅可爱的发式来冲淡这种感觉,顶发不宜太丰隆、前额部的头发可适当下倾,两颊部位的头发适当蓬松些,可以留长发,也可以齐耳,发尾要松散流畅,以发型的宽度来缩短脸的视觉长度。若将头发做成自然成型的柔曲状,会更理想。

④ 方形脸。前额较宽,两腮突出,显得脸形短阔。适宜选择自然的大波纹状发式,使整个头发柔和地将脸孔包起来,两颊头发略显蓬松,可以遮住脸的宽部,以线条的圆润冲淡脸部方正刚直。

⑤ "由"字形脸。应选择宜表现额角宽度的发型,而中长发型较好。可使顶部的头发梳得松软蓬松些,两颊侧的头发宜向外蓬出以遮住腮,在视觉上减弱腮部的宽阔感。

⑥ "甲"字形脸。宜选择能遮盖宽前额的发型,一般说两颊及后发应蓬松而饱满,额部稍垂"刘海",顶部头发不宜丰隆,以遮住过宽的额头。此脸形人适宜将头发烫成波浪形的长发。

实践训练

项目1:皮肤护理。

实训目标:了解皮肤类型的自我测试方法;掌握皮肤护理的操作要领。

实训学时：1学时。

实训地点：实训室。

实训准备：洗脸盆、毛巾、清洁纸巾、洗面奶等。

实训方法：分小组操作，每组针对一种皮肤类型进行护理，每组中一位同学重点操作，其他同学辅助操作。

项目2：女性面部化妆。

实训目标：掌握化妆的基本操作规程。

实训学时：1学时。

实训地点：实训室。

实训准备：化妆盒、棉球、粉底霜、胭脂、眼影、眉笔、唇彩、香水等。

实训方法：按照化妆的一般方法，教师为一名学员操作示范，然后学员分别操作，教师重点指导。针对若干化妆好的学员进行分析总结。

项目3：发型的选择。

实训目标：掌握选择发型的基本要领。

实训学时：1学时。

实训地点：教室。

实训方法：选择若干学员上台展示自己的发型，并说明选择这种发型的理由。台下的学员予以点评并提出具体的发型建议，评选出三位最佳发型者。最后由教师进行总结。

自主学习

1. 作为女士，请用5分钟时间给自己化一个漂亮的工作妆。请实际操作，如果结果不令你满意，要继续实践，反复练习，直到取得满意效果为止。

2. 作为男士，如何保持仪容整洁？请每天早晨上班前对着镜子检查一下，在个人卫生方面还有哪些地方需要改进？要坚持一丝不苟。

3. 案例分析

化妆风景线

阿美和阿娟是一所美容学校的学生，初学化妆，非常感兴趣，走在大街上，总爱观察别人的妆容，因此发现了一道道奇特的风景线。

一位中年妇女没有做其他化妆，光涂了嘴彩，而且用的是那种很红很艳的唇彩，只突出了一张嘴。另一位女士的妆容看起来真的很漂亮，只可惜脸上精彩纷呈，脖子却粗糙，与脸庞轮廓有明显的分界线，像戴了面具一样。再看，还有的女士用粗的黑色眼线将眼睛轮廓包围起来，像个"大括号"，看上去那么的生硬、不自然。一位很漂亮的女士，身穿蓝色调的时装，却涂了橘红色的唇彩……。

思考讨论题：

请帮助阿美和阿娟分析一下，针对以上几种情形，化妆时应注意哪些问题？

4. 你的皮肤属于哪种类型？有什么特点？在保养方面要注意哪些要点？
5. 请每日按照科学的化妆和护肤方法进行仪容修饰与保养。
6. 男士如何保持仪容整洁？
7. 请对着镜子检查一下，此刻的你，在个人卫生方面还有哪些地方需要改进？
8. 请思考在哪些场合可使用香水？使用哪种类型香水比较得体？
9. 你的脸形、发质和职业最适合选择哪种发型？

评价考核

能力评价表

内容		评价	
学习目标	评价内容	小组评价 （5、4、3、2、1）	教师评价 （5、4、3、2、1）
知识（应知应会）	化妆的类别		
	妆前自我认识		
专业能力	熟练地进行适度化妆		
	对皮肤进行护理		
	对手部进行护理		
	发型的设计		
通用能力	自我管理能力		
	审美能力		
	分析判断能力		
态度	热爱服务工作		
	一丝不苟的精神		
	持之以恒的精神		
努力方向：		建议：	

学习情境 2　服饰选配

任务 1　规范的着装

情境导入

不伦不类的着装

从事了十年旅游管理工作的王经理到某省会城市出差。十分注意着装的他总是西装革履，穿戴整齐。他推门走进一家酒店的大厅，只见三男三女正或坐或走忙于工作。A男，西装配布鞋；B男，花T恤；A女，着无袖超低胸上装；B女，透视装；C男，短裤；C女紧身装。王经理见此情景，不禁愕然，又退出门外，他看了看门外的招牌，自言自语："这是一家正规的酒店吗？怎么人人穿着打扮都不伦不类呢？"

任务分析

着装是一种无声的语言，它显示着一个人的个性、身份、涵养、经济状况、审美水平及心理状态等多种信息。在人际交往中，着装直接影响到别人对你的第一印象，关系到对你个人形象的评价，因此，所谓"三秒定乾坤"的说法也不无道理。服务行业从业人员的得体规范的服饰，可以更好地表现对服务对象的尊重，它反映了服务行业从业人员良好的素质和修养，进而展示出企业良好的精神面貌和管理水平。

值得我们深思的是：在"情境导入"案例中，王经理产生疑问的原因是什么？身为服务行业从业人员应该怎样着装呢？应该掌握哪些穿着得体的基本技能呢？无论是男性服务行业从业人员还是女性服务行业从业人员，在走上工作岗位时，都必须面对这些基本而又重要的问题。

知识储备

1. 服务行业从业人员着装的基本要求

服务行业从业人员服饰得体与否，与个人形象、服务企业的形象均有极大关系。对其重视不够，就会损害个人和企业形象。作为服务行业从业人员在服饰上不出差错，唯一的办法，就是必须在个人服饰上遵守成规，特别是要严守本单位的有关规定。服务行业从业人员

衣冠不整，则宾者不肃。——管仲

在着装方面必须注意以下方面。

（1）制作精良。服务行业从业人员所身着的正装理当制作精良。在本单位财力、物力允许的前提下，为服务行业从业人员所统一制作的正装，务必力求精益求精，好上加好。唯其如此，才有可能发挥其正常作用。

礼仪专家金正昆教授在其著作中举了因工作服面料而引起失礼的例子，想必很多人都曾遇到过。他去饭馆吃饭，服务员给他斟茶，他接茶杯的时候被静电电了一下，一会儿接服务员递来的纸巾，又被电了一下，再接后者递来的酒瓶，还是被电，搞得他那顿饭吃得提心吊胆。这是为什么？就是因为服务员的工作服选择了容易产生静电的那种面料。

服务行业人员的制服应统一制作，式样应雅致，色彩要少，不能对服务产生阻碍，给消费者留下不好的印象。此外，制服还要在设计上适应工作特点，体现出积极进取、奋发向上的精神风貌。

（2）外观整洁。服务行业从业人员在其工作岗位之上不穿外观不够整洁的正装。服务行业从业人员的正装不够整洁，主要包括下述几种情况。它们都是不符合服务礼仪的基本规范的。

① 布满褶皱。服务行业从业人员在穿着正装前，要进行熨烫；在暂时将其脱下时，则应认真把它悬挂起来。若是平时对其不熨不烫，脱下之后随手乱丢，使之折痕遍布，皱皱巴巴，必定使其十分难看。

② 出现残破。服务行业从业人员若是我行我素地穿起明显的外观出现残破的正装，如被刮破、扯烂、磨透、烧洞，或者纽扣丢失等，则极易给人留下很坏的印象。在外人眼里，这不但是工作消极，敷衍了事，而且也绝无爱岗敬业、恪尽职守的精神可言。

③ 遍布污渍。服务行业从业人员在工作之中难免会使自己身着的正装沾染上一些污渍。例如，油渍、泥渍、汗渍、雨渍、水渍、墨渍、血渍等。这些污渍，往往会给人以不洁之感，有时甚至还会令人产生其他联想。

④ 沾有脏物。与遍布污渍相比，正装上沾有脏物，往往会造成更大的负面影响。

⑤ 充斥异味。正装充满异味，比如汗酸、体臭、等等，属于一种"隐形"的不洁状态。它表明，着装者疏于换洗服装。在某些情况下，特别是当服务行业从业人员需要为他人进行近身服务时，若是浑身上下异味袭人，则对于服务对象还会多有妨碍。为了保证服务行业从业人员服装整洁，一般服务企业都制定了相关规定，并严格执行，如统一规定服务行业从业人员正装换洗的具体时间，如每日一换，三日一换或一周一换，并且由单位负责服装的洗涤；服务企业应当明确要求服务行业从业人员的正装必须随脏随换，不得懈怠；任命专人负责检查，凡不合要求者，不但批评教育，还要予以一定处罚，等等。

（3）穿着得体。服务行业从业人员必须按规定穿好正装。应做到如下几点。①正装内衬衣的领口、袖口一定要洁净，否则既影响形象，又有失身份。衣摆应扎入裤子内。②衣扣到位。女士正装上衣的扣子一定要到位，如此才会显出女性的端庄典雅。再忙、再热也不允许解开衣扣。男士西装上衣的扣子要按规范扣好。③不管工作多忙或天气多热也不可以高卷袖筒、挽起裤腿。

对鞋袜还有如下特别要求。①不要光腿。服务行业从业人员的下肢如直接暴露在他人的视线之内，则最好不要光腿。男性如果光腿，只会令他人对其一双"飞毛腿"产生厌恶。而女性光腿，则通常会被理解为是成心向异性显示自己的性感和魅力。假使气候过度炎热或工作性质比较特殊而光腿的话，必须选择长于膝盖的裙子。②不要光脚。根据常规，服务行业从业人员在工作之时，通常不允许赤脚穿鞋，而一定要穿上袜子。提出这一要求，既是为了美观，也是为了从整体上塑造服务行业从业人员的形象。③不要露趾。服务行业从业人员在选择鞋子时，不仅要注意其式样、尺寸，还须特别注意，自己在穿上鞋子之后，不论是否穿有袜子，都不宜让脚趾露在外面。正因为如此，服务行业从业人员在其工作岗位上，一般不允许穿露趾的凉鞋或拖鞋。④不要露跟。与不允许露趾的理由一样，服务行业从业人员在工作岗位上暴露自己的脚后跟，也会显得过于散漫。因此，服务行业从业人员通常不应当穿着无后跟的鞋子，或脚后跟裸露在外的鞋子。

2. 男士西装的穿着

西装是男性服务行业从业人员最常见、最得体的正装。为了塑造良好的服务形象，男士必须掌握西装的穿着规范。

（1）男士西装的选择。首先要选择合适的款式。西装的款式可分为英国、美国、欧洲三大流派。尽管西装在款式上有流派之分，但是各流派之间差异并不很大，只是在后开衩的部位、扣是单排还是双排、领子的宽窄等方面有所不同。不过，在胸围、腰围的胖瘦，肩的宽窄上还是有所变化的。因此，在选择西装时，要充分考虑到自己的身高、体形，如身材较胖的人最好不要选择瘦型短西装；身材较矮者也最好不要穿上衣较长、肩较宽的双排扣西装。

其次，要选择合适的面料和颜色。西装的面料要挺括一些。作正式礼服用的西装可采用深色如黑色、深蓝、深灰等颜色的全毛面料。日常穿的西装颜色可以有所变化，面料也可以不必讲究，但必须熨烫挺括。如果穿着皱巴巴的西装，则会损坏自己和企业的形象。

再次，要选择合适的衬衣。穿着西装时一定要穿带领的衬衣，衬衣领子应根据脖子的长短来选择，脖子较短的人不宜选用宽领衬衣；相反，脖子较长的人也不宜选用窄领衬衣。花衬衣配单色的西装效果比较好，单色的衬衣配条纹或带格西装比较合适；方格衬衣不应配条纹西装，条纹衬衣也不要配方格西装。衬衣袖子的长度以长出西装袖口2厘米左右为标准。

最后，要选择合适的领带。在交际场合穿西装必须要打领带，领带是西装的灵魂，在西装的穿着中起着画龙点睛的作用。领带的颜色、花纹和款式要与所穿的西装相协调。领带的面料以真丝为最优。在领带颜色的选择上，杂色西装应配单色领带，而单色西装则应配花纹领带；驼色西装应配金茶色领带，褐色西装则需配黑色领带等。

（2）男士西装的穿着。一是要穿好衬衣。穿西装必须要穿长袖衬衣，衬衣最好不要过旧，领头一定要硬扎、挺括，外露的部分一定要平整干净。衬衣下摆要掖在裤子里，领子不要翻在西装外，衬衣袖子应长于西装袖子。衬衫口要扣上。

二是要注意内衣不可过多。穿西装切忌穿过多内衣。衬衣内除了背心之外，最好不要再穿其他内衣，如果确实需要穿内衣的话，内衣的领圈和袖口也一定不要露出来。如果天气较冷，衬衣外面还可以穿上一件毛衣或毛背心，但毛衣一定要紧身，不要过于宽松，以免穿上显得过于臃肿，影响穿西装的效果。

三是要打好领带。在比较正式的社交场合，穿西装应系好领带。领带常可体现一个人的心理特征，如系短领带，领带结头宽大，则表明此人自信心极强，相反，领带的结头打得过紧过小，则表明此人自卑。因此领带应打得宽松得体。领带的长度要适当，以达到皮带扣处为宜。如果穿毛衣或毛背心，应将领带下部放在毛衣领口内。系领带时，衬衣的第一个纽扣要扣好，如果佩带领带夹，一般应带在衬衣的第四五个纽扣之间。在喜庆宴会场合，应该选用色彩鲜艳亮丽的领带；在庄严肃穆的场合，应该选用深色或者黑色的领带。

四是要鞋袜整齐。穿西装一定要穿皮鞋，而不能穿布鞋或旅游鞋。皮鞋的颜色要与西装相配套。皮鞋还应擦亮，不要蒙满灰尘。穿皮鞋还要配上合适的袜子，袜子的颜色要比西装稍深一些。使它在皮鞋与西装之间显示一种过渡。

五要扣好扣子。西装上衣可以敞开穿，但双排扣西装上衣一般不要敞开穿。在扣西装扣子时，如果穿的是两个扣子的西装，不要把两个扣子都扣上，一般只扣上面一个。如果是三个扣子的正装，只扣中间的一个。

此外，还要注意西装前襟外侧的口袋都是装饰用的，除左上方的口袋可以根据需要置放折叠考究的西装手帕外，别的口袋不应放任何东西，以保证西装的"笔挺"。钱夹、名片、钥匙等物品应放入西装前襟两边内侧的口袋里。西装裤兜内不宜放沉东西，不要装得鼓鼓囊囊。

3. 女士西装套裙的穿着

女士西装套裙是女性服务行业从业人员的重要正装之一。著名设计师韦斯特任德说过："职业套装更能显露女性的高雅气质和独特魅力。"在女性所有的服装中，西装套裙是所有职业女性正式场合穿着的首选，也是标准的职业装。

（1）选择合适的套裙。面料：最好是纯天然质地，质量上乘的面料。上衣、裙子及背心等应选用同一种面料。在外观上，套裙所用的面料，讲究的是匀称、平整、滑润、光洁，不仅有弹性、手感好，而且应当不起皱、不起毛、不起球。色彩：应当以冷色调为主，借以体现出着装者的典雅、端庄与稳重。一套套裙的全部色彩不要超过两种，不然就会显得杂乱无章。图案：按照常规，商界女士在正式场合穿着的套裙，可以不带任何图案。点缀：不宜添加过多的点缀。一般而言，以贴布、绣花、花边、金线、彩条、亮片、珍珠、皮革等加点缀或装饰的套裙都不适宜商界女士穿着。尺寸：上衣不宜过长，下裙不宜过短。裙子下摆恰好达小腿最丰满处，是最为标准、最为理想的裙长。紧身式上衣显得较为正统，松身式上衣则看起来更加时髦一些。造型："H"形上衣较为宽松，裙子多为筒式；"X"形上衣多为紧身式，裙子多为喇叭式；"A"形上衣为紧身式，裙子则为宽松式；"Y"形上衣为松身式，裙子多为紧身式，并以筒式为主。款式：套裙款式的变化主要体现在上衣和裙子方面。上衣的变化主要体现在衣领方面，除常见的平驳领、驳领、一字领、圆状领之外,青果领、披肩领、燕翼领等并不罕见。裙子的式样常见的有西装裙、一步裙、筒式裙等,款式端庄、线条优美;百褶裙、旗袍裙、"A"字裙等,飘逸洒脱、高雅漂亮。

(2) 选择和套裙配套的衬衫。与套裙配套穿着的衬衫,有不少的讲究。从面料上讲,主要要求轻薄而柔软,比如真丝、麻纱、府绸、罗布、涤棉等,都可以用作其面料。从色彩上讲,则要求雅致而端庄,不失女性的妩媚。除了作为"基本型"的白色外,其他各式各样的色彩,包括流行色在内,只要不过于鲜艳,并且与所穿的套裙的色彩不相互排斥,均可用作衬衫的色彩。不过,还是以单色为最佳之选。同时,还要注意,应使衬衫的色彩与所穿的套裙的色彩互相般配,要么外深内浅,要么外浅内深,形成两者的深浅对比。

(3) 选择和套裙配套的内衣。一套内衣往往由胸罩、内裤及腹带、吊袜带、连体衣等构成。它应当柔软贴身,并且起着支撑和烘托女性线条的作用。有鉴于此,选择内衣时,最关键的是要使之大小适当。

内衣所用的面料,以纯棉、真丝等面料为佳。它的色彩可以是常规的白色、肉色,也可以是粉色、红色、紫色、棕色、蓝色、黑色。不过,一套内衣最好同为一色,而且其各个组成部分亦为单色。就图案而论,着装者完全可以根据个人爱好加以选择。

内衣的具体款式甚多。在进行选择时,特别应当关注的是,穿上内衣之后,不应当使它的轮廓一目了然地在套裙之外展现出来。

(4) 选择合适的鞋袜。选择鞋袜时,首先要注意其面料。女士所穿的与套裙配套的鞋子,宜为皮鞋,并且以牛皮鞋为上品。同时所穿的袜子,则可以是尼龙丝袜或羊毛袜。

对鞋袜的色彩则有许多特殊的要求。与套裙配套的皮鞋,以黑色最为正统。此外,与套裙色彩一致的皮鞋亦可选择。但是鲜红、明黄、艳绿、浅紫的鞋子,则最好莫试。穿套裙时所穿的袜子,可有肉色、黑色、浅灰、浅棕等几种常规选择,只是它们宜为单色。多色袜、彩色袜,以及白色、红色、蓝色、绿色、紫色等色彩的袜子,都是不适宜的。

鞋袜在与套裙搭配穿着时,要注意其款式。与套裙配套的鞋子,宜为高跟、半高跟的船式皮鞋或盖式皮鞋。系带式皮鞋、丁字式皮鞋、皮靴、皮凉鞋等,都不宜采用。高统袜与连裤袜,宜与套裙搭配。中统袜、低统袜,绝对不宜与套裙同时穿着。

(5) 套裙穿着的具体要求。①大小适度。上衣最短可以齐腰,裙子最长可以达到小腿中部,上衣的袖长要盖住手腕。②认真穿好。要穿得端端正正。上衣的领子要完全翻好,衣袋的盖子要拉出来盖住衣袋;衣扣一律全部系上。不允许部分或全部解开,更不允许当着别人的面随便脱下上衣。③注意场合。女士在各种正式活动中,一般以穿着套裙为好,尤其是涉外活动中。其他情况就没必要一定穿套裙。当出席宴会、舞会、音乐会时,可以选择和这类场面相协调的礼服或时装。这种高度放松的场合里,还穿套裙的话,会使你和现场"格格不入",还有可能影响到别人的情绪。外出观光旅游、逛街购物、健身锻炼时,当然是休闲装、运动装等便装最合适了。④套裙应当协调妆饰。通常穿着打扮,讲究的是着装、化妆和配饰风格统一,相辅相成。穿套裙时,必须维护好个人的形象,所以不能不化妆,但也不能化浓妆。选配饰也要少,要合乎身份。在工作岗位上,不佩戴任何首饰也是可以的。⑤兼顾举止。套裙最能够体现女性的柔美曲线，这就要求你举止优雅，注意个人的仪态等。当穿上套裙后，站要站得又稳又正，不可以双腿叉开，站得东倒西歪。就座以后，务必注意姿态，不要双腿分开过大，或是跷起一条腿来，抖动脚尖；更不可以脚尖挑鞋直晃，甚至当众脱下鞋来。走路时不能大步地奔跑，而只能小碎步走，步子要轻而稳。拿自己够不着的东西，可以请他人帮忙，千万不要逞强，尤其是不要踮起脚尖、伸直胳膊费力地去够，或是俯身、探头去拿。⑥要穿衬裙。穿套裙的时候一定要穿衬裙。特别是穿丝、棉、麻等薄型面料或浅色面料的套裙时，假如不穿衬裙，就很有可能使内衣"活灵活现"。可以选择透气、吸湿、单薄、柔软面料的衬裙，而且应为单色，如白色、肉色等，必须和外面套裙的色彩相互协调。不要选择带任何图案的衬裙。应该大小合适，不要过于肥大。⑦穿衬裙的时候裙腰不能高于套裙的裙腰，不然就暴露在外了。要把衬衫下摆掖到衬裙裙腰和套裙裙腰之间，不可以掖到衬裙裙腰内。

4. 制服的穿着

制服是标志一个人从事何种职业的服装，是绝对统一的规范服饰。各个服务行业从业人员都有符合自身职业特点的制服。在服务工作中，穿着实用美观、大方醒目的制服不仅是对宾客的尊重，便于宾客辨认，而且会使穿着者有一种自豪感、责任感、归属感和可信度，是敬业、乐业在服饰上的具体体现。制服的穿着要注意以下几点。

（1）穿戴整齐。制服必须合身。不漏扣，不掉扣；领带、领结与衬衫领口的吻合要紧凑且不系歪；不挽袖卷裤；有的岗位还要戴好手套和帽子。

（2）清洁挺括。要做到衣裤无油渍、污垢、异味，领口与袖口尤其要保持干净；衣裤保持挺括，不起皱，穿前熨烫平整，穿后挂好，做到上衣平整，裤线笔直，线条自然流畅。

（3）铭牌规范。铭牌，即标有员工姓名、工号和职别的小牌，应佩戴规范，一般佩戴在左胸的正上方（也有挂在胸前的铭牌），佩戴时要注意在一条直线上，不能歪斜。

实践训练

项目1：男士西装礼仪。
实训目标：掌握西装的穿着要求和搭配方法。
实训学时：2学时。
实训地点：大屏幕教室。
实训准备：领带、衬衫、西装、数码摄像机或照相机等。
实训方法：每5个男士一组，分别上台展示西装、衬衫、裤子、鞋袜的搭配，说明这些搭配的理由。然后，表演系领带。用数码摄像机（或数码照相机）记录整个过程，然后用大屏幕回放，学生自我评价，授课教师总结点评学生存在的个性和共性问题。最后评选出若干名最佳服饰先生。

项目2：女士套裙礼仪。
实训目标：掌握女士套裙的穿着要点和搭配方法。

实训学时：2学时。

实训地点：大屏幕教室。

实训准备：套裙、衬衫、鞋袜、饰物、数码摄像机或照相机等。

实训方法：每5个女士一组，分别上台展示其套裙、衬衫、鞋袜、饰物的搭配，说明搭配的理由，用数码摄像机（或数码照相机）记录整个过程，然后大屏幕回放，学生自我评价，授课教师总结点评学生存在的个性和共性问题。最后，评选出若干名最佳服饰女士。

自主学习

1. 案例分析

面试因何失败

南山宾馆根据收到的求职材料约见小赵作为预选对象。面试时，小赵涂着鲜艳的口红，烫着时髦的发式，穿着低领紧身的吊带装，首饰华丽而夸张，给人以一种轻佻的感觉。第一轮面试小赵就落选了。事后一位人事总监对她说："我认为你不可能仅仅由于化了美丽的妆而取得一个职位，但是我可以肯定你穿错了衣服就会使你失去一个职位。"

思考讨论题：

（1）本案例对你有何启示？

（2）结合本情境内容谈谈面试时应该怎样着装？

2. 作为男性服务行业从业人员，请每天出门前对照以下"男士仪容仪表自我检测"条例，仔细审视自己，看看自己哪些方面需要改进，以养成良好的习惯。

男士仪容仪表自我检测

发型大方，不怪异，头发干净整洁，长短适宜。无浓重气味，无头屑，无过多的发胶、发乳。

鬓角及胡须已剃净，鼻毛不外露。

脸部清洁滋润。

衬衣领口整洁，纽扣已扣好。

耳部清洁干净，耳毛不外露。

领带平整、端正。

衣、裤袋口平整伏贴。衬衣袖口清洁，长短适宜。

手部清洁，指甲干净整洁。

衣服上没有脱落的头发和头皮屑。

裤子熨烫平整，裤缝折痕清晰。裤腿长及鞋面。拉链已拉好。

鞋底与鞋面都很干净，鞋跟无破损，鞋面已擦亮。

3. 作为女性服务行业从业人员，请每天出门前对照以下"女士仪容仪表自我检测"条例，仔细审视自己，看看自己哪些方面需要改进，以养成良好的习惯。

女士仪容仪表自我检测

头发保持干净整洁，有自然光泽，不要过多使用发胶；发型大方、高雅、得体、干练，前发以不要遮眼、遮脸为宜。

化淡妆：眼亮、粉薄、眉轻、唇浅红。

服饰端庄：不太薄、不太透、不太露。

领口干净，脖子修长，衬衣领口不过于复杂和花哨。

饰品不过于夸张和突出，款式精致、材质优良，耳环小巧、项链精细，走动时安静无声。

公司标志牌佩戴在要求的位置，私人饰品不与之争夺人的注意力。

衣袋中只放小而薄的物品，衣装轮廓不走样。

指甲精心修理过，不太长、不太怪、不太艳。

裙子长短、松紧适宜。拉链拉好，裙缝位正。

衣裤或裙子及上衣的表面无明显的内衣轮廓痕迹。

鞋洁净，款式大方简洁，没有过多装饰与色彩，鞋跟不太高、不太尖。

衣服上没有脱落的头发和头皮屑。

丝袜无抽丝、无破洞，无修补痕迹，包里有一双备用丝袜。

4. 某IT行业的老总对企业员工的仪容着装提出了许多要求，其中一条是："全毛西装应定期（穿不过三天，最好每天换）送干洗、熨烫、吊挂。"当他将他的要求发表在他的博客上时，一些网友发表了他们的评论，其中一位认为："根本没必要，这和在学校天天穿'孝服'有什么区别？还三天送干洗，你以为我挣多少钱呢，只要不是赤膊打领带就行了！"对此，你有何看法？

5. 请根据你同事的脸形、形体和个性特点，给他（她）在服饰运用上提些合理化建议。

6. 在班级举行校服设计活动。可分小组查找资料，设计研讨，形成校服图样。全班分组进行图样展示，并简介设计思想。选出大家最满意的校服设计图样献给学校，供学校参考。

评价考核

能力评价表

内 容		评 价	
学习目标	评价内容	小组评价 （5、4、3、2、1）	教师评价 （5、4、3、2、1）
知识（应知应会）	服装的类别		
	服务行业从业人员着装的基本要求		
专业能力	男士西装的穿着		
	女士西装套裙的穿着		
通用能力	自我管理能力		
	审美能力		
	自控能力		
态　度	热爱服务工作		
	一丝不苟的精神		
	遵守服务规范		
努力方向：		建议：	

任务2 >>> 饰物的选配

情境导入

面试因何失败？

小黄去一家外企进行最后一轮客户前台接待岗位的面试。为确保万无一失，这次她做了精心的打扮。一身前卫的衣服、时尚的手环、造型独特的戒指、亮闪闪的项链、新潮的耳坠，身上每一处都是焦点，简直是无与伦比、鹤立鸡群。况且她的对手只是一个相貌平平的女孩，学历也并不比她高，所以小黄觉得胜券在握。但结果却出乎意料，她没有被这家外企所认可。主考官抱歉地说："你确实很漂亮，你的服装饰物无不令我赏心悦目，可我觉得你并不适合做客户前台接待这份工作，实在很抱歉。"

小黄面试失败的原因究竟是什么呢？

任务分析

饰物是人们为了给自己增添亮色，所进行的一种装饰之物。饰物在佩戴的过程中，起着美化自身、搭配衣物、体现个性等作用。而且它也是在清一色的服装中，彰显魅力的独特方法。饰物一般不作为企业所提供的范围之内，但是佩戴饰物却又为企业所限制，一般而言，规范的饰物佩戴原则是：符合身份、搭配得当、以少为宜等，否则给人一种张扬、压抑、零乱、不稳重的感觉。

本任务"情境导入"案例中的小黄之所以在面试中败下阵来，其主要原因是没有很好地掌握饰物佩戴的礼仪，偏离了佩戴"饰物"的初衷。因此，作为服务行业从业人员一定要学会得体地佩戴合适的饰物。

知识储备

1. 饰物的种类

（1）服饰。这里的"服饰"是指服装上的装饰。服饰种类繁多，主要包括刺绣、系带、金属装饰品、珠宝等。不同时期、不同民族、不同国家的服饰既相似又不同。例如，我国唐代袍衫的纹样一般以暗花为多，武则天当朝后规定，在不同级别官员的袍服上，绣上各种不同的禽兽纹样，以区别等级；又如，我国少数民族中的白族，妇女的头饰上有一缕长长的穗，随着妇女年龄的增长或已婚，这缕长穗慢慢地被剪短，直至完全没有。再如，我国布依族已婚妇女要用竹皮或笋壳与青布做成"假壳"戴在头上，向后横翘尺余。

（2）挂件。项链、玉佩、包挂等都属于挂件。在众多品种的挂件中，最流行和被人们广泛佩戴的是用贵金属、玉石、玛瑙、水晶、象牙、木雕、石雕等材料制成的各种人们心目中的吉祥物挂件。例如，保佑平安、祈祷发财、保佑健康的吉祥物。挂件制品在制作原料、工艺及饰物造型上，男女有别。除项链外，其余挂件一般不用贵金属材料制作。

（3）佩件。戒指、耳环、手镯、臂镯、丝巾扣等都属于配件。传说戒指源于3 000年前的古埃及，戒指是环形的，它没有开始，也没有结束，象征着爱情的浪漫与永恒。佩件一般用贵金属和珠宝制成。现代社会出现了很多能取代贵金属和珠宝的人造贵金属和人造珠宝材料，用这些材料制作出的戒指、耳环、手镯、臂镯、丝巾扣等也同样非常漂亮，光彩照人。

（4）手袋。手袋，特别是女士用的小型手袋是女士出席各种社交活动的重要饰物。手袋的面料很多，可用皮革、金属、塑料、串珠、刺绣等材料制成。

（5）帽子。帽子是现代女士的主要饰物。无论是质料、色彩，还是款式都是多种多样的。

（6）腰带及眼镜。腰带及眼镜是男女皆用的最常见的饰物，属于应用及装饰为一体的饰物。特别是眼镜，随着现代人装饰意识和审美情趣的变化，眼镜已成为一种修饰脸部的饰物了。

(7) 发饰。我国历代衣冠服饰制中对"冠"（即发饰）都有严格规定。在奴隶社会和封建社会时期，发饰是用来区分等级的一种饰品。例如，商代对冠巾、发簪等发饰的佩戴就有明确的要求。不同民族、不同地区的发饰在样式、佩戴方式等方面是有区别的，在某种意义上说发饰具有民族和区域特性。例如，傣族、白族等一些民族的妇女是已婚还是未婚，可通过其发式及发饰来判断。随着社会的发展，发饰等级制度已经消亡；随着民族之间、地区之间交往的日益紧密，不同民族、不同地区的发饰在逐步融合，使现代发饰呈现出了丰富、多彩、繁荣的局面。

2. 饰物佩戴的原则

服务行业从业人员的饰物佩戴要把握以下原则。

(1) 符合身份。俗话说：做什么要有做什么的样。如果你在做着售货员的工作，却用名贵饰物把自己打扮得珠光宝气，你自己认为合适吗？所以，服务行业从业人员在自己的工作岗位上佩戴饰物时，一定要使之符合自己的身份。在工作岗位中，服务的工作性质决定了佩戴饰物需要注意是否与自己相符。服务行业从业人员需要有这样的认识：我们是服务于人，应该将对方看得高一点，不能凌驾于对方之上。

(2) 搭配得当。穿着工作装的最好饰物是金银饰物，一般不戴珠宝饰物。而且饰物最好能与服装搭配和谐，从颜色、样式、整体效果上，都应该仔细协调，尽量让其浑然天成。另外，男士应该审慎选择饰物，尽量不要赶时髦。比如，男士戴着耳环就不太适合服务行业这一工作性质。

(3) 以少为宜。有些人总是爱显示自己的优越性，好像自己佩戴了什么，就比别人高一等一样，于是将身上能戴上饰物的地方全部武装起来。其实这样完全是大可不必。即使你有这样的心态，也不一定非要在数量上与他人一决高下，品质不是更能显示出气质吗？何必非要把自己打扮成和珠宝推销员一样？一般而言，正确的佩戴原则，以不超过两种为限，另外，同样的品种也不能超过两个。

3. 常见饰物的佩戴

(1) 丝巾的选择和佩戴。丝巾是女士的钟爱。确实，不管什么场合，利用飘逸柔媚的丝巾稍作点缀，一下就能让你的穿着更有味道。挑选丝巾重点是丝巾的颜色、图案、质地和垂坠感。可以用丝巾调节脸部气息，如红色系可映得面颊红润；或是突出整体打扮，如衣深巾浅、衣冷色巾暖色、衣素巾艳。但佩戴丝巾要注意：如果脸色偏黄，不宜选用深红、绿、蓝、黄色丝巾；脸色偏黑，不宜选用白色、有鲜艳大红图案的丝巾。丝巾不要放到洗衣机里洗，也不要用力搓揉和拧干，只要放入稀释的清洁剂中浸泡一两分钟，轻轻拧出多余水分再晾干就行了。

(2) 围巾、帽子、手套的选择和佩戴。围巾的花色品种很多，与帽子一样，起御寒保暖和美观的作用。巧妙地戴围巾，效果远远超过不断地更新衣服。围巾的面料有纯毛、纯棉、人造毛织物、真丝绸、涤丝绸等。围巾的色彩及图案也名目繁多。男士一般应选用纯毛、人造毛织物制作的围巾，色彩应选用灰色、棕色、深酱色或海军蓝，不能选用丝绸类的围巾。女士对围巾的选择范围极大，可选用丝绸类及色彩多样的三角巾、长巾及方巾等。除可用来围在脖子上取暖外，还可以将围巾扎在头发上、围在腰上作装饰品。如果配上丝巾扣，围巾围、戴，变化就更多了。对女士来说，不论怎样选戴围巾，都要与年龄、身份和环境相协调，与所穿衣服的面料、款式、颜色及使用者的肤色相配。围巾一般在春冬季节使用得比较多。它的搭配要和衣服、季节协调。厚重的衣服可以搭配轻柔的围巾，但轻柔的衣服却绝不能搭配厚重的围巾。围巾和大衣一般都适合室外或部分公共场所穿着，到了房间里面就要及时摘掉，不然会让人感到压抑。

帽子是由头巾演变来的。在当代生活中，帽子不仅有御寒遮阳的作用，还具有装饰功能。在男女衣着中，帽子也占据着举足轻重的地位。戴帽子时，一定要注意帽子的式样、颜色与自身装束、年龄、工作、脸形、肤色相和谐。一般来说，圆脸适合戴宽边顶高的帽子，窄脸适合戴窄边的帽子。女士的帽子，种类繁多，不同季节造型和花色不同。例如，在冬天，女士可戴手工制的绒线帽；地位较高的女士可选择小呢帽；年轻姑娘可选择小运动帽。戴帽子的方法也很多，例如，帽子戴得端端正正显得很正派，稍往前倾一些显得很时髦。另外，戴眼镜的女士不适宜戴有花饰的帽子；身材矮小者，应戴顶稍高的帽子。戴帽子应注意的一般礼仪是：戴法要规范，该正的不能歪，该偏前的不能偏后；男性在社交场合可以采用脱帽方式向对方表示致意；在庄重和悲伤的场合，除军人行注目礼外，其余的人应一律脱帽。

在西方的传统服饰中，手套曾经是必不可少的配饰。现在，不管在哪儿，手套除了御寒以外，无非就是为了保持手臂的清洁和防止太阳曝晒了。和别人握手，不管冬夏，都要摘掉手套；女士握手，有时不摘掉手套显得更加礼貌；进屋以后，一般要马上摘下手套；吃饭的时候，手套必须摘下。

（3）腰带的搭配和注意事项。腰带更重要的是装饰作用。男士的腰带一般比较单一，质地大多是皮革的，没有太多的装饰。穿西服时，都要扎腰带；而其他的服装（如运动、休闲服装）可以不扎。夏季只穿衬衫并把衬衫扎到裤子里去的时候，也要系上腰带。女士的腰带很丰富，质地有皮革的、编织物的、其他纺织品的，适用于纯装饰性场合的腰带更多，款式也多种多样。女士使用腰带要注意这样几个问题。①和服装的协调搭配，包括款式和颜色，比如穿西服套裙一般选择皮革或纺织的、花样较少的腰带，以便和服装的端庄风格搭配，如果穿着轻柔织物连衣裙装时，腰带的选择余地大一些；暗色的服装不要配用浅色的腰带，除非出于修正形体的需要。②要和体型搭配，比如个子过于瘦高，可以用较显眼的腰带，形成横线，分割一下，增加横向宽度；如果上身长下身短，可以适当提高腰带到比较合适的上下身比例线上，造成比较好的视觉效果；如果身体过于矮胖，就要避免使用大的、花样多的腰带扣（结），也不要用宽腰带。③要和社交场合协调。职业场合不要用装饰太多的腰带，而要用显得干净利落的腰带；参加晚宴、舞会时，腰带可以花哨些。

无论男女，扎腰带一定要注意：出门前看看你的腰带扎得是否合适，腰带有没有"异常"，在公共场合或别人面前系腰带是不合适的；在进餐的时候，更不要当众松紧腰带，这样既不礼貌，也不雅观；如果必要，可以起身到洗手间去整理。应经常注意检查自己的腰带是不是有损坏，以提早替换，避免发生"意外"。

(4) 皮包。皮包具有使用及装饰作用，在现代服饰中起着画龙点睛的作用。皮包的种类千变万化，有肩挂式、手提式、手拿式及双肩背式等。在选购时要考虑它的适用范围。正式场合应选用质地较好、做工精细、外观华丽，体积不宜大，横长形的皮包；平时上班和日常外出使用的皮包不必太华丽，以实用性和耐用性为主；使用皮包要考虑其颜色与季节和着装是否相一致。皮包与使用人的体形也有很大关系，例如，体形小巧的人不能选用太大的皮包；体形矮胖的人不要选用太秀气的皮包；瘦高的人虽有较大的选择余地，但也不能选用太大或太小的皮包。在参加公务活动时应携带公文包。

(5) 丝袜。丝袜，在服装整体搭配中起着举足轻重的作用。在国外，正式场合中如果女性不穿丝袜，就如同不穿内衣一样十分不雅。丝袜不仅能保护腿、足部的皮肤，掩盖皮肤上的瑕疵，还能与衣服相搭配，使女性更添魅力。

在工作场合穿着裙装及皮鞋时，一定要装丝袜，而且必须是连裤丝袜。这样可以避免丝袜因质量问题掉落，也不会将袜口露在外面。有的人因为怕热而穿中长袜或短丝袜是不职业的做法。而平时在穿连衣裙及凉鞋时，就不要再穿丝袜了。因为凉鞋本来就是为了凉快的，再穿袜子就显得多此一举了。现在有一种前后包脚的凉鞋，是属于较为正式的款式，穿这种凉鞋，就必须穿袜子了。穿凉鞋时，要注意脚趾和脚后跟的洁净，不要把黑糊糊的指甲缝和老茧丛生的脚后跟露在外面，平时应注意保养。

丝袜的选穿不能敷衍了事，但要根据自身特点和着装风格做到合理选穿，亦不是件容易的事，你最好知道选穿袜子的窍门，以下是一些供你参考的经验：对于日常忙于上班的职业女性，不妨选一些净色的丝袜，只要记住深色服装配深色丝袜，浅色服装配浅色丝袜这一基本方法就可以了。丝袜和鞋的颜色一定要相衬，而且丝袜的颜色应略浅于皮鞋的颜色（白皮鞋除外）。颜色或款式很出位的袜子对腿形要求很高，对自己腿形没有自信的女孩不可轻易尝试。品质良好的裤袜要比长统丝袜令你更有安全感，能够避免袜头松落。白丝袜很容易令人看上去又胖又矮，应该避免。上班族更不要穿着彩色丝袜，它会令人感到轻浮，缺乏稳重之感。参加盛会穿晚装时，配一双背部起骨的丝袜使高雅大方的格调分外突出。但穿此类丝袜时，切记注意别将背骨线扭歪，否则极失仪态。

(6) 戒指。在西方，戒指是无声的语言。一般来说，将戒指戴左手各手指上有不同含义：在食指上表示未婚或求婚；戴在中指上表示正在热恋中；戴在无名指上，表示已订婚或结婚；戴在小指上则表明"我是独身者"。右手戴戒指纯粹是一种装饰，没什么特别的意义。中国人也戴戒指，但一定不能乱戴。一般情况下，一只手上只戴一枚戒指，戴两枚或两枚以上的戒指是不适宜的。参加较正规的外事活动，最好佩戴古典式样的戒指。

(7) 项链。项链的粗细应与脖子的粗细成正比，与脖子的长短成反比。从长度上分，项链可分为四种：短项链约 40 厘米，适合搭配低领上衣；中长项链约 50 厘米，可广泛使用；长项链约 60 厘米，适合在社交场合使用；特长项链约 70 厘米，适合用于隆重的社交场合。

(8) 耳饰。耳饰有耳环、耳链、耳钉、耳坠等款式，仅限女性所用，并且讲究成对使用，也就是说每只耳朵上均佩戴一只。工作场合，不要一只耳朵上戴多只耳环。另外，佩戴耳环，应兼顾脸形，不要选择和脸形相似形状的耳环，使脸形的短处被强调夸大。耳饰中的耳钉小巧而含蓄，所以，女性服务行业从业人员可以佩戴。

(9) 手镯。有雕塑感的木质阔手镯带有中性色彩，金属宽手镯就显得很酷。而另一种风格的宽手镯——用人造宝石镶上图案，必将制造出一种目不暇接的华丽氛围。它主要强调手腕和手臂的美丽。可以只戴一只，通常应在左手。也可以同时戴两只，一只手戴一个，也可以都戴在左手。

(10) 手链。男女都可以佩戴手链，但一只手上只能戴一条，而且应戴在左手上。它可以和手镯同时佩戴。在一些国家，佩戴手链、手镯的数量、位置，可以表示婚姻状况。手链不要和手表同时戴在一只手上。

(11) 手表。在社交场合，佩戴手表，通常意味着时间观念强、作风严谨。在正规的社交场合，手表往往被看作首饰。它也是一个人地位、身份、财富状况的体现。所以男士的手表，往往引人注目。在正式场合佩戴的手表，在造型上要庄重、保守，避免怪异、新潮，尤其是尊者、年长者更要注意。一般正圆形、正方形、长方形、椭圆形和菱形手表适用范围极广，也适合在正式场合佩戴，而那些新奇、花哨的手表造型，仅适合少女和儿童，而且适合选择单色或双色手表，色彩要清晰、高雅。黑色的手表最理想。除数字、商标、厂名、品牌外，手表上没必要再出现其他无意义的图案。像广告表、卡通表等不宜出现在工作人员的手腕上。另外，在交际场合，特别是和别人交谈时，不要有意无意地看表，否则对方会认为你对交谈心不在焉、不耐烦，想结束谈话。

(12) 胸花。胸花是为女性特别设计的，专门用于装饰女性的胸、肩、腰、头、领口等部位。胸花有鲜花和人造花两种。相比之下，鲜花佩戴起来更显高雅，但不能持久。选择胸花时，一定要考虑服装的类型、颜色、面料，要考虑所出席的社交活动的层次，要考虑自身的体形和脸形条件。例如，个子矮小的女士适合小一点的胸花，佩戴时部位可稍高一些；个子高大的女士可选择大一点的胸花，佩戴时位置可低一些。要注意别胸花的部位，穿西服应别在左侧领上，穿无领上衣时应别在左侧胸前。发型偏左时胸花应当居右，发行偏右时胸花应当偏左，其高度应该在从上往下数第一粒、第二粒纽扣之间。

(13) 领针。领针专门用来别在西式上装左侧领上。男女都可以用。佩戴时戴一只就行了，而且不要和胸花、纪念章、奖章、企业徽记等同时使用。在正式场合，不要佩戴有广告作用的领针，不要将它别在右侧衣领、帽子、书包、围巾、裙摆、腰带等不恰当的位置。

(14) 发饰。常见的发饰主要有头花、发带、发箍、发卡等。通常，头花和色彩鲜艳、图案花哨的发带、发箍、发卡，都不要在上班时佩戴。

(15) 脚链。脚链是当前比较流行的一种饰物，多受年轻女士的青睐，主要适合于非正式场合。佩戴它，可以吸引别人对佩戴者腿部和步态的注意，如果腿部缺点较多，就不要用。一般只戴一条脚链。如果戴脚链时穿丝袜，就要把脚链戴在袜子外面，让脚链醒目。而服务行业从业人员在工作中不可以佩戴脚链。

除以上这些常见的饰物外，还流行佩戴鼻环、脐环、指甲环、脚戒指等。它们多是标榜前卫、张扬个性的选择，建议服务行业从业人员在工作时或严肃的场合不要佩戴。

4. 首饰佩戴的禁忌

有些女士一次佩戴太多的首饰，项链、耳坠、戒指、手链，甚至再加上一枚胸花，像全副武装的士兵一样，看起来既累赘又缺乏品位。佩戴首饰的作用不是为了显示珠光宝气，而是要对整体服装起到提示、浓缩或扩展的作用，以增强一个人外在的节奏感和层次感。像服装一样，首饰也有它自己的季节走向，春夏季可戴轻巧精致些的，以配合衣裙和缤纷的季节，秋冬季可戴庄重和典雅的，可以衬出毛绒衣物的温暖与精致。切不可一条项链戴过春夏秋冬，否则会显得单调和缺乏韵律。切忌用首饰突出自己身体中不太漂亮的部位。如脖颈上有赘肉和褶皱的女士，就不适合戴太有个性色彩的项链，以免别人过多的关注；手指欠修长丰润的，不要戴镶有大宝石或珍珠的戒指。

佩戴首饰一定要和你的身份气质及服装相协调才有品位。当穿职业装时最适合佩戴珍珠或做工精良的黄金白金首饰。气质文静的女士不要戴过于夸张和象征意义太浓的首饰，否则会使别人产生错乱感。

实践训练

项目：自我形象设计。

实训目标：掌握不同岗位服务行业从业人员服饰的穿戴与搭配。

实训学时：2学时。

实训地点：礼仪实训室。

实训准备：酒店、超市、银行窗口等岗位男士、女士的服饰，数码摄像机、投影设备等。

实训方法：学生分组（每组5~6人）设计不同岗位，每组学生进行角色扮演，演示各岗位服饰的穿戴与搭配，用数码摄像机记录整个过程，然后投影回放，学生自我评价，找出不合规范之处，授课教师总结点评学生存在的个性和共性问题。最后，评选出"最佳表现组"。

自主学习

1. 请绘制一张表格，分别列举出适合服务行业从业人员佩戴的饰物和不适合（或禁止）服务行业从业人员佩戴的饰物？

2. 请根据你同事（同学）的脸形、形体和个性特点，给他（她）在服饰运用上提些合理化建议。

评价考核

能力评价表

内 容		评 价	
学习目标	评价内容	小组评价 (5、4、3、2、1)	教师评价 (5、4、3、2、1)
知识（应知应会）	饰物的种类		
	佩戴饰物的原则		
专业能力	各种饰物佩戴应该注意的问题		
通用能力	自我管理能力		
	审美能力		
态 度	热爱服务工作 一丝不苟的精神 遵守服务规范		
努力方向：		建议：	

任务3 >>> 常规用品的使用

情境导入

小王后悔

小王是某保险公司的业务员，她在公司接了一个客户的电话后就急急忙忙前去拜访，这位客户是想购买保险的。

在与客户交谈的过程中，客户的信息需要记下来，小王却发现自己走得太匆忙而没有带记事簿，她只得撕下手头报纸的一角凑合一下，客户本想投保，但看到眼前这位业务员小王如此糊弄，如此不专业，他犹豫了，表示再等一等，这次只是咨询一下，什么时候投保，再说吧。

经过这件事，小王很为自己作为业务员在用品选择礼仪上的欠缺而后悔。

任务分析

除了服装和饰物之外，服务行业从业人员还有一个与其他行业工作人员不同的地方，那就是有时他们需要随身携带一些工作用具。按照实际用途来划分，服务行业从业人员的常规用品可分为工作性用品与形象性用品等两个类别。

所谓工作性用品就是服务行业从业人员在从事服务工作中不可缺少的日常用品，比如身份牌、书写笔等。这些用品因为是工作所需，所以必需随身携带，这就要求服务行业从业人员精心准备。

所谓形象性用品则是服务行业从业人员为了维护、修饰自身形象所使用的日常用品。其中可以包括镜子、梳子、化妆品等，在使用这些用品维护自己形象的同时，请服务行业从业人员别忘了，是不能在大庭广众之下用的，最好的地方莫过于休息室或卫生间。服务行业从业人员的用品，大体上讲具有以下三个方面的基本特征。

一是实用。它往往在服务工作中发挥一定的实用性作用。离开了它，就有可能对服务工作造成一些不利的影响，甚至会使服务工作难以为继。

二是装饰。它大都会对服务行业从业人员发挥一定的装饰性作用。它虽然不是饰品，却又在一定程度上可以直接或者间接地有助于服务行业从业人员形象的美化。

三是辅助。它通常在服务行业从业人员的整体服饰之中发挥一定的辅助作用。它一般不是服饰中的主角，地位不甚抢眼，但其实际作用却是决定性的，服务行业从业人员不可对其予以漠视。

本任务"情境导入"案例中的业务员小王，就是因为忽视携带工作性用品而失掉一笔生意的。因此，作为服务行业从业人员一定要注意用品选择的礼仪，如果丢这落那，只能说明你不专业、不敬业。

知识储备

1. 工作性用品

服务行业从业人员在从事服务工作之时，往往不可缺少一些日常工作性用品。它们的最大特点，就是可以在服务行业从业人员服务过程中发挥各种各样的实际作用。因此，服务行业从业人员平时必须对其认真看待，并且常备不懈。

在服务工作中，服务行业从业人员使用最广泛的工作用品主要有身份牌、书写笔、计算器、记事簿，等等。对其进行使用时，应注意其各自不同的具体要求。

（1）身份牌，又称姓名牌、姓名卡，简称名牌。它所指的是服务行业从业人员在其工作岗位上佩戴在身，用以说明本人具体身份，经由单位统一制作，有着一定规格的专用标志牌。在工作岗位上佩戴身份牌，有利于服务行业从业人员表明自己的身份，进行自我监督，同时也方便服务对象更好地寻求帮助，或是对其进行监督。在使用身份牌时要注意以下四点。

一是规范统一。服务行业从业人员所佩戴的身份牌，应当由其所在单位统一负责订制、下发。其基本要求是耐折、耐磨、轻巧。身份牌的色彩宜淡、宜少，其尺寸不应过大或过小。

二是内容标准。身份牌的具体内容，一般应包括部门、职务、姓名三项。上述内容均应打印，而不宜手写。必要时，还可贴上本人照片，以供服务对象"验明正身"。

三是佩戴到位。凡单位有佩戴身份牌上岗要求者，服务行业从业人员必须自觉遵守。佩戴身份牌的常规方法有三：一是将其别在左侧胸前；二是将其挂在自己胸前；三是将其戴在本人颈上，然后再将其夹在左侧上衣兜上。这是一种"双保险"的做法。除此三种做法，若无特别规定，服务行业从业人员不宜将其乱戴于他处。随意把它别在帽子上、领子上、裤子上，或是将其套在手腕上，都是不允许的。

四是完整无缺。在工作岗位上，身份牌乃是服务行业从业人员的个人形象的重要组成部分之一。所以在对其进行佩戴时，应认真爱护，保证其完好无损。凡破旧、污染、折断、掉角、掉字或涂改的身份牌，均应及时更换，否则会有损形象。

（2）书写笔。在工作中，服务行业从业人员往往需要借助于笔进行书写，因此必须随身携带。倘若在必须进行书写时，找不到笔，或者赶忙去向他人借用，都是服务行业从业人员失职的表现。

在工作岗位上，服务行业从业人员最好是同时携带两支笔，并且应当一支是钢笔，另一支是圆珠笔。提出这一要求，主要是为了使之符合服务工作的实际需要。

服务行业从业人员平时应当随身携带一支钢笔，主要是为了便于以之书写正式的条据。在一般情况下，服务行业从业人员随身携带的钢笔还须灌以蓝黑色或黑色的墨水。因为以此两种墨水书写的文本、条据，才显得最为正规。

服务行业从业人员平时还应当随身携带一支圆珠笔，主要是为了便于自己在工作之中填写正规的各类票据时使用。使用圆珠笔复写票据，不仅容易，而且可以确保字迹清晰。此时一般应使用蓝色的圆珠油笔。

在通常情况下，不论是书写文本、条据，还是填写各类票据，大都不宜使用铅笔、签字笔。因此，服务行业从业人员在工作中大可不必携带这两种笔。

服务行业从业人员在工作中随身携带的笔，最好别在上衣左侧衣袋上，或是别在上衣内侧衣袋上。将其放在裤袋之中，一般并不合适。有时，为方便使用，可将圆珠笔以绳、带缚住，挂在脖子上，令其垂于胸前。但是，切不可这样携带钢笔。

（3）计算器。在买卖活动中，价格的计算通常必不可少。服务行业从业人员在必要之时，若是能够取出随身携带的一只计算器，以进行必要的计算，既能节省时间，又能使彼此双方不必因为担心计算结果不够精确，而去分心走神。总而言之，服务行业从业人员随身携带一只小型计算器，既便己又利人。

服务行业从业人员携带于身的计算器，不必求其功能齐全，但其数字的位数却应当尽量多一些，以保证计算结果的精确。同时，还应力求使之小型化。

（4）记事簿。在服务工作之中，服务行业从业人员如果打算真正恪尽职守，则凡事就要勤观察，细思量。对于他们来讲，在工作之中需要自己记忆在心的重要信息，诸如资料、数据、人名、品名、地址、电话、传真、线索、思路、建议等，实在多得难以计数。如果没有掌握正确的信息处理手段，有时极有可能会耽误自己的正经事情。

在现实生活里，真正能够过目不忘的奇才毕竟不多。只有随时随地地将需要记忆的重要信息笔录下来，对服务行业从业人员来讲才是最切合实际的。

使用记事簿时，特别要注意书写清晰与妥善保存两大问题。千万不要乱记、乱丢，不然就很可能会劳而无功。在进行记录时，最好分门别类，并且定期予以归纳、小结。

2. 形象性用品

形象性用品，又称生活性用品。它在一般情况下所指的，实际上是服务行业从业人员用以维护、修饰自我形象时所使用的一些日常用品。它的主要特征是与服务行业从业人员的自我形象存在着一定的关系。通常，服务行业从业人员使用最多的形象性用品，主要包括纸巾、梳子、化妆盒、擦鞋器等。在使用上述形象性用品时，有许多注意事项。

（1）纸巾。在日常生活里，人们在用餐、方便之后洗过手，总要将其擦干。咳嗽、吐痰、打喷嚏于人前人后之时，免不了需要遮遮掩掩；汗流浃背的时候，往往难以当众"挥汗如雨"……凡此种种时刻，纸巾就是一种必备的物品。

在公共场合里，洗过手之后，随手乱甩，或者在自己身上乱擦乱抹，吐痰、打喷嚏、擤鼻屎，或者将其"残渣余孽"涂抹在其他物品之上，擦汗之际，"以衣代劳"……都是不文明的具体表现。服务行业从业人员在自己的工作岗位上若是这么做，则更为不当。

提倡服务行业从业人员人人随身携带一包袋装纸巾。它的优点有二：一方面，它可以说是"一专多能"，适用面甚广，不论擦手、擦汗，还是清除污物，皆可使用。另一方面，它又较为卫生。纸巾由厂家生产，并且袋装，在使用时又是一次性的，所以可令使用者比较放心其卫生问题。切勿以卫生纸或其他纸张替代纸巾之用。它们外观不雅，卫生方面又不达标，不宜当众使用。

（2）梳子。在维护个人形象方面，头发的整洁与否，大都令人极其关注。外出之时，不论自己是否要戴帽子，都有必要关注一下自己的头发。切记，最好携带上一把小梳子，以供必要时之用。千万不要用手指替代梳子，当众去抓挠自己的头发。用其他物品替代梳子亦为不当。随身携带的梳子，最好是置于上衣口袋之中。需要注意的是，要保持它的清洁与卫生。携带、使用一把肮脏的梳子，还不如不带、不用为好。

适合为自己梳理头发的时机主要有：出门之际、上岗之前、下班之时、脱帽之后，以及其他一切明显感到本人头发有可能蓬乱的时刻。梳理本人头发，宜在无人之处进行。在工作岗位上面对服务对象时，切忌这么做。

（3）化妆盒。服务行业从业人员应当视工作中的个人形象为自己的第一生命，所以需要时时刻刻对其精心照看。随身携带化妆盒，是对有必要化彩妆的女性服务行业从业人员的一项基本规定。

服务行业的绝大多数女性，在上岗之前，是理应化上彩妆的。一旦由于刮风、下雨、出汗、洗脸、用餐、小憩或更衣等缘故，而使自己原先精心描绘的彩妆遭到破坏，或者出现瑕疵，亦应及时予以修补，甚至有必要为自己进行重新化妆。如果听之任之，使自己呈现出一副衰绿残红之态，对个人形象损害极大。

服务行业的女性一向讲究自尊自爱，所以在有必要为自己化妆或补妆时，是不可以借用他人的化妆品的。因此，应当养成出门之际尤其是上班之时，随身携带一只小型化妆盒的习惯。它应当既方便，又实用。

其"主要内容"，应当包括化彩妆时最常用的唇彩、腮红、眼影、眉笔、粉刷及小镜子等。它们不必面面俱全，但应当切实致用。随身携带的化妆盒，应置于本人所带的手包或提袋之内，一般不宜装入衣袋之中。应当再次强调的是，使用化妆盒化妆、补妆，与使用梳子梳理头发一样，都要牢牢地记住回避他人。

（4）擦鞋器。在工作岗位上，身着正装，尤其是身着制服的服务行业从业人员，往往会同时配穿皮鞋。脚穿皮鞋之时，它的光洁程度，大抵与其完好性同等的重要。对此，服务行业从业人员千万不要疏忽大意。

在脚穿皮鞋的时候，不允许一时一刻使之蒙尘无光，而是要努力使之"油光可鉴"。一个经常不擦自己所穿的皮鞋的人，不论是他的鞋面上积满灰尘，好似"出土文物"，还是鞋帮、鞋底上"拖泥带水"，都会令人对其看法不佳。在正常情况下如此这般，只能说明他疏于自理，懒惰得过了头。

擦鞋器是指可为皮鞋上油、上光，并为之除去灰垢的擦鞋用具。服务行业从业人员在脚穿皮鞋时，应随身携带一只擦鞋器，并且在必要的情况下使用，以使自己的皮鞋油光锃亮。使用擦鞋器擦鞋，应回避他人。擦鞋的时间主要有每天的上岗前、进门前、外出前，以及其他一切有必要擦鞋的时候。就算是未带擦鞋器，也不要用手指、纸张、手帕、清水或其他布料去擦皮鞋，在外人眼前，尤其不要这么干。

(资料来源（有改动）：唐树伶. 服务礼仪. 北京：北京交通大学出版社，2006；http://www.5251-book.com/book_chapter.php?id=472028)

实践训练

项目：服务行业从业人员用品准备。
实训目标：掌握服务用品选择礼仪，为自身做好服务工作配备好应携带的各种用品。
实训学时：0.5学时。
实训地点：实训室。
实训准备：身份牌、书写笔、计算器、记事簿、纸巾、梳子、化妆盒、擦鞋器等。
实训方法：学生分组准备，每组推荐一名学生在全班展示所准备的用品，并作出解释，其他同学提问。评出"最佳装备组"，最后由教师进行总结。

自主学习

1. 下面是服务行业男女从业人员仪容仪表规范示意图，请在每天上岗前对自身的仪容仪表进行检查，切实遵照执行。

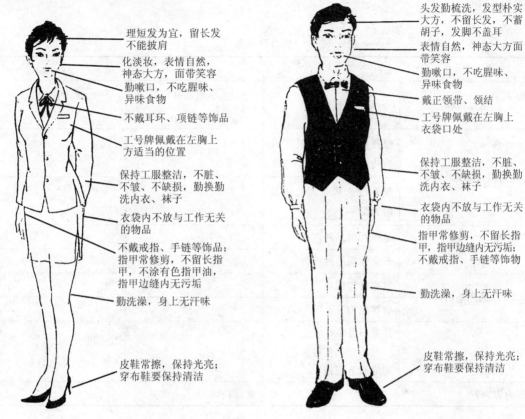

女性服务行业从业人员仪容仪表规范示意图　　男性服务行业从业人员仪容仪表规范示意图

（资料来源：职业餐饮网：http://www.canyin168.com/Print.aspx?id=4756&page=2）

2．每位同学动手为自己制作一枚身份牌，可以假设自己是某服务企业的工作人员。

评价考核

能力评价表

内容		评价	
学习目标	评价内容	小组评价 (5、4、3、2、1)	教师评价 (5、4、3、2、1)
知识（应知应会）	服务行业从业人员用品的特征		
	服务行业从业人员用品的类型		
专业能力	工作性用品的选择		
	形象性用品的选择		
通用能力	自我管理能力		
	自控能力		
态　度	热爱服务工作 一丝不苟的精神 遵守服务规范		
努力方向：		建议：	

学习情境 3 仪态设计

任务 1 >>> 体态

情境导入

面试怎么还没问，就结束了呢？

一次，有位老师带着三位毕业生同时应聘一家酒店总台接待职位，面试前老师怕学生面试时紧张，同人事部经理商量让三个同学一起面试，三位同学进入人事部经理办公室时，经理上前请三位同学入座。当经理回到办公桌前，抬头一看欲言又止，只见两位同学坐在沙发上，一个架起二郎腿而且两腿不停地抖动，另一个身子松懈地斜靠在沙发一角，两手攥握手指咯咯作响，只有一位同学端坐在椅子上等候面试，人事部经理起身非常客气地对两位坐在沙发上的同学说："对不起，你们二位的面试已经结束了，请退出。"两位同学四目相对，不知何故，面试怎么还没问，就结束了呢？

任务分析

仪态也叫仪姿、体态，泛指人身体所呈现出的各种姿势，它包括四肢动作、神态表情和相对精致的体态。人们的面部表情，体态变化，行、站、立，一举手一投足，都可以表达思想感情。仪态是映现一个人涵养的一面镜子，也是构成一个人外在美好形象的主要因素。用优美的仪态表达礼仪，比用语言更让受礼者感到真实、美好和生动，更富有魅力，往往具有"此时无声胜有声"的效果。在服务工作中，无论何种仪态，其表现都应尽可能给人以亲切、优雅之感，这是社会审美和服务工作的需要，也是仪态礼仪最基本的要求。

体态端庄是对服务行业从业人员的基本要求，俗话说："坐有坐相，站有站相"，规范的坐姿、站姿、走姿、蹲姿等体现出服务行业从业人员良好的素养和风度，将成为各类服务企业的一道亮丽的风景线。

在本任务的"情境导入"案例中的那两位毕业生为何面试酒店前台接待职位失败了呢？一个服务行业从业人员究竟应该以怎样的仪态展现在顾客面前呢？这是每一个服务行业从业人员必须面对的问题。

知识储备

1. 站姿

俗话说:"站如松",站姿是人类的一种象征,男子的站姿如"劲松"之美,具有男子汉刚毅英武、稳重有力的阳刚之美,女子的站姿如"静松"之美,具有女性轻盈典雅、亭亭玉立的阴柔之美。正确的站姿是自信心的表现,会给人留下美好的印象。

(1) 标准的站姿。

标准的站姿,从正面看,全身笔直,精神饱满,两眼正视(而不是斜视),两肩平齐,两臂自然下垂,两脚跟并拢,两脚尖张开60度,身体重心落于两腿正中;从侧面看,两眼平视,下颌微收,挺胸收腹,腰背挺直,手中指贴裤缝,整个身体庄重挺拔。

站姿的要领是:一要平,即头平正、双肩平、两眼平视。二要直,即腰直、腿直,后脑勺、背、臀、脚后跟成一条直线。三要高,即重心上拔,看起来显得高。

标准的站姿如图3-1所示。

(2) 不同场合的站姿。

在升国旗、奏国歌、接受奖品、接受接见、致悼词等庄严的仪式场合,应采取严格的标准站姿,而且神情要严肃。

在发表演说、新闻发言、作报告宣传时,为了减少身体对腿的压力,减轻由于较长时间站立双腿的疲倦,可以用双手支撑在讲台上,两腿轮流放松。

主持文艺活动、联欢会时,可以将双腿并拢站立,女士甚至站成"丁"字步。让站立姿势更加优美。站"丁"字步时,上体前倾,腰背挺直,臀微翘,双腿叠合,玉立于众人间,富于女性魅力。丁字步的站姿如图3-2所示。

门迎、侍应人员往往站的时间很长,双腿可以平分站立,形成分腿站姿,双腿分开不宜超过肩。双手可以交叉或前握垂放于腹前;也可以背后交叉,右手放到左手的掌心上,但要注意收腹。分腿站姿如图3-3所示。

图3-1 标准的站姿

图3-2 丁字步站姿

图3-3 分腿站姿

礼仪小姐的站立,要比门迎、侍应更趋于艺术化,一般可采取立正的姿势或"丁"字步。如双手端执物品时,上手臂应靠近身体两侧,但不必夹紧,下颌微收,面含微笑,给人以优美亲切的感觉。

（3）不良的站姿。

① 身躯歪斜。古人对站姿曾经指出过"立如松"的基本要求，它说明站立姿势以身躯直正为美，在站立时，若是身躯出现明显的歪斜，将直接破坏人体的线条美，而且还会给人颓废消沉、委靡不振、自由放纵的直观感觉。

② 弯腰驼背。其实是身躯歪斜的一种特殊表现。除腰部弯曲、背部弓起之外，它大都会伴有颈部弯缩、胸部凹陷、腹部挺出、臀部撅起等其他不雅体态。凡此种种，都会显得一个人健康欠佳，无精打采。

③ 趴伏倚靠。在工作岗位上，要确保自己"站有站相"，站立时，随随便便地趴在一个地方，伏在某处左顾右盼，倚着墙壁、货架而立，靠在台桌边，或者前趴后靠，自由散漫，都是极不雅观的。

④ 腿位不雅，即双腿大叉。应切记：自己双腿在站立时分开的幅度，在一般情况下越小越好；在可能之时，双腿并拢最好，即使是分开，也要注意不可使两者之间的距离超过本人的肩宽。另外，还有双腿扭在一起、双腿弯曲等姿势也应避免。

⑤ 脚位欠妥。在正常情况下，双脚站立时呈现出"V"字式、"Y"字式（丁字形）、平行式等脚位，但是，采用"人"字式、蹬踏式和独脚式，则是不允许的。所谓"人"形脚位，指的是站立时两脚脚尖靠在一起，而脚后跟却大幅度地分开，这一脚位又叫"内八字"。所谓蹬踏式，是指站立时为了舒服，在一只脚站在地上的同时，将另一只脚踩在鞋帮上，或踏在椅面上，或蹬在窗台上，或跨在桌面上等。独脚式即把一只脚抬起，只有一只脚落地。

⑥ 手位失当。站立时不当的手位主要有：一是将手插在衣服的口袋内，二是将双手抱在胸前，三是将两手抱在脑后，四是将双手支于某处，五是将两手托住下巴，六是手持私人物品。

⑦ 半坐半立。在工作岗位上，必须严守岗位规范，该站就站，该坐就坐，而绝对不允许在需要站立时，为了贪图安逸而擅自采取半坐半立之姿。当一个人半坐半立时，既不像站，也不像坐，只能让别人觉得过分随便且缺乏教养。

⑧ 全身乱动。站立乃是一种相对静止的体态，因此不宜在站立时频繁地变动体位，甚至浑身不住地上下乱动。手臂挥来挥去，身躯扭曲，腿脚抖来抖去，都会使站姿变得十分难看。

⑨ 摆弄物件。站立时，不要下意识地做些小动作，如摆弄打火机、香烟盒、玩弄衣带、发辫、咬手指甲等，这些动作不但显得拘谨，给人以缺乏自信和教养的感觉，也有失仪表的庄重。

2. 坐姿

俗话说："坐如钟"，坐姿是人际交往中人们采用最多的一种姿势，它是一种静态姿势。优雅的坐姿给人一种端庄、稳重、威严的美。

（1）标准的坐姿。落座时，要坚持尊者为先的原则入座，不要争抢；通常侧身走近坐椅，从椅子的左侧就座，如果背对坐椅，要首先站好，全身保持站立的标准姿态，右腿后退一点，用小腿确定椅子的位置，上身正直，目视前方就座。用小腿落座时声音要轻，动作要缓。落座过程中，腰、腿肌肉要稍有紧张感。女士着裙装落座时，要事先双手从后拢裙，不可落座后整理衣裙。

坐立时，上身正直而稍向前倾，头、肩平正，腰部内收，通常只坐椅子的 1/2 到 2/3 处，两臂贴身下垂，两手可以搭放在椅子扶手上，无扶手时，女士右手搭在左手上，放于腹部或者轻放于双腿之上；男子双手掌心向下，自然放于膝盖上。男士膝盖可以自然分开，但不可超过肩宽；女士膝盖不可以分开。女士要注意使膝盖与脚尖的距离尽量拉远，以使小腿部分看起来显得修长些，只有脚背用力挺直时，脚尖与膝盖的距离才最远，在视觉上产生延伸的效果，会使小腿部分看起来修长，腿部线条优美。当与他人进行交谈时，要注意不能只是转头，而应将整个上身朝向对方，以视对其重视和尊敬。

离座时要先以语言或动作向周围的人示意，方可站起，突然一跃而起会使周围的人受到惊扰；同落座时一样要注意按次序进行，尊者为先；起身时不要弄出响声，站好后才可离开，同样要从左侧离座。

人在坐着时，由臀部支撑上身，减少了两腿的承受力。由于身体重心下降，上身适当放松，可减轻心脏的负担。因此坐姿是一种可以维持较长时间的姿势。它既是一种主要的白昼休息姿势，也是一般工作、劳动、学习的姿势，还是社交、娱乐的常见姿势。正因为这个缘故，坐姿要求端正、大方、舒展。

标准的坐姿如图 3-4 所示。

图 3-4　标准的坐姿

在标准坐姿的基础上，女士两脚保持小丁字步，显得优雅大方，得体自然。如图 3-5 所示。男士可以采用分膝式坐姿。要领是：两膝左右分开，但不超过肩宽，小腿与地面垂直，两脚脚尖朝向正前方，两手自然放于大腿上。如图 3-6 所示。

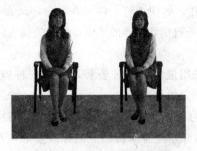 

图 3-5　女士小丁字步坐姿　　　　　　图 3-6　男士分膝式坐姿

(2) 不同场合的坐姿。谈判、会谈场合一般比较严肃,适合正襟危坐,但不要过于僵硬。要求上体正直,端坐于椅子中部,注意不要使全身的重量只落于臀部,双手放在桌上、腿上均可。双脚为标准坐姿的摆放。

倾听他人教导、知识、传授、指点时,对方是长者、尊者、贵客,坐姿除了要端正外,还应坐在坐椅、沙发的前半部或边缘,身体稍向前倾,表现出一种谦虚、迎合、重视对方的态度。

在比较轻松、随便的非正式场合,可以坐得轻松、自然一些。全身肌肉可适当放松,可不时变换坐姿,以做休息。

(3) 不雅的坐姿。这主要包括不雅的腿姿和不安分的脚姿两个方面。

① 不雅的腿姿。

- 双腿叉开过大。面对外人时,双腿如果叉开过大,不论是大腿还是小腿叉开,都极其不雅。
- 架腿方式欠妥。将一条小腿架在另一条大腿上,在两者之间还留出大大的空隙,成为所谓的"架二郎腿"或架"4"字形腿,甚至将腿搁在桌上,就显得更放肆了。
- 双腿过分伸张。坐下后,将双腿直挺挺地伸向前方,这样不仅可能会妨碍他人,而且也有碍观瞻。因此,身前若无桌子,双腿尽量不要伸到外面来。
- 腿部抖动摇晃。力求放松,坐下后抖动摇晃双腿。

② 不安分的脚姿。坐下后脚后跟接触地面,而且将脚尖跷起来,脚尖指向别人,使鞋底在别人眼前"一览无余"。另外,以脚蹬踏其他物体,以脚自脱鞋袜,都是不文明的。

3. 走姿

俗话说:"行如风",这说的是走姿,走姿始终处于动态之中,体现了人类的运动之美和精神风貌。男士的走姿要刚健有力,豪迈稳重,有阳刚之气;女士的走姿要轻盈自如,含蓄飘逸,有窈窕之美。

(1) 标准的走姿。有人编了走路的动作口诀,体现了走姿的要领:双眼平视臂放松,以胸领动肩轴摆,提髋提膝小腿迈,跟落掌接趾推送。

标准的走姿为:上身基本保持站立的标准姿势,挺胸收腹,腰背笔直;两臂以身体为中心,前后自然摆动。前摆约35度,后摆约15度,手掌朝向体内;起步时身子稍向前倾,重心落前脚掌,膝盖伸直;脚尖向正前方伸出,行走时双脚踩在一条直线上。

男子走路两步之间的距离要大于自己的一个脚长,女子穿裙装走路时,两步之间的距离要小于自己的一个脚长。正常的情况下,步速要自然舒缓,显得成熟自信,男子行走的速度以每分钟步速108~110步为宜,女子以每分钟步速118~120步为宜。

走姿分为三种。①前行式走姿。身体保持起立挺拔,行进中若与人问候时,要同时伴随头部和上身的左右转动,微笑点头致意。禁止只转动头部,用眼睛斜视他人的举止。②后退式走姿。当与他人告别时,扭头就走是不礼貌的。应该是先后退两三步,再转身离去。退步时不能轻擦地面,不高抬小腿,后退的步幅要小些,两腿之间距离不能太大,要先转身再转头。③侧行式走姿，当引导他人前行或在较窄的走廊、楼道与他人相遇时，要采用侧行式走姿。引导时要走在来宾的左侧，身体稍向右转体，左肩稍前，右肩稍后，身体朝向来宾，保持两步左右的距离。介绍环境时要辅以手势，这样可以观察来宾的意愿，及时提供满意的服务。

（2）服务中不同场合的走姿。

在具体的实践工作中，服务行业从业人员的走姿在不同情况下，有着不同的要求和规范，需要特别给予关注。

① 迎面相遇。在行进过程中，当客人从对面走来时，服务行业从业人员应放慢步伐，在离客人大约2米处，目视客人，面带微笑，轻轻点头致意，并且伴随"您好"等礼貌问候语言。在与客人擦肩而过时，员工的头和上身应同时转动并向客人问候，不能斜视客人。在路面较窄的地方，或是在楼道上与客人相遇，应面向客人让客人先行，而不是将后背转向客人。

② 陪同引导。在服务工作中，陪同指的是陪伴客人一同行进。引导指的是在行进中引领客人，为客人带路。服务工作者在进行陪同引导时，要注意：与客人同行时，应遵循"以右为尊"的原则，服务行业从业人员应处在左侧。若双方单行行进时，则服务行业从业人员应居于客人左前方一米左右的位置。当客人不熟悉行进方向时，不应让其走在外侧；在陪同引导客人的时候，服务行业从业人员的行进速度须尽量配合客人的步幅，如果太快或太慢，都会显得我行我素；在引导过程中，要注意对客人进行危机提醒。比如，在引导客人转弯的时候，熟悉地形的接待人员知道在转弯处有一根柱子，就要提前对客人进行危机提醒；如果拐弯处有斜坡，就要提前对客人说"请您注意，拐弯处有个斜坡"。对客人进行危机提醒，让其高高兴兴地进来，平平安安地离开，这是每一位服务行业从业人员的职责。应采取正确的体位。请对方开始行进时，应面向对方，稍许欠身。在行进中与对方交谈或答复客人提问时，应以头部、上身转向对方。

③ 上下楼梯。作为服务行业从业人员，尤其是在饭店工作的员工一定要走指定的楼梯通道，而且要减少在楼梯上的停留时间。在上下楼梯时，应坚持"右上右下"原则，以方便对面上下楼梯的人。另外还要注意礼让客人，如上下楼梯时，出于礼貌，可以请对方先行。在陪同引导中，如果是一位男士和一位女士同行，上楼梯时男士则应行在后，下楼梯时男士行在前。如果是服务行业从业人员和客人，上楼梯时服务行业从业人员行在后，下楼梯时行在前。

④ 走廊行走。在走廊行走，服务行业从业人员应在客人的左斜前方，距离二三步远，配合步调。若左侧是走廊的内侧，应让客人走在内侧。

⑤ 进出电梯。引导客人乘坐电梯时，服务行业从业人员先进入电梯，等客人进入后关闭电梯门，到达时，接待人员按"开"的按钮，让客人先走出电梯。进出电梯时，大都要侧身而行，免得碰撞、踩踏别人。进入电梯后，应尽量站在里边。人多的话，最好面向内侧，或与他人侧身相向。出电梯前要做好准备，提前换到电梯门口。

⑥出入房间。进入或者离开房间时要注意：一是进入客人房间一定要先敲门或按铃，向客人通报。二是用手来开门，不要用肘部顶、用膝盖拱、用臀部撞、用脚尖踢、用脚跟蹬等不正确的开门方法。特别提醒注意开启会客室大门的方法。会客室的门分为内开和外开，在打开内开的门时不要急着把手放开，这样会令后面的宾客受伤；如果要开外开的门，就更要注意安全，一旦没有控制好门，很容易伤及客户的后脑勺。所以，开外开门时，千万要用身体抵住门板，并做一个请的动作，当客人进去之后再随后将门轻轻扣住，这是在保护客人的安全。三是当与客人一同出入房间时，要替对方开门，自己坚持后进门、后出门，请客人先进门、先出门。

⑦变向行走。服务行业从业人员在行进中有时需要变换自己的方向，这包括：第一，后退。扭头就走是失礼的，可采用先面向客人后退至少两三步，方才转体离去的做法。后退时步幅宜小，脚宜轻擦地面。转体时，应身先头后。若先转头或头与身同时转向，均为不妥。第二，侧身。与他人狭路相逢时，应两肩一前一后，胸部转向对方，而不应背向对方，以示礼貌。第三，前行转身。在向前行进中转身而行分向右转和向左转两种情况。在前行中向右转身，应以左脚掌为轴心，左右脚落地时，向右转体90°同时迈出右脚。向左转身与此正好相反。

（3）工作中行进姿态的风度要求。①行进中，要有意避开人多的地方行走，切忌在人群中乱冲乱撞，甚至碰撞到客人的身体，这是极其失礼的。②在行进中，特别是在人多路窄的地方，对客人更应该礼让三分，让客人先行，而不应抢道先行；若有急事，则应该向对方声明，并道歉。③服务行业从业人员行走时脚步要轻。第一，行进时落脚时不要过分用力；第二，上班不要穿带有金属鞋跟或钉有金属鞋掌的鞋子；第三，上班时所穿的鞋子一定要合脚，否则走动时会发出"啪嗒、啪嗒"的噪声。④服务行业从业人员在走路时一定要显得稳重大方，保持自己的风度，控制好自己的情绪，更要避免上蹿下跳，甚至是连蹦带跳的失态状况。如有急事要办，可以在行进中适当加快步伐。除非遇上紧急情况，否则最好不要在工作的时候跑动，尤其是不要当着客人的面突如其来地狂奔而去。那样通常会令其他人感到莫名其妙，产生猜测，甚至还有可能造成过度紧张的气氛。⑤在道路狭窄的地方，服务行业从业人员务必注意避免悠然自得地缓步而行，甚至走走停停，而且应注意避免多人并排而行。在路上一旦发现自己阻碍了他人，务必让开，请对方先行。

（4）穿职业装的走姿。①穿西装的走姿要求。西装以直线为主，应当走出穿着者挺拔、优雅的风度。穿西装时，后背保持平整，两脚立直，走姿的步幅可略大些，手臂放松伸直摆动，手势简洁大方。行走时男士不要晃动，女士不要左右摆髋。②西装套裙走姿要求。西装套裙多以半长筒裙与西装上衣搭配，所以着装时应该尽量表现出这套职业装干练、洒脱的风格特点。这套服装要求步履轻盈、敏捷、活泼，步幅不宜过大，可用稍快的步速节奏来调和，以使走姿活泼灵巧。③穿旗袍的走姿要求。旗袍作为东方晚礼服的杰出代表，在世人眼里拥有着经久不衰的魅力。所以，很多服务行业通常将其作为迎宾、引位或者中式宴会厅的职业服装。着这款服装，最重要的是要表现出东方女性温柔、含蓄的柔美风韵，以及身体的曲线美。所以穿中式旗袍要求身体挺拔,胸微含,下颌微收;塌腰撅臀是着旗袍的大忌。旗袍必须搭配高跟或中跟皮鞋才能走出这款服装的韵味。行走时,走交叉步直线,步幅适中,步子要稳,双手自然摆动,髋部可随着身体重心转移,稍加摆动,但上身绝不可跟着晃动。总之,穿旗袍应尽力表现出一种柔和、妩媚、含蓄、典雅的东方女性美。④穿高跟鞋走姿要求。女士在正式场合穿着黑色高跟鞋行走时,要保持身体平衡。具体做法是:直膝立腰、收腹收臀、挺胸抬头。为避免膝关节前屈导致臀部向后撅的不雅姿态,行走时一定要把踝关节、膝关节、髋关节挺直,只有这样才能保持挺拔向上的形体。行走时步幅不宜过大,每一步要走实、走稳,这样步姿才会有弹性并富有美感。

4. 蹲姿

俗话说:"蹲要雅",蹲姿是人的身体在低处取物、拾物、整理物品、整理鞋袜时所呈现的姿势,它是人体静态美与动态美的综合。蹲姿要动作美观,姿势优雅。

(1) 标准的蹲姿。标准的蹲姿有如下要求:首先要讲究方位,当需要捡拾低处或地面物品的时候,可走到其物品的左侧;当面对他人下蹲时,要侧身相向;当需要整理鞋袜或于低处整理物品时可面朝前方,两脚一前一后,一般情况是左脚在前,右脚在后,目视物品,直腰下蹲。直腰下蹲后,方可弯腰捡拾低处或地面的物品,及整理鞋袜或低处工作。取物或工作完毕后,先直起腰部,使头部、上身、腰部在一条直线上,再稳稳站起。

(2) 蹲姿的种类。蹲姿的种类主要有高低式、单膝点地式和交叉式三种。

① 高低式。这是常用的一种蹲姿,基本特征是双膝一高一低。此蹲姿男士、女士均适用。要领是:下蹲后,左脚在前,右脚在后;左脚完全着地,小腿基本垂直地面;右脚要脚掌着地,脚跟提起;右膝要低于左膝,右膝内侧可靠于左上腿的内侧,形成左膝高右膝低的姿态。臀部向下,基本上以有右腿支撑身体。女士应注意紧靠双腿,男士两腿之间可有适当的距离。如图 3-7 所示。

② 单膝点地式。这种蹲姿,适用于男士,其特征是双腿一蹲一跪。它是一种非正式的蹲姿,多用于下蹲时间较长或为了用力方便时采用。下蹲后,右膝点地,臀部坐在其脚跟之上,以其脚尖着地。另一条腿全脚掌着地,小腿垂直于地面。双膝同时向外,双腿尽力靠拢。如图 3-8 所示。

图 3-7 高低式蹲姿

图 3-8 单膝点地式蹲姿

③ 交叉式。这种蹲姿优美典雅,其基本特征是双腿交叉在一起,此蹲姿适用于女士。要领是:下蹲后,左脚在前,右脚在后,左小腿垂直于地面,全脚着地。左腿在上,右腿在

下，二者交叉重叠，右膝从后下方伸向左前侧，右脚跟抬起，脚掌着地，两腿前后靠近，全力支撑身体。上身略向前倾，臀部朝下。如图 3-9 所示。

图 3-9 交叉式蹲姿

实践训练

项目 1：站姿。

实训目标：掌握站姿的基本要领和不同场合下的站姿，纠正不良站姿。

实训学时：1 学时。

实训地点：形体训练室。

实训准备：四面墙安装长度及地镜子的形体训练室、书籍、音乐播放器材、音乐歌曲 CD、磁带等。

实训方法：

（1）面向镜子按着动作要领体会标准的站姿。

（2）个人靠墙站立，要求后脚跟、小腿、臀、双肩、后脑勺都紧贴墙，进行整体的直立和挺拔训练。每次训练 20 分钟左右（应坚持每天一次）。

（3）在头顶放一本书使其保持水平促使人把颈部挺直，下巴向内收，上身挺直，每次训练 20 分钟左右（应坚持每天一次）。

（4）训练时可以配上优美的音乐，放松心情，减轻单调、疲劳之感。女性穿半高跟鞋进行训练，以强化训练效果。

项目 2：坐姿。

实训目标：掌握坐姿的基本要领和不同场合下的坐姿，纠正不良坐姿。

实训学时：1 学时。

实训地点：形体训练室。

实训准备：四面墙安装长度及地镜子的形体训练室、靠背椅子若干把、书籍、音乐播放器材、音乐歌曲 CD、磁带及训练器材等。

实训方法：

（1）面对镜子，按坐姿基本要领，着重脚、腿、腹、胸、头、手部位的训练，体会不同坐姿，纠正不良习惯，尤其注意起座、落座练习。每次训练 20 分钟（应坚持每天一次）。

（2）训练时可以配上优美的音乐，放松心情，减轻单调、疲劳之感。女性穿半高跟鞋进行训练，以强化训练效果。

（3）利用器械训练，增强腰部、肩部力量和灵活性，进行舒肩展臂动作练习。

项目 3：走姿。

实训目标：掌握走姿的基本要领和在特定场合下的走姿，纠正不良走姿。

实训学时：1 学时。

实训地点：形体训练室。

实训准备：四面墙安装长度及地镜子的形体训练室、书籍、音乐播放器材、音乐歌曲CD、磁带等。

实训方法：

（1）在地面上画一条直线，行走时手部掐腰，上身正直，双脚内侧踩在线上，按要求走出相应的步位与步幅。可以纠正行走时摆胯、送臀、扭腰及"八字步态"、步幅过大过小的毛病。训练时配上行进音乐，音乐节奏为每分钟60拍。

（2）头顶书本行走，进行整体平衡练习。重点纠正行走时低头看脚、摇头晃脑、东张西望、脖颈不正、弯腰弓背的毛病。

（3）进行原地摆臂训练。站立，两脚不动，原地晃动双臂，前后自然摆动，手腕进行配合，掌心要朝内，以肩带臂，以臂带腕，以腕带手，纠正双臂横摆、同向摆动、单臂摆动、双臂摆幅不等的现象。

（4）对镜子行走，进行面部表情等的整体协调性训练。

（5）训练时可以配上优美的音乐，放松心情，减轻单调、疲劳之感。女性穿半高跟鞋进行训练，以强化训练效果。

项目4：蹲姿。

实训目标：掌握蹲姿的基本要领和特定场合下的走姿，纠正不良蹲姿。

实训学时：1学时。

实训地点：形体训练室。

实训准备：四面墙安装长度及地镜子的形体训练室、书籍、音乐播放器材、音乐歌曲CD、磁带等。

实训方法：

（1）加强腿部膝关节、踝关节的力量和柔韧性训练，具体方法是压腿、踢腿、活动关节。

（2）有意识地、主动经常地进行标准蹲姿训练，形成良好习惯。

（3）训练时可以配上优美的音乐，放松心情，减轻单调、疲劳之感。

自主学习

1. 请每天抽出10~20分钟时间练习站姿等姿态。

2. 你对自己的仪态满意吗？请观察一下你周围的人士站姿、坐姿、走姿等方面存在什么问题？提醒自己避免出现这些问题。

3. 观察一下路人的走姿，看看什么样的走姿给你的感觉最好？

评价考核

能力评价表

内 容		评 价	
学习目标	评价内容	小组评价 (5、4、3、2、1)	教师评价 (5、4、3、2、1)
知识（应知应会）	标准的站姿		
	标准的坐姿		
	标准的走姿		
	标准的蹲姿		
专业能力	打造端庄的体态		
通用能力	自我管理能力		
	审美能力		
	自我控制能力		
态　度	热爱服务工作		
	持之以恒的精神		
	良好的习惯		
努力方向：		建议：	

任务2 >>> 表情

情境导入

微笑的魅力

飞机起飞前，一位乘客请示空姐给他倒一杯水吃药，空姐很有礼貌地说："先生，为了您的安全，请稍等片刻，等飞机进入平衡飞行后，我会立刻把水给您送过来，好吗？"

15分钟后，飞机早已进入平衡飞行状态。突然，乘客服务铃急促地响了起来，空姐猛然意识到：糟了，由于太忙，她忘记给那位乘客倒水了。当空姐来到客舱，看见按响服务铃的果然是刚才那位乘客时，她小心翼翼地把水送到那位乘客眼前，微笑着说："先生，实在对不起，由于我的疏忽，延误了您吃药的时间，我感到非常抱歉。"这位乘客抬起左手，指着手表说道："怎么回事，有你这样服务的吗？你看看，都过了多久了？"空姐手里端着水，心里感到很委屈，但是，无论她怎么解释，这位挑剔的乘客都不肯原谅她的疏忽。

接下来的飞行途中，为了弥补自己的过失，每次去客舱给乘客服务时，空姐都会特意走到那位乘客面前，面带微笑地询问他是否需要水，或者需要别的什么帮助，然而，那位乘客余怒未消，摆出不合作的样子，并不理会空姐。

临到目的地前，那位乘客要求空姐把留言本给他送过去，很显然，他要投诉这名空姐，此时空姐心里很委屈，但是仍然不失职业道德，显得非常有礼貌，而且面带微笑地说道："先生，请允许我再次向您表示真诚的歉意，无论您提出什么意见，我都会欣然接受您的批评！"那位乘客脸色一紧，嘴巴准备说什么，可是没有开口，他接过留言本，开始在本子上写了起来。

等到飞机安全降落，所有的乘客陆续离开后，空姐打开留言本，却惊奇地发现，那位乘客在本子上写下的并不是投诉信，相反，这是一封热情洋溢的表扬信。

是什么使得这位挑剔的乘客最终放弃了投诉呢？在信中，空姐读到这样一句话："在整个过程中，你表现出的真诚的歉意，特别是你的 12 次微笑深深打动了我，使我最终决定将投诉信写成表扬信！你的服务质量很高，下次如果有机会，我还将乘坐你们这趟航班。"

任务分析

美国心理学家登布在其《推销员如何了解顾客心理》一文中说："假如顾客的眼睛朝下看，脸转向一边，表示你被拒绝了；假如他的嘴唇放松，笑容自然，下颚向前，则可能会考虑你的提议；假如他对你的眼睛注视几秒钟，嘴角以至鼻翼部位都显出微笑，笑得很轻松，而且很热情，这项买卖就做成了。"由此可见面部表情在传情达意方面有着重要的作用。

本任务"情境导入"中的案例说明，服务过程中微笑的重要性。服务行业从业人员在工作中，要注意自己的表情神态，因为在服务对象看来，服务行业从业人员的表情代表了他对待服务对象的态度。

知识储备

面部表情语言，就是通过面部器官（包括眼、嘴、舌、鼻、脸等）的动作势态所表示的信息。美国学者巴克经过研究发现，光是人的脸，就能够作出大约 25 万种不同的表情。所以人的面部表情是十分丰富的。

在交际过程中，交际双方最易被观察的"区域"莫过于面部。由于脸上的神色是心灵的反映，面部表情是人的心理状态的体现，因此，人的基本情感及各种复杂的内心世界都能够从面部真实地表现出来。我们在日常生活中时时都在使用面部表情这一身体语言。求人办事，请人帮忙，无一不需注意对方的"晴雨表"——脸色。可见面部表情对于礼仪交往的重要。这里主要重点介绍一下眼神和微笑。

1. 眼神

俗话说："眼睛是心灵的窗户"，它是人体传递信息最有效的器官，而且能表达最细微、最精妙的差异，显示出人类最明显、最准确的交际信号。正如著名印度诗人泰戈尔所说："在眼睛里，思想敞开或是关闭，放出光芒或是没入黑暗，静悬着如同落月，或者像忽闪的电光照亮了广阔的天空。那些自有生以来除了嘴唇的颤动之外没有语言的人，学会了眼睛的语言，这在表情上是无穷无尽的，像海一般的深沉，天空一般的清澈，黎明和黄昏，光明与阴影，都在自由嬉戏。"据研究，在人的视觉、听觉、味觉、嗅觉和触觉感受中，唯独视觉感受最为敏感，人由视觉感受的信息占总信息的83%。在汉语中用来描述眉目表情的成语就有几十个，如"眉飞色舞"、"眉目传情"、"愁眉不展"、"暗送秋波"、"眉开眼笑"、"瞠目结舌"、"怒目而视"……这些成语都是通过眼语来反映人们的喜、怒、哀、乐等情感的，人的七情六欲都能从眼睛这个神秘的器官内显现出来。

眼神主要由注视的时间、视线的位置和瞳孔的变化等三个方面组成。

（1）注视的时间。据有人调查研究，人们在交谈时，视线接触对方脸部的时间约占全部谈话时间的30%～60%，超过这一平均值，可认为对谈话者本人比谈话内容更感兴趣；低于平均值，则表示对谈话内容和谈话者本人都不怎么感兴趣。不难想象，如果谈话时心不在焉、东张西望，或只是由于紧张、羞怯不敢正视对方，目光注视的时间不到谈话的1/3，这样的谈话，必然难以被人接受和信任。当然，必须考虑到文化背景，如在南欧，注视对方可能会造成冒犯。

（2）视线的位置。人们在社会交往中，不同的场合和对象，目光所及之处也是有差别的。有的人在与比较陌生的人打交道时，往往因为不知把目光怎样安置而窘迫不安；已被人注视而将视线移开的人，大多怀有相形见绌之感；频繁而又急速的转眼，是一种反常的举动，常被用作掩饰的一种手段。当然，如果死死地盯着对方或者东张西望，不仅极不礼貌，而且也显得漫不经心。一般地，视线向下表示权威感和优越感（如图3-10所示，选自www.wmgmw.cn）；视线向上表示服从与任人摆布（如图3-11所示，选自www.wmgmw.cn）；视线水平表示客观和理智（如图3-12所示，选自www.wmgmw.cn）。

图3-10 视线向下

图3-11 视线向上

图3-12 视线水平

（3）瞳孔的变化。瞳孔的变化即视觉接触时瞳孔的放大或缩小。心理学家往往用瞳孔变化大小的规律，来测定一个人对不同的事物的兴趣、爱好、动机等。兴奋时，人的瞳孔会扩张到平常的4倍大；相反，生气或悲哀时，消极的心情会使瞳孔收缩到很小，眼神必然无光。所谓"脉脉含情"、"怒目而视"等多与瞳孔的变化有关。据说,古时候的珠宝商人已注意到这种现象,他们能窥视顾客的瞳孔变化而猜测对方是否对珠宝感兴趣,从而决定是抬高价钱还是跌价。

在社交过程中,与朋友会面或被介绍认识时,可凝视对方稍久一些,这既表示自信,也表示对对方的尊重。双方交谈时,应注视对方的眼鼻之间,表示重视对方及对其发言感兴趣。当双方缄默不语时,就不要再看着对方,以免加剧因无话题本来就显得冷清、不安的尴尬局面。当别人说了错话或显拘谨时,请不要马上转移视线,以免对方把自己的眼光误认为是对其的嘲笑和讽刺。如果你希望在争辩中获胜,那就千万不要移开目光,直到对方眼神转移为止。送客时,要等客人走出一段路,不再回头张望时,才能转移目送客人的视线,以示尊重。

在谈判中也很讲究眼神的运用。一方让眼镜滑落到鼻尖上,眼睛从眼镜上面的缝隙中窥探,就是对对方鄙视和不敬的情感表露。一方在不停地转眼珠,就要提防其在打什么新主意。双目生辉、炯炯有神,是心情愉快、充满信心的反映,在谈判中持这种眼神有助于取得对方的信任和合作。相反,双眉紧锁、目光无神或不敢正视对方,都会被对方认为无能,可能导致对自己的不利结果。

眼神还可传递其他信息,被人注视而将视线移开的人,大多怀着相形见绌之感,有很强的自卑感。无法将视线集中在对方身上或很快收回视线的人,多半属于内向型性格。仰视对方,表示怀有尊敬、信任之意;俯视对方表示有意保持自己的尊严。频繁而急速的转眼,是一种反常的举动,常被用作掩饰的一种手段,或内疚,或恐惧,或撒谎,需据情作出判断。视线活动多且有规律,表明其在用心思考。听别人讲话,一面点头,一面却不将视线集中在谈话人身上,表明其对此话题不感兴趣。说话时对方将视线集中在你身上的人,表明他渴望得到你的理解和支持。游离不定的目光传递出来的信息是心神不宁或心不在焉。

眼神能表达出异常丰富的信息,但微妙的眼神有时是只可意会,难以言传,只能靠我们在社会实践中用心体察、积累经验、努力把握,方能在社交中灵活领会和运用眼神。

2. 微笑

著名画家达·芬奇的杰作《蒙娜丽莎》是文艺复兴时期最出色的肖像作品之一。画中女士的微笑给人以美的享受,使人们充满对真善美的渴望,至今让人回味无穷。如图 3-13 所示(选自 http://www.yh100.com.cn)。

图 3-13 蒙娜丽莎的微笑

微笑,是一种特殊的语言——"情绪语言"。它可以和有声语言及行动相配合,起"互补"作用,沟通人们的心灵,架起友谊的桥梁,给人以美好的享受。工作、生活中离不开微笑,社交中更需要微笑。

有一首诗可以对微笑作一个诠释:

微笑是心灵上无声的问好,
微笑是淡雅友爱的花苞。

她是像蓝天一样宁静的小诗,
她是试探性的信任和礼貌。
不要只是在上级面前才把微笑慷慨馈赠,
不要见了关系户才咧开嘴角。
不要为了牟求私利就去廉价拍卖,
更不要因为失望和惆怅,就把它扔进了地窖。
在繁忙的柜台,在拥挤的车厢,
在摩肩接踵的人行道,
越是那火星儿容易燃爆的地方,
越是需要有微笑!
我们的事业张开了金色的翅膀,
喜悦溢出了嘴角,漫上了眉梢。
微笑应该成为我们经常的面容,
微笑应该成为我们共同遵守的信条。
朋友,微笑吧,微笑是我们沉静的美,
同志,微笑吧,微笑是文明幸福的桥。
让全世界都投来惊喜和羡慕,
在中国,到处充满了微笑!
……

微笑是世界通用的体态语,它超越了各种民族和文化的差异。微笑是人人都喜爱的体态语,正因为如此,无论是个人和组织,都充分重视微笑及其作用。

美国有一个城市被称为微笑之都,它就是爱达荷州的波卡特洛市,该市通过一项法令,该法令规定全体市民不得愁眉苦脸或拉长面孔,违者将被送到"欢容遣送站"去学习微笑,直到学会微笑为止。波卡特洛市每年都举办一次"微笑节",可以想象,"微笑之都"的市民的微笑绝不会比蒙娜丽莎的微笑逊色。

世界著名的希尔顿饭店的总经理希尔顿,每当遇到员工时,都要询问这样一句话:"你今天对顾客微笑了没有?"他指出:"饭店里第一流的设备重要,而第一流服务员的微笑更重要,如果缺少服务员的美好微笑,好比花园里失去了春日的太阳和春风。假如我是顾客,我宁愿住进虽然只有破旧地毯,却处处可见到微笑的饭店,而不愿走进只有一流设备而不见微笑的地方。"正是因为希尔顿深谙微笑的魅力,才使希尔顿饭店誉满全球。

近年来,日本许多公司员工都在业余时间参加"笑"的培训,他们认为这样可以增强企业内部凝聚力,改善对外服务,提高企业效益。根据日本传统,无论男人和女人,遇到高兴、悲伤或愤怒时,都必须学会控制情绪,以保持集体和睦。因为日本人认为藏而不露是一种美德。自从日本经济进入衰退期后,生意越来越难做,商家竞争日趋激烈。于是乎,为招揽顾客,日本商家,特别是零售业和服务业,新招迭出。其中之一就是让员工笑脸迎客。在今天的日本，数以百计的"微笑学校"应运而生。日本一些公司的员工一般在下班后去学校接受培训，时间为90分钟，连续受训一个星期。据称，经过微笑培训，日本不少公司的销售额"直线上升"。日本许多公司招工时，都把会不会"自然地微笑"作为一个重要条件。

微笑是有规范的，一般要注意四个结合：一是口眼结合。要口到、眼到、神色到，笑眼传神，微笑才能扣人心弦。二是笑与神、情、气质相结合。这里讲的"神"，就是要笑得有情入神，笑出自己的神情、神色、神态，做到情绪饱满，神采奕奕；"情"，就是要笑出感情，笑得亲切、甜美，反映美好的心灵；"气质"就是要笑出谦逊、稳重、大方、得体的良好气质。三是笑与语言相结合。语言和微笑都是传播信息的重要符号，只有注意微笑与美好语言相结合，声情并茂，相得益彰，微笑方能发挥出它应有的特殊功能。四是笑与仪表、举止相结合。以笑助姿、以笑促姿，形成完整、统一、和谐的美。标准的微笑如图3-14所示（选自：http://www.cqexpressway.com）。

图3-14 标准的微笑

尽管微笑有其独特的魅力和作用，但若不是发自内心的真诚的微笑，那将是对微笑语的亵渎。有礼貌的微笑应是自然的坦诚，内心真实情感的表露。否则强颜欢笑，假意奉承，那样的"微笑"则可能演变为"皮笑肉不笑"、"苦笑"。比如，拉起嘴角一端微笑，使人感到虚伪；吸着鼻子冷笑，使人感到阴沉；捂着嘴笑，给人以不自然之感。这些都是失礼之举。怎样使微笑这一内心情感自然流露出来呢？服务行业从业人员上岗前要全力排除一切心理障碍和外界干扰，全身心地进入角色，从而把甜美真诚的微笑与友善热忱的目光、训练有素的举止、亲切动听的话语融为一体，以最完美的神韵，出现在服务对象面前。

值得注意的是，微笑服务只是对服务行业从业人员的一种总体要求。在具体运用时，还必须注意服务对象的具体情况。例如，在下列情况下，微笑是不允许的：进入气氛庄重的场合时；服务对象满面哀愁时；服务对象有某种先天缺陷时；服务对象出了洋相而感到极其尴尬时。以上情况，如果面露笑意，往往会使自己陷入十分不利和被动的境地。

实践训练

项目1：眼神。

实训目标：掌握眼神的基本要领，正确使用眼神。

实训学时：1学时。

实训地点：教室。

实训准备：每人一面小镜子、音乐播放器材、音乐歌曲CD、磁带、优秀影视剧中的演员和节目主持人通过眼神表达内心情感的影像资料等。

实训方法：以下方法坚持天天训练，不要间断，必使目光明亮有神。

（1）睁大眼睛训练：有意识地练习睁大眼睛的次数，增强眼部周围肌肉的力量。

（2）转动眼球训练：头部保持稳定，眼球尽最大的努力向四周做顺时针和逆时针360°转动,增强眼球的灵活性。

(3) 视点集中训练:点上一只蜡烛,视点集中在蜡烛火苗上,并随其摆动,坚持训练可达目光集中、有神,眼球转动灵活。

(4) 目光集中训练:眼睛盯住三米左右的某一物体,先看外形,逐步缩小范围到物体的某一部分,再到某一点,再到局部,再到整体。这样可以提高眼睛明亮度,使眼睛十分有神。

(5) 影视观察训练:观看录像资料,注意观察和体会优秀影视剧中的演员和节目主持人,是如何通过眼神表达内心情感的。

(6) 训练时可以配上优美的音乐,放松心情,减轻单调、疲劳之感。

项目 2:微笑。

实训目标:掌握微笑的基本要领,在交往中正确使用微笑,养成爱微笑的习惯。

实训学时:1学时。

实训地点:教室。

实训准备:每人一面小镜子、音乐播放器材、音乐歌曲CD、磁带、优秀影视剧中的演员和节目主持人微笑的影像资料等。

实训方法:

(1) 情绪记忆法,即将自己生活中,最高兴的事件中的情绪储存在记忆中,当需要微笑时,可以想起那件最使你兴奋的事件,脸上会流露出笑容。注意练习微笑时,要使双颊肌肉用力向上抬,嘴里念"一"音,用力抬高口角两端,注意下唇不要过分用力。普通话中的"茄子"、"田七"、"前"等的发音也可以辅助微笑口型的训练。

(2) 对着镜子,练习微笑,调整自己的嘴形,注意与面部其他部位和眼神的协调,做最使自己满意的微笑表情,到离开镜子时也不要改变它。

(3) 练习微笑之前要忘掉自我和一切的烦恼,让心中充满爱意。

(4) 训练时可以配上优美的音乐,放松心情,减轻单调、疲劳之感。

自主学习

1. 你的眼神是否充满了自信和活力?
2. 今天你微笑了吗?试着每天清晨起床后,对着镜子整理仪容的同时,把甜美愉快的笑容留在脸上。
3. 观察一下日常生活中每张微笑的脸,说说"微笑的脸"有哪些特征?
4. 案例分析

微笑也要有分寸

某日华灯初上,一家饭店的餐厅里客人满堂,服务员来回穿梭于餐桌和厨房之间,一派忙碌气氛。这时一位服务员跑去向餐厅经理汇报,说客人投诉有盘海鲜菜中的蛤蜊不新鲜,吃起来有异味。

这位餐厅经理自信颇有处理问题的本领和经验。于是不慌不忙地向投诉的客人那个餐桌走去。一看，哟，那不是熟主顾老食客张经理吗！他不禁心中有了底，于是迎上前去一阵寒暄："张经理，听服务员说蛤蜊不大对您胃口……"这时张经理打断他说："并非对不对胃口，而是我请来的香港客人尝了蛤蜊以后马上讲这道菜大家千万不能吃，有异味变了质的海鲜，吃了非出毛病不可！我是东道主，自然要向你们提意见"餐厅经理接着面带微笑，向张经理进行解释，蛤蜊不是活鲜货，虽然味道有些不纯正，但吃了不会要紧的，希望他和其余的客人谅解包涵。

不料此时，在座的那位香港客人突然站起来，用手指指着餐厅经理的鼻子大骂起来，意思是，你还笑得出，我们拉肚子怎么办？你应该负责任，不光是为我们配药、支付治疗费而已。这突如其来的兴师问罪，使餐厅经理一下子怔住了！他脸上的微笑变成了哭笑不得。到了这步田地，他揣想如何下台阶呢？他在想，总不能让客人误会刚才我面带微笑的用意吧，又何况微笑服务是饭店员工首先应该做到的。于是他仍旧微笑着准备再作一些解释，不料，这次的微笑更加惹火了那位香港客人，甚至于流露出想动手的架势，幸亏张经理及时拉拉餐厅经理的衣角，示意他赶快离开现场，否则简直难以收场了。

（资料来源：http://blog.sina.com.cn/s/blog_5d78b7810100e478.html）

思考讨论题：
（1）出现错误的主要原因是什么？
（2）如果你是餐厅经理，你应该如何做？

评价考核

能力评价表

内　　容		评　　价	
学习目标	评价内容	小组评价 （5、4、3、2、1）	教师评价 （5、4、3、2、1）
知识（应知应会）	眼神在服务中的作用		
	微笑在服务中的作用		
专业能力	眼神的运用		
	微笑的运用		
通用能力	审美能力		
	自控能力		

续表

内容		评价	
学习目标	评价内容	小组评价 (5、4、3、2、1)	教师评价 (5、4、3、2、1)
态　度	尊重顾客 热情、自然、得体 良好的心态		
努力方向：		建议：	

任务 3　手势

情境导入

"OK"手势

一位美国的工程师被公司派到他们在德国收购的分公司，和一位德国工程师在一部机器上并肩作战。当这位美国工程师提出改善新机器的建议时，那位德国工程师表示同意并问他自己这样做是否正确，这位美国工程师用美国的 OK 手势给以回答。那位德国工程师放下工具就走开了，并拒绝和这位美国工程师进一步交流。后来这位美国人从他的一位主管那里了解到，这个手势对德国人意味着"你是个屁眼儿"。

任务分析

就服务而言，手势语是使用频率较高的体态语言。服务行业从业人员在运用服务语言时，如果能恰到好处地发挥手势语的作用，将会大大提高服务语言的质量，强化与客人交流的效果，从而有效地在顾客心目中树立良好的服务形象，赢得顾客的好感和信任。

本任务"情境导入"案例中的美国工程师就是没有弄清楚手势语的含义而造成沟通障碍的。服务工作中与顾客的沟通交流也与此同理，怎样得体地运用手势，正确理解和运用各种手势语是服务行业从业人员必须掌握的重要技能。

知识储备

手是人体上最富灵性的器官，如果说"眼睛是心灵的窗户"，那么手就是心灵的触角，是人的第二双眼睛。手势在传递信息、表达意图和情感方面发挥着重要作用。

手的"词汇"量是十分丰富的。据语言专家统计，表示手势的动词有近二百个。"双手紧绞在一起"，显示的意义是精神紧张。用手指或笔敲打桌面，或在纸上涂画，显示不耐烦、无兴趣。搓手，常表示人们对某事结局的急切期待心理。在经济谈判中这种手势可以告诉对手或对手告诉你在期待着什么。伸出并敞开双掌，给人以言行一致、诚恳的感觉。掌心向下的手势，表示控制、压制，带有强制性，易产生抵触情绪。谈话时掌心向上的手势，表示谦虚、诚实，不带有任何威胁性。双臂交叉地放在胸前，这种姿态暗示一种敌意和防御的态度。把十指端相触，撑起呈塔尖式手势，若再伴之以身体后仰，则显得高傲。用手支着头，表示不耐烦、厌倦。用手托摸下巴，说明老练、机智。用手不停地磕烟灰，表明内心有冲突和不安。突然用手把没吸完的烟掐灭，表明紧张地思考问题，等等。

又如招手致意、挥手告别、握手友好、摆手回绝、合手祈祷、拍手称快、拱手答谢（相让）、抚手示爱、指手示怒、颤手示怕、捧手示敬、举手赞同、垂手听命等。可见，丰富的手势语在人们交往间是不可缺少的。

在服务工作中，手势有着不可低估的作用，生动形象的有声语言再配合准确、精彩的手势动作，必然能使交往更富有感染力、说服力和影响力。

1. 常见的手势

（1）引领的手势。在各种交往场合都离不开引领动作，例如，请客人进门，客人坐下，为客人开门等，都需要运用手与臂的协调动作，同时，由于这是一种礼仪，还必须注入真情实感，调动全身活力，使心与形体形成高度统一，才能产生美感。引领动作主要有以下几个表现形式。

① 横摆式。以右手为例：将五指伸直并拢，手心不要凹陷，手与地面呈45度角，手心向斜上方。腕关节微屈，腕关节要低于肘关节。动作时，手从腹前抬起，至横膈膜处，然后，以肘关节为轴向右摆动，到身体右侧稍前的地方停住。同时，双脚形成右丁字步，左手下垂，目视来宾，面带微笑。这是在门的入口处常用的谦让礼的姿势。如图3-15所示。

② 屈臂式。当一只手拿着东西，扶着电梯门或房门，同时要作出"请"的手势时，可采用屈臂手势。以右手为例：五指伸直并拢，从身体的侧前方，向上抬起，至上臂离开身体的高度，然后以肘关节为轴，手臂由体侧向体前摆动，摆到手与身体相距20厘米处停止，面向右侧，目视来宾。如图3-16所示。

图3-15 横摆式引领手势

图3-16 屈臂式引领手势

③ 斜下式。请来宾入座时，手势要斜向下方。首先用双手将椅子向后拉开，然后，一只手屈臂由前抬起，再以肘关节为轴，前臂由上向下摆动，使手臂向下成一斜线，并微笑点

头示意来宾。如图 3-17 所示。

（2）招呼他人。手放于体侧，手臂伸直在一条直线上，向前向上抬起，手掌向下，屈伸手指做搔痒状或晃动手腕。如图 3-18 所示。这种手势在中国、欧洲的大部分地区及拉丁美洲的许多国家都比较适用，但在美国、日本等国却与此相反，他们用掌心向上，手指向内屈伸手指做搔痒状或晃动手腕招呼别人，而在中国、南斯拉夫和马来西亚等国这种手势却是用来召唤动物的。

图 3-17　斜下式引领手势

图 3-18　招呼他人手势

（3）挥手道别。要领是：身体要站直，不晃动，目视对方。手臂伸直，呈一条直线，手放在体侧，向前向上抬至与肩同高或略高于肩，手臂不可弯曲，掌心朝向对方，指尖朝向上方，五指并拢，手腕晃动。如图 3-19 所示。

（4）指引方向。要领是：当有人询问去处时，要先行站直，不可尚未站稳或在行走中指引方向。手臂伸直在一条直线上，五指并拢，手掌翻转到掌心朝上，与肩平齐，直指准确方向。目光要随着手势走，指到哪里看到哪里，否则易使对方迷惑。指引方向后，手臂不可马上放下，要保持手势顺势送出几步，体现对他人的关怀和尊敬。如图 3-20 所示。

图 3-19　挥手道别手势

图 3-20　指引方向手势

（5）手持物品。在为客人服务的过程中，如遇到取拿食物时，如敬茶、斟酒、送汤、上菜等，手指千万不要碰触到杯、碗、碟、盘的边沿。手持物品要到位，如提箱子应当拎提手，拿杯子应握杯耳，持砂锅应持手柄。持物时若手不能到位，不但不方便、不自然，而且也容易引起失误。手持物品时，服务行业从业人员可依据自己的能力与实际的需要，斟酌采用不同的手势，但一定要避免持物时手势夸张、小题大做，失去自然美。还要注意可根据物体的重量、形状及易碎程度来采取相应的手势,切记确保物品的安全,尽量轻拿轻放,防止伤人或伤己。

(6) 递接物品。要领是:双手递送、接取物品,不方便用双手时,也可用右手,但绝不可单用左手。双方距离比较远时,应起身站立,主动走近对方递送或接取物品。递送时最好直接递至对方手中并且要方便对方接取。递送有文字、图案、正反面的物品时,要正面向上且朝向对方;接取物品时,要缓而且稳,不要急于抢取。如图3-21所示。递送带尖、带刃或其他易于伤人的物品时,应使带尖、带刃的部位朝向自己或朝向他处,切不可朝向对方。如图3-22所示。

图 3-21 递物品

图 3-22 递笔、刀、剪子

(7) 展示物品。要领是:应使物品在身体的一侧展示,不要挡住本人头部。展示的位置不同表明物品的意义不同;当手持物品高于双眼时,适用于被人围观时采用;当手持物品位于眼睛下方,胸部上方,双臂横伸时,在肩至肘部以内,给人以放心、稳定感;当手持物品位于眼睛下方,胸部上方,双臂伸直时在肘部以外,给人以清楚感,通常在这个位置展示想让对方看清楚的物品;当手持物品位于胸部以下,给人以漠视感,通常展示不太重要或不太明显的物品时采用。如图3-23所示。

图 3-23 展示物品

(8) 鼓掌。鼓掌是在观看文体表演、参加会议、迎候嘉宾时表示赞赏、鼓励、祝贺、欢迎等情感的一种手势。要领是:以右手掌心向下有节奏地拍击左掌,不可左掌向上拍击右掌;不可右掌向左,左掌向右,两掌互相拍击。鼓掌时间要长短相宜,以5~8秒钟左右为宜。

2. 常见手势语

(1) OK手势。拇指和食指合成一个圆圈,其余三指自然伸张。这一手势于19世纪初期风靡美国。其意义相当于英语的"OK",即"好了"、"一切妥当"、"赞扬"、"允许"、"了不起"、"顺利";对于这一手势的来源,有几种不同的说法:一说"OK"表示的是"oll correct",是将英语单词"all correct"误拼误写之故;又有人认为是"knock out"的颠倒。另一种说法广为传播:"OK"是"pld kinderhood"的缩写,该短语指的是 19 世纪一位美国总统的出生地,正是他发起使用词的首写字母来缩短常用词的倡议,并使之成为一种运动。无论如何,这一手势的含义为英语国家所熟知,并且正广泛传播到欧亚各国,被许多人所接受。OK 手势在西方某些国家比较常见,但应注意在不同国家其语义有所不同。如:在法国表示"零"或"无";在印度表示"正确";在中国表示"零"、或"三"两个数字;在日本、缅甸、韩国则表示"金钱";在巴西则是"引诱女人"或"侮辱男人"之意;在地中海的一些国家则是"孔"或"洞"的意思,常用此来暗示、影射同性恋。

(2) 伸大拇指手势。大拇指向上,在说英语的国家多表示 OK 之意或是打车之意;若用力挺直,则含有骂人之意;若大拇指向下,多表示坏、下等人之意。在我国,伸出大拇指这一动作基本上是向上伸,表示赞同、一流、好等,向下伸表示蔑视、不好等之意。

(3) V 字形手势。伸出食指或中指,掌心向外,其语义主要表示胜利(英文 Victory 的第一个字母)。这一手势来源于英国前首相温斯顿·丘吉尔。在第二次世界大战中,英国在对德国抵抗中处于较为不利的地位。丘吉尔首相在演讲中,使用了这样的手势,代表"Victory"(胜利)之义,号召人们起来保家卫国,坚决同法西斯斗争到底。这一手势受到人们的欢迎和喜爱,很快风靡全国。现在,这一手势已经风靡世界。在赛场上,在人们互相祝贺的各种场合,都不难发现这一手势频频亮相。需要注意的是,如果将手心向内作出这样的手势,在英国、澳大利亚、新西兰等国,就成了一种亵渎和侮辱他人的信号,意为"up yours"。在中国,可以使用类似的手势表示数字"2"。在欧洲各地,这一手势也用来表示"2"。

(4) 伸出食指手势。在我国及亚洲一些国家表示"一"、"一个"、"一次"等;在法国、缅甸等国家则表示"请求"、"拜托"之意。在使用这一手势时,一定要注意不要用手指指人,更不能在面对面时用手指着对方的面部和鼻子,这是一种不礼貌的动作,且容易激怒对方。

(5) 捻指作响手势。就是用手的拇指和食指弹出声响,其语义或表示高兴,或表示赞同,或是无聊之举,有轻浮之感。应尽量少用或不用这一手势,因为其声响有时会令他人反感或觉得没有教养,尤其是不能对异性运用此手势,这是带有挑衅、轻浮之举。

(6) 捻大拇指手势。商人、推销员、银行职员等经常与钱打交道的人常常使用捻指手势表示"钱"。这是因为在日常生活中,人们使用这一动作来点钱。捻大拇指的手势是这样的:拇指与食指相捏,然后用拇指向上,食指向内,作出两指相捻的动作。人们注意到,在使用这一手势时,食指是向里、向内移动的。这一下意识的动作方向,暗示了谈钱者希望"向里"收钱的愿望。当人想得到报酬或各种形式的好处时,其食指一定会向"里"移动,这是无意识地对有形的钱或无形的其他好处的"期盼"与"接收"。相反,如果使用这一手势时,食指是向外移动的,这恰恰与人们弹掉什么东西的手势相似,那么,他所表示的意思就不再是内敛或内聚了，就成了表示"排除"和"解除"的信号。

（7）十指交叉的手势。这是将十指交叉在一起，置于桌上或身体一侧的动作。这一手势的含义不一。实际上，对这种手势的理解有两种：许多情况下，人们将这种姿势看作是自信，因为使用这一手势的人总是神情自若，面带微笑，言谈中也总显得无忧无虑。另一方面，也有人将这种手势看作是一种消极的人体信号，它表示情绪沮丧、心理矛盾或敌对情绪，也可以表示紧张或被控制的思想情绪，但到底是哪一类，需结合具体情况而定。

（8）"尖塔式"手势。这是将左手的五指和右手的五指，分别指尖相对和相交，形成近似尖塔的形状。根据"塔尖"的指向，可以把这种手势分为"上耸式"和"下垂式"两种。哪些人喜欢使用"尖塔式"手势呢？那些比较自信的人较之不那么自信的人，更经常使用这一手势，以此显示他们的高傲和自信。在上下级之间，这种手势主要用来表示"高人一等"、"万事皆通"和"唯我独尊"的心理状态。具体而言，具有相当权势的各级各类领导人物较多地使用这种手势。上耸式手势是两拇指朝向自身，其余各指相对，指向上方的塔尖式手势。这一手势是大脑产生"拔尖儿"思想时，手作出的下意识动作，它与高傲、盛气凌人以及"我比人强"等思维活动有关。一般来说，大多数自信的男人喜欢使用这一手势。下垂式手势是与之相反的手势，拇指向外，其余各指指向下方。对于大多数女性而言，她们更习惯于使用这种手势。下垂式的尖塔式手势也是思维中的"拔尖儿"的一种下意识表现，是在遇到"山外有山，人外有人"的情况，遇到比自己更"拔尖儿者"时，手势者作出的"让步"的人体表示。

3. 不良的手势

手势是人的第二面孔，具有抽象、形象、情意、指示等多种表达功能，服务行业从业人员应根据对方的手所表现出的各种仪态，准确判读各种手势所传达出的各种真实的、本质的信息，以更好地完成服务工作任务。服务行业从业人员在使用手势语时，以下几种手势是值得特别重视的；否则，将会给对方传达出不良的信息。

（1）指指点点。工作中绝不可随意用手指对服务对象指指点点，与人交谈更不可这样做。指点着别人说话，往往引起他人较大的反感。

（2）随意摆手。在接待服务对象时，不可将一只手臂伸在胸前，指尖向上，掌心向外，左右摆动。这个动作的一般含义是拒绝别人；有时，还有极不耐烦之意。

（3）端起双臂。双臂抱起，然后端在胸前这一姿势，往往暗含孤芳自赏、自我放松或置身度外、袖手旁观、看他人笑话之意。

（4）双手抱头。这一体态的本意是自我放松，但在服务时这么做，则会给人以目中无人之感。

（5）摆弄手指。工作中无聊时反复摆弄自己的手指，活动关节或将其捻响，打响指，要么莫名其妙地攥松拳，或是手动来动去，在桌面或柜台不断敲扣，这些往往会给人不严肃、很散漫之感，望而生厌。

（6）手插口袋。这种表现会使客人觉得服务行业从业人员忙里偷闲，在工作方面并未尽心尽力。

（7）搔首弄姿。这种手势，会给人以矫揉造作、当众表演之感。

（8）抚摸身体。在工作之时，有人习惯抚摸自己的身体，如摸脸、擦眼、搔头、剜鼻、剔牙、抓痒、搓泥，这会给别人缺乏公德意识，不讲究卫生，个人素质极其低下的印象。

（9）勾指手势。请他人向自己这边过来时，用一支食指或中指竖起并向自己怀里勾，其他四指弯曲，示意他人过来，这种手势有唤狗之嫌，对人极不礼貌。

手势语能反映出复杂的内心世界，在服务中虽然有不可取代的作用，但它毕竟处于辅助位置。换言之，手势语要靠礼貌、得体的服务用语，热忱、微笑的面部表情，以及身体其他部位姿势的相互配合，才能使顾客感觉到"感情投入"、表里如一。所以在服务中，手势语的使用一定要规范和适度。如手势过多、过大，手舞足蹈，不仅与服务者的角色不相适应，还有轻浮之嫌，亦为社交所不取。只有恰当地运用手势语，才会给人以优雅、含蓄、彬彬有礼之感。

因此在运用手势时要注意几个原则。首先，要简约明快，不可过于繁多，以免喧宾夺主；其次，要文雅自然。因为拘束低劣的手势，会有损于交际者的形象；再次，要协调一致，即手势与全身协调，手势与情感协调，手势与口语协调；最后，要因人而宜，不可能千篇一律地要求每个人都做同样的手势动作。

实践训练

项目：手势。

实训目标：掌握手势的基本要领、常用手势的标准，纠正不正确的手势，养成良好习惯。

实训学时：1学时。

实训地点：形体训练室。

实训准备：四面墙安装长度及地镜子的形体训练室、音乐播放器材、音乐歌曲CD、磁带、投影设备、毛泽东、周恩来等伟人的音像资料、剪子、文件等。

实训方法：

（1）先观看毛泽东、周恩来等伟人的音像资料，然后开始训练。

（2）调整体态，保持良好的站姿。

（3）每两人一组对镜子练习常用手势，包括：请、招呼他人、挥手道别、指引方向、递接物品（剪子、文件）、鼓掌、展示物品等手势，并互相纠正。

（4）最后由教师点评、总结。

自主学习

1. 案例分析

小节误大事

  风景秀丽的某海滨城市的朝阳大街，高耸着一座宏伟楼房，楼顶上"远东贸易公司"六个大字格外醒目。某照明器材厂的业务员钱先生按原计划，手拿企业新设计的照明器材样品，兴冲冲地登上六楼，脸上的汗珠未及擦一个，便直接走进了业务部张经理的办公室。正在处理业务的张经理被吓了一跳。"对不起，这是我们企业设计的新产品，请您过目。"钱先生说。张经理停下手中的工作，接过钱先生递过的照明器材，随口赞道："好漂亮啊！"并请钱先生坐下，倒上一杯茶递给他，然后拿起照明器材仔细研究起来。钱先生看到张经理对新产品如此感兴趣，如释重负，便往沙发上一靠，跷起二郎腿，一边吸烟一边悠闲地环视着张经理的办公室。当张经理问他电源开关为什么装在这个位置时，钱先生习惯性地用手搔了搔头皮。好多年了，别人一问他问题，他就会不自觉地用手去搔头皮。虽然钱先生作了较详尽的解释，张经理还是有点半信半疑。谈到价格时，张经理强调："这个价格比我们预算高出较多，能否再降低一些？"钱先生回答："我们经理说了，这是最低价格，一分也不能再降了。"张经理沉默了半天没有开口。钱先生却有点沉不住气，不由自主地拉松领带，眼睛盯着张经理，张经理皱了皱眉，"这种照明器材的性能先进在什么地方？"钱先生又搔了搔头皮，反反复复地说："造型新、寿命长、节电。"张经理托词离开了办公室，只剩下钱先生一个人。钱先生等了一会儿，感到无聊，便非常随便地抄起办公桌上的电话，同一个朋友闲谈起来。这时，门被推开，进来的却不是张经理，而是办公室秘书。

  思考讨论题：
  （1）请指出案例中钱先生的失礼之处。
  （2）本案例对你有何启示？
  2. 在与顾客的交往中，还有哪些手势语显得失礼，是我们要避免使用的？
  3. 请在全班组织一次服务行业从业人员服务形象设计的小品表演会，由学生分组进行服务场景设计和角色扮演，师生共同欣赏。有条件的可以录像，然后回放品评。

评价考核

能力评价表

内　　　容		评　　　价	
学习目标	评价内容	小组评价 （5、4、3、2、1）	教师评价 （5、4、3、2、1）
知识（应知应会）	手势在服务工作中的作用		
	手势语的作用		
专业能力	正确运用手势		
	正确使用手势语		
通用能力	审美能力		
	规范操作能力		
	自我控制能力		
态　　度	热爱服务工作 一丝不苟的精神 热情、大方		
努力方向：		建议：	

基础服务礼仪

服务日常交往　学习情境4
服务语言礼仪　学习情境5

学习领域 II

学习情境4　服务日常交往

任务1　见面的礼节

情境导入

　　毕业前夕，比尔和同学们跟着导师到白宫某军事实验室参观。全体学生坐在会议室里等待该实验室主任胡里奥的到来。这时一位秘书给大家倒水，同学们表情木然地看着她忙活，其中一个还问了问："有黑咖啡吗？天太热了。"秘书回答说："抱歉，咖啡用完了。"

　　比尔看着有点别扭，心里嘀咕："人家给你倒水还挑三拣四的。"轮到他时，他轻声说："谢谢，大热天的，辛苦了。"秘书抬头看了他一眼，满含着惊奇，虽然这是很普通的客气话，但却是她今天听到的唯一一句能体谅她的话。

　　门开了，胡里奥主任走进来和大家打招呼，不知怎么回事，会议室里静悄悄的，没有一个人回应。比尔左右看了看，犹犹豫豫地鼓了几下掌，同学们这才稀稀落落地跟着拍手，由于不齐，越发显得凌乱起来。胡里奥主任挥了挥手说："欢迎同学们到这里来参观。平时这些事一般都是由办公室负责接待，因为我和你们的导师是老同学，非常要好，所以，这次我亲自来给大家讲有关情况。我看同学们好像都没有带笔记本。这样吧，秘书，请你去拿一些我们实验室印的纪念手册，送给同学们做纪念。"

　　接下来，更尴尬的事情发生了，大家都坐在那里，很随意地用一只手接过胡里奥主任双手递过来的手册。

　　胡里奥主任的脸色越来越难看，走到比尔面前时，已经快没有耐心了。就在这个时候，比尔礼貌地站起来，双手握住手册恭敬地说了一声："谢谢您！"

　　胡里奥闻听此言，不觉眼前一亮，伸手拍了拍比尔的肩膀："你叫什么名字？"比尔照实回答，胡里奥微笑点头回到自己的座位上。

　　两个月后，比尔毕业了，在他的毕业去向表上，赫然写着白宫某军事实验室。与他同时毕业的几位同学颇感不满地找到导师说："比尔的学习成绩最多算是中等，凭什么选他而没选我们？"导师看着这几张充满疑问和尚属稚嫩的脸，笑道："是人家点名来要的。其实你们的机会是完全一样的，你们的成绩甚至比比尔还要好，但是除了学习之外，你们需要学的东西太多了，修养是第一课。"

> 在人与人的交往中，礼仪越周到越保险。
> ——[美]托·卡莱尔

任务分析

生活细节向来与个人发展息息相关。俗话说："细微之处见端倪。"说的就是很多事情都可以从生活细节中看出个究竟，找出个所以然。生活细节往往在一定程度上反映出一个人的思想性格和为人处世原则，基本上相当于个人的"名片"，是认识、了解一个人的重要途径。就像本任务"情景导入"案例中的比尔，他的成绩虽然不是最出色的，但胡里奥主任却通过与学生见面的细节，发现了比尔高出众人的礼貌与修养，比尔也因此获得了一个很好的工作机会。由此可见，注重个人生活细节，保持好的礼仪修养，是获得别人认可的一大关键因素。

知识储备

1. 称呼的运用

（1）称呼的原则。服务行业工作人员做好服务工作，在日常交往中要注意礼貌、尊重和恰当等称呼的原则。

① 礼貌原则。合乎礼节的称呼，是向他人表达尊重的一种方式。在人际交往中，称呼对方要用尊称。现在常用的尊称有：您——您好、您慢走；贵——贵姓、贵公司、贵方、贵校；大——尊姓大名、大作（文章、著作）；老——王老、李老、您老辛苦了；高——高寿、高见等；芳——芳名、芳龄等。

② 尊重原则。一般来说，汉族人有崇大崇老崇高的心态，如对同龄人，一般称呼对方为哥、姐；对既可称"叔叔"又可称"伯伯"的长者，以称"伯伯"为宜；对副校长、副处长、副厂长等，也可在姓后直接以正职相称。

③ 恰当原则。许多青年人往往喜欢称呼人"师傅"，虽然亲热有余，但文雅不足，且普适性较差。对理发师、厨师、司机称师傅恰如其分，但对医生、教师、军人、干部、商务工作者称师傅就不合适了，如把小姑娘称为"师傅"则要挨骂了！所以，要视交际对象、场合、双方关系等选择恰当的称呼。

（2）称呼的方式。在社会交往中，交际双方见面时，如何称呼对方，这直接关系到双方之间的亲疏、了解程度、尊重与否及个人修养等。一个得体的称呼，会令人如沐春风，为以后的交往打下良好的基础，否则，不恰当或错误的称呼，可能会令对方心里不悦，影响到彼此的关系乃至交际的成功。服务行业工作人员对以下称呼的方式应予以正确运用。

① 称呼姓名。一般的同事、同学关系，平辈的朋友、熟人，均可彼此之间以姓名相称。例如，"王小平"、"赵大亮"、"刘军"。长辈对晚辈也可以如此称呼，但晚辈对长辈却不可这样做。为了表示亲切，可以在被称呼者的姓名前分别加上"老"、"大"、"小"字相称，而免称其名。例如，对年长于己者。可称"老张"、"大李"；对年幼于己者，可称"小吴"、"小周"。但这种称呼多在职业人士间常见，不适合在校学生。对同性的朋友、熟人，若关系极

为亲密,可以不称其姓,而直呼其名,如"春光"、"俊杰"。对于异性一般则不可这样做。因为只有其家人或其配偶,才可这么称呼。

② 称呼职务。在工作中,以交往对象的职务相称,以示身份有别、敬意有加,这是一种最常见的称呼方法。具体做法上可以仅称呼职务,如"局长"、"经理"、"主任",等等;可以在职务前加上姓氏,例如,"王总经理"、"李市长"、"张主任"等;还可以在职务之前加上姓名,这仅适用于极其正式的场合。例如,"×××主席"、"×××省长"、"×××书记"等。

③ 称呼职称。对于有职称者,尤其是有高级、中级职称者,可以在工作中直接以其职称相称。可以只称职称,例如,"教授"、"研究员"、"工程师"等;可以在职称前加上姓氏。例如,"张教授"、"王研究员"、"刘工程师",当然有时可以简化,如将"刘工程师"简化为"刘工",但使用简称应以不发生误会、歧义为限;可以在职称前加上姓名,它适用于十分正式的场合。例如,"王久川教授"、"周蕾主任医师"、"孙小刚主任编辑"等。

④ 称呼学衔。在工作中,以学衔作为称呼,可增加被称呼者的权威性,有助于增强现场的学术氛围。可以在学衔前加上姓氏,如"张博士";也可以在学衔前加上姓名,如"张明博士"。一般对学士、硕士不称呼学衔。

⑤ 称呼职业。称呼职业,即直接以被称呼者的职业作为称呼。例如,将教员称为"老师",将教练员称为"教练"或"指导",将专业辩护人员称为"律师",将财务人员称为"会计",将医生称为"大夫"或"医生",等等。一般情况下,在此类称呼前,均可加上姓氏或姓名。

⑥ 称呼亲属。亲属,即与本人直接或间接拥有血缘关系者。在日常生活中,对亲属的称呼业已约定俗成,人所共知。面对外人,对亲属可根据不同情况采取谦称或敬称。对本人的亲属应采用谦称。称辈分或年龄高于自己的亲属,可以在其称呼前加"家"字,如"家父"、"家叔"。称辈分或年龄低于自己的亲属,可在其称呼前加"舍"字,如"舍弟"、"舍侄"。称自己的子女,则可在其称呼前加"小",如"小儿"、"小女"、"小婿"。对他人的亲属,应采用敬称。对其长辈,宜在称呼前加"尊"字,如"尊母"、"尊兄"。对其平辈或晚辈,宜在称呼之前加"贤"字,如"贤妹"、"贤侄"。若在其亲属的称呼前加"令"字,一般可不分辈分与长幼,如"令堂"、"令爱"、"令郎"。

⑦ 涉外称呼。在涉外交往中,一般对男子称先生,对女子称夫人、女士或小姐。已婚女子称夫人,未婚女子称小姐。对婚姻状况不明的女子称"小姐"或"女士"。在西方国家,凡是举行宗教结婚仪式的人,都习惯在无名指上戴一枚戒指,男子戴在左手,女子戴在右手。所以对外宾的称呼可以此来定。以上是根据性别和婚姻状况来称呼,使用起来具有普遍性。

(3) 称呼的禁忌。服务行业从业人员在日常交往中要注意以下称呼的禁忌。

① 使用错误的称呼。常见的错误称呼有两种:一是误读,一般表现为念错被称呼者的姓名。比如"郇"、"查"、"盖"这些姓氏就极易弄错。要避免犯此类错误,就一定要作好先

期准备，必要时不耻下问，虚心请教。二是误会，主要指对被称呼者的年纪、辈分、婚否及与其他人的关系作出了错误判断。比如，将未婚妇女称为"夫人"，就属于误会。

② 使用不当的行业称呼。学生喜欢互称为"同学"，军人经常互称"战友"，工人可以称为"师傅"，道士、和尚可以称为"出家人"，这并无可厚非。但以此去称呼"界外"人士，并不表示亲近，没准儿对方不领情，反而产生被贬低的感觉。

③ 使用庸俗低级的称呼。在人际交往中，有些称呼在正式场合切勿使用。例如"兄弟"、"朋友"、"哥们儿"、"姐们儿"、"磁器"、"死党"、"铁哥们儿"之类的称呼，就显得庸俗低级，档次不高。它们听起来很肉麻，而且带有明显的黑社会的风格。逢人便称"老板"，也显得不伦不类。

④ 使用绰号作为称呼。对于关系一般者，切勿自作主张给对方起绰号，更不能随意以道听途说来的对方的绰号去称呼对方。至于一些对对方具有侮辱性质的绰号，例如，"北佬"、"阿乡"、"鬼子"、"鬼妹"、"拐子"、"秃子"、"罗锅"、"四眼"、"肥肥"、"傻大个"、"柴禾妞"、"北极熊"、"麻秆儿"等，则更应当免开尊口。另外，还要注意，不要随便拿别人的姓名乱开玩笑。要尊重一个人，必须首先学会尊重他的姓名。

（4）学会记住别人的名字。美国交际学家戴尔·卡耐基说："一个人的姓名是他自己最熟悉、最甜美、最妙不可言的声音。在交际中，最明显、最简单、最重要、最能得到好感的方法，就是记住人家的名字。"记住并准确地呼叫对方的姓名，会使人感到亲切自然，一见如故。否则，即使有过交往的朋友也会生疏起来。作为服务行业的从业人员，必须要学会记住客户的名字。每个人内心最宝贵的东西是什么？是他自己的名字！服务员养成牢记顾客名字的习惯，在服务顾客的过程中，无疑占据了有利地位。

2. 介绍的礼节

（1）自我介绍。在某些场合，遇见对方不认识自己，而自己又有意与其认识，当场没有他人从中介绍的情况，往往需要自我介绍。自我介绍要注意以下几点。

① 把握自我介绍的时机。在交际场合，自我介绍的时机包括：与不相识者相处一室；不相识者对自己很有兴趣；他人请求你作自我介绍；在聚会时与身边的陌生人共处；打算介入陌生人组成的交际圈；求助的对象对自己不甚了解或一无所知；前往陌生单位，进行业务联系时；在旅途中与他人不期而遇而又有必要与其接触；初次登门拜访不相识的人；利用社交媒介，如信函、电话、电报、传真、电子信函，与其他不相识者进行联络时；初次利用大众传媒，如报纸、杂志、广播、电视、电影、标语、传单，向社会公众进行自我推介、自我宣传时。

② 选择自我介绍的方式。自我介绍的方式主要有：第一，应酬式的自我介绍。这种自我介绍的方式最简洁，往往只包括姓名一项即可。如"您好！我叫王平。"它适合于一些公共场合和一般性的社交场合，如途中邂逅、宴会现场、舞会、通电话时。它的对象主要是一般接触的交往人。第二，工作式的自我介绍。工作式的自我介绍的内容，包括本人姓名、供职的单位及部门、担负职务或从事的具体工作等三项。比如说："我叫唐婷，是大地广告公

司的客户经理。"第三，交流式的自我介绍，也叫社交式自我介绍或沟通式自我介绍，是一种刻意寻求交往对象进一步交流沟通，希望对方认识自己、了解自己、与自己建立联系的自我介绍。适用于在社交活动中，内容大体包括本人的姓名、工作、籍贯、学历、兴趣及与交往对象的某些熟人的关系等。如："我的名字叫陈友，是招商银行的理财顾问，说起来我跟您还是校友呢。"第四，礼仪式的自我介绍。这是一种表示对交往对象友好、尊敬的自我介绍。适用于讲座、报告、演出、庆典、仪式等正规的场合。内容包括姓名、单位、职务等。自我介绍时，还应多加入一些适当的谦辞、敬语，以示自己尊敬交往对象。如："女士们、先生们，大家好！我叫宋河，是精英文化公司的常务副总。值此之际，我谨代表本公司热烈欢迎各位来宾莅临指导，谢谢大家的支持。"第五，问答式的自我介绍。针对对方提出的问题，作出自己的回答。这种方式适用于应试、应聘和公务交往，在一般交际应酬场合也时有所见。举例来说，对方发问："这位先生贵姓？"回答："免贵姓张，弓长张。"

③ 掌握自我介绍的分寸。首先，语言要力求简洁，要节省时间，通常以半分钟左右为佳，如无特殊情况，最好不要长于1分钟。为了提高效率，在作自我介绍时，可利用名片、介绍信等资料加以辅助。其次，态度要友好自信。态度要保持自然、友善、亲切、随和，整体上讲求落落大方，笑容可掬。要充满信心和勇气，敢于正视对方的双眼，显得胸有成竹，从容不迫。语气自然，语速正常，语言清晰。再次，内容要追求真实。进行自我介绍时所表达的各项内容，一定要实事求是，真实可信。过分谦虚，一味贬低自己去讨好别人，或者自吹自擂，夸大其词，都是不足取的。

（2）他人介绍。他人介绍即社交中的第三者介绍。在他人介绍中，为他人做介绍的人一般是社交活动中的东道主、社交场合中的长者、家庭聚会中的女主人、公务交往活动中的公关人员（礼宾人员、接待人员、文秘人员）等。他人介绍要注意以下几点。

① 他人介绍的时机。这些时机包括：在家中或办公地点接待彼此不相识的客人；与家人外出，路遇家人不相识的同事或朋友；陪同亲友，前去拜会亲友不认识的人；陪同上司、来宾时，遇见了其不相识者，而对方又跟自己打了招呼；打算推介某人加入某一交际圈；受到为他人做介绍的邀请，等等。

② 他人介绍的顺序。一般来说，在被介绍的两个人中，应让女士、长者、位尊者拥有"优先知晓权"，例如，介绍年长者与年幼者认识时，应先介绍年幼者，后介绍年长者；介绍长辈与晚辈认识时，应先介绍晚辈，后介绍长辈；介绍老师与学生认识时，应先介绍学生，后介绍老师；介绍女士与男士认识时，应先介绍男士，后介绍女士；介绍已婚者与未婚者认识时，应先介绍未婚者，后介绍已婚者；介绍同事、朋友与家人认识时，应先介绍家人，后介绍同事、朋友；介绍来宾与主人认识时，应先介绍主人，后介绍来宾。

在集体介绍时要注意：第一，少数服从多数。当被介绍者双方地位、身份大致相似时，应先介绍人数较少的一方。第二，强调地位、身份。若被介绍者双方地位、身份存在差异，虽人数较少或只有一人，也应将其放在尊贵的位置，最后加以介绍。第三，单向介绍。在演讲、报告、比赛、会议、会见时，往往只需要将主角介绍给广大参加者。第四，人数多的一方的介绍。若一方人数较多，可采取笼统的方式进行介绍。如："这是我的家人"、"这是我的同学"。第五，人数较多各方的介绍。若被介绍的不止两方，需要对被介绍的各方进行位次排列。排列的方法：以其负责人身份为准；以其单位规模为准；以单位名称的英文字母顺序为准；以抵达时间的先后顺序为准；以座次顺序为准；以距介绍者的远近为准。

③ 他人介绍的细节。细节决定成败，在介绍中还要注意如下细节，只有这样才能取得良好的交际效果。第一，介绍者为被介绍者介绍之前，一定要征求一下被介绍双方的意见，切勿上去开口即讲，显得很唐突，让被介绍者感到措手不及。第二，被介绍者在介绍者询问自己是否有意认识某人时，一般不应拒绝，而应欣然应允。实在不愿意时，则应说明理由。第三，介绍人和被介绍人都应起立，以示尊重和礼貌；待介绍人介绍完毕后，被介绍双方应微笑点头示意或握手致意。第四，在宴会、会议桌、谈判桌上，视情况介绍人和被介绍人可不必起立，被介绍双方可点头微笑致意；如果被介绍双方相隔较远，中间又有障碍物，可举起右手致意，点头微笑致意。第五，介绍完毕后，被介绍双方应依照合乎礼仪的顺序握手，并且彼此问候对方。问候语有"你好！很高兴认识你"、"久仰大名"、"幸会幸会"，必要时还可以进一步做自我介绍。此外，介绍时不要开玩笑，不要使用易生歧义的简称，特别是在首次介绍时要准确地使用全称。

3. 握手的要领

(1) 握手的时机。握手是商务活动中最常用的礼节。一般来说，两人初次见面，朋友久别重逢，或者在社交场合偶遇同事、同学、同行、上司等都要握手；在家待客和登门拜访，以及告辞或送行要握手；表示理解、支持、鼓励、肯定时要握手，表示感谢、恭喜、祝贺时也要握手。

(2) 握手的方式。距握手对象1米，双腿立正，上身略向前倾，伸出右手，四指并拢，拇指张开，与对方相握。握手时力度要适中，上下稍晃动三四次，随即松开手，恢复原状。与人握手，神态要专注、热情、友好、自然，要面含笑容，目视对方双眼，同时问候对方。

(3) 握手的力度。握手时为了表示热情友好，应当稍许用力，但以不握痛对方的手为限度。在一般情况下，握手不必用力，握一下即可。男子与女子握手不能握得太紧，西方人往往只握一下妇女的手指部分，但老朋友可以例外。

(4) 握手的时间。握手时间的长短可根据握手双方亲密程度灵活掌握。初次见面者，一般应控制在3秒以内，切忌握住异性的手久久不松开。即使握同性的手，时间也不宜过长，以免对方欲罢不能。但时间过短，会被人认为傲慢冷淡，敷衍了事。

(5) 伸手的次序。根据礼仪规范，握手时双方伸手的先后次序，一般应遵守"尊者先伸手"的原则，应该由尊者先伸出手来，位卑者只能在此后予以响应，而绝不可贸然抢先伸手，不然就是违反礼仪的举动。其规则主要包括：男女之间握手，男方要等女方先伸手后才能握手，如女方不伸手，无握手之意，可用点头或鞠躬致意。宾主之间，主人应向客人先伸手，以示欢迎。长幼之间，年幼的要等年长的先伸手。上下级之间，下级要等上级先伸手，以示尊重。多人同时握手切忌交叉，要等别人握完后再伸手。值得注意的是：在公务场合，握手时伸手的先后次序主要取决于职位、身份。而在社交、休闲场合，则主要取决于年龄、性别、婚否。

（6）握手的禁忌。握手虽然司空见惯，看似平常，但是它可被用来传递多种信息，因此在行握手礼时应努力做到合乎规范，并且注意下述几点：不要拒绝与他人握手；不要用左手与人相握，特别是与阿拉伯人、印度人打交道，切忌用左手与他人握手，因为他们认为左手是不洁的；不要戴着手套与人握手，只有女士在社交场合可以戴着薄纱手套与人握手；不要在握手时面无表情，握手时精神要集中，双目注视对方，微笑致意。握手时不要看着第三者，更不能东张西望，这都是不尊重对方的表现；不宜在握手时长篇大论，点头哈腰，过分客套，这只会让对方不自在，不舒服；不要在握手时戴着墨镜，另一只手也不能放在口袋里；除长者或女士，坐着与人握手是不礼貌的，只要有可能，都要起身站立；与基督教徒交往时，要避免交叉握手。这种形状类似十字架，在基督教信徒眼中，被视为不吉利。

4. 名片的使用

名片是当今社会人际交往和公务活动中最经济实惠、最通用的介绍媒介，被人称作自我的"介绍信"和社交的"联谊卡"，具有证明身份，广交朋友，联络感情，表达情谊等功能。名片的用途十分广泛，最主要的是用作自我介绍，也可随赠鲜花或礼物，以及发送介绍信、致谢信、邀请信、慰问信等使用，在名片上面还可以留下简短附言。

（1）递接名片。递名片给他人时，应郑重其事，使用双手或者右手，将名片正面面向对方，交予对方。切勿以左手递交名片，不要将名片背面面向对方或是颠倒着面向对方，不要将名片举得高于胸部，不要以手指夹着名片递出。若对方是少数民族或外宾，则最好将名片上印有对方认得的文字的那一面面向对方。将名片递给他人时，口头应有所表示，可以说"请多指教"，"多多关照"，"今后保持联系"，"我们认识一下吧"，或是先做一下自我介绍。

接受他人名片时宜双手捧接，或以右手接，切勿单用左手接。接过名片，首先要看，这一点至关重要。具体而言，就是接过名片后，当即要用半分钟左右的时间，从头至尾将其认真默读一遍。若接过他人名片后看也不看，或手头把玩，或弃之桌上，或装入衣袋，或交予他人，都算失礼。接过他人名片后，应口头道谢，或重复对方所使用的谦词敬语，如"请您多关照"，"请您多指教"，不可一言不发。

（2）索要名片。在交往中，为了收集信息，和客户保持联络，免不了会向他人索要名片。但是在索要名片的过程中，要避免直言相告，可以试着采取以下方法：①向对方提议交换名片；②主动递上本人名片；③询问对方（尊者或长辈）："今后如何向您请教？"④询问对方（平辈或晚辈）："以后怎样跟你联系？"

（3）存放名片。随身携带的名片，最好放在名片包或名片夹里，也可以放在上衣口袋内。不要把它放在裤袋、裙兜、钱夹等地方。

接到他人的名片，应将其精心存放在名片包、名片夹或上衣口袋内，切勿放在其他地方。

实践训练

项目 1：介绍。

实训目标：熟练掌握介绍的方式方法。

实训学时：1 学时。

实训地点：大教室。

实训准备：模拟会场。

实训方法：把教室布置成某公司新员工欢迎会会场，先由主持人介绍出席会议的领导（由老师扮演），同学们再依次上台以新员工身份作自我介绍，评一评，看谁的自我介绍给人印象最深刻。

项目 2：名片的使用。

实训目标：熟练掌握递接名片、索要名片、存放名片的方法。

实训学时：1 学时。

实训地点：教室。

实训准备：名片夹、自制名片等。

实训方法：请同学们课前自己动手制作好名片，在课堂上模拟不同场景，以不同身份索要名片、交换名片。

项目 3：见面礼节的综合运用。

实训目标：通过分角色扮演，掌握日常见面的各种礼节。

实训学时：2 学时。

实训地点：大教室。

实训准备：名片夹、名片、模拟办公室。

实训方法：把学生分成若干小组，让学生自编情景剧，演示商务交往中的称呼、介绍、握手、交换名片等环节，评出"最有风度学员"。

自主学习

1. 案例分析

一位作家以自己的亲身经历，详细谈了希尔顿饭店先进的人文管理情况。他说，他在饭店早上起床，一打开门，走廊尽头站着的漂亮的服务员就走过来说："早上好，凯普先生。"叫我早上好很正常，知道我叫凯普也不难。我马上问她，"你怎么知道我叫凯普？""先生，昨天晚上您睡觉的时候，我们要记住每个房间客人的名字。"后来，我从四楼坐电梯下去，到了一楼，电梯门一开，有一个服务员站在那里微笑着对我说："早上好，凯普先生！""你知道我叫凯普？怎么可能？""先生，上面有电话下来，说您下来了。"然后，我去吃早点，吃早餐的时候，服务员送来了一个点心。我就问，这中间红的是什么？服务员看了一眼，后退一步说,那是什么什么。我又问,旁边那个黑黑的是什么?她又看了一眼,后退一步说,那只是什么什么。她为什么后退一步?原来,她为了避免她的唾沫的溅到我的菜。或许大家都有过这样的经历,只是觉得很正常而忽略过去了。但我觉得这些看起来很小的事,却体现出很深刻的道理。

思考讨论题:
(1) 这些小事体现出了什么深刻道理?
(2) 这个案例给了你什么启示?

2. 一位50多岁的李姓女教师在单位有五个称呼:李老师、老李、李奶奶、李女士、李工(工程师的简称)。你认为,李老师最喜欢的称呼是哪一个?最讨厌的称呼是哪一个?说说你的看法。

3. 刘娜是个热情而又敏感的女士,在某著名房地产公司做副总,有一天,她接待了来访的建筑材料公司主管营销的李经理。李经理被秘书领进了刘娜的办公室,刘娜起身,面带微笑,走向李经理。李经理先伸出手来,与刘娜握了握手。刘娜客气地对他说:"非常欢迎你来为我们公司介绍这些产品,这样吧,你先留下资料,我看看再跟你联系。"李经理在几分钟之内就被刘娜请出了办公室。几天内,李经理多次打电话询问,秘书都说刘总不在。刘总真的不在吗?刘总是因为什么原因拒绝了李经理?说说你的看法。

评价考核

能力评价表

内 容		评 价	
学习目标	评价内容	小组评价 (5、4、3、2、1)	教师评价 (5、4、3、2、1)
知识(应知应会)	称呼的原则、方式		
	介绍的方式、顺序		
	握手的要领		
	名片的使用规则		
专业能力	正确称呼		
	得体介绍		
	礼貌握手		
	使用名片		

内　　容		评　　价	
学习目标	评价内容	小组评价 （5、4、3、2、1）	教师评价 （5、4、3、2、1）
通用能力	沟通能力		
	协调能力		
	应变能力		
态　　度	平等与尊重 主动与真诚 理解与宽容		
努力方向：		建议：	

任务 2 >>> 礼物馈赠

情境导入

　　一位颇有身份的西欧女士来华访问，下榻北京一家豪华大酒店。酒店以贵宾的规格隆重接待：总经理在酒店门口亲自迎候，从大堂入口到电梯口到楼层走廊，都有漂亮的服务小姐夹道迎候、问好，贵宾入住的豪华套房里摆放着鲜花、水果……西欧女士十分满意。陪同入住的总经理见西欧女士兴致很高，为了表达酒店对她的心意，主动提出送她一件中国旗袍，她欣然同意，随即酒店裁缝给她量了尺寸。总经理很高兴能送给尊贵的西欧女士这样一份有意义的礼品。

　　几天后，总经理将赶制好的鲜艳、漂亮的丝绸旗袍送来，不料这位洋女士却面露愠色，勉强收下，后来离店时居然把这件珍贵的旗袍当垃圾扔在酒店客房的角落里。总经理大惑不解，经多方打听才了解到，原来那位女士在酒店餐厅里看到服务员都穿旗袍，而市中街巷的女士却无一人穿旗袍，误认为那是专给服务员穿的服装，主人赠送旗袍，是对自己的不敬，所以非常生气，将旗袍丢在一边。总经理听说后啼笑皆非，为自己当初想出这么一个"高明"的点子懊悔不已。

任务分析

　　中华民族素来重交情，古代就有"礼尚往来"之说。人们在交往过程中有时会通过赠送礼物，来表达对交往对象的尊重、敬意、友谊、纪念、祝贺、感谢、慰问、哀悼等情感与意愿。成功的馈赠行为，不仅能够恰到好处地向受赠者表达自己的友好、敬重或其他某种特殊的情感，还能让对方产生好感，并留下深刻的印象。但若是不会选择合适的礼品，不懂馈赠的礼仪，就会像本任务"情境导入"案例中的总经理那样，耗费了一定精力和物力送出的礼物，不仅没给贵宾带来快乐，反而引起了贵宾的不满。

知识储备

1. 馈赠礼物的标准

(1) 情感性。馈赠礼物要重视其情感意义。礼物作为友好的象征物，其意义并不在礼物本身，而在于通过礼物所传达的友好情意，这是馈赠礼物的基本思想，所谓"千里送鹅毛，礼轻情义重。"情义是无价的，情义是无法用金钱来衡量的。"烽火连三月，家书抵万金。"同样说明"情"的价值，丝毫也不夸张。著名作家萧乾当年访问一位美籍华人朋友，特意捎去几颗生枣核。他深深知道：朋友身在异国他乡，年纪越大，思乡越切。所以送去几颗故乡故土的生枣核，让它们在异国他乡生根、开花、结果。果然，那位朋友一见到那几颗生枣核，勾起了缕缕乡情，他把枣核托在手掌，仿佛它们比珍珠、玛瑙还贵重。因此选择礼物时，勿忘一个"情"字，应挑选价廉物美、具有一定纪念意义，或具有某些艺术价值，或为受礼人所喜爱的小艺术品，如纪念品、书籍、画册等。

选择礼物的价值要"得体"，并非是价值越昂贵的礼物所表达送礼者的情意越深厚。送礼要与受礼者的经济状况相适合，中国人历来有"礼尚往来"的习俗，若受礼者的经济能力有限，当接到一份过于贵重的礼物时，其心理负担一定会大于受礼时的喜悦，尤其当你有求于对方的时候，昂贵的厚礼会让人有以礼代贿的嫌疑，不但加重了对方接受这份礼物的心理压力，也失去了平等交流的意义。

(2) 独创性。送人礼物，与做其他许多事情一样，是最忌讳"老生常谈"、"千人一面"的。选择礼物，应当精心构思，匠心独运，富于创意，力求使之新、奇、特。这就是礼物的独创性。赠送具有独创性的礼物给人，往往可以令其耳目一新，既兴奋又感动，因为这等于"特别的爱献给特别的你"。若真是这样的话，赠送者在对方心目中往往也会因此"升值"。

(3) 时尚性。赠送礼物应折射时代风尚。当今人们追求生活的高尚品位，什么样的礼物够档次，多半取决于礼物是否符合时代风尚。改革开放以来，随着人们生活水平的提高和思想观念的转变，人们相互馈赠礼物也发生了质的变化和飞跃，从经济实用的物质型礼物向高雅、新潮的精神型礼物转变。"精神型礼物"受青睐已成为当今人际交往中的一道亮丽的风景线。它包括：智力型礼物，如报纸、杂志、图书、各种教学录音带、电脑软件等；娱乐型礼物，如唱片、激光影碟、体育比赛门票、晚会展览会入场券等；祝贺型礼物，如鲜花、节日贺卡、各种礼仪电报等。

(4) 适俗性。挑选礼物时，特别是在为交往不深或外地区人士和外国人挑选礼物时，应当有意识地使赠品与对方所在地的风俗习惯一致，在任何情况下，都要坚决避免把对方认为是伤风败俗的物品作为礼物相赠，这样才表明尊重交往对象。如在我国大部分地区，老年人忌讳发音为"终"的钟，恋人们反感于发音为"散"的伞。阿拉伯地区严禁饮酒。在西方药品不宜送人。因此在涉外交往中,要根据不同国家、地区的习惯与个人的爱好做些必要的选择,赠礼问俗是我们不能忽视的,这也是一个重要标准。1972年,尼克松总统准备访华,急于寻求能代表国家的礼物。美国保业姆公司闻讯后,趁此良机,向尼克松总统献上公司生产的一尊精致的天鹅群瓷器珍品,因为瓷器的英文china,也具有"中国"的意思,尼克松一见,大喜过望,于是把这尊具有双重意义而且具有很高艺术价值的瓷器珍品带到了中国。

2. 馈赠礼品的场合

在交往中,人们在不同的场合下选送不同的礼品。

(1) 表示谢意、敬意。当我们接受他人或某个组织的帮助之后应当表示感谢。如某位医生妙手回春治愈你多年的顽症;某个组织为你排忧解难,等等。此时为表示感谢和敬意,可考虑送锦旗,并将称颂之语书写在锦旗上。

(2) 祝贺庆典活动。当友人或其他组织适逢庆典纪念之时,如某公司成立二十周年纪念,为表示祝贺,可送贺匾、书画或题词,既高雅别致又具有欣赏保存价值。

(3) 公共关系礼品。开展公共关系活动中所送的礼品要与公共关系活动的目标一致,并且送礼的内容与送礼的组织形象是相符的。例如,上海大众汽车公司赠送给客人的桑塔纳轿车模型,上海大中华橡胶厂精心设计研制的轮胎外型的钢皮卷尺等。

(4) 祝贺开张开业。社会组织开张开业之际,都是宣传自身、扩大影响的好机会,一般来讲,都是要借机大肆宣传一番的。因而适逢有关组织开张开业之际,应送上一份贺礼,以示助兴和祝愿。一般以选送鲜花贺篮为多,在花篮的绸带上写祝贺之语和赠送单位或个人的名称。

(5) 适逢重大节日。春节、元旦等节庆日都是送礼的旺季,组织可向公众、组织内部的员工等,适时地送上一份小小的礼物,对他们给予组织工作的关心和支持表示感谢,并希望继续得到他们的帮助。亲朋好友之间也可通过节日联络感情,此时也可选择适宜的礼品相赠。

(6) 探视住院病人。公司的客人、员工生病或亲友患病住院,均应前去探视,并带上礼品。目前探视病人的礼品也不断地从"讲实惠"到"重情调"。以往送营养品、保健品,如今变为送用多种水果包装起来的果篮、一束束鲜花。有一位教授住院,学生送他一束鲜花,夹在鲜花中的一张犹如名片大小的礼卡上,写着这样的话语:"尊敬的导师:花香带来温馨的祝福,愿您静心养病,早日康复。您的弟子赠。"字里行间,充满了关切之情和师生之意。

(7) 应邀家中做客。我们经常会应邀到别人家中做客或者出席私人家宴。为了礼尚往来,出于礼貌,应带些小礼品。如土特产、小艺术品、纪念品、水果及鲜花等。有小孩的可送糖果、玩具之类。

(8) 遭受不测事件。世上难有一帆风顺之事,一个家庭或组织遇上不测事件之时,及时地送上一份礼物表示关心,更能体现送礼者的情谊。比如,对方遇上火灾、地震等灾难,马上去函或去电表示慰问,也可送上钱款相助。

3. 馈赠礼品的礼仪

（1）精心包装。送给他人礼品，尤其是在正式场合赠送于人的礼品，在相赠之前，一般都应当认真进行包装。可用专门的纸张包裹礼品或把礼品放入特制的盒子、瓶子里等。礼品包装就像穿了一件外衣，这样才显得正式、高档，而且还会使受赠者感到自己备受重视。

（2）表现大方。现场赠送礼品时，要神态大方自然，举止大方，表现适当。千万不要像做了"亏心事"，小里小气，手足无措。一般在与对方会面之后，将礼品赠送给对方，届时应起身站立，走近受赠者，双手将礼品递给对方。礼品通常应当递到对方手中，不宜放下后由对方自取。如礼品过大，可由他人帮助递交，但赠送者本人最好还是要参与其事，并援之以手。若同时向多人赠送礼品，最好先长辈后晚辈、先女士后男士、先上级后下级，按照次序，依次有条不紊地进行。

（3）认真说明。当面亲自赠送礼品时要辅以适当的、认真的说明。一是可以说明因何送礼，如若是生日礼物，可说"祝你生日快乐"；二是说明自己的态度，送礼时不要自我贬低，说什么"没有准备，临时才买来的"、"没有什么好东西，凑合着用吧"，而应当实事求是地说明自己的态度，比如，"这是我为你精心挑选的"、"相信你一定会喜欢"等；三是说明礼品的寓意，在送礼时，介绍礼品的寓意，多讲几句吉祥话，是必不可少的；四是说明礼品的用途，对较为新颖的礼品可以说明礼品的用途、用法。

4. 接受馈赠的礼仪

（1）受礼坦然。一般情况下，对于对方真心赠送的礼物不能拒收，因此没完没了地说"受之有愧"、"我不能收下这样贵重的礼物"这类话是多余的，有时还会使人产生不愉快的感觉。即使礼物不称你心，也不能表露在脸上。接受礼物时要用双手，并说上几句感谢的话。千万不要虚情假意，推推躲躲，反复推辞，硬逼对方留下自用；或是心口不一，嘴上说"不要，不要"，手却早早伸了过去。

（2）当面拆封。如果条件许可，在接受他人相赠的礼品后，应当尽可能地当着对方的面，将礼品包装当场拆封。这种做法在国际社会是非常普遍的。在启封时，动作要井然有序，舒缓得当，不要乱扯、乱撕。拆封后不要忘记用适当的动作和语言，显示自己对礼品的欣赏之意，如将他人所送鲜花捧在身前闻闻花香，然后再插入花瓶，并放置在醒目之处。

（3）拒礼有方。有时候，出于种种原因，不能接受他人相赠的礼品。在拒绝时，要讲究方式、方法，处处依礼而行，要给对方留有退路，使其有台阶可下，切忌令人难堪。可以使用委婉的、不失礼貌的语言，向赠送者暗示自己难以接受对方的好意，如当对方向自己赠送一部手机时，可以告之："我已经有一部了。"；可以直截了当地向赠送者说明自己之所以难以接受礼品的原因。在公务交往中，拒绝礼品时此法最为适用，如拒绝他人所赠的大额贵重礼品时，可以说："依照有关规定，你送我的这件东西，必须登记上缴。"

5. 赠花的礼仪

鲜花是美好、吉祥、友谊和幸福的象征。我国早在汉代就有"折柳送别话依依"的诗句，可见在当时已有交际赠花之习俗。当今社交中无论是欢迎、送别、婚寿庆祝，还是节庆、开业、慰问、吊唁及国际交往中，人们经常赠之以鲜花，言志明心。但由于各地风俗习惯不同，花的含义也不同，送花时必须注意得体，要做到以下几点。

(1) 了解"花卉语"。当用花为媒来传递友谊时，要注意运用正确的"花卉语"，以免出现尴尬。以下是常见的花卉的寓意：

荷花——纯洁、淡泊和纯真无邪
月季——幸福、光荣
红玫瑰——爱情
白菊——真实
百合——圣洁、幸福、百年好合
野百合——幸福即将来临
红罂粟——安慰、慰藉
红蔷薇——求爱、爱情
杜鹃——节制、盼望
康乃馨——健康长寿
红茶花——天生丽质
山茶花——美好的品德
勿忘草——永志不忘、真挚和贞操
万年青——友谊长存、长寿
剑兰——步步高升
松柏——坚强
橄榄枝——和平
梅花——刚毅、坚贞不屈
竹子——正直、虚心
文竹——祝贺长寿
常春藤——结婚、白头偕老
水仙——尊敬、自尊
牡丹——富贵、幸福
红茶花——质朴、美德
牵牛花——爱情
紫丁香——初恋
野丁香——谦逊、美好
黄郁金香——爱的绝望
红郁金香——宣布爱恋
蓝郁金香——诚实
樱花——心灵的美

并蒂莲——夫妻恩爱
红豆——相思
兰花——热情
仙人掌——热心
美人蕉——坚实
……

在不同的国家和地区，同一种花也许会有不同的寓意，如在一些国家，菊花和康乃馨被认为是厄运的象征。垂柳在美国表示"悲哀"，但在法国，柳则是"仁勇"的象征。实际上，同一种类型的花卉，因其不同的颜色，也有不同甚至截然相反的意思。如红色的郁金香是"爱的表示"，蓝色的郁金香象征"诚实"，而黄色的郁金香则象征"无望的恋爱"。因此要恰当运用好"花卉语"。

（2）不同场合的赠花。向恋人赠玫瑰花的花语是"我真心爱你"，蔷薇花象征"我向你求爱，小天使"，桂花表示"我挚意爱你"，这类花卉赠予恋人，可收心有灵犀一点通之功。若将这类花卉赠予其他对象，不但会交际不成，反而引火烧身。

婚礼赠花可以送一束美丽鲜艳的由红玫瑰、吉祥草、文竹灯花组成的花束。红玫瑰象征爱情美好；吉祥草祝朋友吉祥如意、生活美满；文竹绿叶葱葱，祝朋友爱情永葆青春。此外，并蒂莲表示"恩爱如初，幸福长存"，百合花象征"百年好合"，它们及红色郁金香等花都是婚礼的理想花卉。

慰问病人，送一束黄月季，表示"早日康复"，一束芝兰，象征"正气清运，贵体早康"，或送一束松、柏、梅花，以鼓励他与病魔作斗争"坚贞不屈"，"胜利属于你"。

庆贺生日赠花，年轻一点的可送其火红的石榴花、鲜红的月季花、美丽的象牙花，祝其前程似锦，青春如红花鲜艳等。对年老者，赠之以万年青、寿星草、龟背竹等，以示祝福老人健康长寿，快乐幸福。

（3）赠花的注意事项。正式场合，如组织开张、纪念、庆典等，大多可送花篮；迎宾、欢送、演出中送给演员，大多送花环、花束；宴请、招待会等送胸花；参加追悼会时送花圈以示哀悼。

送花一般不能送单一的白色花，因为会被人认为不吉利；送玫瑰花时应送单数，不要送双数，但12除外，不要将红玫瑰送给未成年的小姑娘，不要将浓香型的鲜花送给病人。

送一束花时最好用彩色透明纸将花包装好，再系一根与鲜花颜色相匹配的彩带，这样既便于携带，又使花显得更漂亮。

实践训练

项目1：礼品的选择。
实训目标：通过情景假设训练，熟练掌握选择礼品的方法。
实训学时：1学时。

实训地点：教室。

实训准备：收集信息、制作卡片。

实训方法：把学生分成两组，每组各假想出十个不同的馈赠对象，让对方小组来选择合适的礼物，老师当裁判，看哪个小组答得又快又准。

项目 2：馈赠与接受礼物。

实训目标：通过情境模拟训练，熟练掌握馈赠与接受礼物的方法。

实训学时：1 学时。

实训地点：教室。

实训准备：模拟生日会及礼物。

实训方法：给当月过生日的同学办一个生日会，由同学们自己安排议程，自己主持，并派代表给过生日的同学致辞、赠送礼物，过生日的同学要当场答谢并接受礼物。

自主学习

1. 案例分析

小丁大学毕业后应聘到一个海滨城市工作，第一年回老家过春节，小丁决定用奖金给亲朋好友们买些礼物回去。小丁看到超市里有很多当地特产，就给亲戚们一家买了一份海鲜。到了大年初三开始走亲戚时，亲戚们收到礼物大都很高兴，只有姨妈脸上冷冰冰的。后来回家一问才知道，原来姨妈有高血压，姨父有糖尿病，他们的孙子吃海鲜过敏。小丁想，下回买礼物可要吸取教训了。

思考讨论题：

小丁给亲戚们买礼物要吸取什么教训？

2. 李华是旅游管理专业 2 班的班长，曾经带过他们班的辅导员张老师前天在医院剖腹产，生了一个大胖小子，班上的同学凑了些钱，委托李华买些礼物去医院看望一下张老师，可是李华思来想去，不知道给老师买什么礼物好。如果你是李华，你打算给老师买什么礼物呢？

3. 安文在一家外企做办公室秘书，最近她们办公室的美国同事杰克即将调回美国总部工作，办公室准备为杰克钱行，并派安文给杰克买一份礼物。安文知道杰克很喜欢中国文化，还听说他这次一回到美国就要和相恋多年的女友结婚了，她很想给杰克一个惊喜，但是买什么礼物送给杰克呢？请同学们给安文一些建议。

4. 利用课后或者周末时间逛逛花店，面对绚丽多彩的鲜花，进一步熟悉花的语言。

评价考核

能力评价表

内 容		评 价	
学习目标	评价内容	小组评价 (5、4、3、2、1)	教师评价 (5、4、3、2、1)
知识（应知应会）	选择礼物的方法		
	馈赠的方式		
	国际交往中的馈赠礼仪		
专业能力	把握馈赠的时机		
	选择合适的礼物		
	熟悉馈赠的方式		
通用能力	沟通能力		
	鉴别能力		
	应变能力		
态　　度	平等与尊重 主动与真诚		
努力方向：		建议：	

任务3 >>> 拜访与接待

情境导入

　　一天上午，惠利公司前台接待秘书小张匆匆走进办公室，像往常一样进行上班前的准备工作。她先打开窗户，接着，打开饮水机开关，然后，翻看昨天的工作日志。这时，一位事先有约的客人要求会见销售部李经理，小张一看时间，他提前了30分钟到达。小张立刻通知了销售部李经理，李经理说正在接待一位重要的客人，请对方稍等。小张就如实转告客人说："李经理正在接待一位重要的客人，请您等一会儿。"话音未落，电话铃响了，小张用手指了指一旁的沙发，没顾上对客人说什么，就赶快接电话去了。客人尴尬地坐下……待小张接完电话后，发现客人已经离开了办公室。

任务分析

拜访是指亲自到某处拜见某人。例如，当需要客户对某件事给以配合或参与时就要对客户进行拜访。服务行业从业人员通过对客户的拜访，可以了解客户使用产品和服务的反馈，并且收集更多的改进和需求信息。

接待是指迎接客户，客户无论是应邀而来，还是自行登门来访，服务人员都要耐心、细心听取客户的意见，周到热情地为客户服务。

拜访客户、接待客户的关键是要尊重客户，让客户感受到被关注、被尊重，从而取得客户的信任。本任务"情境导入"案例中的小张不注意接待工作的礼仪，使客户没有受到尊重与信任，从而使企业丧失了一位重要客户，这其中的教训是深刻的。因此，在服务工作中，服务行业从业人员讲究拜访和接待的礼仪是十分必要的。

知识储备

1. 拜访的礼仪

（1）约好时间。拜访前，应事先联络妥当，尽可能事先告知，最好是和对方约定一个时间，以免扑空或打乱对方的日程安排，即使是电话拜访也不例外，不告而访是非常失礼的。

如果双方有约，应准时赴约，不能轻易失约或迟到。但如果因故不得不迟到或取消访问，一定要设法在事前立即通知对方，并表示歉意。拜访应选择适当的时间，选择一个对方方便的时间。做客拜访一般可在平时晚饭后或假日的下午，要避免在吃饭和休息的时间登门造访。

（2）做好准备。①明确拜访目的。无论是初次拜访还是再次拜访，都要事先明确拜访的主要目的。②准备有关资料。商务拜访，比如客户拜访，要准备的资料就包括公司及业界的资料、相关产品资料、客户的相关信息资料、销售资料及方案、针对可能出现的情况事先拟订的解决方案或应对方案、一些小礼品等。此外，名片、电话号码簿等也要事先准备好。③设计拜访流程。要针对拜访环节准备好最稳妥、最得体的称呼和开场白，选择好话题、材料，确定话题范围等。④电话预约确认。出发前应致电被拜访者，再次确认本次拜访人员、时间和地点等事宜。⑤注意礼仪细节。到达前，最好先稍事整理服装仪容。如果是重要的拜访对象，要事先关掉手机，这体现了对拜访对象的尊敬，对访问事宜的重视。

（3）上门有礼。到达拜访地点后，如果对方因故不能马上接待，可以在对方接待人员的安排下在会客厅、会议室或在前台，安静地等候。如果等待时间过久，可以向有关人员说明，并另定时间，不要显出不耐烦的样子。有抽烟习惯的人，要注意观察该场所是否有禁止吸烟的警示。即使没有，也要问问工作人员是否介意抽烟。如果接待人员没有说"请随便看看"之类的话，就不要随便东张西望，到处窥探，那是非常不礼貌的。

到达被访人所在地时，一定要事先轻轻敲门，进屋后等主人安排后坐下。后来的客人到达时，先到的客人应站起来，等待介绍或点头示意。对室内的人，无论认识与否，都应主动打招呼。

如果与对方是第一次见面，应主动递上名片，或作自我介绍。对熟人可握手问候。如果你带其他人来，要介绍给主人。

进门后，应把随身带来的外套、雨具等物品搁放到对方接待人员指定的地方，不可任意乱放。

接茶水时，应从座位上欠身，双手捧接，并表示感谢。

吸烟者应在主人敬烟或征得主人同意后，方可吸烟。和主人交谈时，应注意掌握时间。有要事必须要与主人商量或向对方请教时，应尽快表明来意，不要不着边际，浪费时间。

(4) 礼貌告辞。拜访结束时彬彬有礼地告辞，可给对方留下良好的印象，同时也给下次的拜访创造良好氛围和机会。所以，及时告辞、礼貌告辞这一环节相当重要。

拜访时间长短应根据拜访目的和主人意愿而定，通常宜短不宜长，适可而止。当接待者有结束会见的表示时，应立即起身告辞。

告辞时要同主人和其他客人一一告别。如果主人出门相送，应请主人留步并道谢，热情说声再见。

中途因特殊情况不得不离开时，无论主人在场与否，都要主动告别，不能不辞而别。

(5) 拜访过程应注意的礼仪。①准时到达。让被拜访者无故等候，无论是何原因都是严重失礼的事情。如果对方要晚点到，要安静等待。可充分利用剩余的时间，检查准备工作。②控制时间。谈话时开门见山，不要海阔天空，浪费时间。最好在约定时间内完成访谈，如果客户表现出有其他要事的样子，千万不要再拖延，如未完成工作，可约定下次拜访时间。③注意言谈举止。要以优雅得体的言谈举止体现素质、涵养和职业精神，赢得对方的好感和敬重。即便与接待者的意见相左，也不要争论不休。要注意观察接待者的举止神情，当有不耐烦或有为难的表现时，应转换话题或口气。总之，要避免出现不愉快或尴尬的场面。④处理好"握手"与"拥抱"的关系。必须事先搞清对方人员的真实身份，根据主次或亲疏的关系，处理好见面时的礼仪关系。⑤尊重对方习惯。由于被拜访者的国别、民族、年龄、性别及爱好、兴趣、习惯各有不同，事先要了解清楚，并给予充分的尊重。⑥讲究服饰。服饰事关拜访者自身的职业形象和所代表的机构形象，也体现对被拜访者的尊重。所以，拜访前对服饰的选择和斟酌马虎不得。⑦及时致谢。对拜访过程中接待者提供的帮助要及时适当地致以谢意。⑧事后致谢。若是重要约会，拜访之后给对方寄一封谢函或留一条短信，会加深对方的好感。

2. 接待的礼仪

(1) 准备礼仪。迎接，是给客人以良好第一印象的最重要工作。在接待工作中，把迎宾工作做好，对来宾表示尊敬、友好与重视，来宾就会对东道主产生良好印象，从而为下一步深入接触打下基础。在迎宾工作中，要注意做好以下前期准备工作。

① 掌握基本状况。接待人员一定要充分掌握来宾的基本状况，尤其是主宾的个人情况，

如姓名、性别、年龄、籍贯、民族、单位、职务、专业、偏好等，必要时还需了解其婚姻状况、健康状况、政治倾向与宗教信仰等。如果来宾尤其是主宾曾经来访过，则在接待规格上要注意前后一致，无特殊原因不宜随意升格或降格。来宾如报出自己一方的计划，比如来访的目的、来访的行程、来访的要求等，应在力所能及的前提下满足其特殊要求，尽可能对对方给予照顾。

② 制订具体计划。为了避免疏漏，一定要制订详尽的接待计划，以便按部就班地做好接待工作。根据常规，接待计划至少应包括迎送方式、迎送规格、交通工具、膳宿安排、工作日程、文娱活动、游览、会谈、会见、礼品准备、经费开支及接待、陪同人员等基本内容。

③ 确认抵达时间。有时候，来宾到访时间或因其健康状况，或因紧急事务缠身，或因天气变化、交通状况等的影响，难免会有较大变动。因此，接待方务必要在对方正式启程前与对方再次确认一下抵达的具体时间，以便安排迎宾事宜。

(2) 迎宾礼仪。服务行业的从业人员必须知晓基本的迎宾礼仪，并在工作中恰当应用。

① 迎宾人员。一般来说，迎送人员与来宾的身份要相当，但如果己方当事人因临时身体不适或不在当地等原因不能前来迎送也可灵活变通，由职位相当的人士或由副职出面。遇到这种情况，应从礼貌出发向对方作出解释。另外，迎宾人员最好与来宾专业对口。

② 迎宾地点。来宾的地位身份不同，迎宾地点往往有所不同。一般情况下，迎宾的常规地点有：交通工具停靠站（机场、码头、火车站等），来宾临时住所（宾馆），东道主的办公地点门外等。在确定迎宾地点时，还要考虑以下因素：双方的身份、关系及自身的条件。

③ 迎宾时间。到车站、机场去迎接客人，应提前到达，绝不能迟到让客人久等。客人刚下飞机或下车就能瞥见有人等候，一定会感激万分；如果是第一次到这个城市，还能因此获得一种安全感。若迎接来迟，会使客人感到失望和焦虑不安，还会因等待而产生不快，事后无论怎样解释都无法消除这种失职和不守信誉造成的印象。

④ 迎宾标识。如果迎接人员与客人素未见面，一定要事先了解一下客人的外貌特征，最好举个小牌子去迎接。小牌子上尽量不要用白纸写黑字，这样会给人晦气的感觉；也不要写"××先生到此来"，而应写"××先生，欢迎您！""热烈欢迎××先生"之类的字样；字迹力求端正、大方、清晰，不要用草书书写。一个好的迎宾标识，既便于找到客人，又能给客人留下美好印象——当客人迎面向你走来时会产生自豪感。在单位门口，不要千篇一律地写上"Welcome"一词，而应根据来宾的国籍随时更换语种，这样会给来宾一种亲切感。

⑤ 问候与介绍。接到客人后，切勿一言不发、漠然视之，而要先与之略作寒暄，比如说一些"一路辛苦了"、"欢迎您来到我们这个美丽的城市"、"欢迎您来到我们公司"之类的话。然后要向客人介绍自己的姓名和职务，如有名片更好；客人知道你的姓名后，如一时还不知如何称呼你，你可以主动表示："就叫我小×或××好了。"其他接待人员也要一一向客人作自我介绍，有时可由领导介绍，但更多的时候是由秘书承担这一职责。在作介绍时，态度要热情，要端庄有礼，要正视对方并略带微笑，可以先说"请允许我介绍一下"，然后按

职务高低将本单位的人员依次介绍给来宾。对于远道而来、旅途劳顿的来宾，一般不宜多谈。

⑥ 握手。握手是见面时最常见的礼节，双方相互介绍之后应握手致意。握手时，要注视对方，微笑致意，并使用"欢迎您"等礼貌用语。迎接来宾时，迎宾人员一定要主动与对方握手。

⑦ 献花。有时迎接重要宾客还要向其献花，一般以献鲜花为宜，并要保持花束的整洁、鲜艳。在社交场合，献什么花、怎么献花，常因民族、地域、风情、习俗、目的的不同而有所区别。一般情况下，应注意从鲜花的颜色、数目和品种三个方面加以考虑。

⑧ 为客代劳。接到来宾后，在走出迎宾地点时应主动为来宾拎拿行李，但对来宾手上的外套、坤包或是密码箱等则不必"代劳"。客人如有托运的物件，应主动代为办理领取手续。

⑨ 休息室接待。在迎送身份特殊的客人（VIP）时，可事先在机场、车站、码头安排贵宾休息室并准备一些饮料、播放一些高雅的音乐，以消除客人旅途的劳顿。如对方是外宾，休息室内还可挂上所在国的国旗，摆放一些报刊，以增加酒店与客人之间的感情。

（3）陪同礼仪。在接待过程中，免不了要陪同客人，因此，掌握陪同的基本礼仪是十分必要的。

① 话题。在接待客人时，客人一般会对将要参加的活动的有关背景资料、筹备情况、有关的建议，当地风土人情、气候、物产，富有特色的旅游点，近期本市发生的大事，本市知名人士的情况，当地的物价等感兴趣。

② 陪车。客人抵达后从机场到住地及访问结束后由住地到机场，有时需要主人陪同乘车。主人在陪车时，应请客人坐在自己的右侧。有司机的时候，后排右位最佳，应留给客人。上车时，应主动打开车门，以手示意请客人先上车，自己后上。一般最好让客人从右侧门上车，主人从左侧门上车，以免从客人座前穿过。如客人先上车坐到了主人的位置上，则不必请客人挪动位置。

③ 宾馆接待。将来宾送至宾馆，要主动代为办理登记手续，并将其送入房间。进入客人房间后，应告知客人餐厅何时营业，有何娱乐设施，有无洗衣服务等，以便客人心中有数。客人一到当地，最关心的就是日程安排，所以应事先制订活动计划。客人到宾馆后，应马上将日程表送上，以便客人据此安排私人活动。根据活动安排，客人将与哪些人会面与会谈，也应向客人作简略介绍。为了帮助客人尽快熟悉访问地的情况，还可以准备一些有关这方面的出版物给客人阅读，如本地报纸、杂志、旅游指南等。考虑到客人旅途劳累，主人不宜久留，应让客人早些休息，分手前要说好下一次见面的时间和地点，并留下自己的地址和电话号码，以便客人有事时联系。

④ 奉茶。我国人民习惯以茶水招待客人。在招待尊贵客人时，选择什么茶具、怎样倒茶和递茶都有许多讲究。在给客人送茶时，茶具不能有破损和污垢，要洗干净、擦亮，杯内的茶水倒至八分满即可，不可倒满，免得溢出来溅洒到客人身上。茶水冷热也要控制好，千

万别烫着客人。端送茶水最好使用托盘，既雅观，又卫生；托盘内放一块抹布更好，以便茶水溢出时擦拭。端茶时，有杯柄的茶杯可一手执杯柄一手托在杯底或单手执杯柄；若茶杯没有杯柄，注意不要用手握住茶杯，以减少手指和杯沿部分的接触，更不可把拇指伸入杯内。敬茶时，可以按由右往左的顺序逐个奉上，也可以按主要宾客或年长者—其他客人、上级领导—其他客人这个顺序敬奉。

⑤ 引导。宾主双方并排行进时，引导者应主动走在外侧，而请来宾走在内侧。三人并行时，通常中间的位次最高，内侧的位次居次，外侧的位次最低，宾主的位置可依此酌定。在单行行进时，循例引导者应走在来宾前两三步；走到拐角处时，引导者一定要先停下来，转过头说"请向这边来"；引导客人上楼时，应该让客人走在前面，引导者走在后面；引导途中，引导者切勿与客人高谈阔论，更不许与客人玩笑打闹，以免客人走神当众摔跤出丑；下楼时，引导者应走在前面靠墙壁一侧，而让客人走在后面靠楼梯栏杆一侧。

⑥ 乘电梯。引导客人乘坐电梯时，接待人员应先进入电梯，按住电梯"开"钮，等客人进入后关闭电梯门；到达相应楼层后，接待人员应按住电梯"开"钮，让客人先出电梯。如果电梯由专人控制，接待人员则应后入先出。在电梯内，接待人员切忌两眼直盯客人，可视与客人的熟识程度与客人交谈，以示友好。

⑦ 开门。引导客人至会客厅，应先敲门，再开门。如果门是向外开的，应用手按住门，让客人先进；如果门往内开，则自己先进，按住门后再请客人进入。一般应右手开门，再转到左手扶住门，面对客人，请客人进入后再关门。无论房门是推开式还是拉开式，都必须将其完全敞开。为了不让客人看到自己的背部，应用单手开闭房门。

⑧ 会客室接待。进入会客室后，客人如有外套、帽子、雨伞等物，可接过挂放于衣帽架或明显处，并向客人说明："××先生，您的外套挂在这里。"应将来客让至上座入座，以示尊重和欢迎。一般来说，室内离门口最远的座位就是上座。如果上司还没到，在与客人聊天时，注意不要谈论本公司的长短及涉密事项，可聊一些轻松的无关紧要的话题。

（4）送别礼仪。送别，是留给客人良好的最后印象的一项重要工作。不管你前面的接待工作做得多么周到，如果最后的送别让客人备受冷落，整个接待工作就会功亏一篑。做好送别工作，关键在于一个"情"字。具体而言，送别时应注意以下礼仪。

① 提出道别。在日常接待活动中，宾主双方由谁提出道别是有讲究的。按照常规，道别应当由客人先提出来，假如主人首先与来客道别，难免会给人以厌客、逐客的感觉。

② 送别用语。宾主道别，彼此都会使用一些礼貌用语表达对对方的惜别之情，最简单、最常用的莫过于一声亲切的"再见！"，除此之外，"您走好！""有空多联系！""多多保重！"等也是得体的送别用语。

③ 送别的表现。一般客人告辞离去，秘书只需起身将其送至门口，说声"再见"即可。如果上司要求你代其送客，则应视需要将客人送至相应地点。如果对方是常客，通常应将其送至门口、电梯门口或楼梯旁、大楼底下、大院门外；如果是初次来访的贵客，则要陪伴对

方走得更远些。如果只将客人送至会议室或办公室门口、服务台边，则要说声"对不起，失陪"，目送客人走远；如果将客人送至电梯门口，则宜点头致意，目送客人至电梯门关合为止；若将客人送至大门口或汽车旁，则应帮客人携带行李或稍重物品，并帮客人拉开车门，开车门时右手置于车门顶端，按先主宾后随员、先女宾后男宾的顺序或客人的习惯引导客人上车，同时向客人挥手道别，祝福旅途愉快，目送客人离去。在送别的过程中，切忌流露出不耐烦、急于脱身的神态，以免给客人匆忙打发他走的感觉。

实践训练

项目1：拜访客户。
实训目标：通过情境模拟训练，熟练掌握拜访客户的方法。
实训学时：1学时。
实训地点：教室或实训室。
实训准备：模拟办公室。
实训方法：把学生分成3组，老师布置3个不同的拜访任务，各组根据拜访目的进行讨论，制订计划，然后各派2~3名同学现场演示，老师现场总结。

项目2：接待客户。
实训目标：通过情境模拟训练，熟练掌握办公室接待的方法。
实训学时：1学时。
实训地点：教室或实训室。
实训准备：模拟办公室。
实训方法：把学生分成3组，老师布置3个不同的接待任务，各组根据接待要求进行讨论，制订计划，然后各派2~3名同学现场演示，老师现场总结。

自主学习

1. 进行拜访礼仪实践。学生2~4人为一组，利用业余时间，到亲朋好友家进行拜访。拜访的目的可以是社会调查、礼节性拜访或是请教问题等。拜访结束后，每个人写出详细的拜访过程，在教师的指导下，在全班进行拜访总结。

2. 一个夏日的晚上，你到朋友家上门拜访，好客的女主人热情地接待了你，并为你端上一杯龙井茶。你正在喝茶时，却发现杯中有一根头发。此时，你该怎么办？

3. 当你正欲登门拜访时，在门口却听见里面在争吵，这时你该怎么办？

评价考核

能力评价表

内 容		评 价	
学习目标	评价内容	小组评价 （5、4、3、2、1）	教师评价 （5、4、3、2、1）
知识（应知应会）	拜访的礼仪知识		
	接待的礼仪知识		
专业能力	拜访客户		
	接待客户		
通用能力	沟通能力		
	协调能力		
	应变能力		
态　度	平等与尊重 主动与真诚 理解与宽容		
努力方向：		建议：	

任务4 >>> 顾客投诉处理

情境设计

顾客的投诉

我国北方某城市一家二星级饭店，建筑外观还算不错，设备也算得上齐全。王先生是住在306号客房的客人，清早起来发现室内卫生间的地面被马桶内漏出的污水弄湿了，他叫服务员来收拾，而自己下楼去使用大堂男用公共卫生间，进去后就闻到一股异味，便缸也冲得不清爽，他勉强地使用之后，便找大堂服务员，对厕所不卫生提出了意见。服务员回答说："卫生间总是有臭味的，我们饭店人手少，公共场所怎么照顾得过来！"客人听了以后火冒三丈，再去找饭店经理，谁知经理也是一样的态度，还是那句话："卫生间总是有臭味的，公共卫生间不断有人进去，怎么能弄清爽！"客人听了更觉不是滋味，大声申诉说："你们这家饭店也算是星级饭店了，连客房内的卫生间都弄不好，更不要说公共卫生间了，真是岂有此理，我要向你的上级投诉，并且劝说熟人出差不要住在你们这里！"

面对顾客的投诉，服务行业从业人员究竟应该怎样应对呢？

任务分析

所谓顾客投诉，是指顾客对企业产品质量或服务不满意，而提出的书面或口头上的异议、抗议、索赔和要求解决问题等行为。

顾客投诉是每一个企业都可能遇到的问题，它是顾客对企业管理和服务不满的表达方式，也是企业有价值的信息来源，它为企业创造了许多机会。因此，如何利用处理顾客投诉的时机而赢得顾客的信任，把顾客的不满转化为顾客满意，锁定他们对企业和产品的忠诚，获得竞争优势，已成为企业营销实践的重要内容之一。

本任务"情境导入"案例中的饭店服务行业从业人员对顾客提出的异议缺乏应对，不善处理，激化了矛盾，与顾客关系走向恶化的境地。因此，正确地、圆满地处理好顾客投诉，是每个服务行业从业人员必须认真对待的问题。

知识储备

1. 顾客投诉处理的原则与技巧

（1）处理顾客投诉的原则。在处理顾客投诉的过程中，服务行业从业人员应遵循以下原则。

① 实事求是原则。这是服务行业从业人员处理顾客投诉的基本态度。要实事求是地听取顾客的意见和反映，绝不要文过饰非，自以为是。主观武断，偏听偏信，是处理顾客投诉时最要不得的态度。

② 超然事外原则。在处理顾客投诉时，如果一味站在本组织立场说话，只会激化矛盾。采取超然事外的态度，能缓和顾客对立情绪，创造良好的谅解气氛。超然事外，才能提出公正的解决方案，为解决异议奠定基础。

③ 多听少说原则。在听取意见阶段，事实不清，如果贸然发言或轻易反驳，往往起反作用。在交流意见阶段，主要是陈述事实，以事实说话。发言过多，于事无补，尤其是当服务行业从业人员被顾客看作组织方面的代表时，更应多听少说，让顾客倾吐不满，宣泄郁闷，这样会起"降温"作用。服务行业从业人员作为第三方调解纠纷时，应让冲突双方多发言，有时，在充分倾吐意见的过程中，就会产生解决冲突的方法。

④ 积极行动原则。由顾客投诉致纠纷发生后，服务行业从业人员积极行动，及时赶到现场，查明事实。接待顾客时，要尽其所能，给予帮助，态度要热情。

⑤ 取得谅解原则。组织要有解决问题的诚意，对顾客表达歉意，要作一些自我检讨。要持高姿态，有严于责己的精神，作些妥协和让步，使顾客意见得到缓解，矛盾逐步消除。出于至诚，就能"精诚所至，金石为开"。

（2）处理顾客投诉的技巧。处理顾客的投诉要注意把握以下技巧。

① 听取意见。顾客对组织产生异议后，顾客会通过各种渠道向组织提出严厉批评。不管批评采取什么方式，措辞如何尖锐，是否存在偏见，对于服务行业从业人员来说，都要代表组织，认真听取，而不能采取引诱、威胁的方法来消除这种批评。

② 查清事实。顾客投诉的产生总是由于某种原因引起的，查清事实是妥善解决顾客投诉的关键。顾客产生对立情绪，往往很难接受组织方面的调查，这时，最好委托第三方进行调查行动。

③ 交换意见。在查清事实的基础上，与顾客充分交流意见，求同存异，达成谅解。这种交流可以通过新闻媒介进行，也可以请顾客代表到场，面对面进行。进行面谈时，要做好充分的准备工作，包括拟出可供选择的解决方案，印好发给代表的调查报告，并做好代表的接待工作。双方冲突比较尖锐时，可以请第三方主持会议。

④ 了解反映。在妥善解决分歧、双方彼此达成谅解后，服务行业从业人员有必要通过民意测验，或公共关系调查等方式，了解顾客对引起纠纷问题的看法，了解顾客对组织的意见和反映，总结工作中发现的问题，以便进一步做好公共关系工作。

⑤ 合理处理。组织与顾客充分交换意见，交流信息，对真相和后果在求同存异的基础上，逐渐统一认识，作出必要的赔偿和道歉，争取顾客谅解。同时要制定改进措施，防止类似事件再次发生。

2. 接待顾客来电

顾客来电投诉，一般是发现问题、反映疾苦或进行举报，所以组织的电话应有专人接听，不能只听铃声响，未见接话人。

(1) 学会使用文明礼貌语言。顾客用电话投诉时，由于利益受到侵犯，容易情绪激动，所用语言和口气都是很不客气的，甚至是粗暴的，有时会把公共关系接待人员作为"出气筒"。这时，公共关系接待人员一定要体谅投诉顾客的心情，意识到自己是代表组织接待，顾客的电话斥责不是冲着自己个人的，所以接电话时，一定要耐着性子听完意见，并代表组织表示诚恳的道歉，说明一定会及时把有关意见转给有关部门，一有结果，立即告知。同时，公共关系接待人员使用的语言要有礼貌，诚恳、友善、亲切，使顾客对象能够体会到接待人员对他需求的关注，从而使顾客的情绪能尽快平静下来。

(2) 接听电话要认真负责。凡是能当场说清楚的问题，要现场回答解决。不能解决的问题，要做好详细记录，同时询问投诉的顾客，今后可采用何种方式进行联系，以便告知解决问题的结果。

(3) 听完电话，要对顾客进行安慰、鼓励，并要代表组织表示感谢。

(4) 接完电话，公共关系接待人员要及时反映，协助有关职能部门处理顾客存在的问题。

(5) 要及时告知投诉顾客对问题处理的意见结果。对一时不能解决的问题，也应有所交代，不能查无结果，大事化小，小事化了，而应认真对待，有所说法。

(6) 顾客投诉的问题要注意保密，这是职业道德的要求，一定不能扩散，更不能极不严肃地当成谈笑资料。

（7）监督电话要"取信于民"，广泛进行宣传，告知顾客监督电话号码，便于有针对性地反映问题。

3. 接待顾客来信

在接待工作中，顾客往往通过来信反映自身的疾苦或各种问题。处理好顾客来信，是社会组织坚持为顾客服务的一条重要纽带。处理来信的一般礼仪，主要有以下几点。

（1）及时处理顾客来信。对顾客来信要登记造册，来信人的姓名、地址、职业及所反映的问题和意见，都要一一记录在案，便于保存和查找。

（2）做好调查核实工作。对来信中所反映的问题和意见。根据权限规定，或送有关职能部门来处理，或自己进行调查核实，不论采取哪一种形式，都得把调查和处理的结果告知来信反映问题和意见的顾客。

（3）对顾客反映的意见，要迅速回信。复信的文字不宜过长，要简洁、明确，针对顾客投诉的主要问题，提出处理的具体意见和建议。不要过分详尽地解释事情的前因后果，这容易给投诉顾客留下企图开脱责任的错觉，要让顾客感到公共关系接待人员是在代表组织真诚地道歉。

（4）对顾客的来信投诉不拖而不办。如有必要，可先复函告知顾客，说明来信已收到，请耐心等待回音。有的顾客如若在来信中流露出一些不正常情绪，应与有关部门研究稳定其情绪的对策，以防发生不测。

（5）严守组织纪律，注意为来信顾客保密。特别是来信揭发问题时，来信人的姓名绝对不能随意公开，更不能让被揭发的当事人知道，否则便是严重的失密行为，可能会造成打击报复等后果。

4. 接待顾客来访

接待来访，虚心听取顾客的意见和建议，帮助顾客解决问题和困难，对密切组织与顾客的关系有着重大的意义。对来访的顾客，公共关系接待人员必须待之以礼。

（1）设置来访接待室。来访接待室一般应设置在本部门或本单位内顾客易于找到的地方。应为来访顾客提供整洁、安静的环境，而且可以在墙上张贴有关规章制度，保持严肃认真的气氛。但是，接待室一般不宜设置在太显眼、人员来往频繁的地方，这会增加来访顾客的顾虑，也不宜深入交换意见、听取问题的反映。

（2）要有礼貌地接待来访顾客。要态度热情，主动招呼来访顾客入座，问清姓名、住址、职业、证件等，然后，再询问其反映的问题。接待来访顾客，不论熟悉、不熟悉及顾客身份高低，都要热情接待，不能采取冷落的态度。

（3）要耐心地听取情况。在听取顾客反映情况时，顺耳的意见要听，逆耳的意见也要听。不要当场与顾客发生争论，也不能漠然置之，流露出似听非听的神情，这会给来访顾客以一种受到冷落的感觉，不利于问题的解决。

（4）要审慎地回答问题，不要武断地轻易下结论。该问的问题要问清楚，对于来访投诉，可以说一些安慰的话，告诉来访顾客要相信社会组织，相信事实真相总会大白、能弄清楚的。但情况不明时，不要信口开河，随意回答问题，更不能武断地作事实判断和评价。

（5）给顾客满意的答复。一般在接待来访顾客时，应尽量满足顾客的要求，为其解决问题，让其满意而去。即使一时不能解决问题，也应告诉顾客何时能听取回复，以解除其顾虑，免得他因问题无明确答复，一而再、再而三地到处向人诉说不是，造成对组织不好的印象。

（6）劝说应讲究方式。对态度蛮横的来访顾客，公共关系接待人员要有宽广的胸怀，切勿针锋相对，火上添油，引起顾客的情绪激动，不利于解决问题，而是应当用委婉的语言尽力"降温"，采用商量态度消除对方的对立情绪，造成利于解决问题的人际氛围。

（7）设置来访机构，配备必要的专职人员。在接待中，为了更好地处理顾客的投诉问题，应在组织内部设置由专人负责的专门机构。这样，能使顾客的投诉得到迅速的处理，而不至于因工作忙而被搁浅。如果在投诉中，顾客坚持要领导出面，就应及时请领导接待，不能擅自主张代替领导做主。当然，如果遇到领导不便接待，公共关系接待人员应以婉转的口气进行解释和劝说，不要把事情闹僵。

在接待工作中，服务行业从业人员若能妥善地处理顾客的投诉问题，不仅可以缓和组织与顾客的对立情绪，而且能够把顾客的投诉变成提高组织声誉的良好机会。

实践训练

项目1：模拟顾客投诉处理。

实训目标：掌握顾客投诉处理的技巧，成功地接待顾客来访。

实训学时：1学时。

实训地点：实训室。

实训方法：

（1）根据本任务"情境导入"的案例模拟进行顾客投诉处理。

（2）让学生分成若干小组，每组学生可分别扮演企业投诉中心接待人员和顾客，顾客就其问题进行投诉。

（3）注意模拟演示必须强调进入情景之中，注意接待礼节中的细节，讲究语言艺术，注意体态语，把握好表情。

（4）学生也可以设计其他场景进行练习。

（5）师生进行评议。

自主学习

1. 案例分析

抱怨电话

一日，某公司的员工小林接到客户的抱怨电话，于是发生了如下一段对话。

客户：你们公司的效率怎么这么差？

小林：赵科长，很抱歉！我姓林，能否告诉我究竟是什么原因让您那么生气？

客户：上个月跟你们公司订了一台裁纸机，说好上周五送货过来，现在都星期三了，为什么到现在还没有看到货呀？

小林：赵科长真是抱歉，耽误了贵公司的作业，我马上帮您查出货单，真是抱歉！这是本公司的疏忽，我会向主管反映此事，麻烦您给我贵公司的电话号码，查完出货单，马上给您回电话，请不要生气。

……

小林：赵科长，您好，我是××公司，敝姓林，我已经帮您查过了，您订的机器，因为缺少一个小零件，所以延误至今还没有给贵公司送过去，本公司未能及时告知，这是我们的疏失，已经跟经理汇报了，经理也已经下达命令给生产科，这个星期五以前一定把机器给您送过去，经理会亲自到贵公司向您致歉，真是抱歉！

思考讨论题：

（1）小林的行为符合礼仪规范吗？

（2）应该怎样对待客户的电话投诉？本案例有哪些可借鉴之处？

2. 案例分析

一封投诉信

有一天，湖南岳阳市寄来一封投诉信，反映从两面针牙膏里挤出一条活虫来。柳州牙膏厂认为根本不可能，就是在生产过程中混进虫子，牙膏密封，虫子也不能存活下来。这可是爆炸性新闻！该厂决定对此弄个水落石出。第二天，厂长助理、质检科长、销售科长等人赶到岳阳市，他们和用户一起分析，原来是用户使用牙膏后没有拧好牙膏盖，放在菜篮子旁边，菜虫子闻到香味钻进去了。尽管如此，该厂还是为用户换了牙膏，并感谢用户对产品的关心。

思考讨论题：

（1）请分析柳州牙膏厂这种解决问题的方式所能带来的影响。

（2）如果你是柳州牙膏厂的公关人员，你会用什么方法解决这个问题，为什么？

3. 一位顾客冲进某企业公共关系部，怒气冲天，因为她上个月刚买的电视机坏了，维修部的工作人员答应前去修理，却迟迟未见人。如果你是企业公共关系部的接待人员，对这一顾客投诉事件，你准备怎样处理？

4. 一位顾客在一家百货公司买了一件黑色西服，刚穿上就发现褪色，弄脏了衬衫领子。

他就拿着衣服到百货公司去讲理。接待他的是一位售货员，不等他把话说完就不耐烦地说："像这样的衣服我们已经卖了上千套了。从来没听说顾客有什么不满意，怪了，怎么你这衣服有问题？"旁边的一个售货员也认为他说谎骗人，还嘲弄他没钱买更好的衣服。这种事情在我们周围很常见，请你思考，面对这种情况，用什么方法既不伤害顾客的自尊，又能使商场不受较大的损失？

5. 一位顾客硬是说他在商场买的香烟是假的，而商场从进货渠道看根本不可能出现这样的情况。模拟演示商场接待人员接待投诉者的情景。

6. 如果你是一家房地产公司的秘书，这天有20多位住户认为你公司开发的房产有质量问题，集体闯到你的办公室，请演示接待的情景。

评价考核

顾客异议处理评价考核表

内　　容		评　　价	
学习目标	评价内容	小组评价 （5、4、3、2、1）	教师评价 （5、4、3、2、1）
知识（应知应会）	顾客投诉的类型		
	顾客投诉处理的原则		
	顾客投诉处理的技巧		
专业能力	顾客来电接待		
	顾客来信接待		
	顾客来访接待		
通用能力	沟通交流能力		
	协调人际关系能力		
	处理棘手问题的能力		
	倾听的能力		
态　　度	耐心、尊重		
努力方向：		建议：	

学习情境 5　服务语言礼仪

任务 1　>>>服务语言应用

情境导入

重叠的菜盘

小李是某三星级酒店餐饮部的服务员。一次，有三个客人在酒店餐厅就餐，他们点了很多菜，其中的一道菜叫"海参扒肘子"。当最后一道菜上来时，小李发现餐桌上已经没有足够的空间可以放下新的菜品了，于是她不假思索就把新上的菜放在了客人吃的还剩一个肘子的海参扒肘子的餐盘上。其中一个客人发现后，半开玩笑地跟小李说："小姐，我们这道菜还没有吃完，你怎么就把菜放到上面了？"小李当天的心情正好不好，听到客人说的话，更是不舒服，于是就顶了一句："到这儿来吃饭，还在乎这么一个肘子吗？又不是没有钱。"本来开玩笑的一句话，经小李这么一说，客人笑意全无。于是，两个人就争吵了起来。客人觉得面子上很过不去，于是向餐厅经理投诉，小李受到经理的批评，向客人道歉。同时，酒店只得又重新做了一盘海参扒肘子给客人。

（资料来源：www.tfas.qtc.edu.cn/daohang/uploadfile/2007416104429665.doc）

任务分析

服务与语言的关系非常密切。没有语言的服务被称为不完整的服务，因此，服务行业从业人员对语言知识了解程度的深浅和语言艺术水平的高低，将直接影响服务的成败。服务语言是服务性行业从业人员向客人表示意愿、交流思想情感和沟通信息的重要交际工具，是一种对客人表示友好和尊敬的语言。在服务过程中，它具有体现礼貌和提供服务的双重特性，是服务行业从业人员完成服务工作的重要手段。

本任务"情境导入"案例中的服务行业从业人员没有正确使用服务语言，与客人发生摩擦，严重影响了酒店的声誉。俗话说："一句话使人笑，一句话使人跳。"这句话形象地概括了使用礼貌用语的作用和要求。服务行业从业人员要善于运用语言这一有用的交际工具，只有这样才能做好本职工作，赢得顾客的信赖和喜爱。

> 在语言交际中要善于找到一种分寸，使之既直爽又不失礼。这是最难又是最好的。
> ——[英]培根

知识储备

1. 服务语言的应用原则

服务语言是服务行业从业人员在服务过程中使用的语言，广泛应用于旅游、餐饮、金融、娱乐、医疗、交通等诸多服务领域及各种服务活动之中。服务语言的工作对象是"客人"和"客户"，他们在交际中不仅希望解决具体和实际的问题，而且还希望得到"心理满足"，即经历愉快的人际交往，服务语言是其中最重要的服务工具，因此，重视服务语言的特殊性，在服务工作中把握好服务语言的应用原则，对于提高服务质量，树立企业良好的形象具有十分重要的意义。

（1）规范性原则。与一般的人际交际语言不同，服务语言具有鲜明的规范性，首先它要符合国家规定的语言文字规范，在服务工作中以全民通用语言——普通话作为交际工具，这样可以消除服务活动中的语言沟通障碍；其次，要遵守服务行业的各种工作语言标准和规范。各服务行业的各个部门、工种或岗位都有相应的"模式语言"，以规范从业人员的服务用语，避免语言表达的随意性。如各行业都规定了本行业的服务用语50句及服务忌语50句等，这对提高服务工作质量发挥了重要作用。

（2）礼貌性原则。为了实现服务工作的目标，争取服务对象的理解、支持和合作，在任何情况下，服务行业从业人员使用服务语言都要注意保持文明礼貌。服务语言不同于一般的人际对话，一般的人际对话虽然也讲文明礼貌，但属于个人之间的交际，只需考虑组织利益和服务对象的利益，因而在保持文明礼貌的程度上要求很高。服务对象对组织和服务行业从业人员的态度各不相同，有理解支持的、有冷漠反感的、有存在隔阂误会的，甚至恶意诽谤的。服务语言的文明礼貌高要求突出表现在，不仅对理解支持工作的服务对象要讲求语言的文明礼貌，以提供心理服务；对冷漠反感、存在隔阂误会的服务对象更要注意服务语言的文明礼貌，以提供心理服务；即使是对恶意诽谤的服务对象，也要在坚持原则反对谬误和不合理要求的同时，在服务语言的具体运用上讲究语言策略和方式。[①]

（3）得体性原则。所谓"得体"，是指运用语言要切合语言对象、切合语言环境。把"得体"原则贯彻到服务工作领域，就是要求从业人员善于根据工作性质、工作对象、工作内容和环境场所等条件的不同对服务语言进行恰如其分的调控，以达到不同条件下满足客人服务要求的工作目标。例如，在医疗服务中会涉及病情的解释，患者的文化层次不同，对医学知识了解的多少也不一样，那么，医务人员解释病情时，就必须兼顾语言的科学性和通俗性，话语既要符合医学科学，又能让患者听懂；在诊疗过程中往往会涉及患者的体征或隐私，这就要求医务人员的语气和表情等形体语言庄重而又随和，使患者在一种比较轻松的气氛中以信任的态度面对医务人员；向患者解释不良诊断时，则要注意言语措辞的技巧性，既尊重患者

---

① 谭永康. 服务语言的使用原则. 重庆广播电视大学学报, 2005（3）: 43—44.

的知情权，又不给患者造成心理压力和负担。这样服务语言就体现出对语境适应的较高得体性。①

（4）控制性原则。服务语言的对象是特定的"客人"和"客户"，服务语言具有很强的目的性，这就决定了从业人员服务语言的表达过程必须受到严格的控制。首先，工作角色的自我控制。在日常生活中，交际双方通常是以"高姿态"、"低姿态"和"平姿态"三种关系方式进行的，由于服务工作的特殊性，要求服务行业从业人员在工作中正确理解工作角色关系，适应服务工作角色，控制自己采用"低姿态"和"平姿态"方式同服务对象进行语言交流。其次，工作情绪的自我控制。语言表达自我控制的效果受个人情感、情绪的影响很大，过于兴奋或者过于不兴奋的极端情绪都必然导致语言失控。因此，一般地，服务工作语言要求从业人员在客我交际中的情绪变化不要过大。以明快、愉快为工作情绪基调，控制上限到快乐情绪，下限到安静、沉着情绪，这样有利于服务语言的发挥；而非常兴奋、忧郁、悲愤、焦虑、不满、沮丧、颓废都是极端情绪，会导致服务语言失控，需要加以调整。再次，要注意语言技巧的控制，包括语音、语速的控制，灵活运用幽默、委婉等各类语言技巧及熟悉专业用语等。②

2. 礼貌用语

使用礼貌用语，是人类文明的标志，也是全世界共同的心声。使用礼貌用语不仅会得到人们的尊重，提高自身的信誉和形象，而且还会对自己的事业起到良好的辅助作用。在我国，政府有关部门向市民普及文明礼貌用语，基本内容为十个字："请"、"谢谢"、"你好"、"对不起"、"再见"。在实际的服务交往中，日常礼貌用语远不止这十个字。归结起来，主要可划分为如下十个大类。

（1）问候用语。人们在交际中，根据交际对象、时间等的不同，常采用不同的问候语。比如，在中国实行计划经济的年代，由于经济发展水平不高，人们面临的首要问题是温饱问题，因而人们见面时的问候语是："你吃了吗？"今天，在中国某些不发达的农村地区，这句问候语使用仍然比较普遍，而在经济比较发达的农村和城市，这句问候语已经很少听到了。人们见面时的问候语是"您好"、"您早"等。在英国、美国等说英语的国家，人们见面的问候语根据见面的时间、场合、次数等不同而有所区别。如双方是第一次见面，可以说"How do you do"（您好），如果双方是第二次见面，可以说："How are you"（您好），如在早上见面，可以说："Good morning"（早上好），中午可以说："Good noon"（中午好、午安），下午可以说："Good afternoon"（下午好），晚上可以说："Good evening"（晚上好）或"Good night"（晚安）等。在美国人们在非正式场合见面时，常用"Hi、Hello"等表示问候。在信奉伊斯兰教的国家，人们见面时常用的问候语是"真主保佑"；在信奉佛教的国家，人们见面时常用的问候语是"菩萨保佑"或"阿弥陀佛"。

---

① 谭永康. 服务语言的控制表达. 重庆广播电视大学学报，2005（10）：142—143.
② 谭永康. 服务语言的控制表达. 重庆广播电视大学学报，2005（10）：142—143.

在服务中这类语言的处理,首先应该把握时机,一般在离客人1.5米的地方进行问候最为合适。对于距离较远的客人,只宜微笑点头示意,不宜打招呼。其次问候时要配合行礼。对客人光有问候,没有点头或鞠躬的行礼配合,是不太礼貌的。例如,一些餐厅的服务员在客人询问"洗手间在哪里"的时候,仅仅用一个远端手势表明位置,没有语言上的配合,甚至只是努努嘴来打发客人,这样就显得很不礼貌。如果服务行业从业人员既用了远端手势,又对客人亲切地说:"先生请一直往前走,右边角上就是!"客人的感觉就会好得多。

(2)征询用语。征询语确切地说就是征求意见的询问语。例如,"先生,您看现在可以上菜了吗?""先生,您的酒可以开了吗?""先生,这个盘可以撤了吗?""小姐,您有什么吩咐吗?""小姐,如果您不介意,我把您的座位调整一下好吗?"征询语常常也是服务的一个重要程式,如果省略了它,会产生服务上的错乱。征询语运用不当,会使顾客很不愉快。例如,客人已经点了菜,服务员不征询客人"先生,现在是否可以上菜了?""先生,你的酒可以开了吗?"就自作主张将菜端了上来,将酒打开了。这时客人或许还在等其他重要客人,或者还有一些重要谈话没有结束,你这样做,客人就会不太高兴。

在服务中发现客人东张西望的时候,或从座位上站起来的时候,或招手时,都表示他有想法或者要求了。这时服务行业从业人员应该立即走过去说"先生/小姐,请问我能帮助您做点什么吗?""先生/小姐,您有什么吩咐吗?"征询时要用协商的口吻。经常将"这样可不可以?""您还满意吗?"之类的征询语加在句末,显得更加谦恭,服务工作也更容易得到客人的支持。此外,一定要记住征询是服务的一个程式,应先征询意见,得到客人同意后再行动,不要自作主张。

(3)迎送用语。服务行业从业人员在岗位上欢迎或送别服务对象时使用迎送用语。它由欢迎用语和送别用语组成,二者应一并配套使用,以体现服务工作的有始有终。

服务对象光临时,要使用欢迎用语,最常见的欢迎语是:"欢迎!""欢迎光临!""欢迎您的到来!"等。在使用欢迎语时应一并使用问候语,并且还要向对方主动施行见面礼,如注目、点头、微笑、鞠躬、握手等。

送别语在送别客人时使用,最为常见的送别语是"再见"、"慢走"、"走好"、"欢迎再来"、"一路平安"、"一路顺风"、"多多保重"等。当服务对象因故没有消费时,服务行业从业人员要一如既往地保持风度,不要在对方离开时默不作声。特殊的服务部门要注意送别语的选用,不要令人不快,如医院对于痊愈出院的人就不宜说:"欢迎再来!"

(4)请托用语。在日常用语中,人们出于礼貌,常常用请托语,以示对交际对象的尊重。最常用的是"请",其次,人们还常常使用"拜托"、"劳驾"、"借光"等。在英美等国家,人们在使用请托语时,大多带有征询的口气。如英语中最常用的"Will you please …?""Can I help you?"(你想买点什么?)"Could I be of service?"(能为您做点什么?)及在打扰对方时常使用"Excuse me",也有征求意见之意。日本常见的请托语是"请多关照"。

服务中使用请托用语有三种情况。一是当我们向对方提出具体要求时,只要加上一个字"请",这是标准式请托用语,这样往往更容易让对方接受。如"请稍后"、"请让一下"等。

二是在向他人提出某一具体要求时，比如请人让路、请人帮忙、打断对方的交谈、或要求对方照顾一下自己时，可以说"劳驾"、"拜托"、"打扰"、"借光"及"请多关照"等。这是求助式请托用语；三是可以将标准式请托用语与求助式请托用语混合使用，形成组合式请托用语，如"请您帮我一个忙"、"劳驾您替我照看一下行李"、"拜托您为这位大爷让一个座"等。

（5）致谢用语。在服务中，服务行业从业人员在获得他人帮助时、得到他人支持时、赢得他人理解时、感受他人谢意时、婉言谢绝他人时、受到他人赞美时，都应使用致谢用语。在我国使用频率最高的致谢语是"谢谢"、"多谢"、"非常感谢"、"麻烦您了"、"让你费心了"等。在西方国家致谢语的使用要比中国更为广泛而频繁。在公共交往中，凡是得到别人提供的服务，在中国人认为没有必要或是不值得向人道谢的情况下，也要说声谢谢，否则是失礼行为。

致谢用语在服务中分三种情况：一是只包含一个词汇——"谢谢"，在任何需要致谢时，均应采取此种形式。也可说"谢谢您！"使致谢用语对象更为明确。二是为了强化感谢之意，在标准致谢用语之前加上某些副词，如"十分感谢！""非常感谢！""多谢！"等；三是在因某事而向人感谢时，通常提及感谢的原因，进行具体的致谢，如"让您替我们费心了"、"今天给您添了不少麻烦"等。

（6）推脱用语。在工作中，出于服务对象要求过高，或我方条件较差等原因，服务行业从业人员通常难以满足服务对象某些要求，这种情况下可以使用推脱用语。

推脱用语主要有三种情况。一是当对方要求难以被立即满足时，可直接向对方表示歉疚之意，以求得对方的谅解。如"很抱歉，让您失望了"。二是不拘泥于对方提出的问题，而是主动提及另一个问题，以转移对方注意力，从而达到拒绝的目的。如"这件东西其实跟您刚才想要的差不多"。三是在推脱对方时说明具体的缘由，尽可能地让对方觉得你的推脱合情合理。如"您的心意我领了，但东西我不能收"、"我下班后需要休息，不能接受您的邀请"等。

（7）应答用语。服务行业从业人员在工作岗位为服务对象服务时，用来回应服务对象的召唤，或是在答复其询问时所使用的专门用语叫作应答用语。在服务过程中，服务行业从业人员所使用的应答用语是否规范，往往直接反映他的服务态度、服务技巧和服务质量。因此，要求服务行业从业人员一定做到随听随答、有问必答、灵活应变、热情周到、尽力相助、不失恭敬。

应答用语的使用要注意三点。一是在答复服务对象的请求时，一般使用肯定式应答用语。如"是的"、"好"、"随时为您效劳"、"听候您的吩咐"、"很高兴能为您服务"、"我知道了"、"好的，我明白您的意思"、"一定照办"等。二是当服务对象对被提供的服务感到满意，对服务行业从业人员直接进行表扬、感谢时，可以使用谦恭式应答用语，如"这是我的荣幸"、"请不必客气"、"这是我们应该做的"、"请多多指教"、"您太客气了"、"过奖了"等。三是在服务对象因故向自己致以歉意时，应及时予以接受，并表示必要的谅解。这时可以使用如"不要紧"、"没关系"、"不必"、"我不介意"等应答用语。

（8）赞赏用语。主要适用于交往中称道或肯定他人之时。及时而恰当的赞赏，有助于改善人际关系。在服务中，服务行业从业人员对服务对象的赞赏要注意少而精，恰到好处。

使用赞赏用语有三种情况。一是服务行业从业人员对服务对象的所作所为，在适当之时予以正面评价时采用的赞赏语，如"太好了"、"真不错"、"非常出色"、"真棒"、"太合适了"、"您真有眼光"、"非常漂亮"等。二是当服务对象发表正确见解，服务行业从业人员直接作出评判时采用的赞赏语，如"还是您懂行"、"您的观点非常正确"、"看来您一定是内行"、"没错"、"还真是如您所说的那样"等。三是当服务对象夸奖服务行业从业人员之后，后者回应对方时使用的赞赏用语，如"哪里，哪里，我做的还很不够"、"还是您棋高一着"、"承蒙夸奖，真是不敢当，得到您的肯定，我的确很开心"等。

（9）致歉用语。在交往过程中，常常会出现由于组织的原因或是个人的失误，给交际对象带来麻烦、损失，或是未能满足对方的要求和需求，此时应使用致歉语。常用的致歉语有："抱歉"或"对不起"、"很抱歉"、"请原谅"、"打扰您了，先生"、"真抱歉，让您久等了"、"不好意思"、"真遗憾"、"很可惜"、"运气不好"等。

真诚的道歉犹如和平的使者，不仅能使交际双方彼此谅解、信任，而且有时还能化干戈为玉帛。道歉也讲艺术。在交往中，有些人有时放不下架子或碍于面子，不愿直接道歉，这也是人之常情。其实，道歉的方式很多，道歉时可采用委婉的手法。比如，今天的交际对象是你以前曾经冒犯过的人，那么你可以说："真是不打不相识啊，俗话说得好，不是冤家不聚头，来让我们从头开始！"道歉并不会降低你的人格，及时得体的道歉也充分反映出你的宽广胸襟、真诚情感和敢于承担责任的勇气。

服务行业从业人员可以使用的道歉用语还有："失言了"、"失敬了"、"失迎了"、"不好意思"、"多多包涵"、"十分失礼"、"很是惭愧"、"太不应该了"、"真过意不去"等，这些道歉用语可以单独使用，也可以与其他礼貌用语合并使用。

（10）祝贺用语。在服务过程中，如果你想与服务对象建立并保持友好的关系，你应该时刻关注服务对象，并不失时机地使用祝贺用语。比如，当你得知服务对象过生日、加薪、晋升或结婚、生子、寿诞，或是适值客户开业庆典、周年纪念、有新产品问世或获得大奖等，服务行业从业人员都可以以各种方式表示祝贺，共同分享快乐。

祝贺用语很多，可根据实际需要进行选择。如节日祝贺语："祝您节日愉快"、"祝您圣诞快乐"；生日祝贺语："祝您生日快乐"。常用的祝贺语还有："祝贺你"、"恭喜恭喜"、"祝您成功"、"祝您福如东海，寿比南山"、"祝您新婚幸福、白头偕老"、"祝您好运"、"祝您健康"、"祝您高升"、"祝您乔迁之喜"、"祝您喜得贵子"等。

3. 文明用语

在使用语言时必须讲究文明，既表现出使用者良好的文化素养、待人处世的实际态度，又能够令人产生高雅、温暖、脱俗之感。文明用语的使用，作为服务行业从业人员要从以下方面入手。

（1）讲普通话。普通话是我国法定的现代汉语标准语音。它以北京语音为标准音，以北方话为基础方言，以典范的现代白话文著作为语法规范。推广普通话，既是我国的一项基本国策，也是提高服务质量的一项重要举措。服务行业从业人员一定要与服务对象使用普通话，这样才能减少沟通障碍，使服务工作顺利进行，树立良好的企业形象。

（2）发音正确。服务行业从业人员在运用口语时，讲普通话要注意声调，发音准确，更不能念白字，这也是文明用语的一个重要方面。

（3）控制音量。讲话时，音量的控制也非常重要。太大的声音会令人反感，以为你在那里装腔作势；音量太小会使人听不清楚，以为你怯懦。一般来说，应根据听者距离的远近来调节自己的音量，达到最适合的状态。

（4）注意语速。说话时一直保持同一种语速会使人产生听觉上的疲劳，容易昏昏欲睡，打不起精神。因此，在与服务对象交谈时，应该把握说话的语速，不要太快或太慢，应追求一种有快有慢的音乐感。在主要的语句上放慢速度作强调，在一般的内容上稍微加以变化。

（5）声音悦耳。每个人的声音都是有感情的，也是有色彩的。而如何让自己的声音富有吸引力，展现出独特的个人魅力，这也是一门艺术。

（6）语气谦恭。在人际交往中，语气往往被认为具有言外之意，因为它往往会真实地流露出交谈者一定的感情色彩。服务行业从业人员一定要注意始终表现出热情、亲切、和蔼、耐心的语气。不要有意无意之间流露出急躁、生硬和轻慢的语气。如"快点，还有别的事呢！""别乱动，你赔得起吗？""看清价格再说"等都表现出不好的语气，令服务对象不快。

（7）用词文雅。服务行业从业人员在与服务对象交往时，要有意识地使用文雅词语，用词用语力求谦恭、敬人、高雅、脱俗。努力回避不雅之语，杜绝脏话、粗话、黑话、怪话、废话等。

4. 行业用语

行业用语又叫行业语、行话，一般是指某一社会行业所使用的专门用语，主要用以说明某些专业性、技术性的问题。服务行业从业人员只有恰到好处地使用了某些行业用语，才能更好地说明问题，才能显示其业务上很在行，才能赢得服务对象的充分理解和信任。在具体运用服务行业用语时要注意以下三点。

（1）要实事求是。即要客观地、正确地使用行业用语，不要不懂装懂，随口乱说，更不可随意编造，以假充真。

（2）要使用得当。即一定要准确使用，并注意行业的规范性与地方的差异性，力求正确无误地使用行业服务用语。

（3）要注意行业服务忌语坚决不用。行业服务忌语是服务业的忌讳之语，即服务行业从业人员在服务于人时不宜使用、应当努力避免使用的某些用语。主要包括以下四类。

① 不尊重之语。在服务过程中，任何对服务对象不尊重之语，均不得为服务行业从业人员所使用。在正常情况之下，不尊重之语多是触犯了服务对象的个人忌讳，尤其是其身体条件、健康条件方面相关的某些忌讳。例如，面对残疾人时，切忌使用"残废"一词。一些

不尊重残疾人的提法，诸如"傻子"、"呆子"、"侏儒"、"瞎子"、"聋子"、"麻子"、"瘸子"、"拐子"之类的词，更是不能使用。

② 不友好之语。在任何情况之下，都不允许服务行业从业人员对服务对象采用不友善，甚至满怀敌意的语言。例如，在服务对象要求服务行业从业人员为其提供服务时，后者以鄙视前者的语气说："你买得起吗？"当服务对象表示不喜欢服务行业从业人员推荐的商品、服务项目，或者在经过了一番挑选，感到不甚合意，准备转身离开时，后者在前者身后小声嘀咕"没钱还来干什么"、"装什么大款"、"一看就是穷光蛋"等。凡此种种，不仅皆属于不友好之语，而且还是不友好到极点。在工作中如此对待服务对象，既有悖于职业道德，又有可能无事生非。

③ 不耐烦之语。服务行业从业人员在工作岗位上要做好本职工作，提高自己的服务质量，要在接待服务对象时表现出热情与足够的耐心。要努力做到：有问必答，答必尽心；百问不烦，百答不厌；不分对象，始终如一。

④ 不客气之语。服务行业从业人员在工作中，客气话是一定要说的，而不客气的话则坚决不能说。在劝阻服务对象不要动手乱摸乱碰时，不能说"老实点"、"瞎乱动什么"、"弄坏了你管不管赔"。服务行业从业人员只有在工作岗位上不使用服务忌语，时刻牢记服务忌语的危害，才能做好工作。

实践训练

项目1：服务语言的使用。
实训目标：掌握常用的服务语言及使用方法。
实训学时：1学时。
实训地点：大屏幕教室。
实训准备：数码照相机、摄像机等。
实训方法：将学生按每组4~6人分组。每组设计服务场景，演示在交际过程中使用服务用语，并注意使用礼貌用语时的正确身体姿态和面部表情。用摄像机、数码照相机记录学生的交际过程，回放这一过程，学生进行相互评价，教师最后总结点评学生存在的个性与共性问题。

自主学习

1. 案例分析

某饭店内午餐时，服务员小田看到一位客人将烟头扔在地板上，于是大声指责客人，要客人把烟头捡起来。客人却反问小田，"为什么餐桌上没有烟灰缸？"坚持不捡。于是争吵开始了，直到领班前来解决了这一事件。

思考讨论题：
(1) 服务员处理问题的方法是否妥当？
(2) 发生这类问题的原因是什么？
(3) 应如何解决这一问题？

2. 请对以下三组事例中服务员不同的表达进行评价。

(1) **事例一**：某天 20：00，501 刚入店的客人站在门口叫："服务员，我的钥匙怎么打不开门？"服务员答道：

① "请给我试一下好吗？"服务员接过钥匙一试，门开了，服务员回答客人："可能刚才是您使用不当，您看，门现在开了。"

② "请给我试一下好吗？"服务员接过钥匙，边试边说："您将磁条向下插进门锁，待绿灯亮后立即向右转动把手，门就可以了。"门开后，服务员将钥匙插入取电牌内取电。

(2) **事例二**：有些司机送客下车后喜欢将车停在车道两侧，这样会影响车道的畅通。礼宾在通知司机将车停到停车场时，采用了以下不同的说法。

① "对不起，这里不允许停车，请将车停到停车场。"

② "对不起，这里是行驶车道，为了您车身的安全，请将您的车位停到停车场。"

(3) **事例三**：总台人员在办理入住登记手续时让同行的客人出示证件，而客人只愿出示其中一人的身份证，服务员这样对客人说：

① "住店客人必须登记，这是酒店（或公安局）的规定。"

② "为了便于各位出入房间和在酒店签单方便，同时也为方便你们朋友的查询，请大家出示一下证件，我们帮您登记。"

(资料来源：http：//www.17u.net/news/newsinfo_47095.html)

3. 案例分析

某酒店两个包间（A、B）内有两批客人就餐，A 包间的客人就餐接近尾声时，服务员送上一盘果盘，称是酒店免费赠送的，恰好被 B 包间的客人看见，并提出要求：希望酒店也免费赠送他们一盘，服务员拒绝了，称是奉主管之命行事，只给 A 包间客人送。不公平的感觉使 B 包间的客人义愤填膺了，于是与服务员发生了争执。争执中，服务员甩下一句话："不关我的事，你们找错对象了，去找主管吧！"主管来了对客人解释说："按本酒店规定，消费满 300 元方可赠送果盘，而你们只消费了 100 多元，不够条件，因此无能为力！"B 包间的客人拂袖而去，走到另一家酒店用餐，从此再未跨进这家酒店的大门。

(资料来源：刘长凤. 实用服务礼仪培训教程. 北京：化学工业出版社，2007.)

思考讨论题：
(1) 案例中岗位用语的使用存在什么问题？
(2) 如果你是服务员或主管，你会怎么解决遇到的问题？

评价考核

能力评价表

内容		评价	
学习目标	评价内容	小组评价 （5、4、3、2、1）	教师评价 （5、4、3、2、1）
知识（应知应会）	服务语言的应用原则		
专业能力	礼貌用语		
	文明用语		
	行业用语		
通用能力	自我管理能力		
	自控能力		
	沟通能力		
态　　度	热爱服务工作 遵守服务规范 热情、亲切、和蔼、耐心		
努力方向：	建议：		

任务 2 >>> 交谈

情境导入

从交谈到贺礼

夏日，南京某饭店大堂，两位外国客人向大堂副理值班台走来。大堂倪副理立即起身，面带微笑地以敬语问候，让座后两位客人忧虑地讲述起他们心中的苦闷："我们从英国来，在这儿负责一项工程，大约要三个月，可是离开了翻译我们就成了睁眼瞎，有什么方法能让我们尽快解除这种陌生感？"小倪微笑着用英语答道："感谢两位先生光临指导我店，使大厅蓬荜生辉，这座历史悠久的都市同样欢迎两位先生的光临，你们在街头散步时展现的英国绅士风度也一定会博得市民的赞赏。"熟练的英语所表达的亲切的情谊，一下子拉近了彼此间的距离，气氛变得活跃起来。于是外宾更加广泛地询问了当地的生活环境、城市景观和风土人情。从长江大桥到六朝古迹，从秦淮风情到地方风味，小倪无不一一细说。外宾中一位马斯先生还兴致勃勃地谈道："早就听说中国的生肖十分有趣，我是1918年8月4日出生的，参加过第二次世界大战，大难不死，一定是命中属相保佑。"

说者无心，听者有意，两天之后就是8月4日，谈话结束之后，倪副理立即在备忘录上做记录。8月4日那天一早，小倪就买了鲜花，并代表饭店在早就预备好的生日卡上填好英语贺词，请服务员将鲜花和生日贺卡送到马斯先生的房间。马斯先生从珍贵的生日贺礼中获得了意外的惊喜，激动不已，连声答道："谢谢，谢谢贵店对我的关心，我深深体会到这贺卡和鲜花之中隐含着许多难以用语言表达的情意。我们在南京逗留期间再也不会感到寂寞了。"

(资料来源: http://www.xici.net/b168310/d34213830.htm)

任务分析

美国哈佛大学前校长伊立特曾说："在造就一个有修养的人的教育中，有一种训练必不可少，那就是优美、高雅的谈吐。"交谈是交流思想和表达感情最直接、最快捷的途径。在服务交往中，因为不注意交谈的礼仪规范，或用错了一个词，或多说了一句话，或不注意词语的色彩，或选错话题等而导致交往失败或影响企业形象的事，时有发生。因此，在交谈中必须遵从一定的礼仪规范，才能达到双方交流信息、沟通思想的目的，才能赢得顾客的满意。

本任务"情境导入"案例中的大堂倪副理对待两位客人的做法，是站在客人的立场上，把客人当作上帝的出色范例。他通过与客人的交谈，设身处地，仔细揣摩客人的心理状态。两名英国客人由于在异国他乡逗留时间较长，语言不通，深感寂寞。小倪深入体察、准确抓住了外国客人对乡音的心理需求，充分发挥他的英语专长，热情欢迎外国客人的光临，还特别称赞了他们的英国绅士风度，进而自然而然向客人介绍了当地的风土人情等，使身居异乡的外国客人获得了一份浓浓的乡情。客人在交谈中无意中流露生日时辰，小倪及时敏锐地抓住这条重要信息，从而成功地策划了一次为外国客人赠送生日贺卡和鲜花的优质服务和公关活动，把与外国客人的感情交流推向了更深的层次。可见，善于交谈，对做好服务工作是多么重要！

那么，如何才能更好地与客人进行交谈呢？对于服务行业从业人员来说，这是必须解决的问题。

知识储备

1. 讲究语言艺术

语言作为人类的主要交际工具，是沟通不同个体心理的桥梁。交谈的语言艺术包括以下几个方面。

(1) 准确流畅。在交谈时如果词不达意、前言不搭后语，很容易被人误解，达不到交际的目的。因此在表达思想感情时，应做到口音标准、吐字清晰，说出的语句应符合规范，避免使用似是而非的语言。应去掉过多的口头语，以免语句割断；语句停顿要准确，思路要清晰，谈话要缓急有度，从而使交流活动畅通无阻。

语言准确流畅还表现在让人听懂，因此言谈时尽量不用书面语或专业术语，因为这样的谈吐让人感到太正规，受拘束或是理解困难。古时有一则笑话，说的是有一书生，突然被蝎子蜇了，便对其妻子喊道："贤妻，速燃银烛，你夫为虫所袭！"他的妻子没有听明白，书生更着急了："身如琵琶，尾似钢锥，叫声贤妻，打个亮来，看看是什么东西！"其妻仍然没有领会他的意思，书生疼痛难熬，不得不大声吼道："快点灯，我被蝎子蜇了！"真乃自作自受。

（2）清晰明了。口头传播的一大特点是传播速度快，稍纵即逝。据有关专家考证，口头语言留在人们记忆里的时间一般不超过七八秒钟，十秒钟以后，记忆就会逐渐模糊，直至残缺不全。这就要求人们在讲话时尽量使用明确精练、通俗易懂的语言，避免使用那些模棱两可、似是而非、晦涩难懂的语言。

说话要力求简单明了。生活中常有这样的情形，有的人不顾场合地点，说起话来口若悬河，滔滔不绝；有的人车轱辘话来回说，生怕别人不解其意，或是说话中插入一些不必要的交代，节外生枝，不着边际。结果，主干被枝蔓掩盖了，主要的信息被大量的次要的信息湮没了，听者如堕入五里雾中，不知所云。

此外，应当特别注意同音异义字的使用，以免发生误会。在汉语中，容易引起歧义的词语并不少见。例如，"全部（不）及格"、"治（致）癌物质"等。遇到这类容易引起误解的词语，说话人可以换一种表达方式，交代清楚，如"全都及格"、"导致癌症的物质"。这样对方就不会有疑问了。

（3）委婉表达。交谈是一种复杂的心理交往，人的微妙心理、自尊心往往在里面起重要的控制作用，触及它，就有可能产生不愉快。因此，对一些只可意会不可言传的事情、人们回避忌讳的事情、可能引起对方不愉快的事情，不能直接陈述，只能用委婉、含蓄的话去说。常见的委婉的说话方式有以下几种。

避免使用主观武断的词语，如"只有"、"一定"、"唯一"、"就要"等不带余地的词语，要尽量采用与人商量的口气。

先肯定后否定，学会使用"是的……但是……"这个句式。把批评的话语放在表扬之后，就显得委婉一些。

间接地提醒他人的错误或拒绝他人。

（4）掌握分寸。谈话要有放有抑有收，不过头，不嘲弄，把握"度"；谈话时不要唱"独角戏"，夸夸其谈，忘乎所以，不让别人有说话的机会；说话要察言观色，注意对方情绪，对方不爱听的话少讲，一时接受不了的话不急于讲。开玩笑要看对象、性格、心情、场合，一般来讲，不随便开女性、长辈、领导的玩笑；不与性格内向、多疑、敏感的人开玩笑；当对方情绪低落、心情不快时不开玩笑；在严肃的场合、用餐时不开玩笑。

（5）幽默风趣。交谈本身就是一个寻求一致的过程，在这个过程中常常会出现不和谐的因素而产生争论或分歧。这就需要交谈者随机应变,凭借机智抛开或消除障碍;幽默还可以化解尴尬局面或增强语言的感染力。它建立在说话者高尚情趣、较深的涵养、丰富的想象、乐观的心境、对自我智慧和能力自信的基础上,它不是要小聪明或"卖嘴皮子",它应使语言表达既诙谐,又入情入理,应体现一定的修养和素质。有一次,梁实秋的幼女文蔷自美返台探望父亲,他们便邀请了几位亲友,到"鱼家庄"饭店欢宴。酒菜齐全,唯独白米饭久等不来。经一催二催之后,仍不见白米饭踪影。梁实秋无奈,待服务小姐入室上菜之际,戏问曰:"怎么饭还不来,是不是稻子还没收割?"服务小姐眼都没眨一下,答称:"还没插秧呢!"本是一个不愉快的场面,经服务小姐这一妙答,举座大乐。

2. 有效选择话题

所谓话题,是指人们在交谈中所涉及的题目范围和谈资内容。换言之,话题是一些由相对集中的同类知识、信息构成的谈话资料及其相应的语体方式、表述语汇和语气风格的总和。在服务交往中,学会选择话题,就能使谈话有个良好的开端。

(1) 宜选的话题。在交际中,首先,应选既定的话题,即交谈双方业已约定,或者一方先期准备好的话题,如征求意见、传递信息、研究工作等。

其次,选择内容文明、格调高雅的话题,如文学、艺术、哲学、历史、地理、建筑等,这类话题适合各类交谈,但忌不懂装懂。

再次,选择轻松的话题,这类话题令人轻松愉快、身心放松,适用于非正式交谈,允许各抒己见,任意发挥。主要包括文艺演出、流行时尚、时装、美容美发、体育比赛、电影电视、休闲娱乐、旅游观光、名胜古迹、风土人情、名人逸事、烹饪小吃、天气状况等。

第四,选择时尚的话题,即以此时此刻正在流行的事物作为谈论的中心,这类话题变化较快,不太好把握。

最后,选择话题时还要注意选择擅长的话题,尤其是交谈对象有研究、有兴趣的话题。比如,青年人对于足球、通俗歌曲、电影电视的话题关注较多,而老年人对于健身运动、饮食文化之类的话题较为熟悉;公职人员关注的多是时事政治、国家大事,而普通市民则更关注家庭生活、个人收入等;男人多关心事业、个人的专业,而妇女对家庭、物价、孩子、化妆、衣料、编织等津津乐道。

在交谈时要注意交谈的话题有所忌讳。在交谈中,若双方是初交,则有关对方年龄、收入、婚恋、家庭、健康、经历这一类涉及个人隐私的话题,切勿加以谈论。

(2) 扩大话题储备。由于人们的经历、职业、兴趣、学习状况不同,每个人所掌握的话题状况各不相同,都有一定的局限性,因此必须尽量扩大话题储备。为此,要有知识储备。对于掌握话题广度影响最大的是自身的学习状况和进取精神。一个人如果有理想、有追求,思想境界高,而且肯下工夫学习,爱读书看报,并关注社会现实生活,有较多的朋友,把看到、听到的东西,有意识地加以记忆和积累,就会变得学识渊博,时事政策、天文地理、政治外交、文艺体育、花鸟鱼虫、音乐美术几乎无所不知,由于视野开阔,谈资和知识面自然会比别人宽得多。

3. 学做最佳听众

有人说:"人为什么有两只耳朵一张嘴?即耳朵的数量是嘴的两倍,那是因为上帝造人的时候就要求我们少说多听。"此话颇有一点意思。我国古代就有"愚者善说,智者善听"之说。听,可以从谈话对方获得必要的信息,领会谈话者的真实意图。如果不能认真地聆听,就无法了解和满足对方的需求,和谐的人际关系也只能是空谈。况且聆听本身也是尊重他人的表现。因此应充分重视听的功能,讲究听的方式,追求听的艺术。

(1)要耐心。在对方阐述自己的观点时,应该认真地听完,并真正领会其意图。许多人在听的过程中,一听到与自己意见不一致的观点或自己不感兴趣的话题,或者因为产生了强烈的共鸣就禁不住打断对方或作出其他举动,致使他人思路中断、意犹未尽,这是不礼貌的表现。当别人正讲在兴头上时,不宜插话,如果必须打断,应适时示意并致歉后插话;插话结束时,要立即告诉对方"请您继续讲下去"。聆听中还应注意自己的仪表,不应该从自己的举止或姿态中流露出不耐烦、疲劳或是心不在焉的情绪,因为这样会伤害对方的自尊。

(2)要专心。在听对方说话时,应该目视对方,以示专心。要真正了解对方,语言只传达了部分信息,所以还应注意说话者的神态、表情、姿势及声调、语气等非语言符号的变化传递的非语言信息,以便全面、准确地了解对方的思想感情。同时,以有礼而专注的目光表示认真聆听,对说话者来说也是一种尊重和鼓励,可以使其感到自己谈话的重要性和必要性。

(3)要热心。在交谈中,强调在对方谈话时目视对方、认真专心地去听,并不是说聆听者完全被动地、默默地听。经验告诉人们,在说话时,如果对方面无表情、目不转睛地盯着自己看,便会使谈话者怀疑自己的仪表或讲话有什么不妥之处而深感不安。因此,聆听者在听取信息后,为使对方感到你的确在听而非发呆,可以根据情景,或微笑,或点头,或发出"哦"、"嗯"的应答声甚至可以适时插入一两点提问,例如,"哦,原来这样,那后来呢?""真的吗?"等。这样就能够实现谈话者与聆听者不断的交流,形成心理上的某种默契,使谈话更为投机。

4. 注意发问方式

发问是交谈的一项重要内容,在交谈中要注意发问的方式,问得其所,问到所需。

(1)认清对象,问得适宜。俗话说:"到什么山上唱什么歌。"提问同样也得注意这一点。年龄、收入、婚姻关系、家庭背景往往是交谈中应避免的话题。如果问到这类问题,尽管发问者并无恶意,但却在客观上给对方造成不愉快,甚至恼怒。不同的公众,性格特征也不一样,有的开朗外向,能言善辩,有的严肃内向,不善言辞。对前者提问可以开门见山,连连发问,而对后者,则要善于引发诱导,由浅入深,启发对方把心里话说出来。不同的公众也有不同的学识、阅历,作为提问者应先了解对方这方面的背景,适当地发问,切不可问明显是对方不懂的问题,使其感到难堪。万一遇上这种情况,提问者切不可露出鄙夷、嘲笑的神态,而应当尽快使对方解脱困境。总之,一把钥匙开一把锁,要针对不同对象采用不同的对策进行提问，让对方轻松自如地说出你想获得的信息。

（2）抓住关键，讲究技巧。发问还要注意问题不要过于笼统，缺乏逻辑性，以免对方难以开口或一开口就无法讲下去。对敏感性较强的问题，正面发问往往效果不佳，若能转化成具体的、侧面的问题，常有利于对方坦率地说出自己的想法。发问的措辞也有讲究，要想知道所需的信息，就必须注意提问的措词。例如，有一个教士问主教："我在祈祷时可以抽烟吗？"这个请求遭到主教的断然拒绝。另一名教士也去问他的主教："我在抽烟时能祈祷吗？"他的抽烟请求得到了允许。可见，提问的技巧很有讲究，它是社会交往的敲门砖。

5. 掌握闲谈技巧

在交际场合中，闲谈可以帮助你与别人建立亲密的关系，缓和紧张气氛。会帮你树立一个平易近人的良好形象，让别人从你的闲谈中感受你的见多识广，了解彼此的性格和建立私人关系。你自己也可以从闲谈的过程中知晓各种有益的商业信息，人们往往在不经意的闲谈中获得有用的信息。闲谈能反映一个人的知识、修养、追求与爱好。善于与别人闲谈的人往往能得到别人的喜欢，获得更多的朋友，也让别人得到信息和感到幽默的快乐。

（1）闲谈的含义。闲谈是指社交人士在见面之后、谈判之前随意地、轻松地、简短地谈论一些无关的话题，以达到交流或缓和气氛的目的。

人们在办公室的门厅、走廊、班车上相遇时，往往免不了要随便聊一聊，找一些共同关心的话题来说一说，以交流感情和沟通信息。有一定闲谈的技巧可以为你建立更宽广的人际关系网，树立一个平易近人的形象。员工与老板的闲谈可以多一些让老板熟悉你、了解你的机会，尤其对那些新人，更是需要这些机会；反过来，老板经常与员工闲谈可以发现工作中的问题，可以树立一个关心下属、和蔼可亲的领导形象。

（2）闲谈的作用。不要认为闲谈是无关紧要的事情。掌握好闲谈的机会并能恰当地谈论一些话题，对你和你所代表的组织有着重要的作用。

① 闲谈可以为服务行业从业人员及其组织带来很重要的信息。很多时候，我们的信息是在与客人的闲谈中获得的。因为在工作中，往往神经绷得很紧，没有时间去闲谈，谈话的内容也仅限于工作上的专业信息，而在闲谈的时候，每个人在彻底放松的情况下，可以无话不谈，这常常是获得重要信息的机会。

② 闲谈可以为服务行业从业人员及其组织建立较广阔的关系网络。不会与在走廊里碰到的总裁聊天的人可能会被视为拘谨，他也因此失去了一次让总裁了解的机会。现在国外风行的关系营销就是指要通过一定非正式的场合来建立组织与个人的商业关系。这种关系不是仅指双方在谈业务时的关系，而是在商谈业务之前或之后有意地建立的熟悉的、朋友式的关系，但不是通常意义上的朋友，而是商业关系的"朋友"，闲谈往往对这种关系的建立起着很重要的作用，例如，每天花一到两分钟给一个商业上的重要的客户、媒体、记者、政府官员等打一个电话，让对方知道你是一个很有情趣的商业伙伴，而不是在用得着他们的时候才想起他。

③ 闲谈可以帮助服务行业从业人员建立一个融洽的业务环境。通过闲谈可以缓和特定

的业务环境的气氛，例如，第一次见面之后的寒暄、谈判之前的友好气氛的创造，都需要短暂的闲谈。法国人在谈判的时候最喜欢一边谈一边聊，这与他们民族的浪漫性格有关。不会掌握洽谈前的闲谈气氛的主管，可能会被视为鲁莽、迟钝或急躁。

(3) 闲谈的技巧。掌握闲谈的技巧对服务行业从业人员非常重要。闲谈的技巧主要包括以下几点。

① 选择话题。注意话题的安全性。在闲谈的时候一定要选择安全的话题，如谈一谈孩子、天气状况、文化动态、交通堵塞、商品特价、环境问题、社会或城市的毛病等话题，不要涉及他人的收入、小道消息、私生活等话题，要避开办公室的有关公事。另外，最好找到双方共同感兴趣的话题，不要一味只顾自己高兴，而冷落了他人的参与，这是不礼貌的，也是没有交际技巧的表现。

② 适时发问。在交谈中适时发问可以引导交谈按照某个目的继续进行，调整交谈的气氛，同时，必须在事先没有准备的情况下根据对方的身份、地位、场合、关系来决定你的提问，而使问题更得体。精妙的提问能使你获得需要的信息、知识和利益，并且证明你十分重视对方的谈话，从而激起对方的兴趣，向你提供更多的信息。

③ 注意反应。闲谈中要注意察言观色，当你提出问题后，对方避而不答或转移话题，就要换一个对方感兴趣的话题了。

④ 闲谈的语言要求。要注意礼貌对人，不要出语伤人，要注意机智幽默。闲谈中临场发挥的特点决定了双方都要注意高度的机智性和灵活性。幽默的人往往容易受到人们的欢迎。

(4) 闲谈中的注意事项。为了使闲谈顺利进行，在闲谈中要注意以下方面：①不要随便打断对方的讲话。有的人有这样的毛病，总喜欢打断对方的谈话，这对对方不尊重，应该等对方把话说完，再进行发言。②避免行话、术语。不论是在跨国际交流还是在本国的交流中，一定要注意不要使用行话、术语和方言，甚至发音也不一样；术语也是一样，很多术语一般人是不懂的，尤其是不同的文化背景的人，更应该注意。③不要胡乱幽默。在闲谈的时候，不要使用双方从来没有使用过的幽默，因为在你认为可笑的事情，在别人尤其是外国人，就不一定明白你讲的幽默的可笑之处，所以，当一方已经笑得前仰后合的时候，而另一方却不知道怎么回事，这种场合是很尴尬的。所以，闲谈的时候，在谈话刚开始或开始仅仅几分钟的时候，最好不要讲难懂的幽默。④不要与别人抬杠、争执。在商务交往中，和气生财，和气才能保证广交朋友，而不要与人发生无谓的争执，不要争强好胜，否则是不礼貌的。⑤避免搬弄是非。在正式的场合中，一言一语都会成为影响交往的重要信息，不能将是非与闲话进行搬弄，不要传播别人的信息，不要传播小道消息。

实践训练

项目1：服务中的交谈模拟训练。

背景介绍：飞机起飞前，一位乘客请示空姐给他倒一杯水吃药，空姐很有礼貌地说：

"先生，为了您的安全，请稍等片刻，等飞机进入平衡飞行后，我会立刻把水给您送过来，好吗？"

15分钟后，飞机早已进入平衡飞行状态。突然，乘客服务铃急促地响了起来，空姐猛然意识到：糟了，由于太忙，她忘记给那位乘客倒水了。当空姐来到客舱，看见按响服务铃的果然是刚才那位乘客，她小心翼翼地把水送到那位乘客眼前，微笑着说："先生，实在对不起，由于我的疏忽，延误了您吃药的时间，我感到非常抱歉。"这位乘客抬起左手，指着手表说道："怎么回事，有你这样服务的吗？你看看，都过了多久了？"空姐手里端着水，心里感到很委屈。

实训目的：把握乘客的心理，通过运用交谈的技巧，展示良好的服务礼仪言谈举止，赢得乘客的谅解。

实训要求：两位学生一组，分别扮演乘客和空姐进行情景模拟表演，看怎样可以使乘客放弃投诉。可根据时间要求安排3～4组在全班进行模拟表演。

实训评价：师生共同评价。

项目2：交谈语言技巧自我测试。

请回答以下问题以确定你与他人交流中的优缺点。1＝从不这样，2＝很少这样，3＝有时这样，4＝经常这样，5＝每次都这样。选择符合的项即得相应的分数。

（1）与人交谈时，我发言时间少于一半。
（2）交谈一开始我就能看出对方是轻松还是紧张。
（3）与人交谈时，我想办法让对方轻松下来。
（4）我有意识提些简单问题，使对方明白我正在听，对他的话题感兴趣。
（5）与人交谈时，我留意消除引起对方注意力分散的因素。
（6）我有耐心，对方发言时不打断人家。
（7）我的观点与对方不一样时，我努力理解他的观点。
（8）我不挑起争论，也不卷入争论中。
（9）即使我要纠正对方，我也不会批评他。
（10）对方发问时，我简要回答，不做过多的解释。
（11）我不会突然提出令对方难答的问题。
（12）与人交谈时，头30秒我就把我的用意说清楚。
（13）对方不明白时，我会把我的意思重复或换句话说一次，或总结一下。
（14）我每隔若干时间问问对方有何反应，以确保他听懂我的意思。
（15）我发现对方不同意我的观点时，就停下来，问清楚他的观点。等他说完之后，我才就他的反对意见，发表我的看法。

将以上各题的得分相加，得出总得分。

60～75分，你与人交谈的技巧很好；

45～59分，你的交谈技巧不错；

35~44分,你与人交谈时表现一般;

35分以下,你的交谈技巧较差。

通过以上测试,找出自己与人交谈时的薄弱环节,努力改进自己的谈话技巧,三个月后再进行测试,看有多大的提高。

自主学习

1. 请根据交谈礼仪的要求与同学模拟一次交谈。

2. 案例分析

待命的出租车

一次,某酒店的机场代表小汤从交易会接客人回酒店。途中,一位外国客人主动跟小汤闲谈,从闲谈中小汤得知客人想回酒店拿点东西,然后再乘出租车到××酒店找一位朋友。下车后,小汤马上为客人叫好出租车等待客人下来。当客人见到待命的出租车时,既感激又惊讶,因为他根本没有料到小汤会帮他叫好车等他下来,因此,他很高兴地连声向小汤道谢。两天后,客人要离开酒店了,他特意去跟小汤道别:"小姐,我今天要离开你们酒店了,非常感谢你,希望下次来的时候能再次见到你。"瞬时,小汤也惊讶了:自己只不过主动为客人做了些力所能及的小事,客人却记在心里,一阵喜悦和满足感使小汤露出了甜甜的笑容。从客人的反应来看,自己用心服务,为客人着想,得到了客人的认同和肯定。因此,她觉得干酒店这一行,虽然很辛苦,压力也大,但是只要肯付出,就会有收获的。

(资料来源:www.tfas.qtc.edu.cn/daohang/uploadfile/2007416104429665.doc)

思考讨论题:

(1) 闲谈在服务过程中有什么作用?

(2) 本案例对你有何启示?

3. 案例分析

算错了52块

有一次,一位40多岁的女顾客两手拎着刚买的东西,匆匆来到霞辉百货商店的收银台前,对收银员说:"姑娘,你刚才把这两件衣服的钱,算错了52块……"收银员不等这位女顾客说完,就抢着说道:"对不起,我们这里是结账时钱款当面点清,过后概不负责!"这位女顾客只好无奈地转身说道:"那就不能怪我了,是你多找我52块钱,本来想还给你的,既然你这么说,我只好收起来了!"

思考讨论题:

(1) 收银员存在什么礼仪问题?

(2) 本案例对你有何启示?

4. 以下是交际语言"八戒",请对照自己以往交际的实际,检查一下是否说了废话、胡话、玄话、俏话、混话、空话、套话、俗话。对不好的地方要在今后坚决杜绝。

交际语言"八戒"

一戒连篇累牍,语无伦次,无的放矢,文不对题的废话。
二戒颠三倒四,七拼八凑,文理不通,是非混淆的胡话。
三戒荒诞怪论,子虚乌有,装腔作势,故作高深的玄话。
四戒滥用辞藻,自鸣得意,吟风弄月,华而不实的俏话。
五戒牵强附会,大言不惭,含糊其辞,模棱两可的混话。
六戒张冠李戴,不着边际,平淡乏味,冗词累赘的空话。
七戒言不及义,陈词滥调,千篇一律,人云亦云的套话。
八戒无中生有,低级趣味,风花雪月,斗鸡走狗的俗话。

评价考核

能力评价表

内　　容		评　　价	
学习目标	评价内容	小组评价 (5、4、3、2、1)	教师评价 (5、4、3、2、1)
知识(应知应会)	交谈的语言艺术		
专业能力	选择话题		
	善于倾听		
	注意发问方式		
	掌握闲谈的技巧		
通用能力	自我管理能力		
	自控能力		
	沟通交流能力		
态　　度	热爱服务工作		
	一丝不苟的精神		
	遵守服务规范		
努力方向:		建议:	

任务 3 >>> 电话沟通

情境导入

星星公司是网络应用服务提供商。一天,星星公司的一位客户打进电话,抱怨说最初通过网络申请的密码丢失,密码提示问题也已经忘记。星星公司目前的解决方案是只能通过密码提示问题找回丢失的密码,没有其他办法。打进星星公司电话时,因急于找回密码,客户情绪激动,脾气暴躁,语气急速,生硬,不友好;在问题解释过程中,客户没有耐心。以下是完整电话解答脚本。

场景: 在一个忙碌的客户服务中心,电话声此起彼伏。一位坐席人员接起一个电话,客户服务就从这个时候开始讲起。

坐席: 这里是星星公司客户服务中心,请问您有什么问题?

客户: 我的网上密码忘记了(或被盗了),找了很多次都没成功。

坐席: 这位先生,请问您贵姓?(在开始语中,注意不要急于询问客户的问题及提供解决方案,问清客户的姓氏,在以后的谈话中注意使用。体现对客户的尊重。)

客户: 我姓张。

坐席: 张先生,请问您找回密码是通过我们网站提交密码提示问题进行找回的吗?(通过封闭性问题,逐步锁定客户问题产生的根源点。注意:避免连续多次使用封闭性问题,一般连续不超过3次。问题的询问要目的明确,适时引导客户,避免漫无目的;避免在客户激动的时候询问不恰当的问题,激化矛盾。)

客户: 是的。我是一年前注册的,现在谁还能记住密码提示问题?

坐席: 丢失的密码是通过密码提示问题找回的。(重申问题的解决方案。注意:语气要委婉。)

客户: 你的意思就是我就找不回密码了。(注:此设计为一难缠客户。正常情况下很好解决,在这里不作假设情况设计。)

坐席: 张先生,我很理解您此时的心情,如果我遇到您这种情况,我也会像您一样着急。我们这么做的目的也是为了保护客户的利益。(与客户情绪同步,理解他目前所遇到的困境,注意说话的语气,要真诚、充满感情。注意:一定要很好地把握说话时的语气和态度,要从内心由衷地发出。在很多客户服务中心,坐席人员经常会说,我也对客户表达了歉意与理解,可是没有效果。体会一下,使用不同的语气表达同样的内容其感染力的区别。)

客户: 保护我的利益就要帮我找回呀!我都使用一年多了,好不容易才修炼到现在这样的级别。我就这样认了吗?

坐席: 张先生,和您的谈话中,可以看出您一定是×××方面的高手。在网上经常发生密码被偷、信息被盗的现象,就像现实生活中小偷偷走了我们的钱包一样,要找回一定需要相应的线索。而丢失的密码也是通过提供密码提示问题这一线索找回的。希望您能理解。

（运用赞美和移情平息客户。注意：语言交流中保持一定的幽默与风趣。对待客户就像对待你的朋友，和客户建立良好的关系，最后让客户理解你的难处。）

坐席：（保持沉默20秒）适时沉默，倾听客户的声音。其作用相当于一个封闭性的问题。

客户：那好吧！（结束电话）客户可能说：那我就没有办法了。

坐席：您可以好好的再想一想，多去尝试几回。有什么不清楚的地方，随时欢迎您再次拨打我们的电话。

客户：好吧！（结束电话）（客户可能会说：还有没有其他的办法？注意：在准备结束电话时，多使用可以封闭的回答或问题，并且在回答后保持沉默适当时间，让客户回答，若客户没有反应，可以询问：还有其他问题吗？）

坐席：我很希望能够给您更多的帮助。目前只能够通过密码提示问题找回密码。如果公司有其他的方案，会第一时间通知您。请您多多包涵。（回答的原则：避免正面的直接否定，容易造成客户的不满情绪升级。）

客户：谢谢！（结束电话）

任务分析

电话是人们开展社交活动不可缺少的工具，在日常生活和工作交往中，都要利用电话与别人取得联系和交谈。据美国《电话综述》（*Telephone Review*）记载，一个人一生平均有8760小时在打电话。在录像电话还没普及之前，人们通过电话给人的印象完全靠声音和使用电话时的习惯，要想有"带着微笑的声音"或者通过电话赢得信任，就必须掌握使用电话的礼节与技巧。

从本任务"情境导入"案例中可以看出，从某种意义上说，运用电话这一行为本身，对于服务行业从业人员而言也是一种服务。在具体运用电话时，尤其是与服务对象直接进行通话时，服务行业从业人员的所作所为是否得当，与其服务水平紧密相关。作为服务行业从业人员，掌握服务用语和交流技巧是十分必要的，这是服务行业从业人员必须重视的。

知识储备

1. 电话语言要求

目前大部分电话能传输的信号是声音，但这一信号载体却包含着许多信息。说话人想做什么，要做什么，是高兴还是悲伤，还有对另一方的信任感、尊重感，彼此都可以清晰地得知。这些都取决于电话的语言与声调。因此，电话语言要求礼貌、简洁明了，以准确地传递信息。

（1）态度礼貌友善。当使用电话交谈时，不能简单地将对方视作一个"声音"，而应看作面对一个正在交谈的人。尤其是对办公人员来说，面对的是组织的一名公众，如果你们是初次交往，那么，这样一次电话接触便是你给公众的第一印象，应十分慎重。因此，在使用电话时，多用肯定语，少用否定语，酌情使用模糊用语；多用些致歉语和请托语，少用些傲慢语、生硬语。礼貌的语言、柔和的声音，往往会给对方留下亲切之感。正如日本一位研究传播的权威所说："不管是在公司还是在家庭里，凭着个人在电话里的讲话方式，就可以基本判断出其'教养'的水准。"

（2）传递信息简洁。电话用语要言简意赅，将自己所要讲的事用最简洁明了的语言表达出来。因为通话的一方尽管有诸如紧张、失望而表情异常的体态语言，但通话的另一方不知道，他所能得到的判断只能是来自他听到的声音。在通话时最忌讳发话人吞吞吐吐，含糊不清，东拉西扯，正确的做法是：问候完毕对方，即开宗明义，直言主题，少讲空话，不说废话。

（3）控制语速语调。通话时语调温和，语速适中，这种有魅力的声音容易使对方产生愉悦感。如果说话过程语速太快，则对方会听不清楚，显得应付了事；太慢，则对方会不耐烦，显得懒散拖沓；声音太高，则对方听得刺耳，感到刚而不柔；太低，则对方会听不清楚，感到有气无力。一般说话的语速、语调和平常的一样就行了，即使是长途电话，也无须大喊大叫，把受话器放在离嘴两三寸的地方，正对着它讲就行了。另外，通电话时，周围有种种异样的声音，会使对方觉得自己未受尊重而变得恼怒，这时应向对方解释，以保证双方心情舒畅地传递信息。

（4）使用礼貌用语。在电话交际中应使用礼貌用语。现以实例列表说明（引自李兴国主编的《现代商务礼仪》），见表5-1。

表 5-1　打一般业务电话的礼貌用语及应对要点

接电话者（对方）	打电话者（自己）	应对的重点
▲您好，这里是国际公司门市部	●我是中华公司业务部的张××。请问李某先生在吗？	首先把要和对方谈的事情用备忘录整理好，并将会用到的资料事先准备妥当
▲请稍等一下		
▲我是李××	●您好，我是中华公司业务部的张××。前天您订的货已经来了，我打算早一点送过去，您觉得如何？	◇要找的人一接电话，就恭敬地再打一次招呼。 ◇不要只看自己的情况，也要问问对方是否方便
▲哦，是这样啊！明天送过来怎么样？	●好，我知道了，那么明天几点，要送到哪里比较方便呢？	
▲三点送到总务科，交给赵××。 ▲能不能向您请教一下商品的使用方法？	●好，明天三点送到总务科，给赵××先生。 ●好的，我明天会过去为您详细解说，我手上有说明书，马上用传真机传过去。若看不清楚给我来电话	◇为避免错误把对方的话重复一遍。 ◇打电话前必要的资料要先拿在手上。 ◇用传真机输送，输送以前，都须以电话确认
▲好，我明白了。传真收到了，很清楚，谢谢！	●明天再拜访了，谢谢您，再见！好，我知道了，再见！	◇别忘了结束时的道别

表 5-2　接一般业务电话的礼貌用语及应对要点

打电话者（对方）	接电话者（自己）	应对的重点
	●（电话铃响）这里是中华公司业务部	◇电话铃响两声，就拿起话筒。如果中午前，别忘了道一声早安
▲麻烦您找张××先生听电话	●对不起，请问您是哪一位？	
▲我是国际公司的李××	●张先生他在，请稍等。 ●抱歉，让您久等了，他大概 3 点会回来。请问您有何事，能否让我转达？	◇反复确认对方 ◇倘若叫人要花点时间，要问对方是否方便等。 ◇如果要找的人不在，不要只告知"他不在"，其后的应对不要忘记
▲不可以，这事除了张先生之外，别人不明白。那么能不能麻烦您请他四点左右打电话给我？ ▲好的，12345678	●是。但为防万一，能不能留下您的电话号码？ ●我确定一下，是不是 12345678，敝人姓杨，等张先生回来我一定转告他 4 点左右给您打电话	◇如果对方愿告知什么事，用备忘录记好。 ◇对方交代的事情一定要重复确认。 ◇在留言备忘录中，要记上对方打来的电话及对方的姓名
▲拜托您了	●不客气。那么再见	◇确定对方已挂断电话后，再轻轻放下听筒

2. 接电话的礼仪

（1）迅速接听。接电话首先应做到迅速接，力争在铃响三次之前就拿起话筒，避免让打电话的人产生不良印象。电话铃响过三遍后才作出反应，会使对方焦急不安或不愉快。正如日本著名社会心理学家铃木健二所说："打电话本身就是一种业务。这种业务的最大特点是无时无刻不在体现每个人的特性。""在现代化大生产的公司里，职员的使命之一，是一听到电话铃声就立即去接。"接电话时，应首先说："你好！"然后自报家门，进行简单的自我介绍，再确认对方。自我介绍分为以下形式。

① 报单位全称，例如，"你好！×××大酒店"，一般适用于总机或者是对外服务的热线电话。

② 报出单位全称和具体部门，如，"×××大酒店公关部"，主要适用于办公电话的使用。

③ 仅报出具体部门，如"财务科"，适用于单位内部的电话联系。

④ 报出通话人全名，如"我是张××"，适用于专人负责职守的电话，或者是专人适用的电话。

⑤ 报出具体部门和通话人全名，如"储蓄科张小光"，适用于内线电话或者由总机转接的电话。

⑥ 报出单位全称、具体部门及通话人姓名，例如"市农业银行行长办公室王强"等，大都适用于较为正式的对外电话联络。

(2) 积极反馈。作为受话人，通话过程中，要仔细聆听对方的讲话，并及时作答，给对方以积极的反馈。通话听不清楚或意思不明白时，要马上告诉对方。在电话中接到对方邀请或会议通知时，应热情致谢。

(3) 热情代转。如果对方请你代转电话，应弄清楚对方是谁，要找什么人，以便与接电话人联系。此时，请告知对方"稍等片刻"，并迅速找人。如果不放下话筒喊距离较远的人，可用手轻捂话筒或按保留按钮，然后再呼喊接话人。如果你因其他原因决定将电话转到别的部门，应客气地告之对方，你将电话转到处理此事的部门或适当的职员。如："真对不起，这件事由财务部处理，如果您愿意，我帮您转过去好吗？"

(4) 做好记录。如果要接电话的人不在，应为其做好电话记录，记录完毕，最好向对方复述一遍，以免遗漏或记错。可利用电话记录卡片做好电话记录。电话记录卡片格式如图5-1所示。

```
给 _____
日期 _____    时间 _____
你不在办公室时
_____ 公司的 _____    先生
                                              女士
                                              小姐
电话 _____
  ○电话                    ○请打电话回去
  ○要求来访                ○还会打电话来
  ○是否紧急                ○回你的电话
  留言 _____
       _____
```

图 5-1　电话记录卡片

3. 打电话的礼仪

(1) 时间适宜。打电话的时间应尽量避开上午7时前、晚上10时以后的时间，还应避开晚饭时间。有午休习惯的人，也请不要用电话打扰他。电话交谈所持续的时间也不宜过长，事情说清楚就可以了，一般以3~5分钟为宜。因为在办公室打电话，要照顾到其他电话的进出，不可占线过久，更不可将办公室的电话或公用电话做聊天的工具，这是惹人讨厌的行为。著名相声表演艺术家马季曾说过一段相声，名叫《打电话》，讽刺的就是这种人。

(2) 有所准备。通话之前应该核对对方公司或单位的电话号码、公司或单位的名称及接话人姓名。写出通话要点及询问要点，准备好在应答中使用的备忘纸和笔，以及必要的资料和文件。估计一下对方情况，决定通话时间。

（3）注意礼节。接通电话后，应主动友好地自报家门和证实一下对方的身份。应先说明自己是谁，除非通话的对方与你很熟悉，否则就该同时报出你的公司及部门名称，然后再问一下对方的名称。打电话要坚持用"您好"开头、"请"字在中、"谢谢"收尾，态度温文尔雅。若你找的人不在，可以请接电话的人转告，如："对不起，麻烦您转告×××……"，然后将你所要转告的话告诉对方。最后别忘了向对方道一声谢，并且问清对方的姓名。切不可"咔嚓"一声就把电话挂了，这样做是不礼貌的，即使你不要求对方转告，你也应该说一声："谢谢，打扰了。"打电话结束时，要道谢和说声再见，这是通话结束的信号，也是对对方的尊重。注意声音要愉快，听筒要轻放。一般地，应是打电话的人先搁下电话，接电话的人再放下电话。但是，假如是与上级、长辈、客户等通话，无论你是受话人还是发话人，都最好让对方先挂断。

4. 手机礼仪

无论是在社交场所还是工作场合，放肆地使用手机，已经成为礼仪的最大威胁之一，手机礼仪也越来越受到关注。在国外，如澳大利亚电讯的各营业厅就采取了向顾客提供"手机礼节"宣传册的方式，宣传手机礼仪。在使用手机的时候应该注意以下礼仪。

（1）放置到位。在一切公共场合，手机在没有使用时，都要放在合乎礼仪的常规位置。不要在未使用的时候放在手里或是挂在上衣口袋外。放手机的常规位置有：一是随身携带的公文包里，这种位置最正规；二是上衣的口袋里；有时候，可以将手机放腰带上，也可以放在不起眼的地方，如手边、背后、手袋里，但不要放在桌子上，特别是不要对着对面正在聊天的客户。

（2）注意场合。在会议中和别人洽谈的时候，最好的方式还是把手机关掉，起码也要调到震动状态。这样既显示出对别人的尊重，又不会打断发言者的思路。而那种在会场上手机铃声不断，像是业务很忙，使大家的目光都转向他的人，实际给人的印象是缺少教养。

注意手机使用礼仪的人，不会在公共场合或座机电话接听中、开车中、飞机上、剧场里、图书馆和医院里接打手机，就是在公交车上大声地接打电话也是有失礼仪的。

公共场合特别是楼梯、电梯、路口、人行道等地方，不可以旁若无人地使用手机，应该把自己的声音尽可能地压低一下，而绝不能大声说话，同时不要妨碍他人通行。

在一些场合，比如在看电影时或在剧院打手机是极其不合适的，如果非得回话，或许采用静音的方式发送手机短信是比较适合的。

（3）考虑对方。给对方打手机时，尤其当知道对方是身居要职的忙人时，首先想到的是，这个时间他（她）方便接听吗？并且要有对方不方便接听的准备。在给对方打手机时，注意从听筒里听到的回音来鉴别对方所处的环境。如果很静，应想到对方在会议上，有时大的会场能听到一种空阔的回声，当听到噪声时对方就很可能在室外，开车时的隆隆声也是可以听出来的。有了初步的鉴别，对能否顺利通话就有了准备。但不论在什么情况下，是否通话还是由对方来定为好，所以"现在通话方便吗？"通常是拨打手机的第一句问话。其实，在没有事先约定和不熟悉对方的前提下,很难知道对方什么时候方便接听电话。所以,在有其他联络方式时,还是尽量不打对方手机好些。

在餐桌上,关掉手机或是把手机调到震动状态还是必要的。避免正吃到兴头上,被一阵烦人的铃声打扰。

不要在别人能注视到你的时候查看短信。一边和别人说话,一边查看手机短信,对别人不尊重。

当与朋友面对面聊天时,不要正对着朋友拨打手机,避免发射时高频电流对他产生辐射,让对方心中不愉快。

使用手机时必须牢记"安全至上",否则不但害人,还会害己。要注意不要在驾驶汽车时使用手机电话,或是查看手机内容,以防止发生车祸;不要在病房、油库等地方使用手机,免得它所发出的信号有碍治疗,或引发火灾、爆炸;不要在飞机飞行期间使用手机,否则极可能使飞机"迷失方向",造成严重后果。

另外,现在有不少人,特别是年轻人喜欢使用彩铃。有些彩铃很搞笑,或很怪异,与千篇一律的铃声比较起来,确实有独特之处。但是彩铃是给打电话的人听的,如果你需要经常用手机联系业务,最好不要用怪异或格调低下的彩铃,以免影响你的形象和公司的形象。

(4) 掌握短信礼仪。手机短信已成为人们交际活动和待人处事的一种重要方式。其礼仪主要包括书写、发送手机短信礼仪和接收手机短信礼仪。

① 书写、发送手机短信礼仪包括:第一,内容要简单明了。大多数人在看短信时,都不太有耐心,而且也没有太多的时间,所以所要表达的内容,要尽量简单扼要、条理分明、避免长篇大论。有的手机因为内容容量大,一条短信可以写很长的内容,分段发出,但是电信运营商是根据规定的字数按条数收费的,一条字数多的短信,就相当于几条短信。第二,语意要清楚。有的短信使用标点符号,有的不使用标点符号,但短信要语意清楚连贯,字句段落尽可能分明,以免对方产生误解或摸不着头绪。第三,检查文法和错别字。在短信发出前,最好自己从头到尾先检查一遍,看有没有文法错误、语意不通之处或是错别字。尤其是写给上司和重要客户的短信,更要特别注意。第四,短信拜年,请记住署名。短信已经成为拜年和节日祝贺的一种非常重要的方式。短信拜年最好要自己动手写,更有针对性,也更亲切;在短信最后或前面要署名,要让对方知道是谁发的短信,否则就会出现既不是垃圾短信,又不知道是谁发的无名短信。此外,在短信的内容选择和编辑上,应该注意取舍。因为通过你发的短信,意味着你赞同至少不否认短信的内容,也同时反映了你的品位和水准。所以不要编辑或转发不健康的、格调不高的短信,特别是一些带有讽刺伟人、名人甚至是革命烈士的短信,更不应该转发。

② 接收手机短信礼仪包括:第一,接收短信及时回复。接到短信,如果有必要回复的,要及时回复短信,短信说不清楚的,可以回电询问。有些时候电话打不通,可以发个短信简单告知一下。第二,及时删除不用的短信。由于手机内存大小不同,短信容量不一,有的可以储存50条短信,有的可以储存100条短信,但存储容量都是有限的,往往不够用,不删

除旧有的短信，新的短信就无法接收进来，因此要及时删除不用的短信，保持手机收信箱有一定存储空间，以免影响新短信的接收，甚至耽误大事。在春节、元旦等节日期间由于短信较多，尤其要注意这个问题。第三，重要短信及时移至收藏夹。手机短信收藏夹有储存重要短信功能，不易被误删，因此重要短信要及时移至收藏夹，妥善保存起来。如果收藏夹短信过多，也要及时清理，因为短信的接收容量是收信箱和收藏夹之和，收藏夹也在短信接收容量之中。第四，注意垃圾短信处理。手机短信多，牟利的人也随之钻空子，因此垃圾短信也就产生了。经常有手机短信通知中奖的，最好别上当，天上不会掉馅饼。行骗的、推销的、做广告的经常不期而至，防不胜防，要注意及时删除。一些定制的短信，也是垃圾短信，既收你的钱，又浪费你的精力，有时甚至破坏你的情绪。要及时取消不需要的定制业务。

实践训练

项目 1：打电话的礼仪。

1. 电话（手机）使用模拟训练。

实训目标：掌握使用电话（手机）的礼仪。

实训学时：1 学时。

实训地点：教室。

实训准备：固定电话或手机。

实训方法：两人一组，用固定电话或手机现场表演各类情形的通话，其他同学观摩，表演结束后，由同学们点评，最后老师总结。以下情形供参考。

（1）双方第一次进行业务联系。

（2）下级向上级通过电话汇报工作。

（3）正在与客户交谈时电话震动提示有来电。

（4）在电影院看电影时必须接听一个十分重要的来电。

也可发挥想象，设计其他情形。

2. 自编小品"打电话"。

实训目标：强化电话礼仪规范。

实训学时：1 学时。

实训地点：教室。

实训准备：场地、电话等。

实训方法：学生 3~5 人分为一组，自编小品表演打电话（手机），可以将打电话（手机）中不规范的礼仪表现演示出来，师生点评。

项目 2：手机短信的使用。

实训目标：掌握手机短信的礼仪。

实训学时：1 学时。

实训地点：教室。

实训准备：手机。

实训方法：每两人一组，模拟各种情形进行手机短信的发送和回复，然后相互评论对方发送短信的做法有无不符合礼仪之处，最后由老师进行总结。以下情形供参考。

自主学习

（1）请制定一份接打电话的礼仪守则。

（2）使用电子邮件发送信息。在收件人一栏打上自己的电子信箱地址，给自己发一封公务信件。然后作为信件接收方，感受一下信件格式、所用文字、日期是否恰当。

（3）结合日常生活实际，说明人们在使用电话过程中经常出现的失礼行为及纠正方法。

（4）小刘在几分钟之内连续几次接到同一个错打的电话，可是每一次对方都是什么也不说就把电话挂了。小刘非常恼火，他于是特意按照来电显示屏上的那个号码拨通电话，狠狠地把对方臭骂了一顿。你谈谈小刘做得对吗？

（5）为什么说"从电话礼仪就可基本看出对方的教养如何"？

评价考核

能力评价表

内容		评价	
学习目标	评价内容	小组评价 （5、4、3、2、1）	教师评价 （5、4、3、2、1）
知识（应知应会）	电话语言要求		
专业能力	接电话的礼仪		
	打电话的礼仪		
	手机礼仪		
通用能力	自我管理能力		
	自控能力		
	沟通能力		
态度	热爱服务工作 一丝不苟的精神 遵守服务规范		

努力方向： 建议：

行业服务礼仪

学习领域 III

酒店服务礼仪　学习情境6
旅游服务礼仪　学习情境7
会展服务礼仪　学习情境8
银行服务礼仪　学习情境9
护理服务礼仪　学习情境10

学习情境 6　酒店服务礼仪

任务 1　前厅服务礼仪

情境导入

今年25岁的小徐7年前来到海情大酒店,一直在前厅做服务工作。与他一同来酒店的服务生因为耐不住这份工作的枯燥和琐碎,相继转行干别的去了,只有小徐,在这个岗位上一干就是7年。7年来,他像对待亲人一样,对待每一位求助的客人,赢得了客人的称赞。他也因此而获得了一把象征酒店服务最高荣誉的"金钥匙"。

今年7月一天的中午,天气热得让人难受。一位住店客人反映护照不知何时丢失,希望小徐帮助查找。在酒店找了半天没有结果。小徐请客人回忆一下曾经去过什么地方,告诉客人,"你放心吧,我会尽力帮你找到护照。"整个下午,他顶着烈日,骑着自行车,逐一到客人曾经去过的地方查找,终于在一家酒吧找到了客人的护照。

还有一天上午,小徐正在酒店大堂巡视,随时准备为客人提供帮助。这时匆匆跑过来一位台湾客人。原来客人的腰带扣突然断了,想请小徐帮忙解决一下。考虑到客人马上要随团出门旅游,小徐将客人领到卫生间,将自己的皮带解下来,请客人先解燃眉之急。客人高兴地随旅游团旅游去了,小徐找了根绳子当作腰带系上,又开始为客人忙碌起来。等晚上客人回到酒店,小徐已将客人的皮带扣修好,放到了客人的房间,令客人非常感动。

小徐说,他理解的酒店前厅服务就是使客人"满意加惊喜",让客人自踏入酒店到离开酒店,自始至终都感受到无微不至的关怀和照料,而他则努力成为一个客人旅途中可以信赖的朋友,一个可以帮助解决麻烦问题的知己,一个个性化服务专家。这也是国际饭店金钥匙组织对金钥匙品质的要求:见多识广,经验丰富,谦虚谨慎,热情而善解人意。

任务分析

酒店前厅,又称为总服务台,或称为总台、前台等。它通常设在酒店的大堂,是负责推销酒店产品与服务,组织接待工作、业务调度的一个综合性服务部门。

酒店前厅是客人进入酒店的第一个接触点,又是离开酒店的最后一个接触点,它直接关系到客人对住宿的满意程度和对酒店的印象。在现代化酒店里,前厅往往被认为是整个酒店

> 先利人,后利己;用心极致,满意加惊喜,在客人惊喜中,找到富有人生。
> ——金钥匙服务理念

的核心部门，无论是在前厅设置、员工素质上，还是在管理手段上，都要求高于其他部门。

前厅部是酒店的神经中枢，在客人心目中它是酒店管理机构的代表。客人入住登记在前厅，离店结算在前厅，客人遇到困难寻求帮助找前厅，客人感到不满时投诉也找前厅。前厅工作人员的言行举止将会给客人留下深刻的第一印象，如果前厅工作人员能以彬彬有礼的态度待客，以娴熟的技巧为客人提供服务，能够像本任务"情境导入"案例中的"金钥匙"小徐那样真诚热情地帮助客人解决疑难问题，那么客人对酒店的其他服务，也会感到放心和满意。反之，客人对一切都会感到不满。

知识储备

1. 前厅部的主要工作任务

（1）销售客房。前厅部的首要任务是销售客房。目前，我国有相当数量酒店，前厅部占整个酒店利润总额的50%以上。前厅部推销客房数量的多与少，达成价格的高与低，不仅直接影响着酒店的客房收入、住店人数的多少和消费水平的高低，也间接地影响着酒店餐厅、酒吧等收入。

（2）正确显示房间状况。前厅部必须在任何时刻都正确地显示每个房间的状况——住客房、退房、待打扫房、待售房等，为客房的销售和分配提供可靠的依据。

（3）提供相关服务。前厅部必须向客人提供优质的订房、登记、邮件、问讯、电话、留言、行李、委托代办、换房、钥匙、退房等各项服务。

（4）整理和保存业务资料。前厅部应随时保存最完整最准确的资料，并对各项资料进行记录、统计、分析、预测、整理和存档。

（5）协调对客服务。前厅部要向有关部门下达各项业务指令，然后协调各部门解决执行指令过程中遇到的新问题，联络各部门为客人提供优质服务。

（6）建立客账。建立客账是为了记录和监视客人与酒店间的财务关系，以保证酒店及时准确地得到营业收入。客人的账单可以在预订客房时建立（记入定金或预付款）或是在办理入住登记手续时建立。

（7）建立客史档案。大部分酒店为住店一次以上的零星散客建立客史档案。按客人姓名字母顺序排列客史档案，记录相关内容。

2. 客房预订服务礼仪

（1）受理预订，要做到接待热情，报价准确，记录清楚，手续完善，处理快速。信息输入电脑准确无误，订单资料分类摆放整齐规范，为后续预订承诺、订房核对时提供准确的信息。

（2）受理电话预订，要接听及时，主动问好和询问要求。若有客人要求的房间，应主动介绍设备，询问细节，帮助客人落实订房，并做好记录。若无客人要求的房间，应向客人致歉。

（3）当前台接收到预订网站发来的预订传真时，应立刻根据客房销售情况迅速回复传真，并注意保留网站的传真底本。

（4）当客人来到服务台预订房间时，应主动热情地接待客人，询问细节，根据客人要求迅速帮助客人落实订房。

3. 门厅服务礼仪

（1）门厅服务人员应服饰挺括华丽，仪容端庄大方，精神饱满地恭候宾客的光临。

（2）见到宾客抵达时，要立即主动迎上，引导车辆停妥，接着拉开车门；问候客人要面带微笑，热情地说："您好，欢迎光临！"并致15度鞠躬礼。

（3）遇下雨天，要事先准备好雨具，及时为客人遮雨；对年老体弱者给予必要的帮助，观察车内是否有遗留物品，帮有行李的客人整理行李，并呼唤大厅行李生将客人引领到总台办理入住登记手续。

（4）客人离店时，要引领车开到客人容易上车的位置，并拉开车门请客人上车，在看清客人已坐好，衣裙不影响关门时，再轻关车门，并向客人致意道别，欢迎客人再次光临。

4. 行李部服务礼仪

（1）行李部服务人员应着装整洁，仪容端庄，精神饱满。客人抵达时，要热情相迎，微笑问候。

（2）主动帮助客人提携行李，并问清行李件数，陪同客人到总服务台办理入住手续时，应站在客人身侧后两三步处等候，看管好客人行李并随时接受宾客的吩咐。

（3）待客人办完手续后，应主动上前向客人或总台服务员取房间钥匙，提上行李引送客人到房间。在此过程中，行李员在客人右前方1米左右，遇到转弯应回头向客人示意。并注意根据客人情况介绍饭店设施。

（4）引领客人至电梯，先将一只手按住电梯门，请客人先进电梯，进电梯后应靠近电梯按钮站立，以便于操作电梯，出电梯时自己携行李先出，出梯后继续在前方引领客人到房间。

（5）随客人进入房间后，将行李放在行李架上或按客人吩咐将行李放好；根据客人情况向客人介绍房间设备的用法；房间介绍完毕后，征求客人是否还有吩咐，若客人无其他要求，即向客人道别，并祝客人住店期间愉快，将房门轻轻关上，迅速离开。

（6）客人离开饭店时，行李员在接到搬运行李的通知后，进入客房之前无论房门是否关着，均要按门铃或敲门通报，听到"请进"声，方可进入房间，并说"您好，我是来运送行李的，请吩咐"，当双方共同点清行李件数后，即可提携行李，并负责运送到车上。如果客人跟行李一起走，客人离开房间时，行李员要将门轻轻关上，尾随客人到大门口，安放好行李后，行李员要与大门接应员一起向客人热情告别，方可离开。

5. 总台接待服务礼仪

（1）当客人来到总台时，应面带微笑问候客人，确认客人是否有预订，如有预订，应复述客人的订房要求，并请客人填写入住登记表；如无预订，开房员应首先了解客人的用房要求，运用一定的客房销售技巧，促使客人选择一种类型的客房。

（2）当客人确认某一种客房类型时，请客人填写登记表；验看、核对客人的证件与登记表时要注意礼貌，确认无误后，要迅速交还证件，并表示感谢；把住房钥匙或磁卡交给客人时，应注意礼貌。如果客房已客满，要耐心解释，并请客人稍等。

（3）客人住下后要求换房，应先询问其原因，在房间允许、不和预订冲突的情况下，应同意客人换房。

（4）客人住下后若有提前离店、延期住宿、人数变化等情况，应根据房间情况及客人情况分别处理。

（5）重要客人入住接待过程中，要根据接待规格在接待安排、房间准备、加摆鲜花水果、办理入住手续等方面给予特别照顾或适当优惠，以使客人亲身感受到贵宾服务的亲切感、自豪感。

（6）总台接待服务用语：

您好！

欢迎光临！

这里是接待处，可以为您效劳吗？

先生（女士），请稍等一下。

对不起，让您久等了。

这里是××饭店，非常乐意为您效劳。

先生（女士），您喜欢什么样的房间呢？

先生（女士），请问您尊姓大名？

您对这间房感到满意吗？

先生（女士），您对我们的服务感到满意吗？

请慢走！

祝您好运！

欢迎您再次光临！

6. 问询服务礼仪

（1）对大多数住店客人来说，饭店所在的城市是陌生的，客人很可能会遇到很多麻烦，作为问询员，要耐心、热情地解答客人的任何疑问，做到有问必答，百问不厌。

（2）了解客人通常要问的问题。类似问题主要有："你能为我叫一辆出租车吗？""这里最近的购物中心在什么地方？""我要去最近的银行，怎么走？""我要去看电影，怎么走？""哪里有比较好的中国餐厅（墨西哥餐厅／法国餐厅）？""附近有旅游景点吗？"

（3）掌握有关店内设施及当地情况的业务知识。这包括：酒店所属星级；酒店各项服务的营业时间；车辆路线，车辆出租公司、价格等；航空公司的电话号码；地区城市地图；本地特产及名胜古迹；其他一些酒店、咖啡厅的营业时间；餐厅的营业时间和商场的营业时间等。

7. 总机服务礼仪

（1）话务员是饭店"看不见的服务员"。虽然不和客人直接见面，但通过声音传播，可以从另一侧面反映饭店服务的水平和质量。故话务员在服务中应做到：坚守岗位，集中精神，话务时坚持用礼貌用语，接外线时，应立即问候并报出饭店的中外名称，切忌一开口就"喂"。为客人接线，动作要快而准，务必不出差错。

(2) 话务员的发音要准确、清晰，语速快慢要适中，保证客人听得懂、听得清，音质要甜润、轻柔，语调要婉转、亲切，语气要友好、诚恳。接线中语言要简练，用词要得当；要避免使用"我现在很忙"、"急什么"等不耐烦语句。

(3) 话务服务必须热心、耐心、细心，如果接听电话的客人不在时，应问清对方是否留言，如需留言，应认真做好记录，复述肯定；讲究职业道德，不偷听他人电话；通话结束后，应热情告别，待对方挂断电话后，方可切断线路。

(4) 如遇到客人要求叫醒服务，应记录清楚，准确操纵自动叫醒机或准时用电话叫醒，不得耽误，无人接听时，可隔两三分钟叫一次，三次无人接听时，应通知客房服务员。

8. 大堂副经理处理投诉的技巧

(1) 注意投诉的地点和场合。可根据投诉性质来选择地点，在办公室或现场，但不宜在大堂、餐厅等人流多的地方处理投诉。

(2) 认真听取客人的投诉。面对客人投诉，要保持头脑冷静，面带微笑，仔细倾听，并做好记录以表重视。要以自己谦和的态度感染客人，让客人的情绪渐趋平静。

(3) 对客人的投诉表示理解、同情和感谢。理解，就意味着尊重；同情，容易让客人觉得你值得信赖；感谢，让客人感觉到自己的投诉有望得到妥善解决。

(4) 及时处理好客人的投诉。听完投诉后，能够立刻判断出是酒店方面出错的，要立即向客人表示歉意，作出处理，并征求客人对解决投诉的意见，以示酒店对客人的重视。当投诉处理涉及酒店其他部门时，应立即通知部门经理，查清事实作出处理，大堂副理必须跟进事件，妥善解决问题。

(5) 处理完客人的投诉后，要再次向客人表示关注、同情及歉意，以消除客人因该事引起的不快。

(6) 处理投诉应详细记录投诉客人的姓名、房号、投诉时间、投诉事由和处理结果。将重大投诉或重要意见整理成文，呈总经理批示。

实践训练

项目1：门厅迎送服务。

实训目标：熟练掌握门厅迎送服务的礼仪和流程。

实训学时：1学时。

实训地点：大教室或实训室。

实训准备：模拟汽车、前台、行李等。

实训方法：每5个学生一组，分别扮演2位迎宾员和3位客人，轮换角色操作门厅迎送客人服务的流程，按照教师要求和示范，掌握散客、团队客人和重要客人的门厅迎送服务的礼仪，评出"最佳迎宾员"。

项目2：入住接待服务。

实训目标：在入住接待服务中根据客人的不同要求，合理分配客房，快速高效地为客人办理入住登记手续。

  实训学时：2学时。

  实训地点：实训室。

  实训准备：计算机、入住登记单、有效证件、标牌、模拟大堂等。

  实训方法：每7个学生一组，分别扮演前台服务员、散客、VIP客人、团队客人等，轮换角色操作入住登记手续服务的流程。评出"最佳前台服务员"。

  项目3：接转电话与留言服务。

  实训目标：熟练掌握接转电话及留言服务的有关知识及操作步骤。

  实训学时：1学时。

  实训地点：教室或实训室。

  实训准备：电话交换机、计算机、话务台等。

  实训方法：每2个学生一组，分别扮演话务员和客人，轮换角色操作接转电话及留言服务，评出"最佳话务员"。

自主学习

  1. 案例分析

  住在宾馆401房间的王先生早上起来想洗个热水澡放松一下。但洗至一半时，水突然变凉。王先生非常懊恼，匆匆洗完澡后给总台打电话抱怨。接到电话的服务员正忙着为前来退房的客人结账，一听客人说没有热水，一边工作一边回答："对不起，请您向客房中心查询，电话号码是858。"本来一肚子气的王先生一听就火了，嚷道："你们饭店怎么搞的，我洗不成澡向你们反映，你竟然让我再拨其他电话！"说完，"啪"的一声，就把电话挂上了。

  思考讨论题：

  （1）总台服务员的回答妥当吗？

  （2）如果你是总台服务员，怎样让客人满意？

  2. 某大型酒店的服务员，早晨向一位客人问候了三声"先生，您好"，没想到却被这位客人投诉到总经理那里。原来，那位客人有早起散步的习惯。当日，他起来散步，出门时服务员问了一声："先生，您好"；散步回来进门时，服务员又问了一声："先生，您好"；上电梯时，这位服务员问了第三声："先生，您好"。这位客人面对如此礼遇，反而把服务员投诉到酒店总经理那里。刚一开始，总经理感到莫名其妙：为什么我们的服务这样规范还会被投诉？经过了解，原来是服务员的服务态度刻板，缺少情感，千人一面，让客人心里不舒服。

  思考讨论题：

  如果你是这位服务员，早上连续三次碰到同一位客人，你会怎样向他问好？

  3. 一天，一位美国客人到内地某宾馆总台登记住宿，顺便用英语询问接待服务员小杨："贵店的房费是否包括早餐（指欧式计价方式）？"小杨英语才达到C级水平，没有听明白客人的意思便随口回答了个"It will do"（行得通）。次日早晨，客人去西式餐厅用自助餐，出于细心，又向服务员小贾提出了同样的问题。不料小贾的英语亦欠佳，只得穷于应付，慌忙中又回答了"It will do"（行得通）。几天以后，美国客人离店前到总台结账。服务员把账单递给客人，客人一看大吃一惊，账单上对他每顿早餐一笔不漏！客人越想越糊涂：明明总台和餐厅服务员两次答"It will do"怎么结果变成了"It won't do"（行不通）了呢？他百思不得其解。经再三追问，总台才告诉他："我们早餐历来不包括在房费内。"客人将初来时两次获得"It will do"答复的原委告诉总台服务员，希望早餐能得到兑现，但遭到拒绝。客人于无奈中只得付了早餐费，然后怒气冲冲地向饭店投诉。

最后，饭店重申了总台的意见，加上早餐收款已做了电脑账户，不便更改，仍没有同意退款。美国客人心里不舒服，怀着一肚子怒气离开了宾馆。

思考讨论题：
(1) 对于该酒店的做法，你是怎么看的？
(2) 本案例对你有何启示？

评价考核

能力评价表

内 容		评 价	
学习目标	评价内容	小组评价 (5、4、3、2、1)	教师评价 (5、4、3、2、1)
知识（应知应会）	前厅部主要工作任务		
	前厅部服务工作流程		
专业能力	门厅迎送服务		
	入住接待服务		
	接转电话及留言服务		
	问询服务		
通用能力	沟通能力		
	协调能力		
	应变能力		
态　度	热爱服务工作		
	一丝不苟的精神		
	遵守服务规范		
努力方向：		建议：	

任务 2 >>> 客房服务礼仪

情境导入

服务员小王第一天上班,被分在饭店主楼做值台,由于她刚经过三个月的岗位培训,对做好这项工作充满信心,自我感觉良好,一个上午的接待工作确也颇为顺手。午后,电梯门打开,走出两位港客,小王立刻迎上前去,微笑着说:"先生,您好!"她看过客人的住宿证,然后接过他们的行李,一边说:"欢迎入住本饭店,请跟我来。"一边领他们走进客房,随手给他们沏了两杯茶放在茶几上,说道:"先生,请用茶。"接着她又用手示意,一一介绍客房设备设施:"这是床头控制柜,这是空调开关……"

这时,其中一位客人用粤语打断她的话头,说:"知道了。"但小王仍然继续说:"这是电冰箱,桌上文件夹内有'入住须知'和'电话指南'……"未等她说完,另一位客人又掏出钱包抽出一张10元钱不耐烦地塞给她。霎时,小王愣住了,一片好意被拒绝甚至误解,使她感到既沮丧又委屈,她涨红着脸对客人说:"对不起,先生,我们不收小费,谢谢您!如果没有别的事,那我就告退了。"说完便退出房间回到服务台。

此刻,小王心里乱极了,她实在想不通:自己按服务规程给客人耐心介绍客房设备设施,为什么会不受客人欢迎呢?

任务分析

客房是酒店的主体,是酒店的主要组成部门,是酒店存在的基础,在酒店中占有重要地位。客房是带动酒店一切经济活动的枢纽,是客人在饭店中逗留时间最长的地方,因此,客房是否清洁,服务人员的服务态度是否热情、周到,服务项目是否周全、丰富,直接影响到客人对酒店的评价。

"顾客就是上帝"、"顾客永远是对的"是众多酒店的服务宗旨,"宾至如归"是所有酒店向顾客不厌其烦地重复的一个承诺,但要兑现这个承诺并非易事。就像本任务"情境导入"案例中的服务员,她的服务看似规范,语言听似礼貌,但她只是机械地按服务规程办事,却忽视了"上帝"的实际需求,所以一片热忱却换来一番误解。由此看来,要做好服务工作,只懂服务流程是远远不够的,察言观色,了解顾客,诉诸需求,随机应变也很重要。

知识储备

1. 楼层迎宾服务礼仪

(1) 在客人到来之前,整理好房间,调节好客房空气和温度,掌握客情,准备好香巾茶水。

(2) 仪表整洁大方,提前到达电梯口,主动问候客人,并说出自己的身份。

(3) 核对房卡，接过客人的房间钥匙，征求客人意见是否需要帮助其提行李。

(4) 引领客人到客房，帮助客人打开房门，退到门边，请客人进房，并根据客人要求摆放行李。

(5) 客人坐下后，及时送上香巾茶水，根据客人精神状态，详略得当地介绍房间设施和使用方法，以及相关服务项目。

(6) 在确认客人暂时无需其他服务后，祝客人住得愉快，礼貌地退出客房，面向客人轻手关上房门，回到工作间写好工作记录，随时准备为客人提供服务。

2. 客房清洁服务礼仪

(1) 填写钥匙领取登记表，领取客房钥匙，了解客房状态，将自己负责的房间分成退房、住房、预走房、空房、维修房等几类，决定清扫顺序，清理好工作车，准备好吸尘器等清洁工具。

(2) 来到客房门前，用食指关节，力度适中，缓慢而有节奏地敲门，并通报"客房服务员"。若客人开门，要礼貌问好并说明来意，征得客人允许后方可进入；若房内无人，则用钥匙开门，并把"正在清洁"牌挂在门把手上，开始客房清洁工作。

(3) 按照客房清洁流程和质量标准，做好客房清洁工作，一般流程如下。

开——开门、开空调、开窗帘。

撤——撤出用过的用品、用具，倒去茶水。

扫——扫蛛网、尘污，清去所有垃圾杂物。

铺——铺设床上用品。

抹——抹家具、设备。

摆——按陈设布置的要求补充好摆设用品、用具。

洗——洗卫生间。

封——坐便器消毒封。

补——补充卫生间用品并摆好。

吸——吸尘。

看——看清洁卫生和陈设布置的效果。

关——关窗帘、关灯、关门。

填——填写客房清洁的日报表。

(4) 住房的清扫一般在客人外出时进行，要特别留意，客人房内一切物品，应保持其原来位置，不要随便移动。不可随意翻阅客人的书刊、文件和其他材料，也不可动客人的录音机、照相机等物品，更不得拆阅其书信和电报。

(5) 房间整理完离开时，若客人不在，要切断电源，锁好门；若客人在房，要礼貌地向客人道歉："对不起，打扰了。"然后退出房间，轻轻关上房门。

3. 客房日常服务礼仪

(1) 客人到达前，应了解其国籍、风俗习惯、生活特点、到达时间等情况，以便有针对性地搞好服务工作。工作前严禁吃葱、蒜等有浓烈气味的食物。工作中要热情诚恳，谦虚有礼，稳重大方，使客人感到亲切温暖。

(2) 日常工作中要保持环境的安静。搬动家具，开关门窗要避免发出过分的声响。禁止大声喧哗、开玩笑、哼唱歌曲。应客人呼唤也不可声音过高，若距离较远，可点头示意，对扰乱室内安静的行为要婉言劝止。

(3) 在楼道与客人相遇，应主动问好和让路。同一方向行走时，如无急事不要超越客人，因急事超越时，要说"对不起"。

(4) 进入客人房间，须先轻轻敲门，经允许方可进入。敲门时不要过急，应先轻敲一次，稍隔片刻再敲一次。如无人回答，就不要再敲，也不要开门进去，特别是夫妇房间，更不能擅自闯入。

(5) 凡客人赠送礼物、纪念品，应婉言谢绝，如不能谢绝时，接受后应立即上报。

(6) 要关心客人健康，对病员要多加照顾。对饮酒过度或精神反常的客人，除妥善照顾外，应及时向上级报告。

(7) 服务台要随时掌握来往人员情况，发现不认识的人，要有礼貌地查问，防止无关人员进入客人房间。

(8) 客人到服务台办事，服务员要起立，热情接待。与客人说话，要自然大方，切忌态度生硬，语言粗鲁。

(9) 客人离开饭店后，应即刻清查房间，尤其是枕下、椅下等处，发现遗忘物品，若时间来得及，应追赶当面交给客人；若来不及，则速交接待单位。

4. 客房个性化服务礼仪

要使顾客高兴而来，满意而归，光凭标准的、严格的规范化服务是不够的，只有在规范化的基础上，逐渐开发和提供个性化服务，才能给客人以惊喜，才能让客人感觉到"宾至如归"，才能使客人"流连忘返"。以下相关做法会给我们以启发。

(1) 服务员早上清扫房间时发现，客人将已折叠好的床罩盖在床上的毛毯上，查看空调温度是23℃。这时服务员意识到夜间房间温度偏低，立即主动加一条毛毯给客人，并交代中班服务，夜床服务时将温度调到26℃左右。

(2) 服务员为客人清扫房间时，发现客人的电动刮须刀放在卫生间的方石台面上，吱吱转个不停，客人不在房间。分析客人可能因事情紧急外出，忘记关掉运转的刮须刀，这时，服务员要主动为客人关闭刮须刀开关。

(3) 服务员清扫房间时，发现一张靠背椅靠在床边，服务员不断地观察，才发现床上垫着一块小塑料布，卫生间还晾着小孩衣裤，服务员这才明白，母亲怕婴儿睡觉时掉到地上，服务员随即为客人准备好婴儿床放入房间。

(4) 服务员清扫住房时，发现暖水瓶盖开着，不知是客人倒完开水，忘记盖好瓶塞，还是客人喜欢喝凉开水，故意打开瓶塞的。疑虑不解，难以断定。为满足客人的需要，服务员为客人送去了装满了凉开水的凉水瓶；同时，又将暖水瓶照例更换好了新的开水。

（5）服务员发现客房中放有西瓜，想必是旅客想品尝一下本地的西瓜，绝对不会千里迢迢带个西瓜回家去留个纪念。所以服务员主动为客人准备好了一个托盘、水果刀和牙签。

5. 客房服务礼貌用语

您好！欢迎您光临我们酒店。

我是客房服务员，非常高兴能为您服务。

我可以帮您拿行李吗？

请这边走。

这是您的房间，请进。

祝您节日愉快！

祝您玩得开心！

请好好休息，有事请打电话到服务台。

对不起，打扰您了。

我现在可以为您打扫房间吗？

您有衣服要洗吗？

先生（女士），听说您不舒服，我们感到很不安。

我能为您做些什么事吗？

对不起，让您久等了。

对不起，等我弄清楚了再答复您好吗？

请告诉我您明天早上大概什么时候走。

请对我们的服务提出宝贵意见。

欢迎您下次再来，请慢走！

实践训练

项目1：楼层迎宾服务。

实训目标：熟练掌握楼层迎宾服务的礼仪流程。

实训学时：1学时。

实训地点：大教室或实训室。

实训准备：模拟电梯门、住宿凭证、行李等。

实训方法：每3个学生一组，分别扮演1位楼层服务员和2位客人，轮换角色操作楼层接待服务的流程，按照教师要求和示范，掌握散客、团队客人和重要客人的楼层迎宾服务的礼仪，评出"最佳楼层服务员"。

项目2：客房清洁整理服务。

实训目标：熟练掌握客房清洁与整理的工作流程及服务技巧。

实训学时：2学时。

实训地点：实训室或模拟客房。

实训准备：工作车、吸尘器、抹布、客房清洁工作表等。

实训方法：每2个学生一组，分别扮演客房服务员与客人，轮换角色操作客房清洁整理服务的流程。评出"最具行动力客房服务员"。

项目3：针对特殊客人的服务。

实训目标：设置情境，锻炼学生临场应变及解决问题的能力。

实训学时：2学时。

实训地点：模拟客房。

实训准备：课前针对不同课题上网查询相关资料，并分组排练服务小品。

实训方法：把全班学生分成A、B、C三组，每组分配一个课题，A组负责醉酒客人的服务，B组负责残疾客人的服务，C组负责生病客人的服务，先分组讨论服务措施及应对技巧，把解决方案整理成文，再派代表现场表演服务小品，表演完后进行总结，并写出实训报告。

自主学习

1. 案例分析

南方某星级饭店，客人李先生急着赶飞机，提着旅行包从房间匆匆走出，他来到服务台，对值班服务员说："小姐，房间钥匙交给你，我这就下楼去总台结账。"却不料服务员小王不冷不热地说："先生，请您稍等，等查完您的房后再走。"一面即拨电话召唤同伴。李先生顿时很尴尬，心里很不高兴，只得无可奈何地说："那就请便吧。"这时，另一位服务员小张从工作间出来，走到李先生跟前，将他上下打量一番，又扫视一下那只旅行包，李先生觉得受到了侮辱，气得脸色都变了，大声嚷道："你们太不尊重人了！"小张也不搭理，拿了钥匙，径直往房间走去。她打开房门，走进去仔细地搜点：从床上用品到立柜内的衣架，从储物柜里的食品到盥洗室的毛巾，一一清查，还打开电视机开关看了看屏幕。然后，她来到服务台前，对李先生说："先生，您现在可以走了。"李先生早就等得不耐烦了，听到了她放行的"关照"，非常气恼地离开了酒店。

思考讨论题：

(1) 服务员小王、小张按程序办事，为何惹恼了客人？

(2) 本案例对你有何启示？

2. 一位香港女客人向酒店投诉：她放在客房梳妆台上的一瓶法国洗发水不见了。经调查，服务员小章承认是她处理掉的。因为她从半透明的瓶子看到瓶底只剩下一点点洗发液，估计客人不会再用了，反正酒店提供高级洗发液，就把那瓶洗发液收扔掉了。可客人表示，恰恰这最后一点洗发液是她留着最后一晚用的，明天她就要乘飞机回香港了。

思考讨论题：

(1) 如果这位香港女客人向你投诉，你会如何处理？

(2) 本案例对你有何启示？

3. 个别客人在临走时出于贪小便宜，或是为了留个纪念等心理，常会顺手拿走酒店客房的茶杯、毛巾等用品，碰到这种情况，服务员该如何处理？

4. 下面是某星级酒店对客房服务员的工作要求，对照各条自查一下，看你能否做到。

"三轻"：即要求客房服务员工作时，要说话轻、走路轻、操作轻。

"六无"：即客房卫生要做到无虫害、无灰尘、无碎屑、无水迹、无锈蚀、无异味。

"五声"：宾客来店有欢迎声，宾客离店有告别声，宾客表扬有致谢声，工作不足有道歉声，宾客欠安有慰问声。

"五个服务"：包括主动服务、站立服务、微笑服务、敬语服务、灵活服务。

"八字"：要求客房服务员从宾客进店到离店，从始至终要做到迎、问、勤、洁、灵、静、听、送八个字。

迎：客人到达时要以礼当先，热情迎客。

问：见到客人要主动、热情问候。

勤：服务员在工作中要勤快，迅速稳妥地为宾客提供快速敏捷、准确无误的服务，不图省事，不怕麻烦。

洁：房间要保持清洁，需要勤整理，做到每日三次进房检查整理房间。坚持茶具消毒，保证宾客身体健康。

灵：办事要认真，机动灵活，要眼观六路，耳听八方，应变能力强。

静：在工作中要做到说话轻、走路轻、操作轻，保持楼层环境的安静。

听：在工作中要善于听取客人意见，不断改进工作，把服务工作做在客人提出之前。

送：客人离店送行，表示祝愿，欢迎再次光临。

评价考核

能力评价表

内容		评价	
学习目标	评价内容	小组评价 (5、4、3、2、1)	教师评价 (5、4、3、2、1)
知识（应知应会）	客房主要工作任务		
	客房服务工作流程		
专业能力	楼层迎宾服务		
	客房清洁服务		
	送茶水服务		
	收洗客人衣物服务		

续表

内容		评价	
学习目标	评价内容	小组评价 （5、4、3、2、1）	教师评价 （5、4、3、2、1）
通用能力	沟通能力		
	协调能力		
	应变能力		
态　　度	热爱服务工作		
	一丝不苟的精神		
	遵守服务规范		
努力方向：		建议：	

任务3 >>> 餐厅服务礼仪

▍情境导入

　　花源酒店的餐厅来了四位熟客，看得出来他们是久未相见的老朋友。在点菜时，服务员小李很热心地向客人推荐了餐厅特色菜茶花鸡，客人欣然接受。在客人们津津有味地品尝茶花鸡时，小李看到客人的骨碟已满，就走近一位年轻人说："对不起，先生，给您换一下骨碟好吗？"

　　此时客人右手正拿着一只鸡翅，见状忙侧身让开，为避免碰到小李，客人还把右手举过了肩膀，小李发现骨碟中还有一只鸡爪时，便提醒客人："先生，还有一只鸡爪呢！"客人又连忙用左手拿起那一只鸡爪，手拿鸡爪和鸡翅的客人为不影响小李更换碟子，而双手高举作投降状，一旁的年老客人看到后便打趣说："怎么，是不是喝不下酒向我投降啊？"

　　客人一听，连忙自嘲说："我是向漂亮的服务小姐投降，要说到喝酒，我哪会怕您。等小姐换好碟，我好好与您喝几杯。"等到小李换好骨碟，两位客人果真要比拼喝酒。

　　当两人干完第一杯酒正凑在一起说话时，小李过来说："对不起，先生，给您倒酒。"两位客人不约而同地向两边闪，小李麻利地为两人斟满酒，两人又干了一杯，然后又凑在一起说话，小李又不失时机地上前说："对不起，先生，给您斟酒。"

　　此时的年轻客人突然对着小李大声怒吼道："没看到我们正在说话吗？你烦不烦啊！"服务员小李一脸的茫然，不知道该怎么办才好。

▍任务分析

　　餐厅是酒店的重要服务部门，它既是酒店宾客用餐的主要场所，也是客人进行人际交往的重要平台，餐饮服务质量的高低直接影响整个酒店的经营水平。因此，餐厅服务员不但要熟练掌握业务技能，还要遵守服务中的各种礼仪，为顾客提供最满意的服务，使顾客不但吃得饱，还要吃得愉快。要成为好的服务者，首先要成为一个善于沟通的人。餐厅服务员整天与客人打交道，时时刻刻离不开沟通。而要达到良性沟通，首先要学会察言观色，随机应变。

本任务"情境导入"案例中的服务员小李虽然工作主动、热情，却没有看清形势，反而用自己的"热情服务"妨碍了客人的感情交流，所以"一片热心"却换来客人"一声怒吼"。可见，主动、热情、讲规程的服务不一定是最好的服务。正如全国劳模谭加加所说："顾客满意的服务才是最好的服务！"

知识储备

1. 餐厅服务员的个人卫生

餐厅服务员经常要与食物、餐具打交道，所以对个人卫生要求非常严格。餐厅服务员平常要勤洗澡，勤理发，勤剪指甲，勤刮胡须，勤洗手，勤刷牙，工作前不吃有刺激气味的食品。上班时应穿着干净整洁的制服，不佩戴首饰，不浓妆艳抹，不梳披肩发。在宾客面前不掏耳朵，不抓头发，不剔牙，不打哈欠，不挖鼻孔。如不得已要打喷嚏、咳嗽，应背转身体，用手帕遮住口鼻，并向宾客致歉。

2. 餐厅领位服务礼仪

（1）着装美观，仪容整洁，仪表大方，面带微笑，在餐厅门口恭候客人。

（2）见到前来用餐的客人，要主动上前迎接问候，热情招呼客人。

（3）有礼貌地问清客人基本情况，根据客人意愿合理安排餐位。若餐厅座位已满或客人需要等人，可先请客人在休息室或沙发上等候。

（4）迎客走在前，送客走在后，客过要让路，同走不抢道。领位员引领宾客时，应在宾客左前方1米左右的距离行走，并不时回头示意宾客。

（5）引导客人来到餐位后，应先问："这个位置您满意吗？"然后再按先女宾后男宾、先主宾后随从的顺序拉椅让座，并把值台服务员介绍给客人。

3. 中餐值台服务礼仪

（1）仪表整洁大方，主动问候客人，为客人拉椅让座。

（2）待客人入座后，先为客人递上香巾斟好茶，再用双手递上菜单。

（3）客人点菜时，不要催促客人，要耐心等候，并适当介绍菜谱，让客人有充分的时间考虑或商量决定。如宾客点的菜已经无货供应，应礼貌致歉，求得谅解。

（4）斟酒时手指不能触摸酒杯杯口，应按酒的不同种类决定斟酒的程度。倒香槟或冰镇饮料时，酒瓶应用餐巾包好，以免酒水滴落到宾客身上。

（5）上菜时要看准方向，摆放平稳，手指不能碰及菜肴，不可碰倒酒杯餐具等。上菜还要讲究艺术，服务员要根据菜的不同颜色摆成协调的图案。凡是花式冷盘，如孔雀、凤凰等冷盘，以及整鸡、鸭、鱼的头部要朝着主宾。上好菜后，服务员退后一步，站稳后报上菜名，并对特色菜肴略作介绍。

（6）派菜服务时，应遵循先女宾后男宾、先主宾后随从的顺序，或者从主宾开始，按顺时针方向逐次派菜。

（7）撤换餐具时要先征得客人同意，撤盘过程中如果菜汤不小心撒在同性客人的身上，可亲自为其揩净，如撒在异性客人身上，则只可递上毛巾，并表示歉意。

（8）如宾客不慎掉落餐具，应迅速为其更换干净的餐具，不能在宾客面前一擦了事。

（9）宾客吸烟，应主动上前点火。宾客的物品不慎落到地上，应主动上前帮助拾起，双手奉上。

（10）如有宾客的电话，应走近宾客轻声提醒，不能在远处高喊。

（11）对宾客应一视同仁，生意不论大小都应服务周到。逢年过节，要对每一位宾客致以节日的问候。

（12）工作中必须随时应答宾客的召唤，不能擅离岗位或与他人聊天。

（13）客人示意结账时，应把账单放在托盘中，正面朝下递给宾客。宾客付账后，要致谢。

（14）宾客起身后，服务员应拉开座椅，并提醒宾客不要忘记随身携带的物品，帮助宾客穿大衣戴帽子，在餐厅门口与宾客友好话别："欢迎您再次光临！"

4．西餐服务礼仪

（1）西餐服务流程。这包括如下步骤：①迎宾。先打招呼、问候，然后引客入座，要求2分钟内让客人落座。②餐前服务：服务面包和水：客人入座后2分钟内完成；客人点餐前饮料：客人入座后2分钟内完成；呈递菜单、酒单：客人入座后5分钟内完成；解释菜单：一般在客人入座后10分钟内，即在服务饮料时解释菜单；服务饮料：客人入座后10分钟内完成；点菜记录：客人入座15分钟内完成，或在服务饮料后进行，如果必要，可在呈递菜单时，即客人入座后5分钟进行；送点菜单到厨房：记录完点菜立即送到厨房。③开胃品服务。服务开胃品：客人入座15分钟后进行；服务开胃酒：应在上开胃品前服务到餐桌；开瓶、倒酒可在上开胃品前，也可在上开胃品后进行；清理开胃品盘：全桌客人用完后撤盘、杯；加冰水：清理完盘、杯后，主动为客人加满冰水，直到服务甜点。④汤或色拉（第二道菜）服务。服务汤或色拉：在清理完开胃品盘后10分钟内进行；服务第二道菜用酒：同第二道菜一起服务；清理第二道菜餐具：全桌客人用餐完毕，撤走餐具及酒杯；除非另有规定；加冰水：清理完盘、杯后，主动为客人加满冰水，直到服务甜点；⑤主菜服务。服务主菜：清理完第二道菜的餐具后10分钟内进行；服务主菜用酒：酒杯在上主菜前服务，上菜后递酒、开瓶、倒酒；清理主菜盘及餐具：客人用完主菜后清理主菜盘、旁碟、空杯等，只留水杯或饮料杯，撤换桌上烟灰缸；清理调料：撤走所有调料，如盐、胡椒、西红柿等。⑥清扫桌上面包屑。用刷子将桌上面包屑扫进餐盘，而不是扫到地上。⑦餐后服务。布置甜点餐具：摆上甜点盘、甜点叉、甜点刀、茶匙；布置服务咖啡或茶的用品：摆上乳脂、糖、牛奶等及热杯与杯碟；服务甜点：清理完主菜餐具后15分钟内进行；服务咖啡或茶：服务甜点后或与甜点同时服务；清理甜点盘：当全部客人用餐完毕后进行；服务餐后饮料：客人点完饮料后10分钟内进行；加满咖啡或茶：应主动问客人是要咖啡还是茶，并为客人加满咖啡或茶，不要等客人要求时再加。⑧收尾工作。呈递账单：闲暇用餐服务，要等客人要求时呈递；快速用餐服务在上完主菜或者加咖啡或加茶时呈递；收款：根据餐馆规定收取现金、信用卡、旅行支票、个人支票等；送客：当客人离开时要说"谢谢光临，很高兴为您服务"，并欢迎再次光临。

(2) 西餐上菜流程。①头盘。西餐的第一道菜是头盘，也称开胃品。开胃品的内容一般有冷头盘和热头盘之分，品种有鱼子酱、鹅肝酱、熏鲑鱼、奶油鸡等。开胃菜味道以咸和酸为主，风味独特，而且数量少，质量较高。②汤。西餐的第二道菜就是汤。西餐的汤大致可分为清汤、奶油汤、蔬菜汤和冷汤等4类。品种有牛尾汤、各式奶油汤、海鲜汤、美式蛤蜊汤、意式蔬菜汤、俄式罗宋汤、法式葱头汤。冷汤的品种较少，有德式冷汤、俄式冷汤等。③副菜。鱼类菜肴一般作为西餐的第三道菜，也称为副菜。品种包括各种淡、海水鱼类，贝类及软体动物类。通常水产类菜肴与蛋类、面包类、酥盒菜肴品都称为副菜。因为鱼类等菜肴的肉质鲜嫩，比较容易消化，所以放在肉类菜肴的前面，叫法上也和肉类菜肴主菜有区别。西餐吃鱼菜肴讲究使用专用的调味汁，品种有鞑靼汁、荷兰汁、酒店汁、白奶油汁、大主教汁、美国汁和水手鱼汁等。④主菜。肉、禽类菜肴是西餐的第四道菜，也称为主菜。肉类菜肴的原料取自牛、羊、猪、小牛仔等各个部位的肉，其中最有代表性的是牛肉或牛排。牛排按其部位又可分为沙朗牛排（也称西冷牛排）、菲利牛排、"T"骨型牛排、薄牛排等。其烹调方法常用烤、煎、铁扒等。肉类菜肴配用的调味汁主要有西班牙汁、浓烧汁精、蘑菇汁、白尼斯汁等。禽类菜肴的原料取自鸡、鸭、鹅，通常将兔肉和鹿肉等野味也归入禽类菜肴。禽类菜肴品种最多的是鸡，有山鸡、火鸡、竹鸡，可煮、炸、烤、焖，主要的调味汁有黄肉汁、咖喱汁、奶油汁等。⑤蔬菜类菜肴。蔬菜类菜肴可以安排在肉类菜肴之后，也可以和肉类菜肴同时上桌，所以可以算为一道菜，或称为一种配菜。蔬菜类菜肴在西餐中称为沙拉。和主菜同时服务的沙拉，称为生蔬菜沙拉，一般用生菜、西红柿、黄瓜、芦笋等制作。沙拉的主要调味汁有醋油汁、法国汁、千岛汁、奶酪沙拉汁等。沙拉除了蔬菜之外，还有一类是用鱼、肉、蛋类制作的，这类沙拉一般不加调味汁，在进餐顺序上可以作为头盘。还有一些蔬菜是熟的，如花椰菜、煮菠菜、炸土豆条。熟食的蔬菜通常和主菜的肉食类菜肴一同摆放在餐盘中上桌，称为配菜。⑥甜品。西餐的甜品是主菜后食用的，可以算做是第六道菜。从真正意义上讲，它包括所有主菜后的食物，如布丁、煎饼、冰淇淋、奶酪、水果等。⑦咖啡、茶。西餐的最后一道是上饮料、咖啡或茶。喝咖啡一般要加糖和淡奶油。茶一般要加香桃片和糖。

5. 餐厅服务礼貌用语

您好！欢迎您光临我们餐厅。

请您稍等，我马上给您安排。

请这边走。请跟我来。请坐。
对不起，现在可以点菜吗？
这是今天的特色菜，欢迎各位品尝！
真对不起，这个菜今天已经卖完了。
您喜欢喝点什么酒？
饭后您想吃点甜品吗？
请问您还需要什么？
现在可以上菜了吗？
对不起，让您久等了，这是您的菜。
我可以撤掉这个盘子吗？
对不起，打扰您了。谢谢您的帮忙。
现在可以为您结账吗？
对不起，我们这里不可以签单，请付现款好吗？
希望您吃得满意。谢谢，欢迎您再次光临！

实践训练

项目1：餐厅领位服务。
实训目标：熟练掌握餐厅领位服务的礼仪流程。
实训学时：1学时。
实训地点：大教室或实训室。
实训准备：模拟服务台。
实训方法：每5个学生一组，分别扮演1位领位服务员和4位客人，轮换角色操作领位服务的流程，评出"最具亲和力领位服务员"。

项目2：中餐值台服务。
实训目标：熟练掌握点菜、斟酒、上菜、撤盘、结账等服务技巧。
实训学时：2学时。
实训地点：实训室或餐厅。
实训准备：菜单、餐具、托盘、酒瓶等。
实训方法：每9个学生一组，分别扮演餐厅服务员与客人，轮换角色操作餐饮服务的各个环节，评出"最受欢迎服务员"。

项目3：西餐服务。
实训目标：掌握西餐服务技巧。
实训学时：2学时。
实训地点：实训室或西餐厅。
实训准备：西餐餐具等。

实训方法：先参观西餐厅，再把学生分成若干小组，在酒店资深西餐服务员的带领下进行西餐服务技能训练。

自主学习

1. 某饭店中餐宴会厅，饭店总经理宴请西藏一位高僧。中午 11 点，一群人簇拥着西藏高僧步入厅堂，两名服务员上前迎接，引领客人入席，并麻利地做好了餐前服务工作。菜点是预订好的，按照程序依次上菜，一切服务在紧张有序地进行。食之过半，宾客要求上主食，三鲜水饺很快端上了桌面。在大家的建议下，高僧用筷子夹起一个水饺放入口中品尝，很快就吐了出来，仍旧面色温和地问："这是什么馅的？"服务员一听马上意识到问题的严重性，心里说坏了！事先忘了确认是否是素食。三鲜水饺虽是清真，但仍有虾仁等原料，高僧是不能食用的。忙向高僧道歉："实在对不起，这是我们工作的失误，马上给您换一盘素食水饺。"服务员马上通知厨房上一盘素食三鲜水饺。由于是重要客人，部门经理也赶来道歉。高僧说："没关系，不知者不为怪。"这次失误虽然很严重，但是由于高僧的宽容大度，问题才得以顺利解决了。但留给服务员的是一个深刻的教训。

思考讨论题：
本案例留下的是一个怎样的教训？

2. 一位美国客人住进了北京某饭店，中午在餐厅进餐，接待他的是一位刚上岗不久的男服务员。这位服务员一边问候客人一边心中暗暗着急，他怎么也想不起这位客人的名字。他仔细观察，忽然看到客人放在桌边的房间钥匙牌，想出了办法。当他去取热水时，利用这个空隙向总台查询了客人姓名，等回到桌前为客人服务时，就亲切称呼客人名字了。客人十分惊讶，原来他是第一次住进这家饭店。客人得知服务员的用心后，非常高兴，倍感亲切和温馨。

思考讨论题：
这个案例给你什么启示？

3. 某烹饪协会理事认为：餐饮服务员不仅要懂服务，还要懂菜肴，要弄懂不同菜肴的原材料、价格、营养成分、制作程序及其色、形、味等特点。你是否赞同这个观点？说说你的看法。

4. 中国是一个餐饮文化大国，长期以来在某一地区由于地理环境、气候物产、文化传统及民族习俗等因素的影响，形成有一定亲缘承袭关系、菜点风味相近、知名度较高，并为部分群众喜爱的地方风味著名流派。其中，粤菜、川菜、鲁菜、淮扬菜、浙菜、闽菜、湘菜、徽菜被称为"八大菜系"。你了解"八大菜系"的特点吗？请把你掌握的信息跟同学们分享一下。

评价考核

能力评价表

内 容		评 价	
学习目标	评价内容	小组评价 （5、4、3、2、1）	教师评价 （5、4、3、2、1）
知识（应知应会）	餐饮部主要工作任务		
	餐饮部服务工作流程		
专业能力	领位服务		
	中餐值台服务		
	西餐服务		
通用能力	沟通能力		
	协调能力		
	应变能力		
态　度	热爱服务工作		
	一丝不苟的精神		
	遵守服务规范		
努力方向：		建议：	

任务 4 >>> 康乐服务礼仪

情境导入

某公司老总同一群朋友到酒店 KTV 唱歌，受到 KTV 服务员小王的热情接待，可是音响设备打开后不久，客人即向小王反映音响效果太差。小王没有调试音响的经验，但看到客人催得紧，只得试探着调节了几个按钮，谁知越调效果越差，客人非常生气，尽管后来经理带人过来迅速调试好了音响，客人还是怒气冲冲地带着一群朋友离开了。

任务分析

康乐部是为住店客人提供娱乐、体育、健身、声像、文艺、美容等活动场所的部门；是酒店满足住店客人多种消费需求，吸引顾客，提高酒店声誉和营业收入的一个重要部门。康乐服务是现代酒店的重要服务项目，是酒店经济收入的重要来源之一。现代酒店给客人提供的康乐项目有：音乐茶座、卡拉OK歌舞厅、家庭影院、电子游戏室、保龄球、台球、网球、高尔夫球练习场、游泳场、健身房、桑拿浴、芬兰浴、美容、美发、化妆等。"康乐"是能使人提高兴致、增进身心健康的娱乐消遣活动。康乐部服务员不仅要有良好的服务态度，还要熟悉自己所负责的康乐设施，并在客人需要的时候为客人提供指导或陪练服务。

本任务"情境导入"案例中的服务员小王，身为KTV服务员却不懂基本的音响调试技巧，因而浪费了客人的时间，严重影响了客人的娱乐兴致。同时也导致酒店的服务形象受损，营业收入减少。

因此，重视做好康乐服务也是酒店服务不可忽视的重要方面。

知识储备

1. 康乐服务员的素质要求

（1）性格气质：康乐服务员的性格最好是外向型，比较热情、乐观。

（2）道德素养：为人正派，诚实可靠，待人热情，乐于助人，能吃苦耐劳，有奉献精神。

（3）形体形象：身体健康，精力充沛；五官端正，身材适中。康乐服务员最好能给人健康、阳光的感觉。

（4）专业知识：熟悉饭店服务的基本知识，掌握某项和某几项康乐项目的专业知识，包括项目知识、运动知识、裁判知识、设备知识等。

（5）业务能力：有较强的人际沟通能力和一定的专业技能，普通岗的服务员应具备完成一般接待服务的工作能力；特殊岗的服务员除具备所在岗的服务能力外，应通过考试取得相应的专业合格证书，如按摩师、游泳救护员、教练员等。

2. 常见康乐服务项目

（1）健身房服务礼仪：①顾客到来，笑脸迎客，礼貌问候；②热情主动地介绍设备器材的性能和操作方法，介绍健身项目的运动规则；③客人借用或租用物品，应以礼貌的态度示意客人此物完好，提醒用毕归还；④客人要求指导时，应立即示范，热情讲解；⑤客人健身完毕，要礼貌送客，热情告别。

（2）游泳池服务礼仪：①检查游泳池水质、水温，做好迎客准备；②端庄站立在服务台旁，恭候客人的到来；③礼貌地递送衣柜钥匙和毛巾，引领客人到更衣室，并提醒客人妥善保管好自己的衣物；④客人游泳时，时刻注意观察水中情况，确保客人安全；⑤根据客人需要，适时提供酒水和饮料，提示客人在游泳前最好不要饮用烈性酒；⑥客人离开时，主动收回衣柜钥匙，并礼貌地提醒客人是否遗忘衣物；送客到门口，向客人表示谢意，欢迎再次光临。

（3）保龄球服务礼仪：①客人到来时，要热情问候，迅速为客人办理领鞋、开道等手续，并把干净完好的保龄球鞋双手递给客人；②对初次来的客人，要根据他们的性别、年龄、体重等，帮助选择重量适当的保龄球，详细介绍活动的步骤与方法，恭敬地分配好路道，并送上记分单，主动询问是否需要协助记分；③客人打保龄球期间，服务人员应认真巡视、查看球场，确保设备运行正常，并维护好球场秩序，及时为客人提供服务；④客人所购球局已满，服务台应立即关闭机器，并及时通知客人；⑤活动结束后，要礼貌地收回保龄球鞋，恭请结账，礼貌告别。

（4）台球室服务礼仪：①顾客到来，笑脸迎客，礼貌问候，迅速为客人办理相关手续；②引导客人到指定球台，挑选球杆，为客人码好球；③客人需要示范或陪练时，陪练人员应认真服务，根据客人心理要求掌握输赢尺度；④根据客人需要，适时提供酒水和饮料；⑤客人打完球，将球杆收好，球码放整齐，台面清理干净；⑥客人离开时，送客到门口，向客人表示谢意，欢迎再次光临。

（5）桑拿浴服务礼仪：①客人来到桑拿浴服务台，要热情问候欢迎，并迅速为客人办理好相关手续；②对初次光临的客人，要根据情况适当介绍洗桑拿浴的方法与注意事项；③主动帮助客人寻找相应的更衣柜，并提示客人锁好更衣柜；④客人享用桑拿浴期间，每10分钟巡视一遍，确保客人的安全；⑤随时等候客人召唤，及时提供客人要求的各项服务；⑥客人离开时，要提醒是否遗忘物品，热情道别。

（6）歌舞厅（KTV）服务礼仪：①客人来到舞厅，要热情欢迎，并引领客人到厅房内适当的位置上；②根据客人需要，迅速将酒水、食品送到客人的桌上，递送酒水时不要挡住客人的视线；③主动向客人介绍歌曲，帮助客人查找歌名；④在合适的时机为客人鼓掌，调动客人情绪；⑤结束后，全体服务员到门口欢送，礼貌道别。

3．康乐服务礼貌用语

您好，欢迎光临！

对不起，让您久等了！

请问您贵姓？

很荣幸为您服务！

这边请，那边请。

请让我请示我的上级，看是否能够帮您解决。

请让我请教我的同事，看是否能够帮您解决。

××先生（女士）不在这里。

××先生（女士）马上出（下）来。

请问您需要留言吗？

我马上帮您联系，请稍候。

感谢您提出宝贵意见，我们一定改正。

谢谢您，我们酒店不收小费。

您经常来就是我们最大的心愿！

谢谢您，欢迎再来！

实践训练

项目 1：健身房服务。

实训目标：熟练掌握健身房服务的礼仪流程。

实训学时：1 学时。

实训地点：学校健身房。

实训准备：模拟服务台等。

实训方法：每 5 个学生一组，分别扮演 1 位健身房服务员和 4 位客人，轮换角色操作健身房服务的流程，评出"最专业服务员"。

项目 2：保龄球服务。

实训目标：熟练掌握保龄球服务技巧。

实训学时：2 学时。

实训地点：实训室或保龄球馆。

实训准备：模拟服务台等。

实训方法：每 3 个学生一组，分别扮演服务员与客人，轮换角色操作保龄球服务的各个环节，评出"最受欢迎服务员"。

自主学习

1. 一位刘先生打来电话投诉，他三天前在酒店打保龄球时将一个电话本遗留在休息椅上，事后，他打电话到保龄球馆询问服务员是否拾到，当时服务员称电话本在服务台，当他前来领取时却说没有，后客人再次打电话来问，此时服务台说有。刘先生于是派司机来取，却发现不是他那本，刘先生觉得非常气愤。

思考讨论题：

(1) 该酒店服务员在服务上犯了哪些错误？

(2) 从这个案例中，应该吸取什么教训？

2. 通过网络搜索或实地参观，了解一下现代酒店的各种康乐设施。

评价考核

能力评价表

内　　容		评　　价	
学习目标	评价内容	小组评价 （5、4、3、2、1）	教师评价 （5、4、3、2、1）
知识（应知应会）	康乐部主要工作任务		
	康乐服务工作要领		
专业能力	健身房服务		
	游泳池、桑拿浴服务		
	保龄球、台球服务		
	歌舞厅（KTV）服务		
通用能力	沟通能力		
	协调能力		
	应变能力		
态　　度	热爱服务工作		
	一丝不苟的精神		
	遵守服务规范		
努力方向：		建议：	

学习情境7　旅游服务礼仪

> 客无亲疏，来者当敬。
> ——谚语

任务1 >>> 旅行社接待销售礼仪

情境导入

旅行社门市部接待实例

以下是一旅行社门市部接待案例。案例中，A表示接待人员；B表示顾客。

A：您好，欢迎光临，请问我可以为您做点什么？（温文尔雅，又不硬性推销）

B：我想趁暑假出去旅游，放松一下。

A您是和您的家里人一起去享受快乐的假期吧？（委婉地了解出游人数）

B：对，我们三口人一块去。

A：看起来先生一家经常外出旅游。都去过哪些地方呢？（了解游客的旅游经历）

B：本省我们都已经去遍了，另外还去过北京、上海等许多国内的大城市。现在我对都市旅游已经不太感兴趣了。

A：现在是夏天，天气炎热。去亲近山水是个不错的选择，您说呢？就像我们这个门市部布置得一样，清凉舒畅。（有针对性地试探游客的旅游偏好，并充分利用为夏季促销而特别进行的布置。）

B：有道理。

A：那您看，我们这里有几条适合夏季旅游的线路，距离较远的有四川的九寨沟、内蒙古的草原之旅、江西的庐山等线路；距离较近的有湖南的张家界、福建武夷山等。价钱适中，行程也都比较轻松，适合家人一起出游。您可以了解一下这几条线路的具体情况，这里有线路介绍的小册子和精美的图片。（有针对性地提供不同选择，及时为游客提供直观的资料、图片，便于游客决策。）

B：那增城的白水寨怎么样？

A：非常漂亮，而且是消夏避暑的好选择。这里有我们的旅游团队在白水寨旅游的录像资料，我给您播放一下。（在较简单直观的图片等资料的基础上，对有强烈意向的潜在游客播放时间更长、效果更直观的录像，推动其作出正确选择。）

B：真的非常漂亮。

A：您还可以用这台电脑上网，登录白水寨的网址，仔细浏览一下该景点的详细情况。
（通过让游客上网进行自行浏览，促使其最终作出决策。）
B：没问题，就是白水寨了。既清凉避暑，距离又近，不至于让孩子感觉疲惫。
（促销成功。）

（资料来源：http://www.jidiao.net/space-125-do-thread-id-1706）

任务分析

旅行社是旅游业的窗口，是旅游业的神经末梢。作为旅游业的一大支柱，它是旅游活动的组织者、安排者和联系者，在整个旅游活动中处于核心地位，起着沟通旅游者和旅游饭店、旅游交通部门及旅游景点之间关系的媒介和桥梁作用。旅行社的接待与沟通效果的好坏，将直接关系到旅行社的形象，甚至影响到旅行社的生存与发展。

本任务"情境导入"案例中的接待员讲究接待服务推销技巧，处处从游客角度考虑问题，想游客所想、急游客所急，接待员先了解游客准备出游的形式、人数、拥有的旅游经验及旅游线路、旅游偏好等，再运用景点图片、录像资料、电脑上网等手段，进行有针对性的促销。由于接待人员每一步都占据着主动，促销取得了成功。

可见，旅行社门市部接待中讲究礼仪，有针对性地做好服务和推销工作，对旅行社经济效益和社会效益的提升都具有重要而深远的意义。

知识储备

1. 门市部接待礼仪

（1）环境宜人，赏心悦目。门市部是旅行社以销售为主要目的的部门，其实就是市场营销的终端，是消费者能够和商品直接接触并作出购买行为的场所。门市部选址要尽量接近有效消费市场，面积不需太大，应处于人流量多的街区，有良好的交通通达性，并辅以醒目的街边招牌及橱窗粘贴画。门店内部由办公桌设计改为柜台设计或休闲式设计，店内设施齐全，尽量增加顾客区域而减少员工区域。可以考虑选择旅行社门市部相对集中的区域，这样既有利于借鉴同行的经验，取长补短，又有助于变竞争压力为动力，拓展经营，也符合顾客"货比三家"的购买心理。

门市部柜台一般配有写字台、电话、传真机、复印机、电脑等办公设备，其摆放应整齐合理，以美观、方便、高效、安全为原则。门市部柜台上不要堆放过多的书包、文件，常用的资料也要摆放整齐。若用玻璃台板，应注意玻璃下的整洁，不要横七竖八地压各种车票、请柬、发票、文字报告等。应特别重视门市部柜台的卫生。试想一下，客户来联系、洽谈业务，门市部柜台里满地烟头、果皮，连找个干净点的沙发都难以如愿，这笔业务还能顺利做成吗？门市部的布置，应给人以宁静、整洁的印象。墙上也可挂些各地的风景名胜、地图、旅行社的荣誉证书、旅行社徽标等物，显得清新大气。还可贴上工作计划表、经营图表、市场网络图等，以示公司的业绩和对员工的勉励。此外，要注意室内空气清新，保持适宜的室温和湿度。

旅行社门市部的 5S 管理可以提高工作效率、减少资源成本的浪费，提高员工士气，提升企业形象。旅行社门市部的 5S 管理包括：清理（Swirl）——坚决清理不必要的东西，腾出有效使用空间，防止工作时误用或遮盖需要的物件；整理（Seton）——合理放置必要物品；清洁（Selso）——彻底清洁工作场所内的物品，防止污染源（污迹、废物、噪声）的产生，达到四无（无废物、无污迹、无灰尘、无死角）标准；维持（Setketsu）——制度化、规范化，并监督检查；素养（Shitsuke）——培养员工良好的职业习惯、积极向上的工作态度和状态。从小事做起，养成良好的习惯，从而创造一个干净、整洁、舒适、合理的工作场所和空间环境。

（2）讲究礼仪，主动热情。一个旅行社员工的素质，待人接物的礼仪水平，是从每个员工的言谈举止中体现出来的，门市部虽然不大，但它既是工作的地方又是社交的场所，门市部工作人员的礼仪如何，往往是顾客评价公司的重要依据。

① 注重仪表。旅行社接待人员要仪容得体，服饰整洁大方，仪态大方，体现出良好的精神状态，给顾客端庄文雅、自尊自信的良好形象。

② 遵守制度。遵守旅游公司的管理制度，按时上下班、不迟到、不早退、不能无故不上班。在办公室不拨打或接听私人电话，不占用工作时间上街买菜、逛商店，不在办公室打扑克等。在门市部工作，要注意保持安静。与同事谈工作时，声音不宜太高，不要在过道里、走廊上大声呼唤同事。拨打电话或接听电话时，语调要平和、文明。

③ 礼貌待人。旅游咨询者走进门市部后，门市部服务行业从业人员要仔细观察、判断旅游咨询者进入门市部的意图，要面向旅游者，用眼神来表达关注和欢迎，注目礼的距离以五步为宜；在距三步的时候就要面带微笑，热情地问候"您好，欢迎光临"，并用手势语言敬请旅游者坐下。门市部服务行业从业人员要主动为旅游咨询者提供帮助，可通过接触搭话使旅游咨询者的注意力从无意注意转向有意注意，或者从对旅游产品的注意发展到对该产品的兴趣。门市部在与旅游咨询者搭话以后，应尽快出示旅游产品，使旅游咨询者有事情可做，有东西可看，有引起兴趣、产生联想的对象。

门市部人员应实事求是地说明产品的有用信息，并列举旅游产品的一些卖点，根据旅游咨询者的情况，在旅游咨询者比较、判断的阶段刺激旅游咨询者的购物欲望，促成购买，列举旅游产品的一些卖点或者亮点等特色，向旅游咨询者说明。促进旅游咨询者对打算购买的旅游产品的信任，坚定旅游咨询者的购买决心。当推销成功，旅行社门市部应当依法与旅游者订立书面旅游合同，其目的是维护旅游者和旅游经营者的合法权益。旅游咨询者一旦签好旅游合同后，门市部服务行业从业人员就应该收取费用，并为旅游者开好发票。核对团款时要认真仔细，避免发生错收错付情况。门市部服务行业从业人员在为旅游者开好发票、结束销售时，还应询问旅游咨询者是否有亲人或者朋友一起去旅游？告知旅游者出发前要注意哪些事项，什么时间、地点和导游或者全陪导游联系，并可以告知旅游途中要注意的事项。这使旅游者体验到门市部是真心实意地为他们服务的，对门市部留下美好的回忆，从而起到良好的宣传效果。

（3）散客代办，业务精到。办理散客代办业务要讲究流程，有条不紊地做好各项代办业务，不同的散客代办业务要区别对待，具体如下（参照洪美玉主编的《旅游接待礼仪》，人民邮电出版社2006年版）。

① 当门市部接待人员在接到办理散客来本地的委托代办业务时，首先了解对方旅游者的有关情况，详细记录对方（委托方）旅行社名称、委托人姓名及通话时间等，以便有据可查，根据实际情况认真填写好任务通知书并立即按内容进行预订，若客人需提供导游服务，应及时落实导游人员。委托的某些项目无法提供时，应在24小时内通知委托者，以便委托方随时准备。

② 代办散客赴外地的委托业务。当门市部接待人员在接受和办理赴外地旅游的委托时，应热情周到，耐心询问客人的要求，并做记录。认真检查其证件，并有礼貌地请旅游者本人填写委托书等表格，对客人不明白的注意事项耐心解释。如果委托书中有我方不能办到的事情，应事先向旅游者说明，请其自行划除，并向其道歉。

③ 受理散客在本地的单项旅游委托业务。热情主动询问旅游者的要求，微笑、耐心说明旅行社所能提供的各种服务项目和收费标准，拿出委托书请旅游者自行填写，当旅游者办妥单项委托服务手续后，礼貌地与旅游者道别，并及时通知有关部门。

（4）特殊团队，特别对待。特殊团队就是指有别于一般旅游、观光，具有其自身特点的旅游团队。在组织接待安排时，不能等同于一般观光团的操作，应根据他们的自身特点，有针对性地组织操作和接待。具体如下。（参照洪美玉主编的《旅游接待礼仪》人民邮电出版社2006年版）

① 新闻记者或旅游代理商接待礼仪。旅行社组织接待代理商或新闻记者参与旅游，目的是介绍自己组合的旅游线路，使其通过观察、了解并熟悉本社的业务和旅游目的地的旅游业情况，产生组团消费本社旅游产品的愿望，宣传并介绍本社的旅游业务。旅行社组织旅行代理商或新闻记者旅游需注意以下几点：一是精心设计最佳的旅游线路。旅行社应派专人预先按线路采访一下，并落实各地的准备工作。每个地方突出什么景点、活动、交通、住宿、膳食怎样安排等，要反复检查确认。二是邀请团考察过程的活动，尤其是交通、食宿、参观游览、文娱活动等，应与将来旅行社组团的活动基本一致。三是配备最佳导游。选择好导游是邀请团活动成功与否的关键。要选择有经验而又学识丰富的导游，讲解既深入浅出，又诙谐动听，妙趣横生，让代理商或记者感到是一次很好的艺术享受，回去后有助于更好地宣传，起到扩大影响、吸引游客的作用。

② 大型团队接待礼仪。接待大型团队的旅游活动，其难度及要求比一般旅游团队都要高。接待人员必须同时具备较高的业务水平、宏观的控制能力与严密的工作作风，才能够圆满完成接待任务。应注意与各有关单位确认活动日程和确切的时间，检查接待人员的精神准备和物质准备情况，通知每人车号、客人数、房号；部门经理亲临机场或码头察看迎接团队

的场地、乐队站立的位置、停车点；事先安排专人下榻饭店，与饭店客房部经理等共同检查房间内各种设施是否完好可用；与车队联系好出车顺序，车上贴好醒目车号和标志。

③ 残疾人团队接待礼仪。接待残疾人旅游团队，最重要的是要有满腔热忱，随时注意维护其自尊心。在生活服务方面，一定要细心周到，想方设法为他们提供方便；在导游工作方面应尽量满足他们的要求；在日程安排方面，要考虑到他们的身体条件和特殊需要，时间应宽松些，所去景点应便于残疾人活动。

2. 旅游产品推销礼仪

同其他实物产品一样，旅游产品这种特殊的商品也需要宣传和推销。旅游产品推销礼仪，是指销售人员在推销过程中应遵循的行为规范与准则。它指导着销售人员的言行举止，是促成良好旅游商务关系的润滑剂。

(1) 约见客户礼仪。约见客户，是指推销人员事先征得客户同意，面对面协调接触的活动。总的来说，销售员约见客户时，要事先联系好客户，征求对方同意后会面。约见时应从对方利益出发，多为客户着想，最好由客户决定约见的时间、地点等相关事宜。销售人员应视客户的具体情况，选择天气良好、对方时间宽裕、情绪好的时候进行约见，可以主动提出几种建议由客户定夺。约见时间一旦确定，销售人员就应按时到达，绝不可失约。约见地点的选择，最好尊重客户的意见，选择客户熟悉的地方，或者选择安全、轻松、无外界干扰、交通较为便利的场所，总之由客户选择约见地点比较礼貌。约见的形式可以多种多样，如电话预约、信函预约，也可以当面约见等。不论口头预约还是书面预约，都要注意措辞的礼貌、得体。

(2) 拜访客户的礼仪。旅游产品的销售人员拜访客户要注意以下礼仪。

① 重视给顾客的第一印象。心理学调查表明，人们接触的最初两分钟，彼此印象最为深刻。因此，推销人员首先要特别注意自己的外貌，这是第一印象产生的最初原因，要热情开朗、诚恳自信，争取为顾客接纳而不产生排斥。其次要选择合适的服装。据研究，初次见面给人印象的90%产生于服装。当然，并不是说服装要多么高档和华丽，但干净整洁、职业化是应当做到的。国外流行的"TPO"服装术，值得推销人员借鉴。只有在顾客心目中留下并保持良好的第一印象，才能为推销工作的进一步开展打下基础，赢得先机。

② 讲究见面礼节。旅行社的商务接洽人员，要时时保持饱满的精神和面带微笑，并持关心对方的态度。称呼对方要用尊称。与对方握手时姿势要端正，正视对方的眼睛，体现出礼貌和真诚。问候、说话要谦和亲切。

③ 讲究洽谈的礼仪。在旅行社的商务洽谈中，融洽友好的气氛是洽谈得以顺利进行的重要条件。旅行社业务人员必须使自己的语言表达文明礼貌、分寸得当，使洽谈双方始终处于一种尽可能的友好气氛中。出言不逊、恶语伤人，会引起对方的反感和不满，往往会给谈判造成障碍，甚至导致洽谈的破裂。要仔细倾听对方的发言，注意观察对方的举止、神情、仪态，以捕捉对方的思想脉络、追踪对方动机，还可以通过适当的语言表达投石问路，探视对方的想法，获得必要的信息，这是更为直接有效的方法。在洽谈中说话一定要注意分寸，留有余地，

不能说"满口话"，要使说话具有一定的弹性，给自己留下可以进退的余地。洽谈中对某些复杂的事情或意料之外的事情不可能一下子作出准确的判断，可以运用模糊语言避其锋芒，作出有弹性的回答，以争取时间做必要的研究和制定应对方法。对一些很难一下子作出回答的要求和问题，可以说"我们将尽快给你们答复"、"我们再考虑一下"、"最近几天给你们回音"等。这样留有余地的说法，可使自己避免盲目地作出反应而陷入被动的局面。洽谈中不要急于求成，始终保持一种平和心态，耐心等待；洽谈工作较为顺利时不要喜形于色；遇到客户推辞拒绝时，也不要垂头丧气。有涵养风度的接待人员，往往是先推销形象，再推销产品。

拜访结束，别忘记要礼貌地告别。

（3）售后服务的礼仪。对旅行社而言，售后服务主要包括处理顾客投诉和回访旅游者两个方面。刘长凤在其主编的《实用服务礼仪培训教程》（化学工业出版社 2007 年版）一书中对此进行了阐述，现录于此，以供参考。

① 处理投诉礼仪。当接到旅游者投诉后，无论投诉对象是谁，都要认真听取旅游者投诉，要头脑冷静，面带微笑，对宾客遇到的不快表示理解，并致歉意。接受客人投诉时应尽量避开人群较多的地方，避免影响其他客人。无论旅游者投诉态度如何，投诉与事实有多大出入都要虚心接受。对旅游者的投诉，无论旅行社是否有过错都不要申辩，尤其是对火气正大、脾气暴躁的旅游者，先不要解释，可以先向客人说"对不起"，表示安慰，如果事态较严重，要立即上报主管经理。迅速了解旅游者投诉的具体内容、投诉对象，并立即将旅游者的投诉反映给被投诉对象的所在部门，请他们迅速调查，核实处理，并将调查处理结果尽快反馈给游客，若一时难以处理的，也应将有关情况及时反馈给旅游者。如投诉对象是所在旅行社或者就是导游人员本人，导游人员更应微笑接待，认真倾听，最好当着旅游者的面认真做好记录，不可边听边反驳旅游者的投诉。对一些简单、易解决的投诉，要及时解决并征求旅游者对处理投诉的意见。对一些不易解决的投诉，首先要向旅游者道歉，并感谢旅游者对导游工作提出宝贵意见，向旅游者说明并及时向相关部门经理汇报。及时将处理结果通告旅游者，并再次道歉，以消除旅游者的不快。对于重大投诉或重要旅游者的投诉，要立即上报，及时处理，不得延误。一桩投诉处理完后，要注意详细记录投诉并写明处理结果，上报批示后归档。

② 旅游者回访礼仪。高度重视旅游者的意见和建议，及时沟通、解释、感谢或补救。旅行社可以设立奖励制度，对提出合理化建议和意见者，给予适当的奖励。旅行社网址和游客意见箱，应该长期设置，并专人负责，及时查看，及时回复和处理，并且长期实施。旅游者意见表由客人填写，可由导游人员直接带回并交给门市部。电话访问必须及时，应在行程结束后的两天之内完成。要简洁明了，主题突出，有针对性。回访旅游者只针对重要客户，行程结束后三天之内完成。以不打扰旅游者为前提，要耐心、虚心听取他们的建议和意见。

实践训练

项目 1：旅游门市部接待模拟训练。
实训目标：掌握旅游门市部接待的礼仪规范。

实训课时：1学时。
实训地点：教室。
实训准备：布置旅游门市部接待现场，准备必要的办公用品。
实训方法：学生分成若干个组，分角色模拟练习，分别扮演旅游门市部接待人员和旅游者。最后，师生共同讲评。

自主学习

1. 走访本地的几家旅行社，了解他们的规模、经营业务范围，感受旅行社的氛围。
2. 走访所在地区的几家旅行社，向旅行社工作人员了解他们主要有哪些旅游产品或旅游线路。
3. 设定几个消费群体，为他们设计旅游线路或旅游产品，并向他们模拟推销这些旅游线路和旅游产品。

评价考核

能力评价表

内容		评价	
学习目标	评价内容	小组评价 （5、4、3、2、1）	教师评价 （5、4、3、2、1）
知识（应知应会）	旅行社门市部的环境布置		
	旅行社门市部的5S管理		
专业能力	旅行社门市部接待礼仪		
	旅行社产品推销礼仪		
	旅行社售后服务礼仪		
通用能力	人际沟通能力		
	服务推销能力		
	倾听能力		
态　度	热爱服务工作 礼貌待人 热情、大方		
努力方向：		建议：	

任务 2 >>> 导游员接待服务礼仪

情境导入

错误的数数法

2004年7月15日，小王精神饱满地奔赴酒店，准备当天的旅游接待工作。小王笑容可掬地站在车门旁边迎候游客们上车，接着小王按惯例开始清点人数，"1、2、3、4……"小王轻轻地念着，同时用手指点数游客。游客很准时，没有迟到的。在旅游过程中，小王的旅游知识尽管很丰富，服务也很周到，但是他发现游客们还是有点不对劲。小王百思不得其解。随后，小王向经验老到的导游员进行请教，才茅塞顿开。

任务分析

导游服务是指为消费者提供的吃、住、行、游、购、娱服务。随着现代旅游业的发展，导游服务的内容和方式正不断发生变化，对旅行社从业人员的素质要求亦越来越高。面对激烈的市场竞争，无论是团队或散客，还是单项服务或综合服务，都需要旅行社认真对待，以取得市场的认可和信誉。因此，导游人员必须有良好的礼仪礼貌修养，必须学会礼貌待客，否则将难以胜任旅行社的工作。

本任务的"情境导入"案例中就涉及一个导游员的基本礼仪问题。导游工作的全过程都必须按照礼仪规范要求去做，这是每个导游员服务观念和服务技能的集中体现。

知识储备

1. 导游员的素质要求

导游员通常都是独立工作，需要有较强的组织、协调、沟通、控制、调动情绪、处理突发事情的能力。导游员的素质要求主要包括如下内容。

（1）热情友好、爱岗敬业。导游员应该性格开朗、待人热情、活泼睿智、富于幽默感。导游员在接待过程中应该热情地关心每一位游客，提供富有人情味的服务，使游客产生一种宾至如归的感觉。导游员应该具有强烈的敬业精神，热爱导游工作，真诚热情地为旅游者服务，精力充沛地投入旅游团的接待工作中。导游员应该积极发挥自己的聪明才智和主观能动性，不怕吃苦、任劳任怨，出色地完成旅游接待任务，让游客高兴而来，满意而归。

（2）仪表端庄、仪容大方。整洁的衣着、端庄的仪表和潇洒大方的言谈举止，做到持证上岗、挂牌服务。这样在为游客提供服务时，会给导游员增添几分气度。而衣着不整、形象邋遢的导游员则使人感到不可信任。因此，导游员的衣着必须整洁、得体；表情要自然、诚恳、稳重，让人看上去总是精神饱满、朝气蓬勃。做到微笑迎客、主动热情、端庄大方。

（3）态度乐观、不惧困难。导游员在旅游接待过程中，经常会遇到各种意料不到的困难。例如，飞机航班延误、旅游途中遇到车祸、旅游团内有人生病、旅游团内个别旅游者对旅行社的某些安排表示强烈不满等。在困难面前，导游员应该表现出乐观的态度，让游客觉得困难并不像原先想象的那么严重，增加克服困难的勇气。因此，导游员必须是一个乐观主义者，在任何困难面前都不应丧失信心。那种一遇困难就惊慌失措、怨天尤人的人，绝不会成为一名合格的导游员。

（4）意志坚定、处事果断。坚定的意志和处事果断的工作作风，是导游员成功地带领游客完成旅游活动的重要因素。无论担任领队、全程陪同还是地方陪同，导游员都必须在旅游者面前表现出充分的自信心和抗干扰能力。导游员应该坚定不移地维护游客和旅行社的正当权益，坚持要求有关方面不折不扣地执行事先达成的旅游合同或其他合作协议。在遇到比较棘手的问题时，导游员应能保持冷静，头脑清醒，善于透过纷乱复杂的表面现象，迅速找到问题的实质，果断地采取适当措施，尽快将问题解决好。

（5）待人诚恳、讲求信誉。导游员必须具有待人诚恳的品质，无论对游客还是对旅行社，都必须讲求信誉，做到言必信、行必果，一切事情必须光明正大，不得背着旅行社同游客、旅游中间商或其他旅行社做私下交易。导游员不应做假账，虚报各种开支，也不能欺骗旅游者，损害旅游者的利益。导游员不得讲有关他所服务的旅行社或旅游者的坏话。这样既不公平又不明智，最终会让人对导游员产生恶劣的印象。

（6）顾全大局、团结协作。导游员在接待过程中，不可避免地要同许多部门、单位、企业和个人进行合作，在合作的过程中，有时会因各种原因同这些部门、单位、企业和个人发生误会甚至冲突。当这种情况发生时，导游员应以大局为重，在一些非原则性的问题上委曲求全，尽量向对方解释，设法取得谅解，以消除误会、加强合作。另外，导游员在接待过程中要经常注意游客的情绪，发现不和谐的苗头时，应及时加以调解，使整个旅游团在团结和睦的气氛中顺利度过旅游全过程，对旅游活动留下美好的印象。

（7）身体健康、性格开朗。导游员应该具有健康的身体和心理，精力旺盛、充满朝气。旅游接待工作既是一项十分繁重的脑力劳动，也是非常艰巨的体力劳动。导游员每天不仅要提供大量的导游讲解服务，还要从生活的各个方面照顾来自不同国家和地区，具有不同文化传统和生活习惯的游客。在旅游过程中，导游员经常是全团中第一个起床和最后一个就寝的人，而且要经常面对各种意料不到的困难，需要不断解决问题、调解各种纠纷、协调各方面的关系，这些工作会消耗导游员的大量脑力和体力，有时会弄得导游员心力交瘁。

（8）遵纪守法、依法办事。导游员应该成为遵纪守法的模范，尊重游客的宗教信仰、民族风俗和生活习惯，并主动运用他们的礼节、礼仪，表示对他们的友好和敬重。自觉维护国家的各种法律、法规，严格地按照旅行社的各项规章制度办事。导游员应该熟悉有关旅游行业和消费者权利的各项法规，能够运用法律保护旅行社和旅游者的正当权益，并勇于同各种违反国家法律和旅行社规章制度的行为作斗争。

（9）勤奋好学、不断进取。导游员应该具有强烈的进取精神，勤奋好学，不断用各种知识充实自己的头脑。导游员不仅要学习书本知识，还要通过实践进行学习和锻炼，将书本知识同实践经验结合起来,提高自己的知识水平和业务能力。另外,导游员还应虚心向他人学习,向同事学习,向旅游者学习。不仅学习他们的成功经验,还要了解他们的失败教训,避免重蹈他人的覆辙。

2. 导游员讲解礼仪

(1) 讲解控制好声音、语速,选择好讲解的地点。在导游过程中,导游员要熟悉业务,知识面广。讲解内容健康、规范,热情介绍、答复游客的提问或咨询,耐心细致;对游客的提问,尽量做到有问必答、有问能答;对回答不了的问题,致以歉意,表示下次再来时给予满意回答;与游客进行沟通时,说话态度诚恳谦逊,表达得体,例如:"请您随我参观"、"请您抓紧时间,闭馆时间到了"、"欢迎您下次再来"等。同时,导游讲解时音量过高会造成噪声,音量过大令人讨厌,说出外行话更让人瞧不起。音量过小,游客又听不清楚,"讲话的艺术在于适中"。导游在讲解时音量不可过高或过低,要以游客能听清为准。因此,导游讲解的时间、所处位置都要注意选择。一般来说,导游要站在游客围成的扇面中心,这样有利于声音传播,使客人都能听到导游的讲解,导游也能听清客人的议论和问题。导游讲解如果讲得过快,游客听不清楚,精神高度紧张,容易引起疲劳。如果讲得过慢,又会耽误时间,影响游客观赏景物,让人感到不舒服。一般说来,需要特别强调的事情、容易招致疑惑误解的事情、重要的地名人名数字等应放慢语速;众所周知的事情、不大重要的事情、故事进入高潮时要加快语速。当然,导游语言要讲究变化。"所应遵循的原则,就是随时注意变化"。要根据讲解内容,做到宜徐则徐,宜疾则疾,徐疾有致、快慢相宜。

(2) 导游语言表达准确顺畅、生动自然、条理灵活。首先,准确流畅是导游语言礼仪的核心。根据语言学的研究,导游语言是一种线性语言,讲解一定要流畅。一旦中断,就会影响意思表达,游客无法领会你想要表达的意思和感情,会产生诸如你准备不充分等其他不好想法,伴随而来的是对导游的怀疑、不信任心理。因此,导游语言表达准确流畅,对导游人员来说至关重要。同一导游材料,不同导游去讲解,收到的效果会有所差别,甚至有天壤之别。我们在讲解之前,一定要把有关景点的材料准备得滚瓜烂熟,并反复加以操练。同时,还要避免使用不良的习惯语,也就是我们平常所说的口头禅,诸如"这个……这个……这个……"、"嗯……嗯……嗯……"之类,这些最影响讲解内容的连贯性。只有这样,才能达到"黄河之水天上来,奔流到海不复回"的境界,取得庐山瀑布"飞流直下三千尺"的效果。其次,生动自然是导游语言礼仪的特色。导游员在讲解内容准确的前提下,应以生动、有趣且具感染力的语言活跃气氛,增添游客的游兴,以趣逗人。讲解过度使用书面语言,照本宣科、死板老套不可取,"黄色幽默"和低级趣味的笑话更应杜绝。例如,在介绍千佛山公园概况时,有位导游是这样讲的:"千佛山山脉来自岱麓,它翠峰连绵,树木葱郁,松柏满谷,楼台高耸,殿宇错落,为济南天然屏障。"这段讲解由于玩弄美丽辞藻,过多使用书面语言而让人感到不自然,不能给游客以生动易懂、赏心悦目的感觉,无法实现导游讲解的目的。正确的办法是将其修改为通俗、生动的口头语言。可以尝试着将上面一段文字修改如下:"千佛山属于泰山的余脉,海拔258米。你看它东西横列,翠峰连绵,盘亘于济南市区的南面，被人形象地称为泉城的南部屏风。清朝著名文学家刘鹗在他的小说《老残游记》中，就有一段描述千佛山的话，他说从大明湖向南望千佛山，'仿佛宋人赵千里的一幅大画，做了一架数十里长的屏风'，形容得非常贴切"。导游这样的讲解让游客如身临其境、回味无穷。

(3) 条理、灵活是导游语言礼仪的基本要求。条理清楚，是导游与游客沟通的根本。特别是对于内容丰富、复杂的景点，讲解必须有条理。先讲什么、后讲什么、中间穿插什么，都要事先组织好，否则会让人不知所云。导游要克服一些不良的口语习惯。有的导游用语暧昧、含糊不清，有的解说反复啰唆、拖泥带水，这些不良习惯都会影响导游的表达能力，是应当想方设法克服的。导游语言运用要妥当，有分寸，以体现对游客的尊重为前提。灵活强调的是导游员的语言表达应做到因人、因地、因时而异，导游员在讲解时必须充分考虑游客的文化背景、认知水平、兴趣爱好及职业特点等因素，并据此有针对性地决定内容的取舍和表达方式的选择，以提高游客的接受和理解能力。

3. 导游迎送礼仪

旅游团队迎送礼仪是导游人员的一项十分重要的工作，接团工作的礼仪是否周全，直接影响着旅行社和导游本人在客人心目中的第一印象；而送团则是带团的最后一项工作，如果前面的工作客人都非常满意，但送团工作出现了礼貌不周的问题，同样会破坏旅行社和导游人员在客人心目中的整体形象，并使陪团前期的努力前功尽弃。为此，搞好导游服务工作程序中，迎送礼仪是十分重要的。

(1) 导游迎接过程的规范礼仪。这包括以下内容。①导游人员到机场、车站、码头迎接游客，必须比预订的时间早到，等候客人，不能让游客等候接团导游员。②接团应事先准备好足够旅游团游客乘坐的旅游车，并督促司机将车身和车内清洗、清扫干净。③导游员的导游证、旅行社的徽章，应佩戴在服装的左胸的正上方；制作好醒目的接团牌，要事先了解全陪的外貌特征、性别、装束等；当游客乘交通工具抵达后，举起接团的站牌，向到来的游客挥手致意。④接到游客后，应说"各位辛苦了！"然后主动介绍自己的单位及姓名，尊重老人和妇女，爱护儿童，进出房门、上下车，要让老人、妇女先行，对老弱病残的人要上前搀扶，主动给予照顾。⑤介绍过后，迅速引导游客来到已安排妥当的交通车旁，指导游客有秩序地将行李放入行李箱后，再引导游客按次序上车；游客上车时，最好站在车门口，用手护住门顶以防游客碰头。⑥游客上车后，待游客稍作歇息后，将旅游活动的日程表发到游客手上，以便让游客了解此行游程安排、活动项目及停留时间等。为帮助游客熟悉城市，可准备一些有关的出版物给游客阅读，如报纸、杂志、旅游指南等。⑦注意观察游客的精神状况，如游客精神状况较好，在前往酒店途中，可就沿途街景作一些介绍；如游客较为疲劳，则可让游客休息。⑧到达酒店后，协助游客登记入住，并借机熟悉游客情况，随后，将每个游客安排妥当。⑨游客进房前，先简单介绍游程安排，并宣布第二天日程细节。第二天活动如安排时间较早，应通知总台提供团队游客的叫早服务，并记住团员所住房号，再一次与领队进行细节问题的沟通协调。⑩不要忘记询问游客的健康状况，如团队中有身体不适者，首先应表示关心,若需要应想办法为游客提供必要的药物,进行预防或治疗,以保证第二天游程计划的顺利实施。与游客告别,并将自己的房间号码告知游客。

(2) 导游送站过程的规范礼仪。主要包括以下内容。①游客活动结束前,要提前为游客预订好下一站旅游或返回的机(车、船)票;游客乘坐的车厢、船舱尽量集中安排,以利于团队活动的统一协调。②为游客送行,应使对方感受到自己的热情、诚恳、有礼貌和有修养。临别之前应亲切询问游客有无来不及办理、需要自己代为解决的事情,应提醒游客是否有遗漏物品并及时帮助处理解决。③火车、轮船开动或飞机起飞以后,应向游客挥手致意,祝一路顺风,然后再离开。

4. 导游沟通协调礼仪

导游工作的性质与任务,不仅仅是景点介绍、讲解,还包括许多其他的工作,涵盖了旅游六大要素中吃、住、行、游、购、娱的方方面面。游客的兴趣、爱好、要求各不相同,素质参差不齐,要使每个团员满意确实相当不易。对于导游人员来说,要做好以下沟通协调工作。

(1) 善于回答疑难问题。回答疑难问题可以运用下列礼仪技巧。①原则问题是非分明。游客提出的某些问题涉及一定的原则立场,一定要给予明确的回答。这些问题有些涉及民族尊严,有些涉及中国的国际形象,如香港的"一国两制"、"台湾问题"等,要是非分明、毫不隐讳,并力求用正确的回答澄清对方的误解和模糊认识。例如,西方游客在游览河北承德时,有人问"承德以前是蒙古人住的地方,因为它在长城以外,对吗?"导游员答:"是的,现在有些村落还是蒙古名字。"又问:"那么,是不是可以说,现在汉人侵略了蒙古人的地盘呢?"导游答:"不应该这么说,应该叫民族融合。中国的北方有汉人,同样南方也有蒙古人。就像法国的阿拉伯人一样,是由于历史的原因形成的,并不是侵略。现在的中国不是哪一个民族的国家,而是一个统一的多民族国家。"客人听了都连连点头。②诱导否定。游客的性格各异,要求五花八门,有些合理要求作为导游人员应当尽量予以满足,而有些要求却不尽合理,按照礼貌服务的要求,导游不要轻易对客人说"不"。对方提出问题以后,不马上回答,而是先讲一点理由,提出一些条件或反问一个问题,诱使对方自我否定,自我放弃原来提出的问题。③曲语回避。有些游客提出的问题很刁钻,使导游在回答问题时肯定和否定都有漏洞,左右为难,还不如以静制动,或以曲折含蓄的语言予以回避。有一位美国游客问一位导游员:"你认为是毛泽东好,还是邓小平好?"导游巧妙地避开其话锋,反问道:"您能先告诉我是华盛顿好还是林肯好吗?"客人哑然。④微笑不语。遭人拒绝是最令人尴尬难堪的事,为了避免遭遇这种难堪,一般人通常选择不轻易求人。所以不论是何种情况,导游人员都不应直截了当地拒绝游客的要求。但有时游客提出的一些要求,又不得不拒绝,此时,微笑不语可谓是最佳选择。满怀歉意地微笑不语,本身就向游客表达了一种"我真的想帮你,但是我无能为力"的信号。微笑不语有时含有不置可否的意味。⑤先是后非。在必须就某个问题向游客表示拒绝时,可采取先肯定对方的动机,或表明自己与对方主观一致的愿望,然后再以无可奈何的客观理由为借口予以回绝。例如,在故宫博物院,一批外国游客看到中国皇宫建筑的雄伟壮观,纷纷要求摄影拍照,而故宫的有些景点是不允许拍照的,此时导游员诚恳地对客人说:"以感情上讲,我真想帮助大家,但这里有规定不许拍照,所以我无能为力。"这种先"是"后"非"的拒绝法,可以缓解对方的紧张情绪,使对方感到你并没有从情感上拒绝他的愿望,而是出于无奈,这样在心理上他们容易接受。⑥婉言谢绝。婉言谢绝,是指以诚恳的态度、委婉的方式,回避他人所提出的要求或问题的技巧。即运用模糊语言暗示游客,或从侧面提示客人,其要求虽然可以理解,但却由于某些客观原因不便答复。为此只能表示遗憾和歉意,感谢大家的理解和支持。拒绝游客的方法还有不少,如顺水推舟法。即拒绝对方时,以对方言语中的某一点作为拒绝的理由,顺其逻辑性得出拒绝的结果。顺水推舟式的拒绝,显得极有涵养,既能达到断然拒绝的目的,又不至于伤害对方的面子。

(2) 善于激发游客兴趣。游客游兴如何是导游工作成败的关键。游客的游兴可以激发导游的灵感,使导游在整个游程中和游客心灵相融,一路欢声笑语;相反,如果游客兴味索然,表情冷漠,尽管导游竭尽所能,也会毫无成效。激发游客游兴的礼仪包括两个方面:①利用景观本身的吸引力;②导游借助语言功能调动和引导的礼仪。

导游的景点介绍,一定要注意讲解的针对性、科学性和语言表达主动性的完美结合,应根据不同的景点(人文景观如故宫、颐和园;自然景观如桂林山水)进行详略不同的介绍;有的具体详尽,有的活泼流畅,有的构思严谨,有的通俗易懂。总之,景点介绍的风格特点和内容取舍,始终应以游客的兴趣为前提。

另外,在游客游览过程中,要善于变换游客感兴趣的话题,可根据不同游客的心理特点,选择满足求知欲的话题、刺激好奇心理的话题、决定行动的话题、满足优越感的话题、娱乐性话题。

(3) 善于调节游客情绪。情绪是人对于客观事物是否符合本身需要而产生的一种态度和体验。旅游活动中,由于有相当多的不确定因素和不可控制因素,随时都会导致计划的改变。例如,有时由于客观原因,要减少游览景点,要缩短游客感兴趣的景点停留时间;预订好的中餐因为某些不可控制的因素,临时改为西餐;订好的航班因大风、大雾停飞,只得临时改乘火车,类似事件在接团和陪团时会经常发生。这些都会直接或间接地影响游客的情绪。例如,一个旅游团因订不到火车卧铺票而改乘轮船,游客十分不满,在情绪上与导游形成了强烈的对立。导游面带微笑,一方面向游客道歉,请大家谅解,由于旅游旺季火车的紧张状况导致了计划的临时改变;另一方面,耐心开导游客,乘轮船虽然速度慢一些,但提前一天上船,并未影响整个游程,并且在船上能够欣赏到两岸的风光,相当于增加了一个旅游项目。导游成功地运用不同的分析方法,以诚恳、冷静的态度、幽默、风趣的语言,很快化解了游客的不满情绪。调节游客情绪要注意以下几点。①避免以自我为话题中心。调解游客情绪时,最忌讳一方自以为是、夸夸其谈、炫耀自己,完全忽视他人。如果听者始终找不到机会参与谈话,心理上就会产生抵触情绪。为了促进双方沟通,在谈话中应尽量使对方多开口,借以了解对方,挖掘双方的共同点,找出双方共同的话题,不能一个人垄断话题,也不要放弃调节情绪的机会。②谈论游客感兴趣的内容。在交谈中,应随时注意游客的反应,观察游客的表情、体姿、判断其对谈话的关注程度,并经常征询游客的意见,给予对方谈话的机会。如果一旦发现游客对某话题不感兴趣,应立即停住并转移话题,调整谈话的内容和方式。交谈中不要涉及个人隐私、敏感问题,否则谈话会陷入难堪的局面。③谈话内容应以友好为原则。在调节游客的情绪中,双方可能会因对问题的不同看法而发生争论。有时争论是有益的,但争论也容易导致友谊破裂、关系中断。因此,应防止或避免无意义的争论,尤其是不冷静的争论。一旦争执起来,如果对方无礼,不要以牙还牙、出言不逊、恶语伤人,也不要旁敲侧击、冷嘲热讽;应宽容克制,尽可能地好言相劝,再寻找新的话题。

5. 处理突发事件的礼仪

由于旅游活动有较多的不确定因素,加之涉及需要协调、衔接的部门、环节较多,很难预料在组织游览过程中,会发生怎样的突发事件。只有在服务的全过程中,具有预测和分析突发事件的能力,充分作好防范的准备,才能减少和杜绝那些影响服务正常运作的突发事件。导游员如何对突发事件做到防患于未然?常见的突发事件及其处置原则如下。

(1) 尽量在带团出游前对游览计划、线路设计、搭乘交通工具、景点停留时间、沿途用餐地点等作出周密细致的安排,并根据以往的带团经验充分考虑容易出现问题的环节,准备好万一出现问题时所应采取的对策及应急措施。

(2) 应准备一些常用的药品、针线及日常必需品,将应付突发事件需要联系的电话号码(如急救、报警、交通票务服务、旅行社负责人、车队调度等)随时带在身上。

(3) 出发前应亲切询问团队客人的身体健康状况,对老年团队成员尤其要细心。

(4) 游览有危险因素的景点或进行有危险的活动,如爬山、攀岩、游泳等,一定要特别强调安全问题,并备有应急措施。

(5) 事件发生以后要沉着冷静,既要安抚客人、稳定客人情绪,又要快速作出周密的处理方案和步骤,尽量减少事件带来的负面影响。

在具备了上述的基本条件后,可针对突发事件的性质和种类采取补救、协调、缓和、赔偿、行政手段、法律手段等相应的对策。一旦突发事件发生,导游应该如何面对呢?

(1) 路线与日程变更。路线与日程变更一定要讲究处理程序,具体要从以下几方面着手。①如果遇到特殊情况需要改变旅游路线,包括增减或变更参观景点,增减旅行的天数或改变交通工具等,必须由领队提出,经与接团社研究认为有可能变更,并提出意见请示组团社后,导游才可实施新的旅游计划。②如个别游客要求中途离团或全团旅行结束后延长在旅游地时间,必须请示接团社、组团社后,可同意延长。③如遇上接团社没有订上规定的航班、车次的机票、车票、船票,而更改了航班车次或日期,应向游客做好解释,并提醒接团社,及时通知下一站做好准备。④如遇天气或其他不可抗力的原因临时取消航班,不能离开所在城市时,应注意争取领队、全陪的合作,稳定游客情绪,并立即与内勤联系,配合民航安排好游客当天的食宿。

(2) 行李丢失和损坏。其处理程序如下。①在机场发生行李丢失,应凭机票及行李牌在机场行李查询处挂失,并保存好挂失单和行李单,与机场密切联系追查。②抵达饭店时才发现行李丢失，应按行李交接手续从最近环节查起。③行李损坏，应掌握谁损坏谁赔偿的原则。一时查不清责任，应答应给受损失者修理或赔偿，费用掌握在规定的标准内，请客人留下书面说明，发票由地陪签字，以便向保险公司办理索赔。

（3）游客病危或死亡。其处理程序如下。①游客发生病危时，全陪要及时向接团社汇报，积极组织抢救。如遇游客在乘火车途中发生急症，应及时与乘务员联系，进行抢救或通知前方站准备抢救。②如遇游客死亡，应立即报告接团社、组团社和保险公司，按照程序规定进行处理。

（4）游客财物损失、被盗，其处理程序如下。①游客丢失护照，领队应首先详细了解丢失情况，找出有关线索，努力寻找。如确实找不到，应尽快报告当地旅行社开具证明，由陪同协助游客速照快相，拿着照片去其护照国使领馆办理临时护照，没有使领馆的地区，到当地公安机关开具出境证明。②导游员迅速了解物品丢失前后经过，作出正确判断，是失主不慎丢失，还是被盗，并迅速报告公安部门，并协助查找。

（5）交通事故。如果在旅途中发生交通事故，导游员不要惊慌，先稳定游客情绪，并在第一时间通知旅行社和当地交通部门。导游员要采取下列措施。①要立即将伤员送往距出事地点最近的医院抢救。全陪应立即向组团社和接团社汇报，并请示事后处理意见。②保护现场，并尽快报告交通警察和治安部门。③做好全团人员的安全工作，事故处理后，除有关人员留在医院外，应尽可能使其他团员按原定日程继续活动。④做好事故善后工作。交通事故处理就绪或该团接待工作结束后，导游应立即写出事故发生及处理的书面报告。

实践训练

项目1：地陪生活服务中的礼仪活动。
实训目标：通过接站服务中的程序、礼仪训练，学生熟练操作接站服务程序。
实训学时：2学时。
实训地点：多功能餐厅教室或者流动教室——校园汽车大巴上。
实训准备：接站旗、接站牌、游客资料、数码摄像机或照相机等。
实训方法：角色扮演：将全班学生分为3个组，12人为一个合作单位，团体分工合作。接站程序和接站礼仪训练：确认团队—核对人数—集中清点行李—集合登车—致欢迎词—酒店入住。
训练活动程序。
（1）手拿接站牌和旅行社旗模拟一个团队：如北京第三中学师生20人团队。
（2）地陪与全陪相互介绍认识。
（3）核对人数，确认接待计划有没有变化。
（4）行李物品清点。
（5）引导游客上车，地陪站在车门，微笑提示：晕车者靠前座。
（6）车上致欢迎辞。

(7) 教师注意提示学生训练程序、礼仪要点。

用数码摄像机（或数码照相机）记录整个过程，然后大屏幕回放，学生自我评价，授课教师总结点评学生存在的个性和共性问题。最后评选"最佳设计团队"。

项目 2：模拟导游讲解服务中的礼仪活动训练。

实训目标：通过定点导游讲解的训练，学生在接老年团和学生团后，能灵活有针对性地进行礼仪服务。

讲解景点：大连星海广场。

情境模拟：

一是模拟一个老年旅游团队，让学生联系讲解针对老年团的星海广场的导游词。注意提醒学生训练时，第一，在语速、语调上注意适合老年人接受的特点；第二，在内容的选取上，要以历史沿革为主要线索，能够引起老年人回忆、共鸣。

二是模拟一个学生团队，让学生结合自身的特点，讲解星海广场的导游词。注意提醒学生，讲解时注意时尚、超前和各种刺激性的游乐项目内容，要引起学生的广泛兴趣。

实训学时：2 学时。

实训地点：多媒体教室。

实训方法：播放星海广场的影像资料，让学生对照影像进行训练讲解。

内容与时间：包括星海广场景点内容、特色、周边的交通环境。每位学生 3~5 分钟。

然后，用数码摄像机（或数码照相机）记录整个过程，然后大屏幕回放，学生自我评价，授课教师总结点评学生存在的个性和共性问题。最后评选"最佳讲解员"。

自主学习

1. 模拟导游。由学生扮演导游和游客在校园进行导游带团的服务礼仪演示，师生现场观摩评议。

2. 由教师预先设计数个景点，写在纸上，学生抽取，对景点进行讲解。

3. 由教师预先设计数个旅游"突发事件"，写在纸上，学生抽取，说出如何预防或处理该情况的发生。

4. 案例分析

真的送礼人不怪吗？

国内某家专门接待外国游客的旅行社，有一次准备在接待来华的意大利游客时送每人一件小礼品。于是，该旅行社订购制作了一批纯丝手帕，是杭州制作的，是名厂名产，每个手帕上绣着花草图案，十分美观大方。手帕装在特制的纸盒内，盒上又有旅行社社徽，很像样的小礼品。中国丝织品闻名于世，料想会受到客人的喜欢。

旅游接待人员带着盒装的纯丝手帕，到机场迎接来自意大利的游客。欢迎辞致得热情、得体。在车上他代表旅行社赠送给每位游客两盒包装甚好的手帕，作为礼品。

没想到车上一片哗然，议论纷纷，游客显出很不高兴的样子。特别是一位夫人，大声叫喊，表现极为气愤，还有些伤感。旅游接待人员心慌了，好心好意送人家礼物，不但得不到感谢，还出现这般景象。中国人总以为送礼人不怪，这些外国人为什么怪起来了？

(资料来源：王连义. 怎样做好导游工作. 北京：中国旅游出版社，1993.)

思考讨论题：
(1) 外国游客接到礼物为何反应异常？
(2) 从本案例中服务行业从业人员学到了什么？

评价考核

能力评价表

内　　容		评　　价	
学习目标	评价内容	小组评价 (5、4、3、2、1)	教师评价 (5、4、3、2、1)
知识（应知应会）	导游员的素质要求		
专业能力	导游讲解礼仪		
	导游迎送礼仪		
	导游沟通协调礼仪		
	导游突发事件处理礼仪		
通用能力	人际沟通能力		
	服务推销能力		
	倾听能力		
	语言表达能力		
态　　度	热爱服务工作 礼貌待人、一丝不苟 热情、大方		
努力方向：		建议：	

学习情境 8　会展服务礼仪

任务 1 >>> 会议礼仪

情境导入

嘉宾们即将到来

五湖四海公司的新产品发布会即将开始,总经理秘书小叶正站在会议大厅的入口处,她一边做着最后的检查,一边等着嘉宾的到来。她检查主席台上放置的名签时,发现有问题,一位嘉宾因故不能前来,名签却没有撤掉,而另一位嘉宾刚才来电话说要来参加新产品发布会,名签却没有准备。这时她的手机又响了,原来是接电视台记者的汽车在路上抛锚了,重新派车已经来不及了。同时,会议秘书组的人员来报,宣传材料不够。此时嘉宾已经陆续到来。

任务分析

会议是指三人以上参加、聚集在一起讨论和解决问题的一种社会活动形式。人们通过会议交流信息、集思广益、研究问题、决定对策、协调关系、传达知识、布置工作、表彰先进、鼓舞士气等。随着社会的发展,人们已经难以想象"没有任何会议"的情形。而会务礼仪正是适应会议工作内容的需要而产生的。

本任务"情境导入"中的案例说明开好一次会议绝非易事,如何有条不紊地做好各项会务工作是每个服务行业从业人员必须面对而又必须做好的工作。

知识储备

1. 会议的筹备

会议是会展活动最重要、最频繁的内容之一。虽然会议可能会带来资源、人力、物力的巨大耗费,但是谁都不得不承认,会议是一种非常有效的商务沟通方式和手段,因为面对面的交流可以传递更多更及时的信息,尤其是要求各方面协作的工作更加需要会议这个纽带来进行协调、安排与推进。

因此，筹办一次有效的会议，遵守会议的礼仪规范，对于服务行业从业人员来说是十分重要的。在筹办会议时，各方面都要考虑周全。主持会议要体现出会议主持人员对整个会议的良好的控制能力；出席会议时，仪态、精神都要与会议的内容、主题吻合。一个重要会议的举行往往是服务行业从业人员才华显现的机会，又是其礼仪修养和礼仪业务水平的表演舞台，所以应特别留心。

筹备一次会议，就必须对会议的礼节要求、仪式过程了如指掌，如邀请哪些人员与会，会议通知如何措辞，会议的标题、口号、徽记怎么设计，仪式顺序怎么安排，会场怎么布置，礼品奖品怎么颁发，照相时怎么安排位置，怎样调节会议节奏，怎样对外宣传会议，怎样做好会后扫尾工作等。只有了解了这些会议礼仪工作的基本内容，才能在每次会议召开之前，有条不紊地做好充分准备。会议筹备有以下基本要求。

(1) 周全考虑。会务工作礼仪的周全考虑，是指在酝酿会议时，对会议活动过程中的各个环节、各个细节都要作全面的考虑，以防差错和闪失。大型的会议活动的通知一旦发出后，所有准备工作都进入倒计时状态，倘若没有事先的周全考虑，是无法应付可能发生的紧张忙乱的。

周全考虑，不仅指对会议的各项议程的考虑，还包括对一切可能影响会议顺利举行的因素作充分的考虑，如天气状况就是一个重要因素。天气的阴晴、气温的高低，对在室外举行的会议的影响当然十分大。雨水可能将事先准备的会标、鲜花、旗帜淋坏；与会者也会因天气原因而产生人数、纪律等方面的混乱；雨中的节目表演难以进行；雨中的扩音设备易出故障等。如果室外气温过高，会议参加者中可能会出现中暑昏倒，会场秩序由此也许会引起骚动混乱。即便是在室内举行的会议，天气也是影响其正常进行的重要因素，太冷、太热、太闷都不利于会议顺利召开。天气因素还可能影响交通顺畅，与会者因此可能没法准时到会。所以，根据天气情况，充分考虑会议期间可能发生的天气变化，是会议礼仪所要考虑的一个重要方面。把各种可能发生的情况都充分考虑到了，才能对会议期间的复杂忙乱状况应付自如。

会议的场所定在哪里，也是应重点考虑的一个方面。选择的场所要适宜于开会、不受干扰、便于集中。虽然目的地选得不错，如果忽略了交通的便利，这也是考虑不周的表现。

在会议出席者的安排上更要考虑周全。有些会议往往是对与会者一种资格、权利和待遇的体现。如股东大会、理事会等，倘若考虑不周邀请了不该邀请的人员，或者把重要的人员遗忘了，虽然可能是偶然的疏忽，但是却会引起很大的麻烦，甚至导致会议进程受阻或者决策无法及时作出。

因此，在安排会议工作时，一定要从客观条件、主观因素等诸多方面来考虑会议的礼仪工作，以确保会议圆满成功。

(2) 周密安排。在周全考虑的前提下作出细致安排，努力使会议开得顺利。首先体现在会期和会议内容的安排上，既要张弛结合，又要紧凑高效。与会者参加会议，总是放下手头的日常工作而来的，如果不考虑会议的主题，在会议过程中安排过多的游览、宴请等活动，这种安排是不科学、不合理的，是违背会议宗旨的；但一个报告连着一个报告，一个讨论连着一个讨论，又会使与会者感觉疲劳，从而影响会议效果。如果会期太长，与会者可能会因疲劳退场；会期太短，则又来不及反映有关情况，信息得不到充分的交流与反馈。所有这些都说明，只有周密安排会议才能确保会议目标的实现。

周密安排还体现在会议准备工作是否做得充分上。与会者来了，筹备者却发现未给与会者准备足够的文件袋；会议临开场了，发现代表证未配好别针，没法佩戴；表决投票之后，计票结果迟迟未能公布，让场内与会者空等；会议开始了，才发现文件袋内少了一份昨晚刚赶出来的文件，与会者必定会心生埋怨……任何不周的安排，都会影响会议的气氛和与会者的情绪。

怎样安排与会者的入场和退场、怎样接送与会者、怎样安排与会者就座，这些都须事先周密考虑。

怎么休息，也是会务礼仪应该周密安排的方面：会场布置中的安全通道的位置、工作人员工作区和记者席的位置，都要便于其工作的展开。一些庄重的仪式性会议，其仪式所需要的各种用品、设备，事先都应做充分检查，以防万一发生故障。会议中需要使用的多媒体幻灯片、录音、录像等，都应在正式使用之前先试放一下。而对特别重大的活动，则应在事先做一下演练。

（3）周到服务。会议礼仪与会议服务有着紧密的关系，保证会议圆满完成各项议程，保证每个与会者精神振奋、情绪饱满地参加会议，保证与会者的安全，是会议服务工作的出发点和最终目的。

会议的服务对象主要有与会领导和贵宾、普通与会者、采访会议的新闻工作者等。进行会议服务时，注意针对不同的服务对象要有不同的服务内容，使会议的主题不仅在会内得到体现，而且在会外得到延伸。

领导是会议的灵魂。会议服务首先要为领导提供服务。应根据会议的主题、目的，为领导准备好相关材料，提供可靠翔实的数据，引证真实充分的事实。在会议进行期间，秘书人员要妥善安排领导的其他工作，或由别人代理，或延期改期，或取消。当然，这一切安排都必须在领导同意批准之后才能实施。干扰领导出席会议的事情要尽量少做，在会议进程中发生的各种情况应及时报告给领导，使领导始终能够从统领全局的高度参与会议，而不是和普通与会者一样，被会议既定议程牵着走。

与会贵宾的身份特殊，他们的到来往往是一种会议礼仪的需要。他们不一定有正式与会者的全部权利，然而却享有比正式与会者更高的待遇。他们可能是上级、前辈、功臣、协作对方。会议过程中为贵宾服务，要本着敬重、照顾的原则，使他们也能够被会议的气氛所感染，从而在精神上融入会议，真正为会议锦上添花。

对普通与会者应提供实实在在的服务，从发会议通知开始，直到将与会者送走，按时下发会议纪要，让与会者对会议的精神、目的了然于胸；解决会议期间所有工作和生活的不便，从而使与会者安心开会、行使权力、有所收获。

会议经常需要邀请新闻媒体的相关人员参加，以扩大会议影响。因此，会议开始之前，会议组织人员就要与领导商量对会议报道到什么程度，以便做到统一口径对外发稿，以免与新闻宣传方面发生矛盾，进而影响会议形象、破坏会议气氛。

2. 会议环境礼仪

会议的环境礼仪，是指为配合会议主题精神布置会议现场。即便是一般的常规小型会议，如每周一次的经理办公会议、部门负责人碰头会议、中层干部例会等，会场也应布置得井井有条、干净明亮，使与会者精神振奋、情绪饱满，从而保证会议的顺利进行。根据各种会议的议题、议程和出席对象不同，会场环境布置也有不同的礼仪要求。

会议环境布置的基本要求如下。①突出主题。会议环境是指会场的内外布置情况，它是衬托渲染主题的重要手段。从会场选址到大小会场的布置；从会议标语、旗帜到鲜花、座位的安排，都必须根据会议的主题来统一筹划，按不同主题分别布置成或庄严隆重，或喜庆热烈，或轻松和睦，或肃穆深沉，使与会者一进入会议区，一踏进会场，就会被会议的精神、气氛所感染和引导，从而全身心地投入会议。②经济高效。筹办会议是一桩花钱的事，应该本着经济高效的原则，花最少的钱获得最好的结果。比如，应尽可能利用本单位现有的条件安排会场，不要动辄找风景名胜，借开会之机大肆游山玩水。每次会议结束后，相关会议用品要收好，以便今后必要时再用。注重会议效益还表现在不能滥发会议用品，文件、文具、奖品、礼品都要严格控制。即便是展览性、展示性的会议，也应多发宣传资料，滥发礼品有违会议主旨，也不是会议应有的正确礼仪。会议环境礼仪规范包括如下方面。

（1）会场选择。大型会议的会场选择对会议主题的深化有密切关系，对与会者参会的情绪也有很大影响。举办会议首先要选准会场会址。要考虑交通便利、设施齐全、环境安静、停车方便、大小适中、费用合理等因素，使与会者能够方便地到会，安心地开会。

（2）会场布置。对于一般的小型会议，会议室只要清洁、明亮，有足够的桌椅让与会者方便地看文件、做记录、讨论发言就行了。而大型会议的会场准备则比较复杂，需要体现会议的主题，应注意会场内座位的布局、主席台的布置及其他为渲染和烘托气氛所作的装饰等，一定要讲究科学性、合理性和艺术性。

①会标。会标即会议全称的标题化。应将会议全称用大字书写后挂在主席台的正上方，一般用红底白字，也可以用红底金字。这是会议礼仪十分重要的一点、点睛的一点。它能增强会议的庄重性，揭示会议的主题与性质，使与会者一进会场就被会标引导，容易进入会议状态。

②会徽。会徽是体现或象征会议精神的图案性标志。要选择具有强烈感染和激励作用的图案，重大会议的会徽可向社会征集，也可在单位组织内部征集。会徽图案要简练、易懂、寓意丰富。有些会议可用本组织的徽志作会徽，如党徽、国徽、团徽、警徽等，这些都可起到渲染突出会议精神的作用。

③标语。标语当然是会议主题的体现，会场上的气氛往往就是被恰到好处的标语、旗帜等渲染起来的。标语在准备会议文件时就应拟就，并报请领导批准。会议标语要集中体现

会议精神，使其简洁、上口、易记，具有宣传性和号召力。

④ 旗帜。会议的旗帜包括主席台上悬挂的旗帜和会场内外悬挂的旗帜。主席台上的旗帜应围挂在会徽两边，显得庄严隆重；主席台的两侧插上对应的红旗或彩旗，可增添喜庆气氛。而在会场门口和与会者入场的路旁插上红旗或彩旗，可使会议的热烈气氛洋溢在会场内外，以衬托会议的隆重。

⑤ 花卉。花卉是会议礼仪不可缺少的重要道具，在会场上，花卉还能起到解除与会者疲劳的作用。选用花卉应突出中华民族的文化特色，以梅花、牡丹、菊花、兰花、月季、杜鹃、山茶、荷花、桂花、水仙等十大名花为代表的中国原产花卉，早已被赋予浓重的文化色彩，以这些花为主构成的花卉艺术品如插花、盆景等都能以无声的语言向人们传播中华民族文化，表现民族精神。因此，越是重大的会议，越应选取有代表性的中国原产花卉作为摆放的主体花卉，并将中国传统艺术花卉的摆放造型作为会议花卉的礼仪形式。

⑥ 灯光。会议场所的灯光应该明亮、柔和，既给人适宜的照明，也可减缓因会议时间过长而带来身体或精神上的疲劳。大型会议的会场灯光应设计几套，以便于会议颁奖、照相、演出等多种需要。

⑦ 座位。会场内座位的布局要根据会议的不同规模、主题，选择合适的摆放形式。"而"字形的布局格式比较正规，有一个绝对的中心，因此容易形成严肃的会议气氛。一些小型的、日常的办公会议及座谈会等通常在会议室、会议厅进行，可以根据需要将座位摆放成椭圆形、圆形、回字形、T字形、马蹄形和长方形等，这些形式可以使参加会议的人坐得比较紧凑，彼此面对面，容易消除拘束感。座谈会、小型茶话会、联谊会等多选择六角形、八角形或者半圆形等布局形式。

（3）主席台布置。主席台是会议的中心，也是会场礼仪的主要表现位置。主席台布置应与整个会场布置相协调，并作强调突出。

① 座位。主席台座位要满座安排，不可空缺。倘原定出席的人因故不能来，要撤掉座位，而不能在台上留空。主席台座位若有多排，则以第一排为尊贵。第一排的座位以中间为尊贵，依我国传统一般由中间按左高右低顺序往两边排开，即第二领导坐在最高领导左侧，第三领导坐在最高领导右侧，以此类推。如果人数正好成双，则最高领导在中间左侧，第二领导在中间右侧，也以此类推。但目前国际上流行右高左低，因此安排涉外会议时，也要灵活依据有关规矩。时下一般处理方式为：开会时以左为尊，宴请以右为尊。每个座位的桌前左侧要安放好姓名牌，既方便入座，也便于台下与会者和新闻采访人员辨认熟悉有关人士。主席台座位不要排得太挤，桌上也不要摆放鲜花之类的物品，以免阻碍视线，但要便于主席团成员打开文件、做记录、翻阅讲话稿，并置放笔、茶水、眼镜等物。

② 讲台。主席台的讲台应设于主席台前排右侧台口，讲台不能放在台中央，使主席团成员视线受妨碍。讲台上主要放话筒，也可适当放上一盆平铺的花卉。讲台桌面要便于发言者打开讲话稿或摆放相关材料。整个主席台的台口可围放一圈花卉，但要选低矮些的绿色品种。

③ 话筒。发言席和主席台前排座位都应设有话筒，以便于发言者演讲和会议主持人或领导讲话。一般发言席和主持人话筒专用，其他主席台前排就座者合用两三个话筒，并且一般置放于主要领导面前。

④ 后台。一般在主席台的台侧与后台，应设为在主席台就座领导和与会者的休息室，以便于安排他们候会，并尽可能在后台排好上台入座次序，以免造成混乱。有时会议也许会发生一些小意外，后台还可以供有关人员作商量对策、排除困难之用。主席团成员开会也可利用后台休息室。所以，秘书人员切不可忽视后台的作用。

(4) 会议其他用品。为方便会议进行，秘书人员应为会议准备各种工作文具用品，如纸、笔、投影仪、指示棒、黑白板、复印机、电脑数据库及投票箱等。不同会议自有各种不同的需求，满足与会者的需求是有关人员在安排会议、布置会场时必须考虑的。

3. 会议准备阶段服务礼仪

(1) 时间选择。开会时间选择要合适。大型会议尽可能避开节假日。同时注意会期不能安排太长，否则会影响与会者的日常工作。当某些紧急事件发生时，可以取消或延期举行会议。

(2) 邀请对象。对出席会议的对象的选择要考虑各种因素，与会者既要有与会资格，又要有参与能力和水平修养。如果被邀与会者不能完成会议的有关任务，会感到痛苦或尴尬，使与会成了一次不愉快的经历，对会议组织者来说，这也是礼仪考虑不周的表现。

(3) 详尽通知。会议通知的发送要做到：发得早——既便于与会者安排手头工作，又便于与会者为会议内容做准备；内容细——会议名称、届次、主要议题议程、出席范围、与会者应递交什么材料或作哪些准备、会期、会址等都应明明白白告知，便于与会者有备而来，从而提高会议效率；交代明——食宿如何安排、费用多少、交通线路怎样，都要交代清楚，以免造成麻烦。对特邀贵宾的通知，应派专人登门呈送，以示郑重。

4. 会议召开阶段服务礼仪

(1) 接站。一般会议都规定了报到日期。在报到日期应安排好接站。在车站、码头、机场等主要交通站点，用醒目的牌子标明"××会议接站"，使与会者一下交通工具就看见接站牌而安心。对所接到的与会者要表示欢迎，并慰问其旅途劳顿。

(2) 登记。对到达报到地点的与会者，首先要做好签到、登记、收费、预订返程票、发放会议资料、发放会议身份证件等工作。这一过程应尽量在登记处一揽子解决，并应迅速办理，让与会者早点到客房休息。登记时，对与会者的合理要求应尽量予以满足。大型会议的东道主应在会议召开前一天晚上，到会议各住宿地看望与会者，尤其是特邀贵宾和与会领导。

(3) 联络。会议进行期间要注意与各小组联络，不要使一位与会者有被冷落的感觉。会议简报要对各小组相对均衡报道，不要只将视点聚焦于有大人物、有热点的小组，使其他小组产生不愉快情绪。

(4) 安全。要确保每一位与会者的安全，包括其人身安全、财物安全及食品卫生。涉密会议还必须强调文件安全。秘书人员要尊重每一位与会者，但涉及机密时，必须按章办事。

（5）娱乐。若会期较长，在会议期间可安排一些影视放映和文艺演出，以调剂精神。也应鼓励与会者主动参与文体活动。可组织一些自娱自乐的卡拉OK演唱会或球类、棋牌活动等，活跃会议气氛，调节与会者情绪。还可适当组织与会者参观游览，使会议节奏张弛得当。

5. 会议结束阶段服务礼仪

（1）照相。如果会议有照相一项应早作安排，免得个别与会者提前离开而不能参与。早安排也可使与会者在离会前拿到照片。

（2）材料。发给与会者的材料要有口袋，以便于集中携带。如有需收回的材料要早打招呼，发现有人未交，应尽早查问。不一致的意见不要写到会议的决议或纪要中去。要乐于为与会者提供复印材料、邮寄材料或其他物品等有关服务。

（3）送客。将与会者所订票交给其本人时，要仔细核对车次、航班或船期，并仔细向与会者交代。若有不对或不周处，应主动承担责任。如果有人需要照顾而影响到了其他人，应向其他人解释，以争取大家谅解。在每一个与会者离开时，都要热情相送，对集中离开的与会者，要尽可能准备车辆送他们去车站、机场或码头，对贵宾则必须送至机场登机处。

6. 常见会议礼仪规范

1) 联欢会礼仪

联欢会是一个宽泛的概念，它包括各种组织举办的节日联欢会（如新年联欢会、春节联欢会），各种文艺晚会（如歌舞晚会、电影晚会、戏曲晚会、相声小品晚会），游艺晚会等。联欢会对于提高组织凝聚力、向心力，活跃员工的文化生活，加强与外部顾客的文化沟通，提高组织形象都起着积极的作用。联欢会重在娱乐，但也不可忽视其礼仪，否则会事倍功半。

联欢会的准备。

（1）确定主题。为了使联欢会起到"教人"和"娱人"的双重作用，要精心确定联欢会的主题，使其有明确的指导思想和预期的目标。在此基础上选择联欢会的形式，适宜的形式对联欢会的成功意义重大，联欢会的形式可以不拘一格，可以不断创新。

（2）确定时间、场地。联欢会的时间一般应选在晚上，有时也可根据情况选择在白天。其会议长度一般在两小时左右为宜。联欢会的场地选择非常重要，最好选择宽敞、明亮，有舞台、灯光、音响的场地。场地应加以布置，给人以温馨、和谐、喜庆、热烈之感。联欢会的座次要事先安排好，一般应将领导安置在醒目位置，其他客人最好穿插安排，以便于交流沟通。

（3）选定节目。要从主题出发来选定节目，尤其是开场和结尾的节目一定要精彩、有吸引力。节目应多种多样，健康而生动，各种形式穿插安排，不可头重尾轻，更不可千篇一律。正式的联欢会上，要把选定的节目整理编印成节目单，开会时发给观众，为观众提供方便。

（4）确定主持人。主持人是联欢会的关键人物，应选择仪表端庄，表达能力强，有一定的组织能力、应变能力，熟悉各项事物的人担当主持人。一场联欢会的主持人最好不少于两人（通常为一男一女）。主持人也不可过多，以免给人以凌乱无序之感。

（5）彩排。正式的联欢会一定要事先进行彩排。这样有助于控制时间、堵塞漏洞，增强演职人员的信心。非正式的联欢会也要对具体事宜逐项落实，做到万无一失。

2）观众的礼仪规范

观众在参加联欢会，观看演出时应严守礼仪规范，这主要包括以下内容。

（1）提前入场。在一般情况下，在演出正式开始之前一刻钟左右，观众即应进入演出现场，注意不要迟到。入场后要对号入座，在自己的座位上就座时，要悄无声息，坐姿优雅。切勿将座椅弄得直响，或坐姿不端。

（2）专心观看。参加联欢会观看节目时要专心致志，全神贯注。不能交头接耳，窃窃私语；不能进行通信联络，要自觉关闭手机等移动通信设备，或设成"静音"状态；不要吃东西，不要吸烟，更不能随意走动或大声讲话、起哄等。总之，要自觉维护全场的秩序，保持安静，使联欢会顺利进行。

（3）适时鼓掌。当主要领导、嘉宾入场或退场时，全场应有礼貌地鼓掌。演出至精彩处时也应即兴鼓掌，但时间不宜太长，演出结束时可鼓掌以示感谢。对可能表演不佳的演员，要予以谅解，不要鼓倒掌，更不能吹口哨、扔东西等，因为这些做法是非常没有修养的表现。演出结束时，全体演员登台谢幕时，观众应起立鼓掌，再次感谢演员的表演，不能熟视无睹，扬长而去。

3）茶话会礼仪

茶话会是我国传统的聚会方式。有非正式的茶话会，一般是民间自发组织或形成的，例如，一伙熟人聚在一起聊天，这家主人自然会给每位客人敬上一杯茶。大家边喝边说，热热闹闹，十分惬意。谈话一般也没有固定的议题。现在很多组织也经常利用这一形式进行日常的沟通，所以熟悉茶话会的礼仪是必要的。

（1）茶话会的准备。正式的茶话会一般有主办单位或主办人，事先要发通知或请柬给被邀请人，其举办地是会议厅、客厅或花园。正式茶话会除了备有足够的茶水之外，一般还备有水果、糕点、瓜子、糖果等。召开茶话会多在节日，如"五一"节、"五四"青年节、中秋节、国庆节、元旦等，借节日之题而发挥，一般也是采用漫谈形式，无中心议题。在正式茶话会上的中心议题可以是祝贺、发感慨、谈感想、作总结、提建议、谈远景，也可以吟诗作赋，畅叙友谊，无一固定格式，气氛也比较活跃、轻松、自由。

举办茶话会时，除了准备上好的茶叶之外，还应注意擦净茶具。茶具一般以泥制茶具和瓷制茶具为最佳，其次是玻璃茶具和搪瓷茶具。在我国，泡茶一般不加其他东西，但某些民族及其他一些国家喜欢在泡茶时加上牛奶、白糖、柠檬片等。有的茶话会还准备咖啡等饮料。

正式茶话会简便易行，在服饰上也没有什么严格规定或特殊要求。

正式茶话会有主办人和有关领导参加。主办人要负责对来宾的迎送和招呼，主持会议；有关领导也常常以一个普通与会者的身份发言。茶话会不排座次，宾主可以随意交谈。

（2）茶话会的举行。茶话会开始时，一般由主办人致词，应开宗明义地说明茶话会宗旨，还要介绍与会单位代表或个人，为交流和谈话创造适宜的气氛。

茶话会主持人要随时注意来宾在茶话会上的反应，随时把话题引导到大家都感兴趣的话题上来，或轻松愉快的话题上。参加茶话会的每一个人都有义务维护茶话会的气氛，不使茶话会冷场，也不可使秩序太乱。

有人讲话时，要专心致志地倾听，不要随意打断他人的话，也不可显露烦躁、心不在焉，更不要妄加评论他人的话。自己发言的时候，用词、语气、态度要表现出文明礼貌修养，神态要自然有神，仪态要端庄大方。样子过分拘谨或做作会使人不快。发言时口里应停止咀嚼食物，更要防止发言时嘴角上留有食物残渣。

自由交谈时不要独坐一隅，纹丝不动，而应与左右参会者交谈，尽快找到共同的话题，打破僵局，融洽气氛。

幽默风趣的语言在茶话会上是受欢迎的，但要避免开玩笑，伤害他人自尊；行为举止也不能不加约束。随便走动，推推搡搡，会议秩序就被搅乱了。

茶话会结束时，来宾应向主人道别，也要和新朋友、老相识辞行。不要中途退场或不辞而别。

茶话会应讲究实效，时间不宜过长，以 1~2 小时为宜。

茶话会不带任务，但追求气氛与聚会的效果。通过与会者的交谈、畅叙，汇之以坐在一起喝茶时共同创造的氛围，来感受他人的思想感情，增进相互间的了解和友谊。

4）座谈会礼仪

邀请有关人员就某一个或某些问题召开会议，收集对某一个问题的反映，就某些方面的问题发表看法，是座谈的形式。座谈会要注意以下礼仪。

（1）发送通知。会议通知要发送及时，至少要在开会的前一天发到与会者手中，因为座谈会大都要求与会者发言，早一天接到通知可以稍作准备。会议通知上要写明召开座谈会的时间、详细地点、座谈内容、举办单位名称。如果用电话通知，最好找到参加者本人接电话，表示郑重；如果托人转告，则不要忘了告知座谈会的主题，以免与会者懵懂而去，打无准备的仗，发生尴尬，这对与会者将是失礼的。

（2）会前礼仪。座谈会座位的安排，一般是与会者围圈而坐，主持人也不例外，以便创造一种平等的气氛。如果参加座谈会的互相多有不认识的，主持人应该一一进行介绍，或引导他们做自我介绍，以融洽会议气氛。

（3）会中礼仪。座谈会开始时，主持者应首先讲明会议的主题及被邀请者的类别，为什么邀请在座的来参加座谈会，以便使座谈者了解自己与这个座谈内容的联系，明确座谈会的重要性，更积极主动地进入角色。如果开始有冷场现象，主持者可以引导大家先从比较容易作为话题相关主题谈起，然后逐步逼近座谈会主题。采取点名的方法请某人先发言，是不得已而为之的。

座谈会请一定的对象来参加,就是希望大家来了后能畅所欲言,知无不言,言无不尽。话不在长短,而在于能容纳较大的信息量。讲话的时候也不要求非得一个个轮着来,讲完一个算一个,像完成任务似的。而应该允许你一言,我一语,鼓励大家插话和讨论。但插话时,切忌不着边际地打"横炮",也不要用反唇相讥、唯我独尊的方法和态度发言。要多用探讨、商榷的口气,即使有争论,也要冷静,而不使用冲动和粗暴的语言。

(4) 结束礼仪。座谈会结束时,主持者应总结归纳大家的发言,并对大家发言提供的信息、参与座谈的态度作出肯定,表示座谈对于某项工作有积极的作用。最后,要向大家表示感谢。

5) 新闻发布会礼仪

发布会一般指新闻发布会,又称记者招待会。政府、企业、社会团体或个人都可公开举行招待会,邀请各新闻媒介的记者参加。举行发布会主要是为了把组织较为重要的成就及信息报告给所有新闻机构,所以,在发布会上发布的消息应具有较重要的价值。

(1) 发布会的准备。筹备发布会,要做的准备工作很多,其中最重要的是,要做好时机的选择、人员的安排、记者的邀请、会场的布置和材料准备等。

① 时机的选择。在确定发布会的时机之前,应明确两点:一是确定新闻的价值,即对某一消息,要论证其是否具有专门召集记者前来予以报道的新闻价值,要选择恰当的新闻"由头"。二是应确认新闻发表的最佳时机。以企业为例,新产品的开发、经营方针的改变或新举措、企业首脑或高级管理人员的更换、企业的合并、逢重大纪念日、发生重大伤亡事故等事件时,都可以举行发布会。如果基于以上两点,确认要召开新闻发布会的话,要选择恰当的召开时机:要避开节日与假日,避开本地的重大活动,避开其他单位的发布会,还要避免与新闻界的宣传报道重点相左或撞车。恰当地选择时机是发布会取得成功的保障。

② 人员的安排。发布会的人员安排关键是要选好主持人和发言人。发布会的主持人应由主办单位的公关部长、办公室主任或秘书长担任。其基本条件是仪表堂堂,年富力强,见多识广,反应灵活,语言流畅,幽默风趣,善于把握大局、引导提问和控制会场,具有丰富的主持会议的经验。

新闻发言人由本单位主要负责人担任,除了在社会上口碑较好、与新闻界关系较为融洽之外,对其基本要求是修养良好、学识渊博、思维敏捷、能言善辩、彬彬有礼。

发布会还要精选一批负责会议现场工作的礼仪接待人员,一般由相貌端正、工作认真负责、善于交际应酬的年轻女性担任。

值得注意的是,所有出席发布会的人员均需在会上佩戴事先统一制作的胸卡,胸卡上面要写清姓名、单位、部门与职务。

③ 记者的邀请。对出席发布会的记者要事先确定其范围,具体应视问题设计范围或事件发生的地点而定,一般情况下,与会者应是与特定事件相关的新闻界人士和相关方面的代表。组织为了提高单位的知名度、扩大组织的影响而宣布某一消息时,邀请的新闻单位通常

多多益善；而在说明某一活动、解释某一事件，特别是本单位处于劣势而这样做时，邀请新闻单位的面则不宜过于宽泛。要尽可能地先邀请影响大、报道公正、口碑良好的新闻单位。如事件和消息只涉及某一城市，一般就只须请当地的新闻记者参加即可。另外，确定邀请的记者后，请柬最好要提前一星期发出，会前还应用电话提醒。

④ 材料的准备。在举行发布会之前，主办单位要事先准备好如下材料。一是发言提纲。它是发言人在发布会上进行正式发言时的发言提要，它要紧扣主题，体现全面、准确、生动、真实的原则。二是问答提纲。为了使发言人在现场正式回答提问时表现自如，可在对被提问的主要问题进行预测的基础上，形成问答提纲及相应答案，供发言人参考。三是报道提纲。事先必须精心准备一份以有关数据、图片、资料为主的报道提纲，并认真打印出来，在发布会上提供给新闻记者。在报道提纲上应列出本单位的名称、联系方式等，便于日后联系。四是形象化视听材料。这些材料供与会者利用，可增强发布会的效果。它包括：图表、照片、实物、模型、录音、录像、影片、幻灯片、光碟等。

(2) 发布会进行过程中的礼仪。

① 搞好会议签到。要搞好发布会的签到工作，让记者和来宾在事先准备好的签到簿上签下自己的姓名、单位、联系方式等内容。记者及来宾签到后，须按事先的安排将其引到会场就座。

② 严格遵守程序。要严格遵守会议程序，主持人要充分发挥主持者和组织者的作用，宣布会议的主要内容、提问范围及会议进行的时间，一般不要超过两小时。主持人、发言人讲话时间不宜过长，过长了则影响记者提问，对记者所提的问题应逐一予以回答，不可与记者发生冲突。会议主持人要始终把握会议主题，维护好会场秩序，主持人和发言人会前不要单独会见记者或提供任何信息。

③ 注意相互配合。在发布会上，主持人和发言人要相互配合。为此首先要明确分工，各司其职，不允许越俎代庖。在发布会进行期间，主持人和发言人通常要保持一致的口径，不允许公开顶牛、相互拆台。当新闻记者提出的某些问题过于尖锐或难于回答时，主持人要想方设法转移话题，不使发言者难堪。而当主持人邀请某位记者提问之后，发言人一般要给予对方适当的回答，不然，对那位新闻记者和主持人都是不礼貌的。

④ 态度真诚主动。发布会自始至终都要注意对待记者的态度，因为接待记者的质量如何直接关系到新闻媒介发布消息的成败。作为专业人士，记者希望接待人员对其尊重热情，并了解其所在的新闻媒介及其作品等；希望提供工作之便，如一条有发表价值的消息，一个有利于拍到照片的角度等，记者的合理要求要尽量满足。对待记者千万不能趾高气扬，态度傲慢，一定要温文尔雅，彬彬有礼。

(3) 发布会的善后事宜。发布会举行完毕后，主办单位需在一定的时间内，对其进行一次认真的评估善后工作，主要内容如下。

① 整理会议资料。整理会议资料有助于全面评估发布会会议效果，为今后举行类似会议提供借鉴。发布会后要尽快整理出会议记录材料，对发布会的组织、布置、主持和回答问

题等方面的工作进行回顾和总结，从中吸取经验，找出不足。

② 收集各方反映。首先要收集与会者对会议的总体反映，检查在接待、安排、服务等方面的工作是否有欠妥之处，以便今后改进。其次要收集新闻界的反映，了解一下与会的新闻界人士有多少人为此次新闻发布会发表了稿件，并对其进行归类分析，找出舆论倾向，同时，对各种报道进行检查。若出现不利于本组织的报道，应作出良好的应对策略。若发现不正确或歪曲事实的报道，应立即采取行动，说明真相；若是由于自己失误所造成的问题，应通过新闻机构表示谦虚接受并致歉意，以挽回声誉。

实践训练

项目1：会议组织与服务训练。

实训目的：通过训练，掌握会议签到的内容，掌握签到表的制作，签到服务礼仪的要求，以及到会人员的人数统计工作、会议组织控制、会务服务与材料整理等工作。

实训课时：2课时。

实训地点：实训室。

训练方式：以班级为单位，举行一次"外经贸会议"；设置情景要求标准会议室、签到台，设定上级领导或院方领导、来宾若干人；安排签到人员、礼仪服务行业从业人员、会议记录员若干人；以宿舍为单位分组进行。

训练步骤如下。

(1) 会前布置。签到表、座位牌的制作；签到台、座位牌的放置；会场环境布置等。

(2) 签到、引导会议座次。签到人员、礼仪服务行业从业人员确定，表演准确地引导签到和座次，要求语言表达、礼仪规范；与会人员进入会场在引导下签到、就座。

(3) 统计到会人数。签到人员统计到会人数，报告主席。

(4) 会议组织控制。会议主持人确定，表演要求：语言表达、应变协调等；小组发言人角色扮演；自由发言。

(5) 会务服务与材料整理。资料发放规范训练：方位、顺序、姿势、用语等；茶水服务，礼仪训练；会议记录：除会务服务组人员和主持人外，原则上每位学生均作记录；摄影等。

实训考核：包括学生结果性材料与成绩考核（交会议签到表一份，占30%；会议人数统计表一份，占10%；交会议记录一份，占10%；过程表现，占50%）。

自主学习

1. 晓丹是五湖四海股份公司的办公室主任，公司董事会决定在北京举行年度股东大会，晓丹受聘负责会议筹备与接待服务工作。请问晓丹应该从哪些方面着手组织这次会议呢？

2. 某职业技术学院为推荐毕业生就业，专门邀请了10家企业的领导进行会谈。请模拟演示这次会谈程序,最后安排企业领导与师生合影。

3. 五湖四海公司为了答谢新老顾客对公司的厚爱,决定在公司会议室举办一次座谈会。如果让你来组织,你将怎样做?

4. 在全班模拟组织一次新闻发布会,以新近学校或本系发生的较大的新闻事件为主题,同学们分别扮演发言人、记者、会议服务行业从业人员。

评价考核

能力评价表

内　　容		评　　价	
学习目标	评价内容	小组评价 (5、4、3、2、1)	教师评价 (5、4、3、2、1)
知识(应知应会)	会议的筹备		
	会议的环境礼仪		
专业能力	会议准备阶段的礼仪		
	会议召开阶段的礼仪		
	会议结束阶段的礼仪		
	联欢会礼仪		
	座谈会礼仪		
	茶话会礼仪		
	新闻发布会礼仪		
通用能力	人际沟通能力		
	组织能力		
	协调能力		
态　　度	热爱服务工作		
	礼貌待人		
	认真、热情、大方		
努力方向:		建议:	

任务2 >>> 展览会礼仪

情景导入

展会上究竟应该如何表现？

以下是某展会工作人员的"礼仪经"。

很多中国参展商参展的时候，那些业务员第一天表现还不错，热情接待客户，礼貌周到。但是第二天、第三天，闲谈的，坐着发呆的，发短信的，乱逛的，等等，总之做什么的都有。是啊。第二天、第三天大家都很累了，热情肯定没有第一天高了。之前我也是这样子的，能坐着就不站着。但是自从看了一位朋友的帖子，讲他在国外参展的时候，中国参展商跟外国参展商的差距，里面就有一句"他对面展位的一个国外的MM始终都是站在展位前，无论是否有人，总是面带微笑"。

于是他就观察了那个MM三个小时。人家始终都是站在展位前面带微笑，有客人就接待，没有客人还是站在那里面带微笑，而不是像别人一样闲谈、发呆。

这篇文章对我启发很大。之后的展会我也仿效，发觉真的很管用，客人多了，老板看着你也觉得舒服。试想一下，你是老板，出了钱去参展，你的业务员坐在那里闲谈、发呆，你心里好受吗？换客户的角度来想：千里迢迢来参加展会，想找几个可靠的供给商，结果呢，看到一个个都是东倒西歪、精神面貌不佳，一副士气不振、不是很欢迎的态度，谁愿意跟你合作？谁放心跟你合作？

有时候，细节真的很重要，大家是去参展，不是去闲谈或者玩的。三四天站下来是很累，可是你的付出一定会有收获的，无论从客户方面还是从老板的态度方面。

希望这篇文章能给大家一个启示。参展就是把公司，把自己展示给客人看。礼仪到了，也就把自己及公司推销出去了，而且也是为中国争光了。

（资料来源：http://bbs.21food.cn/thread-44610-1-1.html）

任务分析

所谓展览会，主要是特指有关方面为了介绍本单位的业绩，展示本单位的成果，推销本单位的产品、技术或专利，而以集中陈列实物、模型、文字、图表、影像资料供人参观了解的形式，所组织的宣传性聚会。有时，人们也将其简称为展览。

展览会，在商务交往中往往发挥着重大的作用。它不仅具有甚强的说服力、感染力，可以现身说法，打动观众，为主办单位广交朋友，而且还可以借助于个体传播、群体传播、大众传播等各种传播形式，使有关主办单位的信息广为传播，提高其名气与声誉。正因为如此，几乎所有的商界单位都对展览会倍加重视，踊跃参加。

展览会礼仪通常是指企事业单位在组织、参加展览会时，所应当遵循的规范与惯例。正如本任务"情境导入"案例中的那样,注重礼仪服务细节,处处体现礼仪规范,对于展览会的成功举办至关重要。

知识储备

组织通过举办展览会,运用真实可见的产品和热情周到的服务、全面透彻的资料和图片介绍、技术人员的现场操作,吸引大量的参观者,给其留下深刻的印象。它是组织重要的公共关系活动之一。

1. 展览会的特点

(1) 形象的传播方式。展览会是一种非常直观、形象、生动的传播方式。展览会通常以展出实物为主,并进行现场示范表演,如在产品展览会上,有专人讲解和示范产品的使用方法。这种直观、形象的活动,容易给参观者留下深刻的印象。

(2) 极好的沟通机会。展览活动给组织提供了与顾客直接沟通的极好机会,通常展览会上都有专人解答参观者的问题,并就他们感兴趣的问题进行深入讨论。这样参展单位在让顾客了解本组织的同时,还能及时了解顾客对本组织传播内容的反映,参展单位可以根据顾客反馈的信息进一步做好工作。

(3) 多种传媒的运用。展览会是一种复合的传播方式,是同时使用多种媒介进行交叉混合传播的过程,它集多种传播媒介于一体,有声音媒介,如讲解、交谈和现场广播,又有文字媒介,如印刷的宣传手册、资料,同时还有图像媒介,如各种照片、录像、幻灯等。这种复合性的沟通效果是其他传播媒介无法比拟的。

2. 展览会的前期工作

展览活动是一种综合性的活动,要耗费大量的人力、物力和财力。因此举办展览活动是一件比较复杂的工作,需要设计人员用自己的聪明才智对其进行策划和实施。为保证展览活动的成功举办,需要做好以下几项工作。

(1) 分析参展的必要性和可行性。展览会是大型的综合性公关专题活动,需投入较多人力、物力、财力,如不对其必要性和可行性进行科学的分析,就有可能造成两个不良后果,一是费用开支过大而得不偿失;二是盲目举办而起不到应有的作用。所以应对展览会的投入与产出进行详细计算,然后决定是否举办展览会。

(2) 明确展览会的目的和主题。举办任何一个展览,都必须首先明确这一展览的主题和目的,并在此指导下精心确定内容,制作展览的实物、图表、照片、文字等,使之更有针对性,主题要围绕展览的目的而定,并写进展览计划,成为日后评价展览效果的依据。

(3) 确定参展单位。大型展览会,主办单位或承办单位可以通过广告、新闻发布会或者邀请等形式联系可能的参展单位,并将参展时间、地点、项目、类型、收费标准要求和举办条件等情况告知联系的单位,一方面通过采取各种公关技能吸引参展单位,另一方面为可能的参展单位提供决策所需的资料。

(4) 预计参观者的类型和数量。展览会在策划阶段必须考虑所针对的顾客,参观者的类型将影响到信息的传播手段的复杂性和多样性。如果参观者对展出项目有较深的了解和研究，就需要展览会的讲解人员也是这方面的专家，介绍的资料要较为专业、详细、深入；如果参观者只是一般消费者，则应采用通俗易懂的语言进行直观的普及性宣传。参观者的数量将直接影响展览地点的选择，展览地点的面积应足以容纳参观者。

（5）选择展览的时间和地点。展览会时间的选择一般按组织需要而定，有些展览则要顾及季节性，如花卉展览等。在地点的选择上，要考虑①方便参观者的因素，如交通、易寻找等；②场地的大小、质量、设备等；③展览会的地点周围环境是否与展览主题相得益彰；④辅助设施是否容易配备和安置等。

（6）成立专门的新闻发布机构。展览会中会产生很多具有新闻价值的信息，需要展览会公关人员挖掘，写成新闻稿发表，扩大展览会的影响范围和效果。专门机构要负责新闻发布的计划和组织实施计划，并负责与新闻界进行联系等一切事务。

（7）准备资料、制定预算。准备资料是指准备宣传资料，如设计与制作展览会的会徽、会标及纪念品，说明书、宣传小册子、幻灯片、录像带等音像资料，包括展览会的背景资料、前言及结束语、参展品名目录、参展单位目录及展览会平面图等资料的撰写与制作。举办展览会要花费一定的资金，如场地和设备租金、运输费、设计布置费、材料费、传播媒介费、劳务费、宣传资料制作费、通信费等。在做这些经费预算时，一般应留出5%～10%作准备金，以作调剂之用。

3. 展览会的组织

一般的展览会，既可以由参展单位自行组织，也可以由社会上的专门机构负责组织。不论组织者由谁来担任，都必须认真做好各项具体工作，力求使展览会取得完美的效果。根据惯例，展览会的组织者需要重点进行的具体工作如下。

（1）参展单位的确定。一旦决定举办展览会，邀请什么样的单位来参加，通常是非常重要的。在具体考虑参展单位的时候，必须两厢情愿，不要勉强。按照商务礼仪的要求，主办单位事先应以适当的方式，发出正式的邀请或召集。

邀请或召集参展单位的主要方式为：刊登广告，寄发邀请函，召开新闻发布会等。无论采用何种方式，均须同时将展览会的宗旨、展览的主题、参展单位的范围与条件、举办展览会的时间与地点、报名参展的具体时间与地点、咨询问题的方法、主办单位拟提供的辅助服务项目、参展单位所应负担的基本费用等，一并如实地告诉参展单位，以便对方作出决定。对于报名参展的单位，主办单位应根据展览会的主题与具体条件进行必要的审核，切忌良莠不齐。当参展单位的正式名单确定以后，主办单位应及时地以专函进行通知，令被批准的参展单位尽早有所准备。

（2）展览内容的宣传。为了引起社会各界对展览会的重视，并且尽量扩大其影响，主办单位有必要对其进行大力宣传。宣传的重点，应当是展览的内容，即展览会的展示陈列之物。对展览会尤其是对展览内容所进行的宣传，主要有以下方式。

举办新闻发布会；邀请新闻界人士到现场进行参观、采访；发表有关展览会的新闻稿；

公开刊发广告；张贴有关展览会的宣传画；在展览会现场散发宣传性材料和纪念品；在举办地悬挂彩旗、彩带或横幅；利用升空的彩色气球和飞艇进行宣传。以上方式可以只择其一，也可多种方式同时使用。在具体进行选择时，一定要量力行事，并且要遵守有关规定，注意安全。

为了搞好宣传工作，在举办大型展览会时，主办单位应专门成立负责对外宣传的组织机构。其正式名称可以叫新闻组，也可叫宣传办公室。

（3）展示位置的分配。对展览会的组织者来说，展览现场的规划与布置，通常是其重要职责之一。在布置展会现场时，基本的要求是：展示陈列的各种展品要围绕既定的主题，进行互为衬托的合理组合与搭配；要在整体上井然有序、浑然一体。

展品在展览会上进行展示、陈列的具体位置，称之为展位。所有参展单位都希望自己能够在展览会上拥有理想的位置。但凡是理想的展位，一般都处于展览会较为醒目之处，除了收费合理之外，应当面积妥当，客流较多，设施齐备，采光、水电的供给良好。

在一般情况下，展览会的组织者要想尽一切办法充分满足参展单位关于展位的合理要求。假如参展单位较多，并且对于较为理想的展位竞争较为激烈的话，则展览会的组织者可依据展览会的惯例，采用下列方法之一对展位进行合理的分配。①对展位进行竞拍。由组织者根据展位的不同制定不同的收费标准，然后组织一场拍卖会，由参展者在会上自由进行角逐，由出价高者拥有位置好的展位。②对展位进行投标。由参展单位依照组织者所公告的招标标准和具体条件，自行报价，并据此填具标单，然后由组织者按照"就高不就低"的行规，将展位分配给报价高者。③对展位进行抽签。组织者将展位编号分别写在纸上，由参展单位的代表在公证人员的监督下进行抽签，以此来确定其各自的具体展位。④按"先来后到"的惯例进行分配。所谓"先来后到"，就是以参展单位提交正式报告的时间先后为序，谁先报名，谁便有权优先选择自己所看中的展位。不管采用哪种方法，组织者均须事先广而告之，以便参展单位早做准备，尽量选到称心如意的展位。

（4）展厅的布置。根据展览会的主题与内容，构思展览会场的整体结构，画出总体设计图，列出设计要点，必要时可以事先制作展区的展品、展板布置小样，然后根据设计图制作与布置参展的图表、实物或模型。要注意统筹安排美术、摄影、装修、灯光装饰技术人员，实物展品进场后要有必要的装修，并加强安全保卫工作。在展厅入口设置咨询服务台和签到处，并贴出展览会平面图，作为参观指南。展览会布置应考虑角度、方向、背景和光线等综合因素，要使展品展出后整齐、美观、富有艺术色彩，给人以美感。

（5）展览会的工作人员培训。展览活动既是组织产品、服务的展示，也是组织员工精神面貌的综合素质的展示。展览活动工作人员的素质和工作技能对整个展览的效果影响很大，特别是一些专业性较强的展览，如果没有一定的专业知识，展览的组织、洽谈、解说、咨询等工作就会受到影响。此外，工作人员的公关素质、接待、礼仪、讲解的技巧，都影响着展览活动的成败。因此就应在举办展览活动之前，精心挑选所有工作人员并对其进行必要的专业知识和公关技能培训。培训内容包括：各项目、内容的专业基础知识；各自的职责及对各种可能发生的突发事件的处理原则和方法；公关知识、接待礼仪方面的训练。

（6）展览会辅助服务项目。主办单位作为展览会的组织者，有义务为参展单位提供一切必要的辅助服务项目。否则，不单会影响自己的声誉，还会授人以柄。由展览会的组织者为参展单位提供的各项辅助性服务项目，最好能事先告知参展单位，并且对有关费用的支付进行详细说明。

由展览会的组织者为参展单位所提供的辅助性服务项目，通常包括下述各项：展品的运输与安装；车、船、机票的订购；与海关、商检、防疫部门的协调；跨国参展时有关证件、证明的办理；电话、传真、电脑、复印机等现代化通信设备的安装布置；举行洽谈会、发布会等商务会议或休息时所用的适当场所的安排；餐饮及有展览时使用的零配件的提供；供参展单位选用的礼仪、讲解、推销人员。

（7）进行展览的效果测定。展览的效果一般体现在观众对展品的反映，对组织形象的认识及对整个展览会从内容到形式的总体看法等方面。为了检验举办各类展览活动的目的是否达到，必须对展览效果进行检测。测定的方法很多，如设立观众留言簿，召开座谈会听取反映，检验顾客对展品的留意程度等。

4. 展览会的礼仪

展览会的工作人员应当具备良好的素质，明确办展览的目的和主题，了解展览的知识和技能，具备与展览产品有关的专业素质，还要懂得礼仪，从各自不同的角度影响顾客，使顾客满意。

（1）主持人礼仪。主持人是一个展览会的操纵者，应该表现出决定性人物的权威性。在着装上，应穿西服套装、系领带，拿一个真皮公文包，显示出气派的样子，由此使顾客也对其主持的展览会和产品产生信赖感。主持人的形象就是组织实力的一种体现。与宾客握手时，主持人应先伸出手去，等宾客先放手后再放手。

（2）讲解员礼仪。讲解员应热情礼貌地称呼顾客，讲解流畅，不用冷僻字，让顾客听懂。介绍的内容要实事求是，不弄虚作假，不愚弄听众。语调清晰流畅，声音响亮悦耳，语速适中。解说完毕，应对听众表示谢意。讲解员着装要整洁大方，打扮自然得体，不要因着装怪异和过于新奇而喧宾夺主。举止庄重，动作大方。

（3）接待员礼仪。接待员站着迎接参观者时，双脚略开，与肩同宽，双手自然下垂或在身后交叉，这种站姿不仅大方而且有力。站立时切勿双脚不停地移动，表现出内心的不安稳、不耐烦，也不要一脚交叉于另一只脚前，因为这是不友善的表示。接待人员不可随心所欲地趴在展台上或跷着二郎腿，嚼着口香糖，充当守摊者。随时与参观者保持目光距离，目光要坚定，不可游移不定，也不可眼看别处，要展现你的坦然和自信。

5. 组织展览会应注意的问题

组织举办展览会，一方面可以开展促销活动，宣传产品；另一方面可以开展公关活动，宣传组织、塑造形象。为提高展览效果，应注意以下问题。

（1）保持组织信息网络渠道的畅通，及时了解展览信息和其他相关信息，正确决策、充分准备、利用好展览会时机宣传组织和产品。

（2）一旦展台场地的合同签订，马上同展览会的新闻发布机构人员取得联系；预先提供组织关于展览的详细情况，至少也应提供有关该组织的情况和展出的主要内容。借助展览的组织方对组织及产品进行宣传。

（3）提早了解清楚官方揭幕者或剪彩者的身份，预先直接同其接洽，争取在正式开幕仪式举行时参观展台。这对于提高组织声望极为重要。

（4）参展者应利用"CI"企业形象设计原理，使用系统的视觉识别材料。有可能的话，在展台或布展上进行特殊装修或对样品进行特殊安排，以增加其独特性和新鲜感。

（5）展览期间，组织重要人物出席或邀请知名度极高的社会名流来展台。参观者既可以直接邀请新闻记者，在展台旁边组织记者招待会；也可以通过展览会新闻发布机构的新闻报道或信息发布进行宣传。

（6）展览会上，如果有大宗买卖成交或接待了一位重要的参观者，或者是一种很有潜在价值的新产品将要展出等，都是新闻媒介注意的重要题材。参展方公关人员应注意挖掘这种素材甚至可以制造独特新闻，来引起新闻界和社会公众的注意。

（7）参展者应审时度势，在展览期间抓住或制造机会，如借助公益赞助等其他公关活动来促进产品的销售和塑造组织形象等。

（8）展览会结束后，应争取记者给予报道，或者通过努力使本组织的展览成为有关的广播和电视节目构思的内容。

实践训练

项目：举办企业标识展览会。

实训目标：通过情景模拟让学生掌握展览会的组织和相关礼仪。

实训学时：1学时。

实训地点：实训室。

实训准备：企业标识、展板、实物、文字说明等。

实训方法：5~6人为一组，分组进行准备。经过一周的准备后，进行展示，每组一块展板，安排一名学生进行讲解。要求：

（1）尽可能收集一些企业的标识；

（2）设计布置展台；

（3）设置签到席。

自主学习

1. 某车展开幕，本次车展来了许多知名宾客进行参观，你作为本次车展的解说员，将为这些知名宾客进行解说，你将如何开展工作？（这些知名宾客以演员、歌手为主，可以让

一些同学扮演宾客)

2. 案例分析

特色展览会

美国加州商会为了在中国推广和销售加州杏仁委托凯旋—先驱公共关系有限公司在中国策划一次宣传推广活动。经调查分析，凯旋—先驱公共关系公司决定策划一次"健美人生巡回展"，希望在消费者心目中树立杏仁有利健康的形象。

公司选择具有影响力的大型商场进行专业健美操表演活动，并采用各种生动的形式来最大限度地加强对加州杏仁的宣传和推广，例如，放置各种吸引人的标牌、制作一个真人大小的杏仁吉祥物、举办一次庆祝会、展示杏仁营养宣传品、进行消费者调查等。

为了加大宣传加州杏仁的力度，加深其给人们的印象，公司要求表演者穿着统一的印有加州杏仁商会标志的服装。舞台的幕后背景及舞台覆盖物均设计成一颗绿色的杏树生长在绿色的田野中的图景，突出了杏仁的健康形象。此外，免费给在场的小朋友发放印有加州杏仁商会宣传语"送给幸福的人"的彩色气球。主持人不断地忙着在舞台上带领小朋友们做游戏，并指导在场的观众参加健美运动。另外，加州杏仁商做的吉祥物也出现在此次活动中，颇受现场观众的喜爱，并引得媒体记者争相拍照留念。

活动吸引了数十万观众参加，给消费者留下了深刻的印象，实现了产品信息的传递；同时通过吸引众多媒体的关注和报道，成功地拓展了中国市场，取得了预期的目的。

思考讨论题：

(1) 凯旋—先驱公共关系公司是如何布置这次活动现场的？

(2) 展览会布展都有哪些要求？

评价考核

能力评价表

内容		评价	
学习目标	评价内容	小组评价 (5、4、3、2、1)	教师评价 (5、4、3、2、1)
知识（应知应会）	展览会的特点		
	展览会的前期工作		
	展览会的组织		
专业能力	展览会主持人礼仪		
	展览会讲解员礼仪		

续表

内容		评价	
学习目标	评价内容	小组评价 (5、4、3、2、1)	教师评价 (5、4、3、2、1)
通用能力	人际沟通能力		
	组织能力		
	协调能力		
态 度	热爱服务工作 礼貌待人 一丝不苟 热情、大方		
努力方向：		建议：	

学习情境 9　银行服务礼仪

任务 1 >>> 银行服务规范

情景导入

客户到底想要我做什么？

客户：我想查一下我的××卡在不在电话银行上。

热线服务人员：××号，没有。

客户：那你帮我查一下，是不是登记到别的卡号上了。

热：查不到。肯定是没注册上，你在哪办的？

客：××柜台。

热：那你要到柜台去一下，重办一次。

客：你能否帮我查一下，是挂错了还是没挂上。

热：一定是××支行做错了，他们经常错，我这里查不到，你到柜台去。

客：查不到原因我去干什么？

热：我们这里的业务必须要到柜台办理的，你知道吧，这样吧，我打电话叫他们来找你。

柜台服务人员：是××吗？我是××网点的，我们单位服务热线打电话来，正好我接电话，我不是这里的负责人，你明天下午到这里来一趟好吗？

客：你能否帮我查一下账卡是否挂到电子银行？还是挂错了？

柜：你是哪天挂的？谁帮你挂的？

客：一周前，左边第一个柜台。

柜：你一定记错了，我问过了，左边第一个没帮你办过。

客：我就想问一下你能否帮我查一下账卡是否挂到电子银行？还是挂错了？

柜：那我查不了，他们都讲没办过，我要到楼上帮你翻，很麻烦的，我也不是这里的负责人，只是正好接到这个电话。

客：那你给我打这个电话什么意思呢？

柜：我也不是这里的负责人，只是正好接到这个电话。我找我们经理给你打电话好了。

——《旧唐书》

不敬他人，是自不敬也。

客：我就问个简单的问题，你们搞了这一大圈，什么也没解决，你们怎么回事？

(资料来源：http://www.cncs100.com/bencandy.php?fid=85&aid=1060)

任务分析

银行，通常特指由国家批准设立的、专门经营存款、贷款、汇兑等项金融业务的机构。在市场经济条件下，对商界而言，银行是其必须依赖的流通环节之一。银行之于社会各界，主要所提供的是各项金融业务类的服务。银行的服务宗旨，应当是竭诚服务、信誉至上、顾客第一。凡此种种，均应在银行礼仪之中得到充分而具体的体现。

在本任务"情境导入"的这个案例中，客户的感受肯定是不好的。导致本次服务行为不成功的原因归结为重要的一条，就是服务缺乏规范。因为服务缺乏规范，服务人员没有弄清客户的需求就贸然与客户进行联系，不但没有很好地解决问题、化解客户的疑虑，还惹得客户十分不满意；因为服务缺乏规范，服务人员对客户使用了服务禁忌语，如："你知道吗"、"一定是××错了，他们经常错"、"我查不到"、"我不是这里负责的"、"我还要×××，很麻烦的"，等等；因为服务缺乏规范，面对客户，银行工作人员主观指责其他部门，给客户造成推诿的感觉；因为缺乏服务规范，专业服务人员对于客户提出的问题，没有找出迅速解决问题的办法。由此可见，银行工作人员遵守服务规范是非常重要的。

银行业的全体从业人员在工作岗位上，在待人接物方面所应当遵守的服务规范，具体来讲，可分为服务设施规范与服务行为规范等两项基本内容。

知识储备

1. 银行服务设施规范

银行的服务设施，一般是指在银行业的各个服务网点上，根据常规，所应当设置以备顾客使用的各种设备和用具，等等。关于银行的服务设施，规范的要求是完善、整洁、便民与安全。

(1) 银行的服务设施必须完善。银行为客户所提供的各项服务，既要注意周全，更要日臻完善。这一要求，首先应当体现于银行的服务设施方面。这方面的工作做好了，银行的良好形象才有可能真正地在社会上树立起来。

其一，要有行名、行徽、所名及对外营业的时间牌；

其二，要悬挂经营金融业务的许可证及正式的营业执照；

其三，要有标明年月日时分的时钟和办理各项业务的标示牌；

其四，要有储蓄利率牌（办理外汇业务者，也要有汇率牌）及业务宣传牌；

其五，所有一线工作人员都要在上岗时佩戴标明本人姓名、职务的身份胸卡；

其六，营业柜台之外要有可供客户使用的书写台和休息场地，并配有各种便民用品；

其七，要设有专供客户使用的意见簿和服务监督电话；

其八，要在营业时间之内设有流动的保安人员。

以上这"八有"，是对银行各营业机构完善服务设施的基本要求。对于这些基本要求，不但一定要做得到，而且必须努力做好。

（2）银行的服务设施必须整洁。银行各营业机构的各种服务设施，必须注意整洁的问题。具体而言，就是要使之完整无缺，干净清洁。这是银行为自己塑造良好形象时绝对不容许丝毫疏忽的问题。

一方面，银行的服务设施一定要完整无缺。这不仅体现着银行的实力，银行工作人员工作的一丝不苟，也是为了更好地服务于客户。特别应当强调：银行的各营业机构必须做到门面庄严、标志醒目、外形美观。行名、行徽的字体、色彩、图案及排列的方式，一定要严格依照各家银行总行的统一规定制作。行名要标准，行徽要醒目，文字要正确，色彩要和谐，图案要规范。行名牌、营业时间牌及经办信用卡业务牌，等等，按惯例均应采用长方形铜质材料或其他金属质地的材料制作，并应当排列恰当地镶嵌在营业厅大门两侧。凡有条件者，均应装有晚间使用的灯光照明设施。但是，上述各种设施均不得出现错、乱、残、缺、坏等现象。否则，便如同是在替自己作反面宣传。

另一方面，银行的服务设施一定要干净清洁。各银行营业机构均应量力而行，认真做好本单位的环境美化和周边绿化。各种服务设施不但布局要合理，而且摆放要有序。营业的大厅，要有一定的高度。采光要充足，灯光要明亮，空气要流通，色彩要和谐。各银行营业机构都要搞好本单位的环境卫生。要认真做到室内桌、椅、柜摆放有序，办公用具一律定位放置，墙上无积尘、无蛛网，窗上无灰垢、无污痕，地上无纸屑、无烟蒂，室内无杂物、无垃圾。不准在室内外乱贴广告、标语、通知。对此，要以经常性的检查、抽查来加以督促。

（3）银行的服务设施必须便民。对于银行的全体从业人员而言，便民为本，不仅是一种指导性的原则，而且更应当成为自己的实际行动。

为方便客户起见，银行各营业机构在营业大厅内均应设立"两台"、"一座"。有条件者，还须设立"一室"。

所谓"两台"，指的是咨询台与书写台。咨询台通常应设立在营业大厅入口处附近，并且配有业务熟练、口齿清晰、责任心强的工作人员，负责解答客户所提出的各类疑难问题，并引导客户办理各项有关的银行业务。书写台上则应当配有各种储蓄单、钢笔、墨水、印泥、别针及计算器和老花镜，以方便客户填写储蓄单之用。

所谓"一座"，指的是供客户休息之用的座椅，它们应当宽大舒适，并且有一定的数量。在座椅附近，可摆放一些报刊，供客户休息、等候时阅读。

所谓"一室"，指的是贵宾接待室。它俗称"大户室"，专供接待重要客户之用。

出于对客户的尊重，在各银行营业机构的营业大厅之内，应悬挂本单位的服务条约、营业纪律、行为规范、文明用语与服务忌语，以供社会监督。

有条件的话，应在营业大厅之内安装空调、暖气，以便做到室内冬暖夏凉，为客户创造一个更为良好的环境。

对于各类常设性的便民设施以及自助式的存款、取款设备，应定期进行全面的检查与维修。并将有关的电话号码公告于社会。不要让其有名无实，甚至给客户增添烦恼。

银行各营业机构还须建立流动服务组，以便为存在业务需要的单位或个人，提供上门服务。为此，应将上门服务的电话对社会公开。

（4）银行的服务设施必须安全。为了预防各类风险的发生，银行各营业机构必须采用百般措施，备好安全防护工具，防患于未然。不仅要防盗、防抢，而且也要防火、防水、防风。

一定要落实好本单位的保卫值班制度与安全检查制度。事事要有专人负责、专人检查，处处不可疏忽大意。

一定要认真建立预案制度，提前发现并堵塞各种事故的隐患与漏洞。各营业机构必须认真安装好应急报警设施，备齐、备好各种安全防护工具和防火、防水、防风器材，并且要求全体有关人员人人都能够做到熟练地使用。凡有条件的单位，还应当尽早安装闭路电视监控设备。

银行各营业机构的保安人员与值班人员，都要经过系统的安全教育和专业教育，以便使其能够应付各种突发性事件的发生，否则便如同虚设。

在各营业机构的营业大厅之内，可放置一台验钞器，并在适当之处悬挂辨别人民币真伪的宣传性挂图。这样做，不仅可使客户舒心、放心，减少了客户与银行之间的矛盾、摩擦，而且也有利于杜绝伪钞的泛滥。

在有条件的银行营业机构里，就为客户提供"一米线"服务。所谓"一米线"，即在个人储蓄窗口之外的地面上距离窗口一米处画线。当前一位客户在窗口办理业务时，后一位客户必须在一米之外的线外等候，以便令正在办理业务的客户真正地感受到保密与安全。

2. 银行的服务行为规范

银行的服务行为，通常指的是银行的全体从业人员在自己的工作岗位上的所作所为。换言之，它实际上所指的就是银行的全体工作人员的工作表现。在一般情况下，对银行业的服务行为规范的总体要求，主要集中地体现在改善服务态度、提高服务质量这两个方面。

（1）改善服务态度，应当表现在银行全体从业人员的举止神情和言谈话语等各个方面。具体来讲，在下述四个方面尤须好自为之。

① 要自尊自爱。在自己的工作岗位之上，全体银行从业人员都要对自己的仪表、服饰、举止按照有关的岗位规范，从严加以要求。要将这些方面的具体细节问题提升到个人与银行的整体形象的高度来认真地加以对待，要将它们与自己爱岗敬业的工作态度联系在一起来予以关注。

在正常情况下，全体银行从业人员在上班时，必须自觉做到仪容清爽整洁、着装端庄得体、化妆自然大方，站、坐姿势端正，佩戴工号上岗，以实际行动做到自尊自爱。

② 要热忱服务。接待客户之时，全体银行从业人员一定要文明礼貌，热忱而主动地为客户服务。与客户打交道时，要严格地执行本单位已经明文规定的文明用语与服务忌语。对

于客户所提出来的各种疑问，要认真聆听，耐心解释，有问必答。为客户服务之时，态度必须主动、诚恳而热情。对待所有的客户，都要一视同仁。具体而言：存款取款要一样周到，业务大小要一样热情，定期活期要一样接待，零钱整钱要一样欢迎，新老客户要一样亲切，大人小孩要一样主动，工作忙闲要一样耐心，表扬批评要一样真诚。

③ 要客户至上。在工作之中，银行的全体从业人员必须在思想上牢固地树立起"服务第一"、"客户第一"的思想，并且将其认真地落实在自己的业务实践之中，处处急客户所急，处处想客户所想，勤勤恳恳、踏踏实实地为客户服务。接递客户手中的现金、单据、卡证时，应使用右手或双手，不允许抛掷，或不用手接递。有必要确认客户存款或取款的具体数额时，不宜高声喊喝，搞得"满城皆知"，而令客户战战兢兢。当客户前来办理某些较为琐碎而毫无利润可言的业务时，如大钞兑换小钞，兑换残钞、零币，等等，要有求必应，切不可推辞。当客户所取现金数额巨大时，为确保其安全，应安排专人对其加以护送。

④ 要任劳任怨。在工作之中，难免会有时与客户产生某些矛盾纠葛。在此种情况下，对客户的尊重、对工作的负责，都要一如既往。对于矛盾，要力求妥善解决。得理之时，必须让人一步。失礼之时，必须主动致歉。受到客户的表扬要谦虚，受到客户的批评要虚心，受到委屈要容忍。在任何情况下，都要自觉做到与客户不争不吵，始终笑脸相对，保持个人风度。要注意对待批评有则改之，无则加勉，并认真总结工作中的经验教训，不断完善本单位的各项制度、措施。万一在工作上因为个人的原因而出现了差错，要迅速予以纠正，不推不拖，绝不赖账。对于因工作环节、设备使用等原因而产生的不可抗逆的事故，例如电脑故障、临时停电、设备维修等等，要及时对客户作出耐心解释，并采取一切可能采取的补救性措施。不论出现任何状况，都不允许议论、讽刺、刁难客户，尤其不允许辱骂客户，或者与客户动手打架、争吵。

（2）提高服务质量，则主要表现为银行的全体从业人员要在做好本职工作的基础上，对自己提出更高的标准、更严格的要求，从而使自己为客户所提供的各项服务在质量方面"更上一层楼"。

就现状而论，要求银行的全体从业人员提高服务质量，特别需要将其具体贯彻落实到如下五个方面。

① 要提前到岗、按时营业。各银行营业机构均应严格本单位的上、下班时间和营业时间，并且确保在营业时间之内要接待每一位上门而来的客户，办理好每一笔金融业务。银行的全体从业人员，在每个工作日里，均必须在上班时间之前到岗，并按照本单位有关的员工个人形象规范的具体要求，做好营业前的各项准备工作，营业时间一到，必须准点开门营业，分秒不差。未到规定的对外营业结束时间，不得提前关门拒客。不得提早关门结账，不准擅自缩短时间。凡有条件的营业机构，会计、出纳、储蓄等主要业务，应实行限时服务。凡有此项规定者，理当张榜向社会公布，并且严格执行接受监督。

② 要规范操作、准确认真。在本人的工作岗位上，银行的全体从业人员必须严守各项有关的规章制度，使自己的业务操作既规范标准又迅速及时。为客户提供服务时，要做到先

外后内、先急后缓。要认真做到：现金收款业务，要先收款后记账；现金付出业务，要先记账后付款；转账业务，则要收妥作数。在具体办理业务时，应当力争核算准确，快收快付。各基层机构的营业人员在办理业务时，必须做到收付核算准确、办理业务迅速、向客户交点清楚。要争取做到速度快、质量好、无差错，努力减少客户等候的时间。

办理业务之时，必须按规定使用统一印制、内容标准的凭证，联次要齐全，字迹要书写得清晰工整，印章要有效、齐全、清晰，并且一定要在规定之处加盖整齐。

③ 要业务公开、社会监督。为了方便客户，更好地服务于社会，银行所经办的各项新老业务应当一律向社会公开，并且提倡主动接受社会监督，以促进本单位更好地开展工作。可能时，还应努力营造内外结合、纵横制约的社会服务监督网。

在目前情况下，各银行营业机构尤其应当做到下述"三公开"。

一是要将银行经办的业务种类，包括主要的服务项目对外公开。各银行营业机构应将自己所经办的各种金融业务和金融服务项目整理分类。设置简介牌，然后予以公布。

二是要将业务处理的手续对外公开。各银行营业机构将自己的主要业务，例如，开户、存取款、办理信用卡、申请储蓄卡、储蓄挂失、提前支取等业务办理的手续和规定，汇编成文字材料，提供给客户查阅使用。

三是要将金融政策纪律对外公开。各银行营业机构还需将与本单位及客户相关的、国家的各项金融政策纪律，如储蓄政策、结算原则、反假币措施、支票使用规定等，向客户进行公布。

④ 要执行政策、遵守法纪。全体银行从业人员在工作岗位上处理业务之时，均须时时刻刻自觉地、忠实地、始终不懈地严格贯彻执行党和国家有关的金融法规、政策和方针。违反政策的话坚决不说，违反规定的业务坚决不做。不仅如此，还要努力做好相互监督与制约。要敢于同一切违反党纪、国法和金融政策的行为进行坚决的斗争。要严守法纪，就要懂法、知法、守法。要自觉地做到有法必依、执行必严、违法必究。在工作岗位上，绝不能贪赃枉法，以身试法，目无法纪。要执行好国家各项有关的金融方针和金融政策，就要对其系统而认真地学习，并且仔细地进行领会。要在工作中处处以国家利益为重，在思想上、行动上要自觉与党和国家保持一致。要严格地完善本单位的各项纪律与各项制度，教育全体员工严守规章制度，严守工作纪律，秉公办事，廉洁奉公，公私分明，严守秘密，拒腐防变，令行禁止。要不徇私情，不弄虚作假，不利用职权谋求个人私利，不收受客户的礼金或礼物。

⑤ 要行为检点、自警自励。全体银行的从业人员，在工作岗位之上皆应立足本职，顾全大局，自重自省，率先垂范。在个人的举止行为方面，特别应当多加检点。在上岗之前，一律不准饮酒。在工作岗之上，不准吸烟。在本单位之内，不允许接打私人电话，读书看报，或是忙于其他类型的个人私事。不准以任何借口擅离职守，串柜聊天，或是大声谈笑。在工作期间，与同事或者客户打、逗、闹、玩，也是应予严禁的。总之，一切与业务无关的事情，一切与本职工作相抵触的事情，都是不可以做的。

（资料来源：http://www.thly88.com/liyi/20084/2008424111818.html）

实践训练

项目：展示银行形象。

实训目标：银行的工作环境和工作规范是展示银行形象的重要方面，通过情景模拟让学生做好银行临柜服务的各项准备工作，从而展示出良好的银行服务形象。

实训学时：1学时。

实训地点：实训室。

实训准备：银行环境布置。

实训方法：5～6人为一组，分组进行练习。首先小组选一名代表对银行环境布置进行说明，然后全体小组成员模拟演练上岗前的各项准备工作。最后，教师全班总结、讲评。

自主学习

1. 走进一家银行储蓄所，试对其银行服务设施规范进行分析和评价。

2. 请结合银行工作，以"改善服务态度，提高服务质量"为题撰写一篇文章，字数不少于800字。

评价考核

能力评价表

内　　容		评　　价	
学习目标	评价内容	小组评价 （5、4、3、2、1）	教师评价 （5、4、3、2、1）
知识（应知应会）	银行服务设施规范要求		
专业能力	改善银行服务态度		
	提高银行服务质量		
通用能力	人际沟通能力		
	管理能力		
态　　度	热爱服务工作 礼貌待人 热情、大方		
努力方向：		建议：	

任务 2 >>> 银行岗位服务礼仪

情景导入

在银行服务系统涌现出一位新时代的职业道德建设的楷模,"张秉贵"式的人物,他就是建设银行新疆分行储蓄员李向党。

李向党爱岗敬业,苦练技能,在平凡的岗位上十年如一日提供热情周到的服务,把客户当亲人,视奉献为快乐,以善良和体贴赢得了群众的信任和尊敬。高尚的职业道德促使李向党在工作中处处注意礼仪、讲究礼仪,记者写道:"柜台里的李向党总是在笑。那是温暖的发自内心的笑。顾客进门,他远远地送上热情的问候,老人他喊'大爷'、'大妈';年轻人他称'先生'、'小姐';接钱、递钱他总是双手托出;办完一笔业务,他必定要站起来,说声'您慢走,欢迎您下次再来'。群众满意地说:'让向党服务一次,简直就是种享受!'"

任务分析

服务是一个过程,具有不可逆性,这就决定了服务是"一次性"消费,要求服务人员一开始就要按规定程序进行作业,准确定位。只有这样,才能把缺陷减少到零(当然这也有赖于客户的配合),才能称得上提升服务质量、提高营销效率和降低经营成本。在银行服务中,临柜岗位服务是最为关键的。临柜岗位是展示金融企业形象和员工风貌最主要的窗口,时刻面对着形形色色的客户,工作难点多,情况变化多,要让客户满意谈何容易!

作为一名银行工作人员,要像本任务"情境导入"案例中的李向党那样,努力使自己成为一名"服务高手",讲礼仪、讲规范,不断提高服务水平,因为只有这样才能无愧于自身所处的重要工作"岗位"。

知识储备

1. 临柜业务活动礼仪

(1)办理储蓄业务。办理储蓄业务时要注意,客户如有疑问,应耐心详细地为其解释清楚。客户也许会提出一些与制度不相符的要求,对此,我们要坚持原则。不过同样也要本着"一切为客户"的理念,向客户解释清楚为什么要这样做,并为给客户带来的不便表示适当的歉意。客户的要求也许很没有必要,但又不违反制度,这就应顺着他的意愿去办,切不可不屑一顾。钱款要与客户当面点清。对大小客户应该一视同仁,对所有客户热情周到。

(2)办理委托业务。这一类业务因涉及的内容比较多,所以应该向客户简明、扼要地介绍办理过程中的所有要素,不要让客户无谓地往返。对一些关键的要素,必要时可重复征询、核实,以求办理时就使客户清楚他的权利和义务,减少因交代不清楚造成的误解,以致日后发生不快的可能。耐心回答客户的提问,作为专业人员为客户解释是义务,同时,也是一种荣耀。对客户容易疏漏的问题,要主动提醒,如"账户要保持一定的余额,以便扣款成功"等,不要等客户问起再回答。

(3) 办理银行卡业务。这类业务因为涉及的内容比较多,所以应该向客户简明、扼要地说明清楚办理过程中的所有要素,不要让他无谓地往返。对一些关键的要素必要时可重复询问、证实,以求办理时就使客户清楚他的权利和义务,减少今后发生不快的可能。对客户容易疏漏的问题,要主动提醒,如"某某卡不要和密码袋放在一起",不要等客户问起再回答。

(4) 办理存单(存折)挂失业务。因为客户办理存单(存折)挂失业务时比较着急,所以即使他们有过激的言行,应本着体谅、理解的态度善待他们。正因为礼仪对客户的情绪有着直接的影响,所以应该详细、清楚地把有关要素都交代明确。要注意加快语言和动作的节奏,使客户感到你在尽力为他分忧,切忌漠不关心,慢慢吞吞。

(5) 没收假钞。对客户而言,假钞被没收意味着一笔损失,所以要体谅他们此时的不满甚至愤怒,对他们表示出足够的理解和同情,千万不要因为客户的喧哗而不恰当地提高自己的嗓门。虽然没收假钞是按规定办事,但切不可凭"规定"一词简单了事,因为客户也是受害者。我们要在坚持原则的基础上,尽可能地做好解释工作。要主动教给客户识别假钞的知识,使他们增强反假能力,以免再次上当。

(6) 大堂咨询。咨询的责任之一是眼观八方,及时发现并帮助那些需要帮助但尚未提出或羞于开口的客户。老年人、小孩、孕妇都是需要帮助的,而对残疾人则要注意分寸,在适当的地方以适当的方式关注,并在确实需要帮助时搭一下力,以维护其自尊心。咨询的责任还有很多,如维护营业场所内的秩序,做好保洁工作,疏导客户,尤其是疏导客户。当柜台上人头攒动时,就应根据经验和同事的工作情况,主动分流客户,并向他们表示歉意。如果发现客户在柜台有问不完的问题,咨询人员也有责任帮助同事解答他的问题,减轻柜台上的压力。咨询员在营业场所内千万不要板着脸,要知道一位咨询员的冷若冰霜,有可能使柜台内几位同事的微笑化为乌有。

(7) 个人汇款业务。对大多数人来说,办理个人汇款往往是陌生的,因此需要耐心、详细地为他们解释其中的每一个要素。目前,银行的汇款方式有好几种,银行工作人员应该运用掌握的银行知识为客户做参谋,维护客户利益,让客户既省钱又方便安全地将资金汇至目的账户。

2. 其他岗位行为规范

(1) 大堂经警值班。对客户来说,只要是在银行的工作人员,就应该懂得银行业务。作为大堂值班经警,尽力为客户解答问题是应该的,但也不要太勉强,有时不妨把客户介绍到大堂咨询那儿去,由咨询人员为他们提供真正的专业服务。经警在大堂值班时,切忌把手插在裤带里走来走去。接听无线步话机时,不要在大厅里,而是在相对隐蔽的地方,一方面可以保密,另一方面也是出于维护营业场所秩序的需要。

(2) 接待来访客户。客户来访,起立、让座、倒茶、交谈、送客"五部曲"是必不可少的,而更重要的是,要为客户营造一个良好的交流氛围,每位员工为来访客户让个道,微笑一下,都是这种良好氛围的一部分。如果客户要找的人不在,别的同事要像办自己的事一样积极为他联系,不要漫不经心,事不关己,高高挂起。每个银行工作人员都有义务让来到银行的客户感到满意。

(3) 二线为一线服务。二线为一线服务,即为自己的同事服务,同样要热心周到,否则,面向一线的服务可能受阻,继而影响到客户的情绪。不要以制度等冠冕堂皇的理由拒绝同事的求助,相反,除非有绝对的把握,否则也不要在常规之外另辟蹊径,更不要作出违反制度的歪点子。对临柜一线的求助,始终要以友好、认真、负责的态度给予答复。对能够立即解决的要立即解决,对一时不能解决的要给出承诺。

(4) 外勤外出。外勤也称客户经理,是展示银行形象的流动窗口,因此一举一行要显得落落大方,文明优雅。穿着应整洁、得体,如果穿银行统一服装,则应严格遵守有关规定;如果不穿银行统一服装,则应穿职业装。可以有适当的时尚打扮,但不要太扎眼。过于随便的休闲服饰也不能穿,如砖头鞋、紧身衣等。夏天,女性工作人员要注意衣着的质地、厚薄和长短。外勤到有关单位要做到:事先与客户预约;无论门开着还是关着,进房间时要敲门;进出时要尽量和在场的每个人打招呼;要遵守该单位的安全保卫规定,进大门时登记;递接名片时用双手,等等。

(资料来源:王华.金融职业服务礼仪,北京:中国金融出版社,2009.有改动。)

实践训练

项目1: 银行岗位业务活动礼仪训练。
实训目标:掌握岗位业务活动各项礼仪规范,提高临柜服务质量。
实训学时:1学时。
实训地点:实训室。
实训准备:银行环境布置。
实训方法。
(1) 2人为一组,分组进行练习。
(2) 各组分别选择办理储蓄业务、委托业务、银行卡业务、存折或存单挂失业务、没收假钞业务、个人汇款业务等中的一项,一名学生扮演银行柜面工作人员,一名学生扮演顾客,进行角色模拟演练。
(3) 教师全班总结、讲评。

自主学习

1. 为什么说在中国相当长的一段时间内,柜面服务仍是金融业的主流服务?
2. 案例分析

服务至上

想客户之所想,急客户之所急是每个浦发人都具备的服务品德。2006年10月的一天晚上10点多,上海浦东发展银行太原分行营业部早已下班,一名客户满头大汗找到大堂经理,因为临时收到30万元巨额货款,太原市所有的银行已经关门,路过该营业部时看到灯火通明,为确保现金安全过夜客户抱着试一试的心情,希望能够把巨额现金存入银行,看着客户期待的眼神,正在加班工作的几位领导和业务骨干研究决定通过封包入库的方式为客户寄存此笔款项,解决客户过夜现金安全的后顾之忧,在审核留存客户的身份证件和联系方式后,在客户的监督下几位领导同志共同在监控下现场清点现金大数后封包入库,为客户解决了过夜巨款安全的燃眉之急。客户当时感激万分,当即决定把他的企业存款和个人存款全部转移到这家让他感到安心和贴心的银行,此客户成为该营业部忠实的稳定纯负债客户,为营业部带来了上千万元的存款贡献。通过这样充满人性化的服务手段,该营业部在太原同业的窗口服务上涌现了许多感人的事迹,在太原市民中树立了良好的服务口碑。

思考讨论题:
(1) 本案例反应了该银行营业部怎样的服务意识?
(2) 本案例对你有何启示?

3. 案例分析

对 比

11月2日,雷先生到"批评支行"取款机上取1000元,正操作时,手机响了,雷先生见吐了卡,赶忙取出卡,转身离开取款机屏风接电话。等电话打完后,再次取款时,发现与他熟悉的开户行的取款机的操作略有不同,这台取款机是先吐卡,后出钞。而且他的卡上已减少了1000元。这时,他赶紧询问这家支行的员工。

雷先生:我没取到钱,可卡上少了1000元,是不是这台机器有毛病啊?

"批评支行"员工:你是怎么操作的?取了卡有没有等一下再离开。

雷先生:吐卡时,未出钱,我就接了一个电话。

"批评支行"员工:可能被后面取款的人拿走了。我们这台机器有时"反应"慢,特别是业务高峰时期。告诉你吧,我们行的系统早就落后了,该换代了。这台老爷机早该报废了,唉!我们行有毛病的地方多着呢。

雷先生:我的1000元怎么办?

"批评支行"员工:谁叫你不等一下离开,自认倒霉吧!

雷先生:……

雷先生如果是在"热情服务支行"取款遇到同样的情况,他赶紧询问这家支行的员工的话,会形成另一种局面:

雷先生:我没取到钱,可卡上少了1000元,是不是这台机器有毛病啊?

"热情服务支行"员工:您先别着急,我们对取款情况都有实时录像,请把当时的情况跟我们讲一下,好吗?

雷先生:吐卡时,未出钱,我就接了一个电话。

"热情服务支行"员工:请跟我们一起看一下回放录像,好吗?看看是什么原因。

原来在雷先生取卡转身接电话的瞬间,钞已吐出。而他后面一个矮个子青年便随手取走了1000元。

"热情服务支行"员工:每个行的取款机,吐卡和出钞方式可能略有不同,请按屏幕提示进行操作。不过,我们会将您失款的情况上报,请留下联系电话,有情况我们立即与您联系。

雷先生:好吧!谢谢您提醒。

(资料来源:任璐璐.BHM营业管理人,http://www.ccmw.net/article/43334,2009-01-07.)

思考讨论题:
(1) 请对两家银行员工的服务作出评价。
(2) 本案例对你有何启示?

评价考核

能力评价表

内容		评价	
学习目标	评价内容	小组评价 (5、4、3、2、1)	教师评价 (5、4、3、2、1)
知识(应知应会)	银行岗位业务活动类型		
专业能力	办理储蓄业务		
	办理委托业务		
	办理银行卡		
	办理存单(存折)挂失		
	没收假钞		
	大堂咨询		
	个人汇款		
	其他岗位行为规范		
通用能力	人际沟通能力		
	语言表达能力		
	倾听能力		
态度	热爱服务工作		
	遵守规范		
	热情、礼貌、耐心、细心		
努力方向:		建议:	

学习情境10　护理服务礼仪

任务1　>>> 日常工作礼仪

情景导入

不是亲人，胜似亲人

前不久有一个从哈尔滨来，患胸腺瘤的女患者刘阿姨到我们FD肿瘤医院治病。在完成相关检查后做了氩氦刀冷冻术治疗，术后在监护室给予心电监护及静脉输液，身上有很多条监护线及管道，因刘阿姨刚好是月经期，躺在病床上活动不便，不小心把床单、被套都染了一大块红色，看着被污染了的床单、被套，她感到很内疚。黄霞护士在安慰她的同时给她及时抹洗干净会阴部并换上干洁的卫生巾，更换上干洁的床单、被单，让她有一个舒适睡眠环境。刘阿姨感动地说"就算亲女儿在也未必能做到这些，你们护士真是比亲女儿还亲呀！"

到深夜2点多时，因为她做这个治疗术前是禁食6~8小时，手术是全身麻醉的，术后又要禁食6小时，因家属没有备好食物，等她可以进食时，外面的餐厅早就关门了。刘阿姨饿得心慌、出冷汗。值班的刘卫群护士了解到情况，马上去与另一个病人沟通，借来了电饭煲与大米，为刘阿姨熬好稀粥，端到阿姨的床前，一口一口喂给她吃。一股暖流涌上心田！刘阿姨含着热泪再次感动地说"虽然只是一碗白米粥，但比山珍海味都有味、舒心，真是要谢谢你们这些比亲女儿还亲的护士们，你们真是太好了！"在我们医护人员的悉心照顾下，刘阿姨很快就好转出院了。回到哈尔滨还经常与我们联系，问候我们医护人员，我们也时刻关心着刘阿姨的病情，并交代她要定期复诊。

(资料来源：http://www.orienttumor.com/zh_asp_new/index.asp)

任务分析

从南丁格尔创立护理专业之日起，护理工作便和人道主义精神和以关心病人、关爱病人为核心的职业道德密切地联系在了一起。护士作为从事护理工作的专业技术人员，与病人的接触具有直接性、广泛性和连续性的特点，因此，护士的职业素养、技术水平、工作态度、言行举止等能够充分体现出对病人的尊重、体恤和关爱。

俗话说"好护士是病人心目中的天使"。护士作为医院里人数最多、与病人接触最密切、

> 一种天性的粗暴，使得一个人对别人没有礼貌，因而不知道尊重别人的倾向、气性或地位，这是一个村野鄙夫的真实标志，他毫不在意什么事情可以使得相处的人温和，使他尊敬别人，和别人合得来。
> ——[英]洛克

接触时间最长的群体，护士礼仪在工作中尤为重要。护士职业礼仪，是指护士在护理职业活动中应遵循的行为准则。在日常工作中，微笑服务、礼貌待人是护士应具备的风范。护士的礼仪可从护士的个体形象、容貌、服饰、言谈、举止、姿势、礼节等各方面展现出来，并融于职业行为和服务内容之中。

护士良好的服务精神正是通过服务礼仪表现出来的。正如本任务"情境导入"中的黄霞护士那样，她的一言一行、一举一动都是服务礼仪的具体表现，都体现出她高尚的服务精神。在护理行业开展礼仪护理，要求护理人员真正做到"微笑在脸上，文明用语在嘴上，娴熟动作在手上，仪表整洁在身上"，用"四心"（即细心、热心、爱心、耐心）、用真情换来患者的理解、尊重和支持。从而提高医院的整体形象，达到减少医患矛盾、提高医院服务质量、更好地为患者服务的目的。因此，符合护理专业行为规范和职业文化特征的礼仪应当成为每一名护士必须具备的职业素养，并付之于护理行为的全过程中。

护士礼仪使护士在护理实践中展现出明礼诚信、优雅端庄、体恤同情、语言亲切的职业形象和严谨、务实、精益求精的工作作风，为更好地维护和促进人民群众的健康贡献力量。作为一名护士（护理人员）必须思考的一个问题就是：在日常工作中应具备怎样的礼仪才能赢得患者（护理对象）的欢迎呢？

知识储备

1. 门诊护士礼仪

门诊护士常常是医院工作人员中与病人见面的第一人。门诊是病人来医院就诊的第一站，门诊护士常是病人接触的第一人，给病人留下的印象无论是好还是坏都是很深刻的。好印象很容易被病人接纳和信任，而坏印象一旦形成，对门诊护士而言，则很难有机会去改变它。因此，与病人见好第一面，做好医院的形象使者，门诊护士是责无旁贷的。

窗口形象与医院的口碑是紧密关联着的。门诊是医院的窗口，窗口形象需要护士去塑造。护士在与病人的交往中，要举止文雅、稳重大方、谈吐有礼、主动热情；面部的笑容要自然适度，称呼、声音、语气都能够使病人感到亲切、温暖；在处理就诊工作时，要保持思维敏捷、工作要雷厉风行、操作要娴熟、技术精湛；给病人以热情礼貌、主动干练的印象，做病人可以信赖和可以依靠的人。

（1）和蔼热情地接待每位来诊病人。对于病人而言，无论是急性病还是慢性病，无论是男是女，是老是少，都有一个共同的心理需求，就是希望能得到重视，希望获得同情，希望得到理解，希望能马上见到医生，希望能得到护士最好的治疗护理。尤其是在候诊室等候的时间里，容易情绪焦躁。这时，门诊护士作为专业护士，应该懂得病人的心情，理解病人的心理，所以在热情接待每一位病人的时候，要主动和蔼地打招呼，询问是否需要帮助。合理地安排和维持就诊的秩序，使病人感到在陌生的医院里，自己是受到欢迎和重视的人。

（2）主动介绍，帮助病人熟悉医院环境。对于大多数病人而言，医院都是一个陌生的环境。他希望与护士交流，了解医院的环境，了解医院的医疗现状，了解将为自己诊治的医生及自己所关心的其他问题。护士在维持就诊秩序的同时，应该主动向病人介绍医院及与其相关的专科特色，介绍出诊专家的诊疗特长，宣传疾病预防的常识和护理知识，从而营造一个温馨友善、互助有序的就诊环境。

（3）为病人指引方向，提供方便。病人从挂号开始到就诊、取药、做各种检查，可能都需要经过几个不同的环节和不同的场所，往往需要护士的指导和帮助。护士应该耐心和详细地说明行走的路线和方向。在特殊情况下，可以在工作允许的情况下，带领病人走一段路程，对病情重、行走不方便的病人，要主动协调轮椅或平车护送。这时候可以讲"您稍等一下，我协调个平车送您"。

（4）对病人报以灿烂的微笑和得体的问候。微笑是一种特殊的语言。门诊护士作为医院的使者，在与病人第一次见面时，要用最亲切的微笑来面对病人。无论自己在其他时间、其他问题上有什么不愉快的事情发生，工作时一定要控制好情绪，要用最亲切的微笑去拉近候诊病人和护士之间的距离，使病人能够安心就诊。不要把一些不良情绪带到工作场合，以免使病人在候诊时增加更多的烦躁感。

语言是人类最重要的交际工具。而门诊护士的礼貌语言，是医院团队文明程度的标志，也是门诊护士的基本功。问候语是门诊护士最常用的礼貌用语，虽然有时候它并不表示任何具体的意义，但是一声"您好"却可以使病人感到心情舒畅，会给病痛中的病人带来温馨与安慰。因此，对于门诊护士来说，得体的问候与灿烂的微笑在门诊工作环境中是必须要练就的基本功。

（5）特殊病人灵活机动，予以关照。对一些特殊病人，门诊护士应该主动地给予关爱，如高龄病人、危重症病人、高热病人、临产病人、赶火车或赶飞机的病人，对部队医院来说，还有驻地比较边远的病人，应该酌情简化就医的程序给予关照。但同时也要注意向待诊的其他病人做好解释，征得同意和理解。

对待军队病人，除去对地方病人要注意的礼仪之外，要考虑到他们群体的特殊性，在医疗护理工作中是享受着军人优先的特殊礼仪的。根据中国人民解放军总后勤部的要求，对军人看病、治疗要有特殊照顾的地方。例如，军人住院是不允许待床的，看病、检查、治疗要做到优先，这充分体现了国家对军队的爱护和关心。作为医护人员要认真执行规定，有力地保障部队的战斗力，耐心热情地为军队的伤病员服务。

（6）工作要雷厉风行，态度要和风细雨。雷厉风行是指一个人的行为动作敏捷，干脆利落，处理问题果断。对于医疗工作而言，时间就是生命。所以，门诊护士不仅要具备扎实的理论知识，还要有娴熟的护理技能和雷厉风行的工作作风。而门诊护士的语言则应该是和风细雨式的，与病人交谈时，应该注意掌握语言的语气和节奏，要能够快慢张弛有度，声调和谐，措辞恰当和富有感情。比如"您好，请问有什么事情需要我帮助您吗？"、"您好！您挂哪个科的号？请先交挂号费3元，谢谢！"或者"找您2元，请收好。请您到3层心内科就诊。""候诊的患者同志，这位老同志病情比较重，大家能稍等一下让这位老同志先看一下吗？谢谢大家！"门诊护士的言行，首先要体现的是尊重，对对方的同情，对大家的爱护，要能够体现护士的热情主动和耐心周到。

2. 病房护士礼仪

(1) 接待新入院病人礼仪。病人来到陌生的医院住院治疗，会因人生地不熟而感到孤单、恐惧、紧张和焦虑。护士要和蔼地与病人打招呼："您好，我们接到住院处通知了，来，我帮您拿东西。"主动地询问有什么事情需要帮忙："您看您还有什么事需要我帮助您吗？我是责任护士，我叫黄霞。"

护士给病人的第一印象是非常重要的，当病人和家属感受到你的热情的时候，就非常容易向你敞开心扉。护士还要亲自带着病人到病区走一圈，熟悉一下住院环境，并且帮助他与同病室的病友尽快地熟悉起来，要给他们相互之间作一个介绍。

护士在引导病人进入病房的过程中，要主动帮助病人拎包，或者提取重物。

护士在引导病人进入病区的时候，要采用稍微朝向病人侧前行的姿势，一边走一边介绍环境。这不仅仅是出于礼貌，更可以随时观察病人的病情和意向，以便能够及时提供护理服务。如果与你同行的是一位年长的病人，这时你可以看到他行走是否方便。如果你带的是一个病情较重的病人，这时就需要随时观察病人的状态，随时为他提供护理服务，同时你也可以决定是需要继续详细地介绍情况，还是尽量缩短时间把病人送到病房。所以护士应与病人基本平行，切忌只顾自己往前走，把病人甩到身后。

(2) 病房护士要做到"八个一"和"七到"。"八个一"是指一张真诚的笑脸，一个亲切的称呼，一张整洁的病床，一壶新鲜的开水，一次周到耐心的入院介绍，一次准确规范的健康评估，一次用药的宣教，做好第一次治疗。"七到"指的是病人到了，医生护士的敬语要到："您好"、微笑要到、水到，要有一壶新鲜的开水，饭要到、治疗要到、护理措施要及时到，让病人感受到温馨亲切，以发挥出护理工作的最佳职能。

(3) 使新入院的病人有归属感。新入院病人，无论是急症病人还是慢性病人，都非常希望尽早知道主管医生和责任护士。所以病人入院以后，责任护士应该在第一时间内看望病人，安排病人的衣食住行，尽快地通知主治医生到场，做好自我介绍及入院当天相关的检查治疗，以满足病人归属的需求。

(4) 一切从病人需求出发。比如新入院病人来到病区的护士站，接诊的护士应该充分地体现对病人的尊重，应该起立，说："您好"，这一声问候非常重要，它缩短了护士和病人的距离。如果有其他在场的工作人员也应该向病人点头微笑来表示欢迎。病人在护士站办理手续后，应该尽快把病人引入病房，对于一些急症病人或者是一些不方便的病人，如年岁大了，或者是孕妇、小孩，应该尽快使病人处于最佳舒适体位，责任护士不应该在护士站询问病史、测血压、查体等，如此只会增加病人等候的时间，同时也会扰乱了护士站工作场所的秩序。

(5) 护士的首问责任制。首问负责指的是当病人对治疗有疑问或者对病情渴望了解的时候，无论问到哪位护士都不应推脱，或者让病人去找其他人去解决。作为被病人首次问到的护士，虽然不是所有的问题都能够解决，但应设法和其他护士、护士长或者医生取得联系，并且把结果告知病人。例如，病人问："王护士，今天我的化验结果该出来了，我两天前抽的血，你能不能帮我看一看。"那么可以告诉病人："好的，我待会帮你看看，然后告诉您。"事后应该对病人有个通报，把结果告诉病人。

如果病人问护士："小李，今天上午医生说给我输液的，但是十点了怎么还没有来。"也可能医生告诉这个病人，给他开输液，但后来可能没有开；也可能医生的医嘱已经下达了，主班护士正在处理医嘱；也可能治疗班护士已经去拿药了，但药房正在配药，还没有拿到药；也可能药已经拿回来，输液班护士正在加药。所有这些过程都是有可能的，如果小李说："大爷，这事我真不知道，您看要不您去问主班护士小张、治疗班护士小王、输液班护士小周他们，那个我真不太清楚。"如果你把这个事情推给病人，那这个病人上哪儿去问呢？他从哪里知道哪个是小王，哪个是小李，哪个是小周？所以，病人问到谁，谁就应该告诉他："我们可以马上去看一下，药是否开了，药是否拿上来，是否加好了。"这时候，小张护士可以对病人说："大爷，我刚才帮您看过了，医生已经开药了，我们的治疗班护士已经去领药了，待会就能领回来给您输上液。大爷啊，您先准备一下，别着急，回到床位上再等一等，一会就来了。"这个就是护士的首问负责制，它充分体现了以病人为中心的护理理念。

（6）呼叫器不能代替观察巡视。呼叫器要放到病人能够伸手拿到的地方，临床上最好选用带延长线的呼叫器。当病人因为各种原因必须卧床的时候，护士应该将呼叫器的延长线放长，放到病人够得着的地方，并且教会病人怎么使用，增加病人的安全感。当然护士不能够单纯地依靠呼叫器："我把呼叫器给您放在这儿了，液体输完你叫我一声。"要知道，观察病情、观察输液的情况不是病人的责任。护士要多巡视，主动解决问题。放呼叫器，是给病人增加一个安全感，在需要的时候，可以及时呼叫。但是它不能取代护士巡视病房的责任。

呼叫器到处鸣响、红灯到处闪亮说明护士的工作做得非常忙乱和被动。病人在输液的过程中，护士应该对病人液体是否输完，什么时候输完，病人是否需要排尿、是否需要饮水、是否需要更换体位做到心里有数，应该多巡视、主动照看病人。

护士在接听呼叫器的时候，态度一定要好，要让病人有安全感。护士接呼叫器的时候，态度要文明，语言要礼貌，不能说："您等会儿"、"我一会儿就来"，而是要让病人有安全感。要回答说："好的，我马上就来"。当然，应该立即赶到床旁去。

（7）操作治疗前要体现对病人的尊重和关心。护士对病人进行各种操作前，要有一个操作前解释。在做各种检查前，护士进入病房时，应该轻轻地叩门以表示对对方的尊重，并轻声地致以问候，同时护士举止要端庄大方，热情友好，让病人能感觉到亲切和温暖。在执行留治胃管、导尿、灌肠等操作前，应该处处为病人着想，如拉好窗帘，遮挡屏风，耐心给病人做好解释、安慰工作以取得病人的配合等。

同时要给病人心理上的安慰。如输液前，护士要和颜悦色地用亲切自然的语气告诉病人："阿姨，您好，现在给您输液，您是否需要上厕所，需不需要去一下洗手间。"如果是卧床病人，还要问一下是否需要便器，同时给病人安排好舒适的体位，细心地选好血管。输液治疗的时候，病人往往因为活动受限，在床上卧床的时间过长，感到疲乏焦虑，希望尽快地接受输液治疗，有的病人甚至还自行地调节输液的速度。所以护士一定要提前告诉病人和家属输液的量和时间，让病人有心理准备，避免用命令式的语气强加给病人。要向病人讲解，输液的速度过快，会给心脏带来负担，请配合安全输液。

(8) 护士操作中礼仪。护理操作中最高的礼仪就是对病人的尊重，"珍视生命，以病人为重"。要最大限度地给病人以安全感。护士在上班期间如果带了手机，一定要把手机调到静音状态，以免手机鸣响的时候，分散你的注意力，造成病人不安的情绪。如果在操作的过程中有同事通知你接听电话，那你就应该请同事转告对方等一会儿给他回电话，把电话挂断，按照原来的操作速度有条不紊地完成操作，让病人感到在你的工作中，他是最重要的。

(9) 催交住院押金礼仪。病情危重和大手术的病人已经被疾病折磨得痛不欲生，同时在经济上还要承担着巨大的压力，有时候病人会出现欠费的现象，为了避免给困扰在病榻上束手无策的病人带来更大的精神压力，护士应该将补交住院押金的事情告诉家属而不要惊扰病人。

(10) 出院礼仪。首先要进行出院宣教及随访。在病人出院的时候，护士应该主动协助办理出院手续，同时进行口头的健康宣教，或者提供书面宣教。而且要主动为病人提供专家复诊的时间，回答病人所咨询的问题，告诉病人要按医嘱定期地来医院复查；如果有不适的话，要随时来医院就诊，或者打电话咨询等。还可以请病人留下他的联系方式和家庭住址，便于今后进行定期的电话或者上门随访，其次要进行出院道别。出院道别是护士对病人关爱的延续，临别的时候表达友好祝愿，是增进护患关系的良好时机。在病人病愈出院的时候，护士要送出走廊，道一句"慢慢走，多保重"、"别忘了吃药"、"代我向××问好"，这些可以表现出护士的素养，又把关爱带给了病人和家属及他的朋友。温馨的道别，可以使病人感受到你对他的关爱还在延续。

3. 手术室护士礼仪

一声亲切的问候，一副整洁的担架，一次认真的查对，一个无菌的环境，一张安全的手术床，一次详细的宣教，都会增加围手术期病人的安全感。

(1) 关怀手术病人。手术台上的病人渴望我们的关怀。因为手术无论大小对病人而言都是人生难得的一次遭遇，他们的紧张、焦虑和恐惧可能达到极致。术前躺在手术台上，病人是那样的无助和无奈，渴望我们能和他说说话。护士可以根据病人的年龄和性别谈论一些轻松的话题，以缓解病人紧张的情绪。切忌将病人赤身裸体地暴露在手术台上，这是对病人极大的不尊重。一些医务人员在手术的过程中，谈话不太注意，有时议论一些与手术无关的话题，比如在什么时候接孩子，什么时间买菜，哪个地方买的衣服便宜等。甚至有些医务人员不太注意医德，讲话非常刻薄，"那么胖，胖得像猪一样，你要减肥了。"类似这样的情况都是违反职业道德的，是严令禁止的。

(2) 手术台上的礼仪。在手术台上医护人员的言行要谨慎，举止要安详。手术开始后医护人员应该尽量避免彼此之间的交流，更不能议论一些加重病人负担的话，像"真没想到"、"太糟糕了"、"完了"，尤其是对全身麻醉的病人，医护人员更应该做到言语谨慎，因为处于这种应激状态下的病人是非常敏感的,医护人员一旦流露出无可奈何和惊讶的神情,都会给病人造成不良的心理负担。所以手术过程中,医务人员一定要言行谨慎,举止得体。

(3) 手术病人的迎送。在临上手术台之前,病房护士几句温馨的祝福,诚意的安慰,都会给病人平添几分温暖的,如果我们对病人说:"祝您平安归来"、"祝您一切顺利"、"会一切平安,一切顺利的,放心吧。"病人会感到很宽慰。

当手术结束,病人返回病房时,护士应该主动迎上去,协助搬动病人,微笑地告知病人手术顺利结束了,各项生命体征正常,让归来的病人如释重负,同时跟病人交代一下术后的注意事项,例如"现在就这么躺着,去掉枕头六个小时,六个小时以后才可以放枕头。"病人心里感到很有数,"我会经常来看你,有什么事随时叫我"会让病人感到非常亲切。

护理是一种服务,而不只是管理。护士行使管理是履行工作职责,但是一定要注意工作方式,尤其不要以管理者的身份自居,不要用训斥、命令的口气批评病人和家属,不要当着病人的面、其他人的面,去强行纠正他的行为,而应该本着有利于病人的角度出发,用微笑的面容、诚恳商量的口吻、真诚的态度,积极地帮助病人解决实际的困难,在解决的过程中,说服和帮助并用,让他能理解你的用心而给予配合。无论任何原因,工作人员在病房里和病人或者家属对峙争吵,都是错误的。对违反院规的病人和家属,劝告往往比命令更有效,所以说,护理是一种服务,而不只是严格的管理。

4. 急诊护士礼仪

(1) 急诊以抢救生命为重。危重病人就诊之后,应该迅速地展开绿色通道,在第一时间内进行各项急救措施,做到稳中求快,忙而不乱,以抢救生命争取时间为第一要务。

(2) 急诊护士用语应简单明确,急不失礼。对急诊病人,护士应该积极果断、快速有序,富有同情关爱之心,如"您好,您哪不舒服?""您好哦,您别着急,请您简单谈一下发病的经过"、"这位先生,您的液体刚输上,我会随时来看您,有什么不舒服请您随时和我联系,呼叫器在这里。"你把手柄放在病人随时能够拿到的地方。在抢救室,你对病人说:"我就在您身边,我会随时帮助您。""不要紧张,到了医院,我们都会尽力来帮助您的,您放心。"在抢救过程中,对一些病情稳定的病人,可以说:"别紧张,您的生命体征已经平稳了,好好配合会更好的。"

(3) 急诊、就诊和抢救的过程中,要随时做好沟通和安慰。对突患急症的患者,要理解对方的心理。突患急诊可以使病人和家属的心理处于高度的应激状态,这时急诊护士应该一边实施紧急抢救,一边与病人进行沟通,来了解他们的需求,以精湛的急救技术和良好的沟通技巧来赢得病人和家属的信任。同时还要注意,在需要施行暴露性操作的时候,要注意保护好病人的隐私,不要不顾一切。对一些清醒病人要适当地进行解释、安慰和遮挡。"现在需要导尿,我给你把裤子解下来,我会为你遮挡好,别紧张。"急诊护士,在用语中,应该注意简单明确,急不失礼。

(4) 急诊护士要有严格的时间观念。急诊护士是为了有效地抢救生命,对时间的要求非常严格,特别是在急救中,争取了一分钟的时间,就有可能从死神的手中争夺回一条生命来。所以要当好急诊护士,平时一定要培养雷厉风行的干练作风,动作敏捷规范,判断情况准确,处理问题果断利落,言谈到位,同时语气要非常婉转。在争分夺秒的紧急抢救中,平时练就的雷厉风行、果断敏捷和温柔体贴的工作作风就能够发挥非常重要的作用。

(5) 亲切告知,做在急诊留观病人开口之前。亲切告知病人和家属留观、急诊留院观察和输液的注意事项,熟练轻巧地为病人完成抽血、输液、注射、导尿、洗胃、灌肠等各项护理操作,教会病人使用呼叫器,以方便病人在发生异常情况时使用。急诊留观病房具有病人流动量大、观察时间较短、病情变化快的特点,护士应该勤巡视、多观察,增加与病人的交流和沟通,善于通过病人的语言、动作来捕捉病情变化的信息,动态地掌握病情的变化,亲切地给病人和家属予以安慰。治疗结束后我们应该叮嘱病人,比如拔针之后,要对病人说:"您再多按压一会儿。"还可以对病人说:"您再休息一会"、"您慢慢走"等。在病情好转的时候,护士应该给予热情的祝福和健康指导;在病情改善不明显的时候,应该给予安慰,鼓励病人,使其能够积极地配合治疗。

(6) 急而不乱,周全有序。对急诊病人的委托必须及时地给予回应,负责地给病人一个最满意的答复,来取得病人对护士的信任。当遇到几位病人同时都有需求的时候,要根据轻重缓急,先解决最急需解决的问题,同时委婉有效地进行协调,避免病人之间的纠纷,同时非常有效地处理病情。

5. 对待病人家属的礼仪

对待病人的家属要像对待病人一样和蔼、热情、耐心,护患关系不仅仅是护士与病人的关系,广义上说,也包括着与病人家属的关系。因为病人家属在病人治疗康复的过程中发挥着极其重要的作用。病人家属的言行,既受病人的影响,也影响着病人,可以说护士与病人家属的关系,是护患关系的一个非常重要的补充,所以对待病人家属同样要像对待病人一样和蔼、热情、耐心,必要的时候还需要护士主动、真诚地、尽可能地去帮助他们,从而使病人的家属和病人一样对我们产生信任感,以便使护理工作产生事半功倍的效果。

(以上内容根据 http://hi.baidu.com/hanchuncai/blog/item/0cf71c2461c9b928d50742d2.html;http://blog.sina.com.cn/s/blog_503ecbd601008cxh.html 等网页内容整理,有改动)

实践训练

项目1:护理操作中的礼仪。

实训目标:掌握护理操作中的礼仪规范,养成良好的礼仪习惯。

实训学时:1学时。

实训地点:教室。

实训准备:静脉输液相关器械(模型即可)。

实训方法:学生分组,4人一组,每组中2人扮演病人,2人扮演护士,模拟静脉输液操作。

实训评价:师生共同评价,选出最符合礼仪规范要求的组。

项目 2：患者入院（出院）礼仪。

实训目标：掌握患者入院的礼仪规范，让患者体会到护理人员的关爱。

实训学时：1 学时。

实训地点：教室。

实训方法：学生分组，4 人一组，每组中 1 人扮演病人，1 人扮演护士，2 人扮演亲属，场景为体验接待新入院病人或送出院病人。

实训评价：师生共同评价，选出最符合礼仪规范要求的组。

自主学习

1. 请分组讨论：护士（或护理人员）应该具有怎样的职业素养？
2. 请以"礼仪与职业素养"为题写一篇 1000 字左右的短文。

评价考核

能力评价表

学习目标	内容	评价	
	评价内容	小组评价 （5、4、3、2、1）	教师评价 （5、4、3、2、1）
知识（应知应会）	护士礼仪的含义		
专业能力	门诊护士礼仪		
	病房护理礼仪		
	手术室护士礼仪		
	急诊护士礼仪		
	对待病人家属礼仪		
通用能力	语言表达能力		
	沟通交流能力		
	分析判断能力		
态度	热爱护理服务工作 一丝不苟的精神 持之以恒的精神 对病人细心、热心、爱心、耐心		
努力方向：		建议：	

任务 2 护患沟通礼仪

情景导入

服 药

李工程师因胃炎、高血压住院。护士早上为他发药。

"李工,早上好!昨天晚上睡得好吗?今天感觉怎么样?您现在应该服药了,我给您倒水。这是胃动力药,您感觉上腹部胀痛,胃动力药就是增加胃的蠕动功能,减轻胃胀,所以要在用餐前 30 分钟服用。"

李工服完药问护士:"你落了一种药吧,医生说要服两种。"

护士微笑着说:"噢,你记得很清楚啊,是还有一种药,专门治疗高血压,不过是每 8 小时服用一次,到时间我会送来的。一定记着半小时后进餐,饭菜要清淡一些,这样容易消化,您好好休息。"

(资料来源:张英,http://www.szjkw.net)

任务分析

卡耐基曾经说过:"一个人事业上的成功,只有 15% 是由于他的专业技术,另外 85% 靠人际关系、处世技能。"而处理人际关系的核心能力就是沟通能力,正如有的专家所说:"沟通的素质决定了你生命的素质。"由此可见,沟通在人们的工作和生活中有着非常重要的作用。作为以人文关怀为核心内容的医疗服务,其服务品质的衡量标准就是患者及家属的满意度,而满意度的高低则是由患者及家属在和他们的期望值进行对比后得出的。如何去了解和把握患者或家属的期望值,如何尽可能地使医疗服务的实际所得达到患者和家属的期望值,除了医院的硬件环境、医务人员的技术、便捷的流程、合理的费用和高效的管理等因素外,医患之间的沟通在一定程度上起着决定性的作用。

医患沟通最主要的目的在于实现治疗的目标、传递疾病防治知识与有关的健康信息及交流情感等,因此,有效应用语言文字、音调、语调、身体语言等沟通元素,建立信任、明确沟通目标、把握对方的回应、学会倾听和融入对方的情感等成为医患沟通应把握的主要原则,因为沟通的真正意义在于对方所给你的回应,只有重视患者及家属的回应才能真正建立起信任,实现医疗目的。

本任务"情境导入"中的案例给我们这样的启示:护患之间始终存在着信息不对称,护理人员要学会站在患者的角度考虑问题,在沟通中要让患者感觉到:你是在用心服务,而不仅仅是为了完成工作任务。

如何与患者进行沟通是每个护理人员必须面对的重要问题。

知识储备

1. 护患沟通的原则

（1）目的性原则。护士和病人之间的语言沟通是一种有意识的语言沟通活动。护士无论是向病人及其家属陈述一件事，说明一个道理，提出一个问题或一个要求，一般都是为了实现一定的护患沟通目的。沟通者在思想上对此次谈话的目的要明确。说话前，尤其是准备进行一些较为重要或较为困难的谈话前，要先考虑一下"我为什么要说"、"我最要表达的意思是什么"、"人家为什么要我说"、"我要怎样说"等问题；要预想达到的谈话效果及采用什么样的内容、方法、技巧才可能达到预期效果。以此为思想指导去组织话语，调控表达方式，这就是目的性原则。

在临床护理工作中，护士常常需要有针对性地与病人交谈。或询问病情，或心理治疗，或护理操作等，这些活动都有明确的目的性。如有病人不愿服某种药物，护士就要规劝病人服下。如果生硬地说"你不服药就算了，不服你的病就好不了"这种粗俗的不负责任的话，就可能会加重病人的思想负担，产生"病好不了"的悲观心理，以致发展到自暴自弃，拒绝服药治疗。假若护士这样说："这种药物疗效很好，已经治愈了许多类似的病人，只是有点副作用，您服药后如果不舒服可随时叫我。"病人听了护士的亲切开导，消除了疑虑，就会愉快地接受治疗，自觉服药。

（2）适应性原则。语言交际是个动态的信息交流过程，在语言沟通中，尤其是在比较复杂的交际过程中，各种客观因素也在不断发生变化。这就要求说话者言由意遣，适应情况的变化，随机应变，不断调节语言内容与形式，控制整个交际过程的进展。病人舒青是一位年轻的女舞蹈演员，因腿部骨折而住院治疗。这两天她老说她"再也当不了演员了"、"梦想破灭了"，情绪低落，睡眠不好，食欲缺乏，有时表现得十分烦躁，对康复十分不利。负责护理该病人的肖护士研究了她的病例，并与主治医生一起探讨了她的病历后，一致认为这次骨折将不会影响她在舞蹈方面的发展。为了消除她的焦虑，肖护士计划好与她进行一次治疗性交谈。交谈中随着双方关系的进一步发展，坦诚而自如的气氛消除了病人舒青的顾忌，病人谈了她焦虑的更重要的（或真正的）问题是未婚先孕。于是肖护士立即调整了语言沟通的目标，使交谈主题转移到如何解决未婚先孕的问题上来。交谈是一个变化的甚至是非常复杂的过程。肖护士通过交谈发现病人舒青的新问题后，既要帮病人调整好因暴露痛苦问题后所产生的情感变化，又要调整自己的思绪以适应交谈内容的变化，同时还要通过非指导性交谈，与病人舒青一起商讨出一个妥善的、使病人可以接受的解决问题的方案。这不仅要求护士具有高明的沟通技巧、良好的应变能力和丰富的工作经验，还要具有高尚的职业道德修养。

（3）针对性原则。护患沟通中，要认真了解沟通对象的思想境界、性格特点，有针对性地选择表达内容与形式。

① 分析对方精神境界、思想素养、性格特点，沟通时必须"一把钥匙开一把锁"，从态度、方式、语气等方面因人施谈。如护士应以恭敬沉稳的态度、稳重质朴的语言与老练诚恳

的人交谈；以诚挚信任的态度、谦虚恳切的语言与敏感内向的人交谈；以忠诚率直的态度、热情耿直的语言与性情豪爽的人交谈；以谦虚好学的态度、文雅含蓄的语言与博学深虑的人交谈。

② 客观分析沟通对象的知识水平、生活经历、职业特点，语言交际量力而为。沟通对象的谈话兴趣，对话语所含意义、言语组合形式的接受理解能力，与他们的文化素养、知识结构、经历、职业有密切的关系，而这些直接影响着交谈的效果。所以善于交际的语言沟通者，应在交谈中注意这些因素。例如，要注重沟通对象的职业特征。交谈前就应事先了解对方的职业和专长，并且对对方职业专长方面所涉及的有关内容、知识要有一定的准备，正式交谈时才能触动"一点"，带动其他，达到交谈目的。谈话者以对方工作与职业作为谈话的切入点，并以虚心赞赏态度对待他，那么就很容易让对方产生亲切感，使交谈能达到较好的效果。李燕杰曾经到一家大医院演讲，上台一看，台下相当多的人在翻看医学书或其他读物。他既没有慌乱也没有不满，而是高声朗诵一首诗："每当我记起那病中的时光，白衣战士就引起我深情的遐想。他们那人格的诗、心灵的美，还有那圣洁的光，给我以顽强生活的信心，增添着我前进的力量……"因为演讲听众都是医护人员，他们所关心的是医护技术，开会不免要带一些业务书籍之类。但李燕杰根据听众的职业情况调整演讲开场白，先给这些医生、护士朗诵了赞美诗，一下子打动了听众的心，使他的演讲得以顺利进行，达到了语言沟通的目的。

③ 考虑对方的年龄、性别、心理特征，选择对方乐听之言。沟通对象的心理活动特点与其性别、年龄等也有很大关系，言语交际中要注意避讳语、禁忌语的运用。要做到看准对象有的放矢，还要做到在交谈形式上，根据不同的人，作具体分析，围绕中心内容，尽量照顾年龄差异，分别对待。如对少年儿童多用平易、幽默、诱导的语言；对中青年应多用逻辑、哲理的语言；对老年人宜多用含蓄、委婉的语言。在交谈态度上，对老年人和长者，应尊敬、庄重和谦逊；对年龄相仿者要平等对待、随意、热情；对年少者，要关切、体贴。

(4) 换位性原则。动态把握沟通对象特定的心理情况，从对方的角度思考问题，换位思考，变换说话方法，便于对方接受。

① 考虑对方的特征处境，从对方的角度着想。他人在不同的处境中，会有不同的心境。心境如何，常常会影响人的思维和语言表达的进行。同一个人对同一句话，在心情不同的境遇下，心理感受和理解程度往往会大相径庭。悲伤期间有时会闻语伤心，从而黯然神伤，不发一言；高兴中有时会闻之雀跃，满心欢喜，从而侃侃而谈。同样一种思想和主张，如果能用顺应对方心境的内容和方式去交谈，对方的某种心理需求得到满足，产生了"心理相容"的效果，就会心悦诚服地接受；反之，则容易被对方拒绝。所以要很好地完成言语交谈任务，沟通者必须考虑对方此刻的处境与可能对话题产生的心理感受与承受力，设身处地，将心比心，选择适合的词语和谈话角度，以便取得好的效果。

② 考虑对方特定心情，设身处地地将心比心。如护士与身患重病的病人交谈时，不必过多谈论病情。因为此时有关的医疗知识，不需要护士再多言。如果病人本来就背着重病的

精神包袱，护士再谈及过多，势必使其包袱加重。护士应该多谈谈病人关心、感兴趣的事，以转移他的注意力，减轻其精神负担。

(5) 真诚性原则。在追求沟通艺术，强调交往技巧的同时，不要忘了真诚的重要。真正的沟通，需要真诚，心与心的交流，需要真诚。真诚是指真实诚恳和真心诚意。真诚的感情基础是"爱心"，是"与人为善"。没有爱心和与人为善之意，便不会有真诚。不能简单地把真诚与"心直口快"、"实话实说"等同起来，有些人不管对方感觉如何，很随意地表现出自己的冲动，自以为"怎么想，就怎么说"才是真诚的，甚至无意中把自己的想法和感情强加于人。尽管他说的是"真话"，但也并不等于真诚，因为这样做可能使对方感到不快，甚至受到伤害。真正的真诚，必须从爱心出发，替对方着想，尽最大努力避免伤害对方。护士有时必须向病人隐瞒真实病情，但她的心是真诚的，她对病人充满爱心，一切是为了病人着想。当病人从护士的言语神情中感受到真诚时，心情便会放松，信任便会发展和巩固，沟通就会更顺利地开展。反之，当病人对护士的真诚产生怀疑时，心情便会紧张，戒心由此产生，沟通将会发生困难。

护士在工作中和沟通中表达真诚时应注意：讲话亲切、自然、不矫揉造作；设身处地为病人着想；语言表与表情举止等非语言表达应保持一致；力求言语文雅、语音温柔、态度谦和，表现出对病人的关怀、同情和体贴。

2. 护患交谈的几个阶段

护患沟通通常采用的方式是交谈。护患交谈一般要经历如下几个阶段。

(1) 开始阶段。护患交谈在开始时应注意提供支持性氛围，即建立起信任和理解的气氛以减轻患者的焦虑和紧张，有利于患者思想情感的自然表达。例如，有礼貌地称呼对方，向患者说明本次交谈的目的和大约所需时间。告诉患者在交谈过程中可以随时提问和澄清需要加深理解的问题，保持合适的距离、姿势、仪态及视线接触等。

交谈可以从一般性内容开始，如"今天您感觉怎么样"、"您今天气色不错"、"您这样坐着（或躺着）感觉舒服吗"等。当患者感到自然放松时便可转入正题。如果是与患者第一次交谈（如收集资料进行护理评估等），还应作自我介绍。总之，交谈开始阶段应努力给患者以良好的第一印象，这对于交谈的成功是十分重要的。一个人绝不会有第二次机会使别人对他（她）获得一个好的第一印象。病人对护士的第一印象将深深地影响会谈的结果。如果护士在会谈之初即建立一个温馨的气氛及表示接受的态度，会使病人开放自己并坦率地说出自己的想法，使会谈顺利地进行。真诚的照顾、关心以及温暖可以使会谈比较容易开始。首先，护士应尊重地称呼病人，并把自己介绍给病人，此外，应向病人解释：①这次会谈的目的。②这次会谈大致需要的时间。③会谈中收集的资料将用于制订护理计划。④在会谈过程中，如何使病人获得最大的帮助，并应特别强调在谈话过程中病人可以提出问题及澄清疑惑。有些一般性的问话，如"这束花真漂亮，是别人刚送来的吧？"可以帮助开始会谈。等到病人看上去已经放松并且有接受态度时，护士就可以开始她的会谈了。

(2) 展开阶段。此时的交谈主要涉及疾病、健康、环境、护理等实质性内容。随着会谈的进行,护士的任务是把谈话引向既定的重点上。护士在会谈中应始终把握三个重点:问题、病人的反应、非语言的沟通表达。护理人员要更多地运用各种沟通技巧,例如提出问题、询问情况、进行解释、要求澄清等,以互通信息,或者解决患者问题,达到治疗性目的。关于交谈技巧,下面有专题介绍。这里要强调的是:在这一阶段,护士一方面要按原定目标引导谈话围绕主题进行;同时要尽可能创造和维持融洽气氛,使患者毫无顾忌地谈出真实思想和情感。交谈中因新发现的问题而调整或改变原定主题的情况,也是常有的和必要的。

(3) 结束阶段。本阶段的主要任务是为终止交谈做一些必要的交代。例如用看手表的方式提醒对方交谈已接近尾声,应抓紧讨论剩下的问题,对交谈内容、效果做简明的评价小结,必要时约定下次交谈目标、内容、时间和地点等。

正式的专业性交谈(特别是治疗性交谈)要有记录。一般是在交谈结束后补做记录。如果需要在交谈中边谈边记,则应向患者作必要的解释,以免引起患者不必要的紧张和顾虑。记录要注意保护患者隐私。

护士在结束谈话时应注意以下几个问题。①告诉病人会谈快要结束了。②询问病人还有什么补充,这样可以弥补护士没有想到的内容。③在会谈即将结束的时候不要再介绍任何新的内容。如果对方提出新的问题,则可另约时间。按预定计划结束会谈是很重要的,因为如果护士还有其他的事要做而拖延时间的话,就可能会表现出注意力不集中、疏忽,甚至烦躁不安,这些表现会影响你与病人今后的交谈。④有时候可以告诉病人,由于他的合作,护士已经获得很多有关他的健康方面的资料,这些资料对制订他的护理计划非常有益。⑤最好在会谈结束前将谈话的内容作一个总结。在总结过程中,通过观察病人的感觉可以验证一下总结是否恰当。⑥会谈结束时可以为下一次会谈做准备,例如,护士可对病人说:"还要两天你就要动手术。"

3. 护患沟通的技巧

(1) 注意语言礼貌。语言礼貌是护患沟通的基本前提。这主要应该注意两个方面:

① 运用得体的称呼语。称呼语是护患交往的起点。称呼得体,会给病人以良好的第一印象,为以后的交往打下互相尊重、互相信任的基础。护士称呼病人的原则是:要根据病人身份、职业、年龄等具体情况因人而异,力求准确;避免直呼其名,尤其是初次见面直呼姓名很不礼貌;不可用床号取代称谓;与病人谈及其配偶或家属时,适当地敬称如"您夫人"、"您母亲",以示尊重。

② 巧避讳语。对不便直说的话题或内容用委婉方式表达,如耳聋或腿跛,可代之以"重听"、"腿脚不方便";患者死亡,用病故、逝世,以示对死者的尊重。

③ 善用职业性口语。职业性口语包括:一是礼貌性语言:在护患交往中要时时处处注意尊重病人的人格,不伤害病人的自尊心,回答病人询问时语言要同情、关切、热诚、有礼,避免冷漠粗俗。二是保护性语言:防止因语言不当引起不良的心理刺激,对不良结果不直接向病人透露,对病人的隐私要注意语言的保密性。三是治疗性语言:如用开导性语言解除病人的顾

虑；某些诊断、检查的异常结果，以及对不治之症者的治疗，均应用保护性语言。

④ 注意口语的科学性、通俗化。科学性表现在不说空话、假话，不模棱两可，不装腔作势，能言准意达，自然坦诚地与病人沟通。同时注意不生搬医学术语，要通俗易懂。

(2) 学会倾听。护士在沟通中首先要学会倾听。当护士全神贯注地倾听对方的诉说时，实际上便向对方传递了这样的信息：我很关注你所讲的内容，请你畅所欲言吧！对方便会毫无顾忌地说下去，同时还会获得解决问题的希望和信心。相反，如果一位患者滔滔不绝地向护士诉说了自己对于即将进行的手术很担忧，害怕手术不成功，害怕疼痛，害怕后遗症等等，而当患者停止诉说时，这位护士却又问："你对这次手术有什么顾虑吗？"患者马上便会意识到，他刚才诉说时，护士根本就没有听。此时，患者会立即失去继续沟通的兴趣和信心，觉得自己再怎么说也是无用的。

倾听不同于一般的"听"或"听见"。当人在清醒时，外界各种各样的声音都会传入人的耳朵，如窗外的蝉鸣声、鸟语声、汽车声，做家务时音箱传来悦耳的音乐声，上班时同事的问好声，等等。这些声音虽然都听到了，但都不属于入神地倾听。

倾听是指护士全神贯注地接收和感受对方在沟通时所发出的全部信息（包括语言的和非语言的），并作出全面的理解。也就是说，倾听除了听取对方讲话的声音、理解其内容之外，还须注意其表情体态等非语言行为所传递的信息。因此，倾听是护理人员对于对方作为整体的人所发出的各种信息进行整体性的接收、感受和理解的过程。

(3) 核实患者信息。核实是指护士在倾听过程中，为了解对自己理解是否准确时所采用的技巧。在沟通中，核实是一种反馈机制，它本身便能体现一种负责精神。通过核实，患者可以知道医护人员正在认真地倾听自己的讲述，并理解其内容。核实应保持客观态度，不应加入任何主观意见和感情。具体方法包括重复和澄清。

① 重复。重复是将对方说过的话再说一遍，待对方确认后再继续倾听和沟通。重复可以直接表示承认对方的叙述，可以加强对方诉说的自信心，使对方有一种自己的诉说正在生效的感觉，从而受到了鼓励继续诉说。

重复可以直接用对方的原话。例如，患者："昨天半夜我觉得很难受，难受得睡不着觉，胸很闷。"护士："您感到胸很闷？"患者："是的，简直喘不过气来（继续诉说）。"上例中护士的重复，表达了她对患者倾诉的关切和重视，患者可以由此获得继续倾诉的兴趣和信心。重复有时可以改换一些词句，但意思不变。例如，患者："我的癫痫病反复发作，我难以想象我的病会对我丈夫和儿子产生多大的影响。我真希望我从来没有得到过这种病，但现在它却老是发作，我不知道我丈夫和儿子会怎么想，他们一定很痛苦（因难过而说不下去）……"汤护士："您的丈夫和儿子因为您的病而非常痛苦吗？"患者说："是的，我实在为他们担心，我不想让他们烦恼（继续倾诉）。"在这个例子中，汤护士利用患者因难过而说不下去的时机，巧妙地重复了患者的意思。虽然没有完全运用患者的原话，但意思未变。这种词语的变化可以使重复显得更为移情化，较少机械性。而且，护士是在患者难过得说不下去时运用重复技巧的，这可以缓解患者情绪，使沟通继续下去。

在使用重复时不应加入自己的主观猜测，否则效果会适得其反。例如，"对不起，我来晚了一会儿！"护士："你因为来晚了而感到十分抱歉了？"在这里，"十分抱歉"是护士的主观猜测，把这种猜测强加给患者，会使对方感到不舒服，对方会觉得这位护士的反应太过分了，甚至有些轻率、不认真。

② 澄清。澄清的目的是对于对方陈述中一些模糊的、不完善的或不明确的语言提出疑问，以取得更具体、更明确的信息。澄清常常采用的说法如："请再说一遍"，"我还不太明白，请您再说清楚一点……""根据我的理解，您的意思是不是……"。澄清有助于找出问题的原因，有助于加强信息的准确性，不仅可以使护士更好地理解患者，还可以使患者更好地理解他自己。请看下面的例子。

患者："我与婆婆关系不好，我丈夫也无能为力。你看，我住院到现在婆婆都没来看过我一次。"

郝护士（点头）。

患者："还有我那12岁的儿子，实在太调皮、太贪玩。奶奶非常宠爱他，我们常为这事发生争执。我丈夫工作忙，也没多少时间过问儿子的事，唉……"

郝护士："您儿子在念小学吧！"

患者："是啊，小学五年级了，明年要上初中，但功课不是很好，我现在住在医院里，谁来管他的功课？真怕他成绩下降。还有单位里的工作也让我很不放心，不知道代替我的人能不能把事情做好，我真烦，没办法安心养病！"

郝护士："这些真够让您操心的了。但您能不能考虑一下最让您担心的是哪件事？"

患者（略作思考）："哦，还是儿子的功课最让我担心吧！"

当患者同时陈述了好几个困惑的问题时，通过澄清可以帮助护士和患者弄清关键问题是什么，此时，医护人员便可以在患者参与下，集中精力先解决关键的问题。

（4）善于向患者提问。提问在护患专业性沟通中具有十分重要的作用。它不仅是收集信息和核实信息的手段，而且可以引导沟通围绕主题展开。所以有人说，提问是沟通的基本"工具"。善于提问是一个有能力的护士的基本功。提问的有效性，将决定收集资料的有效性。

① 封闭式提问。例如，"你今天觉得胃部不适比昨天好些还是差些，或者是和昨天一样，没什么变化？"（回答是三者选一）；"您看了您的这些检验报告，是不是感到很担心？"（回答是"是"或"不是"）；"您的家庭中有患冠心病的人吗？"（回答"有"或"没有"）；"今天您能下床活动一下吗？"（回答"能"或"不能"）；"您有时间进行这些锻炼吗？"（回答"有"或"没有"）；"您的胸痛是在哪个部位？"（回答为"某某部位"或者用手指点该部位）；"您的家庭成员中谁得过冠心病？"（回答是"父亲"或"母亲"，或其他亲人）；"您昨夜大约睡了几个小时？"（回答具体的小时数）；"您平时经常进行哪些项目的身体锻炼？"（回答为说出体育锻炼的具体项目）；"您在大学里学的是什么专业？"（回答所学专业），等等。

② 开放式提问。例如，"您看起来不太愉快，您有什么想法吗？请告诉我，我可以尽力

帮助您。""过几天您就要动手术了，您对这次手术有什么想法？""您刚才已经知道医生给您的明确诊断了，有什么想法和感觉请尽量告诉我，我会帮助您的。""由于您的积极锻炼，您的下肢功能已经有了明显恢复，您有什么看法？请谈谈吧！也许对继续锻炼有利。""金先生，您对于这两天的饮食感觉怎么样？有什么意见和想法请告诉我，以便我们改进。"

患者回答开放性问题并不是一件轻而易举的事，因此，医护人员对于自己所要提出的每一个开放性问题都应慎重考虑和选择。同时，态度要特别诚恳，必要时应说明提问的目的、原因，努力取得患者的理解。当患者确信自己的回答一定会对健康有帮助时，便会乐意认真地回答。如果医护人员不作任何说明而突然提出一个范围很广的开放性问题，患者会感到莫名其妙，不知从何说起，或者因为怕麻烦而不愿回答。

封闭式提问和开放式提问在沟通中有时是交替使用的，但要注意每次提问一般应限于一个问题，待得到回答后再提第二个问题。如果一次提出好几个问题要患者回答，便会使患者感到困惑，不知该先回答哪个问题才好，甚至感到紧张、有压力，不利于沟通的展开。

（5）掌握阐释的方法。阐释是医护人员以患者的陈述为依据，提出一些新的看法和阐释，以帮助患者更好地面对或处理自己问题的一种沟通技巧。这些新的阐释（提议和解释）对患者来说，都是可以选择的，既可以接受，也可以拒绝。阐释应使患者感到确实对自己有益，阐释较多地运用于治疗性沟通之中。下面是一位护士为解决患者焦虑时运用阐释进行治疗性沟通的实例。

患者："我在退休以前工作一直很忙的，除了许多事务性工作之外，每天都要接待和会见许多人，甚至连晚上和休假日都要抽出时间接待来访者，我觉得自己是个不可缺少的人物，可现在呢？我每天待在家里，看看报，听听广播，或者看看电视，自己弄点吃的，再没有别的事可做了，现在又生病住在医院里，唉……"

常护士："哦，我能理解。您辛苦一辈子，把所有的时间和精力都用在工作上了，您很乐意帮助别人，生活过得很充实，现在您退休了，觉得没有什么更有意义的事可做了，您很不习惯这样赋闲的生活，是吗？"

患者："你说得没错！我确实很不习惯这种无所事事的生活。我以前虽然常常抱怨工作太忙什么的，但现在我却很留恋过去那种忙碌的日子。"

以上例子中，护士的阐释都是顺着患者的思绪而来的，并没有任何主观的胡乱猜测，但又确实加入了护士自己的理解和新的观点。护士从患者对于过去忙碌生活的津津乐道中，看出来患者热心事业、乐于助人的特点，因而提出了患者过去"生活过得很充实"的释义；又从患者对于退休后无事可干的埋怨语气中理解了患者的空虚、孤独等感受，从而提出了患者"不习惯这种赋闲生活"的新观点。这些释义和新观点都很自然地被患者所接受，患者会觉得护士说出了他自己想说而没说出来的心里话，增加了信任感，发展了良好的沟通关系。这无疑有利于患者健康问题的解决。

在运用阐释技巧时，要注意给患者提供接受和拒绝的机会，即让患者作出反应。阐释的基本步骤和方法如下。①尽全力寻求对方谈话的基本信息,包括语言的和非语言的。②努力理解患者所说的信息内容(包括言外之意)和情感。③将自己的理解用简明的语言阐释给对方听,要尽量使自己的语言水平与对方的语言保持接近,避免使用对方难以理解的词语。④在阐释观点和看法时,用委婉的口气向对方表明你的观点和想法并非绝对正确,对方可以选择接受或拒绝。例如,可用下列语言征求对方的反应:"我这样说正确吗?""我的看法是……不知对不对?""您的意思是……对吗?"⑤整个阐释要使对方感受到关切、诚恳和尊重,目的在于帮助患者明确自己的问题以利解决。

(6)运用体态语言。体态语言与语言构成交往的两大途径。体态语言常能表达语言所无法表达的意思,且能充分体现护理工作者的风度、气度,有助于提高沟通效果,增进和谐的护患关系。体态语言交流的技巧如下。

① 手势。以手势配合口语,以提高表现力和感应力,是护理工作中常用的。如病人高热时,在询问病情的同时,用手触摸患者前额更能体现关注、亲切的情感。当患者在病室喧哗时,护士做食指压唇的手势凝视对方,要比以口语批评喧闹者更为奏效。

② 面部表情。据研究发现,交往中一个信息的表达等于7%的语言、38%的声音、55%的面部表情三者之和。可见,面部表情在非语言交往中的重要作用。常用的、最有用的面部表情首先是微笑。护士常常面带欣然、坦诚的微笑,对病人极富有感染力。病人焦虑时,护士面带微笑与其沟通,本身就是"安慰剂"。病人恐惧不安时,护士镇定、从容不迫的笑脸,能给病人以镇静和安全感。其次是眼神,恰当地运用眼神,能缩短护患双方的心理距离。如在巡视病房时,尽管不可能每个床位都走到,但以眼神环视每个病人,能使其感到自己没被冷落;当病人向你诉说时,不应左顾右盼,而应凝神聆听,患者才能意识到自己被重视、被尊重。

③ 体态、位置。工作中体态、位置是否恰当,反映护士的职业修养和护理效应。当病人痛苦呻吟时,护士应主动靠近病人站立,且微微欠身与其对话,适当抚摸其躯体或为其擦去泪水,给病人以体恤、宽慰的感受。站立时应双腿挺直,双臂在躯体两侧自然下垂,收腹挺胸,不依墙而立。坐姿应上身自然挺直,两腿一前一后,屈膝,平行或交叉,能显示高雅、文静。行走步履轻盈,步幅均匀,抬头挺胸,自然摆臂,步态轻、稳、快,能体现庄重、有效率。总之,优美、朴实、大方的仪态是自然美的体现,也是护理价值的体现。

④ 体位。在护患沟通中,如果病人取的是坐位,那么护士要采取站位;患者如果取的是卧位,护士要取坐位,用基本平行的视线,这样更适合彼此的交流。

(资料来源:李晓洋.人际沟通.长沙:湖南科学技术出版社.2005;徐淑秀.护士礼仪与交际.北京:人民军医出版社.2007。)

实践训练

项目:制订护患沟通方案。

1. 病案资料

(1)病人概要:病人,女性,42岁,大学文化,公务员,有一个儿子正在读高中,家庭经济状况好。

（2）诊疗概况：病人因头痛伴恶心来院就诊，MRI 显示：胶质瘤。入院后给予控制脑水肿，降低颅内压治疗。在一次静脉输液时，病人询问护士治疗药物的种类，并反映头痛得很厉害，护士没有及时回答药物的种类，简单地说了一句："头疼，你不能忍一忍?!"第一次穿刺失败，护士未做任何解释，就准备第二次穿刺，这时病人大骂护士，与护士发生矛盾，引起病人头痛加剧，家属来探视时，病人对家属大发脾气，家属了解情况后非常生气，要求护士当面道歉，并要求领导对该护士予以处罚。

（3）病人心理和表现：①由于恶性肿瘤是世界范围内危害人类健康的常见病、多发病，而且死亡率高，再加上患上脑部肿瘤，所以病人的心理创伤很大；②病人承受着疾病与心理的双重折磨，以往的美好理想成为泡影，促使病人克制力下降，易烦躁，易愤怒，有时因小事迁怒家属和护理人员。

（资料来源：http://www.yh707.cn/html/alpx/081231DH324KE01D/）

2. 操作方法
(1) 全班分成若干小组，每组 8 人左右，指定一名组长；
(2) 小组成员根据"病案资料"讨论有针对性的护患沟通方案；
(3) 各组在全班宣讲自己的方案，最好由教师讲评。

自主学习

1. 作为护士，当你在病房巡视时，发现某病人亲属在房间因对护理工作不满而大吵大闹，出言不逊，你应该如何处理？

2. 下面提供一些可供选择的交谈方法，试作比较、分析和评价。

选择 A："小邱，你很年轻，你的伤很快会好起来的，你没有理由这样灰心丧气。人的一生会有各种各样的挫折，这次摔伤对你来说也是一个考验，你应该坚强些。"

选择 B："小邱，你怎么眼泪汪汪的？这么大小伙子了，你的小腿骨折又不是什么大不了的重伤。功课嘛，等你伤好了，抓紧点补上去不就好了吗？用不着伤心流泪的……"

选择 C："唔，你在这么关键的时候受伤住院，真是不幸！我理解你的心情和感受……（略作停顿沉默，使双方可以调整一下情绪）不过，你并不是没有希望的。你的老师和同学送你来住院时，对你都很关心，你的老师也问到了你的功课，我想他们绝不会丢下你不管的。你看，你的同学不是把你的书和笔记都给你送来了吗？你的腿虽然伤了，但你的脑子是健全的，仍旧可以复习功课。有什么不懂的地方，等你同学和老师来的时候可以问他们，他们一定会帮你的……"

3. 案例分析

邱某，18 岁，男性，高中三年级学生。在一场足球比赛中不幸摔伤了腿，造成小腿骨折。他知道学校学习非常紧张，同学们都在加紧复习准备迎接高中会考和升学考试，自己却躺在床上不能去听课。他怕自己跟不上学习进度,担心成绩下降。现在他正眼泪汪汪地躺着,看上去非常焦虑不安。

护士:小邱,早上好!唔,你怎么啦?

小邱:(转过来,揉眼)唉!

护士:你心里很难过吗?

小邱:我该怎么办呢?我的同学都在紧张地复习功课,可我……我所有的学习计划都泡汤了,我想我这次升学考试没什么希望了。

思考讨论题:

(1) 小邱的表面想法是什么?

(2) 小邱的情感流露是怎样的?

(3) 小邱的潜在愿望是什么?

(4) 请设计一个与小邱交谈的策略。

4. 以下实例(摘自张英. 护患沟通案例启示,http://www.szjkw.net,2005-10-28)给你什么启示?

(1) 入院。

一位高龄患者因脑出血昏迷收治入院。三位家人神色慌张地将其抬到护士站。当班护士很不高兴地说:"抬到病房去呀,难道你让他来当护士?"护士虽然不高兴,但还是带领家人将患者抬到了病房,并对患者家属说:"这里不许抽烟,陪护人不能睡病房里的空床……"此时,一位家人突然喊道:"你是不是想把我们都折磨死?"

启示:_____。

(2) 催款。

对于我们经常碰到的欠费催款,可能会有以下两种情形。

护士甲:阿婆啊,我都告诉你好几次了,你欠款2000多元了,今天无论如何要让您的家人把钱交了,否则我们就停止用药了。

护士乙:阿婆啊,今天是不是感觉好多了?不要心急呀,再配合我们治疗一个疗程,您就可以出院了。噢,对了,住院处通知我们说您需要再补缴住院费,麻烦您通知家人过来交一下。等家人来了,我可以带他去缴的。

启示:_____。

(3) 了解病情。

某护士向病人询问病情:

问:你现在腹部痛还是不痛?回答:不痛。

问:昨天吃饭好还是不好?回答:比较好。

问:你昨晚睡眠好不好?回答:不是很好。

启示:_____。

（4）为患者祝福生日。

康复科护士小芳在给患者王老伯扎静脉点滴时，听到给王老伯陪床的女儿对她说："爸，后天是您的生日，可我正好要出差，是和单位的同事同行，我就不能给您过生日了，等我回来后补上，现在就祝福您生日快乐！"王老伯说："我这么老了，还过什么生日，又不是小孩子。"到了王老伯生日那天中午11点半，康复科的全体护士来到了王老伯的床前，小芳手捧着鲜花，小丽提着蛋糕，她们齐声说到："祝王伯伯生日快乐！"王老伯看到这情景，一时不知说什么好。

启示：_____。

评价考核

能力评价表

学习目标	内容		评价	
	评价内容		小组评价 (5、4、3、2、1)	教师评价 (5、4、3、2、1)
知识（应知应会）	护患沟通的原则			
	护患交谈的阶段			
专业能力	注意语言礼貌			
	学会倾听			
	核实患者信息			
	善于向患者提问			
	掌握阐释的方法			
	运用体态语言			
通用能力	语言表达能力			
	沟通交流能力			
	分析判断能力			
	归纳总结能力			
	观察分析能力			
态　度	热爱护理服务工作 一丝不苟的精神 持之以恒的精神 对病人细心、热心、爱心、耐心			
努力方向：			建议：	

形体训练

形体基本动作组合训练　学习情境11
芭蕾　学习情境12
时尚健身美体术　学习情境13

学习领域 IV

学习情境 11　形体基本动作组合训练

　　形体训练是服务行业从业人员拥有良好体态的重要途径。服务行业从业人员在拥有良好体态之前应该首先明确如下形体美的标准。

　　(1) 躯干骨骼发育正常。躯干骨骼发育正常首先要求脊柱正视垂直，侧看曲度正常。骨骼的异常，将直接影响到身体的外观。一些人平时不注意自己的坐姿，久而久之，会改变脊柱的弯曲度，以致成年后弓腰驼背，姿势不雅。

　　(2) 四肢长而直，关节显得不粗大突出。长期习惯或保持某些特定的姿势，会缓慢地影响形体。如骑马的牧民和船上的水手，大多是罗圈腿，所以运动锻炼时应全面考虑运动范围，切忌过于单一。腿要修长而线条柔和，小腿腓部稍突出，腿部的健美靠健壮的肌肉衬托。肌肉不发达的腿，纤细缺乏力度；如果脂肪多则会粗似"象腿"。唯有肌肉健壮的腿，线条才会略有起伏，显得结实而健美。

　　(3) 头顶隆起，五官端正。在体育运动中，一些要突出表现形体美的项目中，教练员宁愿挑选头部稍小的苗子来进行训练。头顶微微隆起，构成的圆弧与全身的线条保持流畅和谐，与端正的五官显得协调。如果两个身材差不多的运动员经过一段时间的训练，肌肉同样发达，但给人们的印象却是头部较小的运动员肌肉更强壮些。

　　(4) 双肩平正对称，男宽女圆。男子的肩膀宽阔，可以显示雄壮威武的气概，女子圆润的肩膀，可以突出其曲线美。

　　(5) 胸廓饱满。有宽大而隆起的胸部，人才显得健壮结实，富有活力。一个男子如果把胸大肌和背阔肌锻炼得发达，他的上身就会呈现 V 形而显得挺拔有力。而女性则要有丰满的胸部才能充分地显示出身体的优美曲线，表现出女性特有的魅力。

　　(6) 腰细而结实。从古到今很少有人以腰粗为美，我国高山、景颇等少数民族在青少年时期就用竹篾将腰部扎紧，以便于奔跑和劳动。应该注意通过坚持体育锻炼来消除沉积在腰部的多余脂肪，如此就自然会出现一个呈圆柱形的挺拔的腰杆。

　　(7) 腹部扁平。健美的身材要求腹肚扁平。鼓出而下垂的腹部是不美观的。

　　(8) 臀部圆翘，球形上收。如果两个骨骼比例一样的人站在一起，那么臀部圆翘者将显得躯短腿长，重心高，身材漂亮。我国传统观念视该部为不雅，而希腊人却认为臀部是属于人类特有的，在解剖学上有异常美丽的曲线，还为之专门修建庙宇表示崇拜。中世纪的德国人认为圆臀是人区别魔鬼的标志。人类学家认为亚洲人身材稍逊的症结，在于臀部扁宽，腰身松而肥。所以，应通过经常的形体训练收紧臀部肌肉，这样有助于展示身体之美。

> 形体美胜于颜色美。
> ——[英] 培根

（9）踝细、足弓高。人体最下端的足虽不起眼，但却有 26 块骨头、24 条肌肉及 114 条韧带默默支撑着全身的重量。踝关节相对细小，会显得灵活；足弓高，行走时步伐富于弹性。这些对于身体美的构成及表现也具有重要意义。

任务 1 >>> 手臂动作训练

任务分析

服务人员在服务过程中，需要运用手臂动作与顾客进行沟通和交流。

经常做手臂练习可以增强手臂和手指的灵活性和舞蹈表现力，增强手臂的线条感，减去手臂多余的脂肪，特别是大臂的赘肉，对服务行业从业人员塑造体态美具有十分重要的意义。

训练指南

（1）练习时要注意以下要点。①做"小波浪"时，要求手由抓握状到展开手掌呈手指上翘状；②做"大波浪"时，眼要随手；③"抖手"时手心朝向身体前方。

（2）练习组合

预备拍：5~8"双跪坐背手"（见图 11-1）。

第 1×8 拍：1~2 右手旁"大波浪"带"双跪立"一次（见图 11-2）。

3~4 同 1~2 动作，左手旁"大波浪"带"双跪立"一次（见图 11-3）。

5~6 右手向前"大波浪"带"双跪立"一次（见图 11-4）。

7~8 同 5~6 动作，左手向前"大波浪"带"双跪立"一次（见图 11-5）。

图 11-1　　　图 11-2　　　图 11-3　　　图 11-4　　　图 11-5

第 2×8 拍：1 双手胸前"小波浪"一次（见图 11-6）。

2 胸前"对腕"，向右"倾头"（见图 11-7）。

3~4 同 1~2 动作，向左"倾头"（见图 11-8 和图 11-9）。

图 11-6　　　图 11-7　　　图 11-8　　　图 11-9

　　5～8 同 1～4 动作。

第 3×8 拍：重复 1×8 拍的动作。

第 4×8 拍：1～4 重复 2×8 拍的 1～4 动作。

　　　　　5～6 双手胸前"小波浪"一次对腕（见图 11-10）。

　　　　　7～8 双手举至"旁斜上位"，手心向上（见图 11-11）。

图 11-10　　　图 11-11

课后练习

1. 双手臂上举，举到最高点，后背拉长，眼睛看正前方，每次坚持 10 秒钟。
2. 双手臂平举，按节奏有规律地向后开肩，每次坚持 4 个 8 拍。
3. 熟练练习手臂动作训练组合 2 遍。

任务 2　≫≫躯干动作训练

任务分析

　　经常练习躯干，学会提气、收腹，可以提高练习者的气质和后背的挺拔度，防止驼背的出现。

　　练习时要注意以下几点要求：①"弯弯腰"时骨盆固定不动，上体对正前方；②"转腰"时骨盆要固定,以腰为轴,最大限度地向左或向右转动;③"前弯腰"时胸腹与腿部贴靠,脊柱尽量拉长;④"后弯腰"时,两腿并拢,要求头、颈、肩、胸依次向后弯曲,呼吸时要均匀,双手扶地保持与肩同宽,"扩指"手形。

训练指南

预备拍:5~8"跪坐旁按手",身向1点(正前方)(见图11-12)。

第1×8拍:1 左手"折腕",指尖扶头顶,右手"旁按手"(见图11-13)。

2 右"弯腰",右手扶地(见图11-14)。

图11-12　　　　图11-13　　　　图11-14

3 手不动,身体直立(见图11-15)。

4 还原"准备动作"(见图11-16)。

5~8 做1~4相反动作。

图11-15　　　　图11-16

第2×8拍:1 左手至左身旁,右手"旁按手"(见图11-17)。

2 向右"转腰"(见图11-18)。

3 手不变,身体转回正前方(见图11-19)。

4 还原准备动作(见图11-20)。

5~8 做1~4相反动作。

图 11-17　　　　图 11-18　　　　图 11-19　　　　图 11-20

第 3×8 拍：1～2 "双跪立"（见图 11-21）。
　　　　　3～4 用膝盖移动转向 2 点（右 45 度角方向），呈身向 2 点（见图 11-22）。
　　　　　5～6 "跪坐前旁腰"，双手前伸扶地（见图 11-23）。
　　　　　7～8 手不动成 "俯卧正步位绷脚" 右直贴地（见图 11-24）。

图 11-21　　　　图 11-22　　　　图 11-23　　　　图 11-24

第 4×8 拍：1～4 双手撑地 "后旁腰"（见图 11-25）。
　　　　　5～7 还原成 "俯卧"（见图 11-26）。
　　　　　8 双手伸于头上地面（见图 11-27）。

图 11-25　　　　图 11-26　　　　图 11-27

课后练习

1. 练习旁腰的软度,每次做 4 遍,每遍 8 次。
2. 练习后腰的软度,每次做 2 遍,每遍 8 次。
3. 练习躯干动作训练组合 2 遍。

任务 3 >>> 下肢动作训练

任务分析

经常练习下肢的动作,可以提高腿部肌肉的力量,修正腿形,防止"O 形"和"X 形"腿的出现。

练习时要注意以下几点:①手臂向前平伸时,两手距离与肩同宽;②"前吸腿"和"后吸腿"时,注意双膝和双脚并拢、"绷脚";③"转体"时,手臂夹耳,保持"正步位绷脚"。

训练指南

预备拍:5~8 正步位绷脚仰卧,手臂向前平伸,头看天空(见图 11-28)。

第 1×8 拍:1~4 右脚绷脚吸腿(见图 11-29)。

　　　　　5~8 右前抬腿(见图 11-30)。

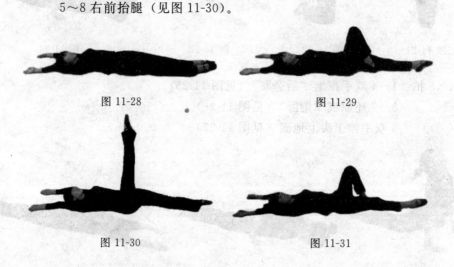

图 11-28　　　　　　　　　图 11-29

图 11-30　　　　　　　　　图 11-31

第 2×8 拍:1~4 右腿还原为吸腿状(见图 11-31)。

　　　　　5~8 右伸腿还原(见图 11-32)。

第 3×8 拍:1~4 左脚绷脚吸腿(见图 11-33)。

　　　　　5~8 左前抬腿(见图 11-34)。

图 11-32　　　　　　　　图 11-33

图 11-34　　　　　　　　图 11-35

第 4×8 拍：1～4 左还原为吸腿状（见图 11-35）。
　　　　　5～8 左伸腿还原（见图 11-36）。

图 11-36　　　　　　　　图 11-37

第 5×8 拍：1～4 向右转体成俯卧（见图 11-37）。
　　　　　5～8 立上身（见图 11-38）。

图 11-38　　　　　　　　图 11-39

第 6×8 拍：1～4 右腿后吸腿（见图 11-39）。
　　　　　5～8 还原（见图 11-40）。
第 7×8 拍：1～4 左腿后吸腿（见图 11-41）。
　　　　　5～8 还原（见图 11-42）。

图 11-40　　　　图 11-41　　　　图 11-42

第8×8拍：1~4 后双吸腿（见图11-43）。
　　　　　5~8 还原（见图11-44）。

图 11-43　　　　　　　　图 11-44

课后练习

1. 练习踢前腿，左右各 20 次。
2. 练习踢后腿，左右各 20 次。
3. 熟练练习下肢动作训练组合 2 遍。

任务 4 >>> 形体舞蹈组合训练

任务分析

形体训练是以身体练习为基本手段，匀称和谐地发展人体，增强体质，促进人体形态更加健美的一种运动。通过形体舞蹈组合训练可以提高服务行业从业人员的体能素质。练习者在旋律优美的乐曲伴奏下，经常性地进行形体舞蹈组合训练，可使身心得到全面发展，有利于培养健美的体态和高雅的气质，使形体更富有艺术魅力。

练习时要注意以下几点：①做动作时，要提气，眼睛要随着动力手而转，眼到手到；②身体下压时注意后背要拉长，不能驼背；③"转体"时，注意留头（身体开始转动而头留向原方位不动称"留头"——编者注），立"半脚掌"。

训练指南

组合练习

预备拍：5~8 右踏步，双臂自然下垂，头朝 2 点（右 45 度角方向）（见图 11-45）。
第1×8拍：1~2 右手臂向 2 点抬起，高于头顶，头仰起，眼睛看手（见图 11-46）。
　　　　　3~4 右手收回还原为准备动作（见图 11-47）。
　　　　　5~8 重复 1~4 的动作。

图 11-45　　　　图 11-46　　　　图 11-47

第 2×8 拍：同 1×8 拍的相反动作。

第 3×8 拍：1～4 左腿屈膝，右腿向 8 点方向伸直绷脚，上身向 8 点方向弯曲，两臂向 8 点方向延伸，眼睛看手（见图 11-48）。

5～8 两腿伸直的同时左脚尖点地，上身立起，两臂挺直延伸呈顺风旗位，眼睛看左手（见图 11-49）。

第 4×8 拍：1～2 重心移向左腿，胯移向左侧，右手臂弯曲，大臂以逆时针方向画立圆，同时右腿收回与左腿并拢（见图 11-50）。

3～4 右手臂向 2 点方向伸开（见图 11-51 和图 11-52）。

5～8 右手臂放下。

图 11-48　　　图 11-49　　　图 11-50　　　图 11-51　　　图 11-52

第 5×8 拍：同 3×8 拍相反动作。

第 6×8 拍：同 4×8 拍相反动作。

第 7×8 拍：1～2 左腿向前伸直绷脚，左腿弯曲，上身向前倾，两臂向前方伸直低头

(见图 11-53)。

3~4 左腿收回同时上身直立，两臂斜上举（见图 11-54）。

5~8 右腿弯曲，左腿伸直绷脚向侧滑动，两臂呈顺风旗位，眼睛看右手（见图 11-55）。

图 11-53　　　图 11-54　　　图 11-55

第 8×8 拍：1~4 右腿弯曲，左腿向 2 点方向伸直绷脚，上身向 2 点方向弯曲，左手臂略高于头顶，右手臂略低，向 2 点延伸，眼睛看右手的方向（见图 11-56）。

5~6 左手臂向上抬起，向左转身（见图 11-57 和图 11-58）。

7~8 还原为 1 点（正前方），立直站立（见图 11-59）。

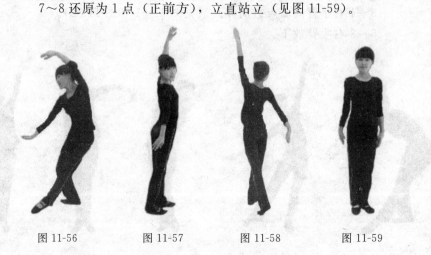

图 11-56　　　图 11-57　　　图 11-58　　　图 11-59

课后练习

1. 平日注意运动，每天最少运动 30 分钟。
2. 加强身体的软度练习，每天保证 15 分钟。
3. 熟练练习形体舞蹈组合 2 遍。

学习情境 12 芭 蕾

芭蕾（Ballet）是一种起源于意大利的舞剧，用音乐、舞蹈和哑剧来表演戏剧情节。古典芭蕾以女演员用足尖点地作为主要特征。后盛行于法国和俄罗斯，至今已有300多年的历史。自1713年法国路易十四创建世界上第一所芭蕾舞学校以来，芭蕾教育已遍及全球。芭蕾非正式进入我国大约在20世纪30年代，当时哈尔滨、上海等地皆有俄罗斯人开办的私人芭蕾舞学校。50年代我国聘请前苏联一批有名望的芭蕾专家到北京舞蹈学校任教，培养出我国第一批有扎实基本功的芭蕾演员。40多年以来，我国芭蕾教育工作者在俄罗斯学派的基础上努力探索，并引进了西方国家不同的教学体系，丰富芭蕾教学，得到了迅速发展，同时取得了丰硕的成果。

随着社会的进步，近年来芭蕾业余教育正在蓬勃发展，人们意识到芭蕾不仅在人的形体健美上、手脚灵巧敏捷上、步履轻盈上有着特殊的作用，同时在培养人的思想、品德、修养、情操、仪表、礼节及艺术品位、鉴赏能力等方面都有不可忽略的作用。为此，如果在接受高等教育的同时，能有机会接受严格正规的芭蕾教育，无疑对每个人来说，无论在心理还是生理上都将是完美无缺的。

芭蕾以其独特的舞蹈形式来展示人体优美的线条，动作流畅，舞姿多变，造型流畅，技艺精湛。几百年来形成了一套规范、严谨、科学的训练方法。芭蕾训练中常出现开、绷、直、立四个字，这四个字始终贯穿在芭蕾训练之中，所有的动作必须在开、绷、直、立的基础上完成，所以称为芭蕾的基本元素。"开"是指髋关节向人体两侧外开，髋关节的打开，舒展了人体的线条，增加了人体下肢的表现能力。"绷"是指脚腕伸展，脚背上拱，脚心下窝，脚趾并拢，向远向下无限伸展。"直"是指人体重心的垂直。无论是两脚站立、单脚站立、甚至空中跳跃，都有一个重心垂直的问题，如果中心出了偏差，动作过程中很可能出现失误。"立"是指人体每一个关节、肌肉都向上提，有无限提升感。

各行业的服务行业从业人员如果能够接受芭蕾的训练，对形成良好的体态具有十分重要的作用。

任务 1 >>> 芭蕾基本手位和脚位

任务分析

世界上各个流派的芭蕾在手位设置上不全相同，这是因为各流派的表演风格不同。这里介绍俄罗斯学派的七个手位，因为俄罗斯流派的手位在延伸舒展性上，在挺拔感觉上，比较突出，并比较有助于稳定重心和帮助收紧背部及立腰。在训练过程中利用这七个手位主要是训练手指末梢神经的感觉使得动作的美感延伸到生活、工作中的每一个细节。

脚位充分展示了芭蕾"开"的特点，是学习芭蕾的基础，芭蕾中脚的五种基本位置，是学生最早要学习的动作。不只是因为简单，而是芭蕾课堂上大部分动作都是以这五种基本位置之一作为开始和结束姿态。外开并非易事，但也并非可怕，它需要时间和坚持不懈的刻苦锻炼。有些人的自然开度好，以下的动作他就能很轻易地完成。有些人开度较差些，但多练习就会逐渐达到要求。

训练指南

手的位置从一位到七位，两手臂始终要保持椭圆形，注意不要让手腕和肘关节下塌，手的七个位置运动路线要规范。熟练手的七个位置之后，要头、手、身体各部位协调配合，要体会手位中的内在力量，尤其是后背肌群在动作中起到平稳、稳定的作用，要运用手的表现能力传情达意。

脚位的开度要保持从大腿根、膝盖、脚腕、脚尖的上下一致。如果胯部不开，脚位可以站大八字或小八字，切忌某个局部开，某个局部关，造成上下扭曲而损伤。五位和三位站立要保持胯部正，不要因为某只脚在前，而一边的胯歪向前。胯不正的原因正是因为在前五位或前三位的脚没有伸直而形成的，所以五位和三位站立不但要伸直两膝，而且要夹紧大腿。

1. 手的位置

手形：手自然放松，中指、无名指和小指并拢，食指外开，拇指自然放松（见图12-1）。

一位：从肩到手指尖在身体前呈椭圆形，手心朝上，两手相距一只拳头左右，小指边离大腿约二寸距离（见图12-2）。

二位：保持一位手状态，两手臂向上抬至手心与胃部平行部位（见图12-3）。

三位：保持二位手状态，两手臂向上抬至头顶斜上方（见图12-4）。

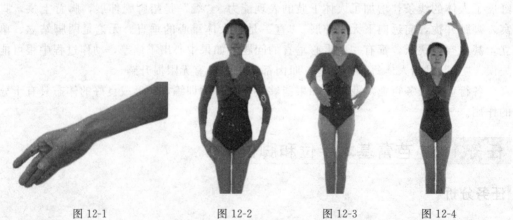

图12-1　　　　图12-2　　　　图12-3　　　　图12-4

四位：一只手臂保留在三位，另一只手臂从三位回至二位（见图12-5）。

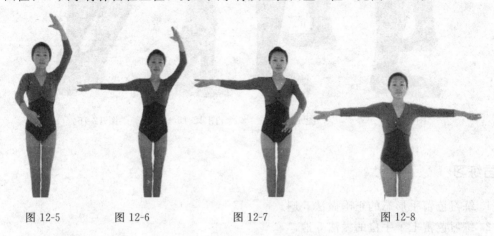

图 12-5　　　图 12-6　　　图 12-7　　　图 12-8

五位：一只手臂仍保持在三位，二位手臂向旁打开（见图12-6）。
六位：打开到旁的手不动，三位手下到二位（见图12-7）。
七位：打开到旁的手仍不动，二位手打开到旁呈七位（见图12-8）。

2. 脚的位置

一位：两脚脚后跟相靠，两脚脚尖向外打开呈"一"字形（见图12-9）。
二位：在一位的基础上，两脚脚后跟分开，相距约一只脚的距离（见图12-10）。
三位：保持在二位的基础上，一只脚的脚后跟向另一只脚的脚心靠拢（见图12-11和图12-12）。

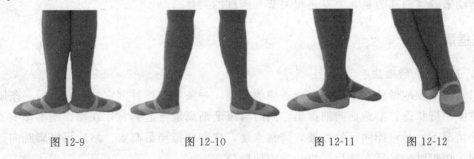

图 12-9　　　图 12-10　　　图 12-11　　　图 12-12

四位：保持两脚尖外开状，一只脚在另一只脚的正前方或正后方，形成两条平行线（见图12-13和图12-14）。
五位：在四位的基础上，两脚合拢并紧（见图12-15和图12-16）。

图 12-13　　　图 12-14　　　图 12-15　　　图 12-16

课后练习

1. 练习芭蕾手形态的正确做法 5 遍。
2. 练习芭蕾七个手位的做法 5 遍。
3. 练习芭蕾五个脚位的做法 5 遍。

任务 2 >>> 擦地练习

任务分析

擦地绷脚可以在一位和五位脚的位置上向前、向旁、向后方向做。擦地主要通过擦地绷脚背，立脚趾，整条腿向远处、向下延伸，伸展整条腿的肌肉，然后收回。通过擦出收回的不断运动来锻炼腿部力量，尤其是踝关节和脚趾的力量。

训练指南

1. 五位擦地的做法

（1）向前擦地做法。五位站立准备向前擦地，一条腿支撑并固定好重心，另一条腿保持与支撑腿平行状态，沿地面向前擦出，同时脚跟渐渐离地推起脚背，在动作腿不影响支撑腿重心的情况下，尽可能向远处伸展，脚掌点地，将脚背推至最高点。然后再将脚趾向远处伸展立起，用脚趾尖轻轻点地后，再一次收回原位。

（2）向旁擦地做法。一条腿支撑并固定好重心，另一条腿向旁沿地面擦出，同时脚跟渐渐离地推起脚背，在不影响支撑腿重心的情况下，动作腿尽可能向远伸展，脚掌点地，将脚背推至最高点。然后再将脚趾向远伸展立起，用脚趾轻轻点地后再依次收回原位。

（3）向后擦地做法。一条腿支撑并固定好重心，另一条腿保持与支撑腿平行状态沿地面向后擦出，同时脚跟渐渐离地推起脚背，在不影响支撑腿重心的情况下，动作腿尽可能向远伸展，脚掌点地，将脚背推至最高点。然后再将脚趾向远伸展立起，用脚的大趾外侧点地，然后依次再收回原位。

2. 组合练习

共 4 个 8 拍，每次练习动作重复两遍，每次配合动作的播放音乐为 8 个 8 拍，左脚为主力脚，右脚为动力脚。

预备拍：1～4 五位站立，左手扶把，准备向前擦地（见图 12-17）。

5～6 右手由一位抬至二位（见图 12-18）。

7～8 右手从二位至七位（见图 12-19）。

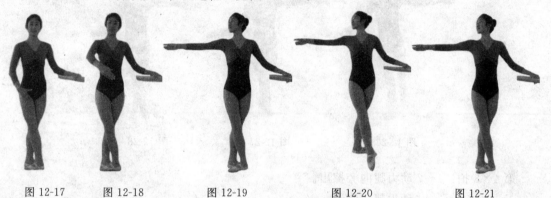

图 12-17　　　图 12-18　　　图 12-19　　　图 12-20　　　图 12-21

第 1×8 拍：1～2 右脚（下面称为"动力脚"）向前擦出（见图 12-20）。

3～4 动力脚收回，还原（见图 12-21）。

5～8 重复 1～2 的动作。

第 2×8 拍：1～2 动力腿向旁擦出（见图 12-22）。

3～4 动力腿压脚跟（见图 12-23）。

5～6 动力腿提起脚跟呈擦出状态（见图 12-24）。

7～8 动力腿收到主力腿后面，呈五位脚（左脚在前，右脚在后，见图 12-25）。

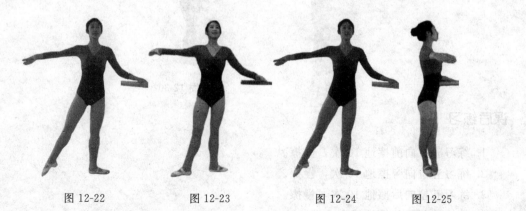

图 12-22　　　图 12-23　　　图 12-24　　　图 12-25

第3×8拍：1～2动力腿向后擦出（见图12-26）。
　　　　　3～4动力脚收回，还原（见图12-27）。
　　　　　5～6重复1～2动作。
　　　　　7～8动力腿收回五位，同时头转会正前方（见图12-28）。

图12-26　　　　图12-27　　　　图12-28

第4×8拍：1～2动力腿向旁擦出。
　　　　　3～4动力腿压脚跟。
　　　　　5～6动力腿提起脚跟呈擦出状态。
　　　　　7～8动力腿收到主力腿前面，呈五位脚，左脚在后，右脚在前（见图12-29）。
结束：5～8动力手，呼吸、收（见图12-30）。

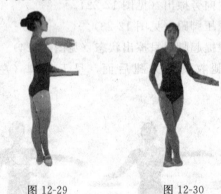

图12-29　　　　图12-30

课后练习

1. 练习五位向前擦地10次，慢擦。
2. 练习五位向旁擦地10次，慢擦。
3. 练习五位向后擦地10次，慢擦。
4. 熟练练习五位擦地组合2遍。

任务3 >>> 蹲的练习

任务分析

蹲分半蹲和全蹲,蹲在脚的五个位置上都可以做。蹲主要是通过膝关节在不同的脚位上做各种不同节奏的快和慢的半蹲和全蹲,以锻炼膝关节的柔韧性和腿部的肌肉。蹲是训练中重要的一部分,通过蹲的训练能使训练者轻松地腾空而起,轻盈地落,屈伸有力,富有弹性。

训练指南

1. 蹲的做法

(1) 半蹲的做法。一位站立,保持人体的基本形态,两膝逐渐下蹲,蹲到脚腕与脚背有挤压感,跟腱略有一点紧张的位置为半蹲。

(2) 全蹲的做法。在半蹲的基础上,继续往下蹲,脚跟可以略微抬起一点(只有二位大蹲不容许起脚后跟),蹲到底,臀部不能坐在脚后跟上,保持开度和后背挺直。起来是先落下脚跟,再慢慢站起来。

2. 组合练习

共8个8拍,音乐为8个8拍,左脚为主力脚,右脚为动力脚。

预备拍:1~4 一位站立,左手扶把,右手芭蕾一位手准备(见图12-31)。

　　　　5~6 右手由一位抬至二位,眼随着动力手走(见图12-32)。

　　　　7~8 右手从二位至七位,眼随着动力手走(见图12-33)。

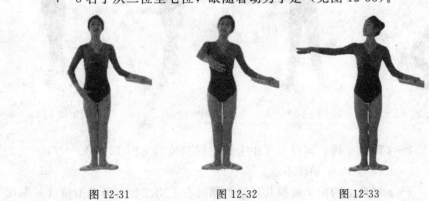

图12-31　　　　图12-32　　　　图12-33

第1×8拍:1~4 一位半蹲,同时右手由七位收回二位(见图12-34)。

　　　　　5~8 保持1~4动作不动。

第2×8拍:1~4 慢慢由一位半蹲提起还原,同时右手由二位打开至七位(见图12-35)。

5~6 由一位动力脚向旁擦出（见图12-36）。

7~8 动力腿脚跟下压，身体重心由左脚移到两脚之间呈芭蕾二位脚（见图12-37）。

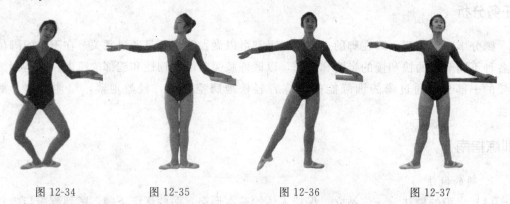

图12-34　　　图12-35　　　图12-36　　　图12-37

第3×8拍：1~4 二位半蹲，右手由七位收回二位（见图12-38）。

5~8 保持1~4动作不动。

第4×8拍：1~4 慢慢由二位半蹲提起还原，同时右手由二位打开至七位（见图12-39）。

5~6 动力脚由二位收到主力脚前面，呈向前擦地状态（见图12-40）。

7~8 动力腿压脚跟同时移重心呈四位脚状态（见图12-41）。

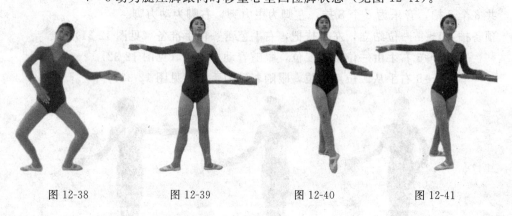

图12-38　　　图12-39　　　图12-40　　　图12-41

第5×8拍：1~4 四位半蹲，同时右手由七位收回二位（见图12-42）。

5~8 保持1~4动作不动。

第6×8拍：1~4 慢慢由四位半蹲提起还原，同时右手由二位打开至七位（见图12-43）。

5~6 身体重心由中间移至左脚上面，呈向前擦地状态（见图12-44）。

7~8 收动力脚，呈五位脚（见图12-45）。

图 12-42　　　　图 12-43　　　　图 12-44　　　　图 12-45

第 7×8 拍：1～4 五位半蹲，同时右手由七位收回二位（见 12-46）。
　　　　　5～8 保持 1～4 动作不动。
第 8×8 拍：1～4 慢慢由五位半蹲提起还原，同时右手由二位打开至七位（见图12-47）。
　　　　　5～8 保持 1～4 动作不动。
结束：5～8 动力手，呼吸、收（见图 12-48）。

图 12-46　　　　　图 12-47　　　　　图 12-48

课后练习

1. 练习芭蕾二位半蹲 5 遍。
2. 练习芭蕾四位半蹲 5 遍。
3. 练习芭蕾五位半蹲 5 遍。
4. 熟练练习芭蕾五位半蹲组合 2 遍。

任务 4 >>> 踢腿练习

任务分析

小踢腿是在擦地基础上向空中有控制地踢起,特点是急速、有爆发力,比擦地动作速度增快,力度增大可以锻炼腿部肌肉,提高动作的速度和控制力及后背力量。

训练指南

1. 五位小踢腿的做法

五位向前擦地,脚尖离地 25 度。落地经脚尖点地收回前五位。小踢腿向旁和小踢腿向后与擦地动作不同,在不同方向点地的基础上,再向远延伸踢出,离地 25 度停住。

2. 组合练习

共 4 个 8 拍,每次练习动作重复两遍,每次音乐为 8 个 8 拍,左脚为主力脚,右脚为动力脚。

预备拍:1~4 五位站立,左手扶把,准备(见图 12-49)。

5~6 右手由一位抬至二位(见图 12-50)。

7~8 右手从二位至七位(见图 12-51)。

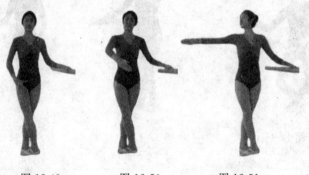

图 12-49　　　　图 12-50　　　　图 12-51

第 1×8 拍:1~2 动力腿向前擦出(见图 12-52)。

3~4 动力腿快提至 25 度(见图 12-53)。

5~6 动力腿落下(见图 12-54)。

7~8 动力腿收回,同时头转向前方(见图 12-55)。

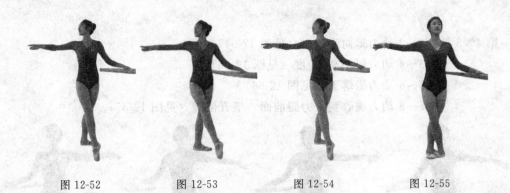

图 12-52　　　　图 12-53　　　　图 12-54　　　　图 12-55

第 2×8 拍：1~2 动力腿向旁擦出（见图 12-56）。

　　　　　　 3~4 动力腿快提至 25 度（见图 12-57）。

　　　　　　 5~6 动力腿落下（见图 12-58）。

　　　　　　 7~8 动力腿收回至主力腿后面，呈五位脚（见图 12-59）。

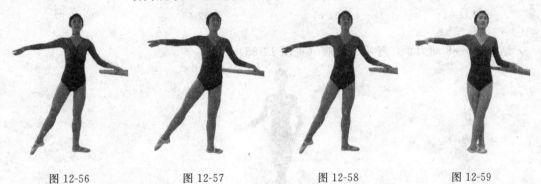

图 12-56　　　　图 12-57　　　　图 12-58　　　　图 12-59

第 3×8 拍：1~2 动力腿向后擦出，同时头由前转旁（见图 12-60）。

　　　　　　 3~4 动力腿抬至 25 度（见图 12-61）。

　　　　　　 5~6 动力腿落下（见图 12-62）。

　　　　　　 7~8 动力腿收回，同时头收回（见图 12-63）。

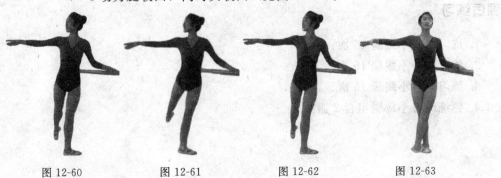

图 12-60　　　　图 12-61　　　　图 12-62　　　　图 12-63

第4×8拍：1~2动力腿向旁擦出（见图12-64）。
　　　　　3~4动力腿抬高25度（见图12-65）。
　　　　　5~6动力腿落下（见图12-66）。
　　　　　7~8动力腿收到主力腿前面，呈五位脚（见图12-67）。

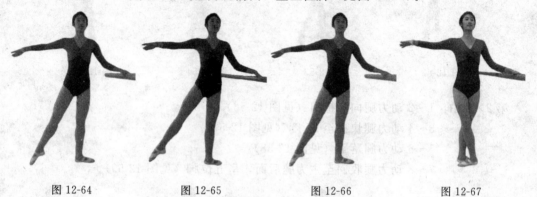

图12-64　　　　图12-65　　　　图12-66　　　　图12-67

结束：5~8动力手，呼吸、收腹（见图12-68）。

图12-68

课后练习

1. 练习向前小踢腿15次。
2. 练习向旁小踢腿15次。
3. 练习向后小踢腿15次。
4. 熟练练习小踢腿组合2遍。

学习情境 13　时尚健身美体术

任务 1 >>> 瑜伽

任务分析

瑜伽起源于印度，流行于世界，是东方最古老的强身术之一。瑜伽的含义为"结合"、"平衡"、"统一"，不仅是知性的、感性的，而且要理性地去实践"它"，瑜伽是让我们去身体力行地运动。因为现代生活节奏快，竞争激烈，压力较大。当然，适度的压力也是必要的，因为压力可以激发兴趣，振奋精神，使人精力充沛。但是，如果这种压力超过我们所能承受的限度，身体就会感到紧张不适，自我免疫力下降，体力不支，有时还包括心理上的挫败感、肌肉紧张（可导致脊椎疼痛）、疲累不堪、呼吸短促甚至神志不清等。那么瑜伽通过伸展、力量、耐力和强化心肺功能的练习，促进身体健康，协调整个机体的功能，学习如何使身体健康运作的同时也增加了身体的活力。此外，培养心灵和谐和情感稳定的状态也引导你改善自身的生理、感情、心理和精神状态，使身体协调平衡，保持健康。

训练指南

1. 瑜伽八个阶段修持方法

（1）道德规范：道德十分重要，没有道德任何功法都练不好。因此练习瑜伽必须以德为指导，德为成功之母，德为成功之源。瑜伽道德基本内容包括非暴力、真实、不偷盗、节欲、无欲等方面，这些都是瑜伽首先要求修持者遵守的道德规范。

（2）自身的内外净化。外净化为端正行为习惯，努力美化周围环境，内净化为根绝七种恶习：欲望、愤怒、贪欲、狂乱、迷恋、恶意、嫉妒。

（3）体位法。这是姿势锻炼，能净化身心，保护身心，治疗身心。体位法种类不可胜数，分别对肌肉、消化器官、腺体、神经系统和肉体的其他组织起良好作用。不仅可以提高身体素质，还可以提高精神素质，使肉体、精神平衡。

（4）呼吸法。这是指有意识地延长吸气、屏气、呼气的时间。吸气是接受宇宙能量的动作，屏气是使宇宙能量活化，呼气是去除一切思考和情感，同时排出体内废气、浊气，使身心得到安定。

> 心灵的基本意蕴是通过外在现象的一切个别方面而完全体现出来的，例如仪表、姿势、运动、面貌、四肢的形状等。
> ——［德］黑格尔

（5）控制精神感觉。精神在任何时候都处于两个相反的矛盾活动中，欲望和感情相纠缠，其次是同自我相联系的活动。控制精神感觉，就是抑制欲望使感情平和下来。

（6）集中意识于一点或一件事，从而使精神安定平静。

（7）冥想、静定状态。这只有通过实际体验去加以理解，难以描述。

（8）修持者进入"忘我"状态，即意识不到自己的肉体在呼吸、自我精神和智性的存在，已进入了无限广阔的宁静世界。

以上八个阶段综合起来即瑜伽。八个阶段又分四个步骤来实现。第（1）和（2）阶段是思想基础、思想准备阶段。第（3）和（4）阶段是肉体训练，通过各种姿势训练达到去病强身的目的。第（5）和（6）阶段进行初步静坐修持，是静功。最后（7）和（8）阶段，是高层次修持，进行冥想、静定阶段。

2. 组合练习

第1小节：做开扇式准备，随音乐慢慢吸气，同时提手，还原1次，共做2个8拍（见图13-1）。

第2小节：做手臂伸展式，随音乐慢慢往前延伸，后背要有拉长感，共2个8拍（见图13-2和图13-3）。

第3小节：做手臂下沉式，共2个8拍（见图13-4和图13-5）。

图13-1　　　　图13-2　　　　图13-3　　　　图13-4　　　　图13-5

第4小节：随音乐慢慢起到90度，做腰部摆动式，左右摆动4次，共2个8拍（见图13-6和图13-7）。

第5小节：随音乐慢慢起上身，双臂上举1个8拍（见图13-8）。

第6小节：做双肩后仰式1次，然后随音乐慢慢把双臂由上举状态起到双臂平举状态（见图13-9和图13-10）。

图 13-6　　　　图 13-7　　　　图 13-8　　　　图 13-9

第 7 小节：随音乐慢慢抬起右手，做左侧拉式，然后还原双手臂平举状态，共 2 个 8 拍（见图 13-11 和图 13-12）。

图 13-10　　　　图 13-11　　　　图 13-12

第 8 小节：随音乐慢慢抬起左手，做右侧拉式，然后还原，共 2 个 8 拍（见图 13-13 和图 13-14）。

图 13-13　　　　图 13-14

课后练习

1. 静心随音乐慢慢深呼吸 15 次。
2. 练习手臂下沉式 5 次。
3. 练习侧拉式 5 次。
4. 熟练练习瑜伽组合 2 遍。

任务 2 >>> 有氧健身操

任务分析

有氧健身操就是具有"有氧运动"特点的健身操,即在音乐的伴奏下、能够锻炼全身的健身运动。它也必须是运动连续时间至少 12 分钟以上才能达到训练目的。有氧健身操是有氧运动的一种,它的特点是活动时间长、强度适中、能有效控制体重和增强练习者的身体素质,对人体的心肺功能、耐力水平都有很大的促进作用。

训练指南

1. 练习有氧健身操的注意事项

(1) 循序渐进。刚开始时,应采取步伐走动的方式,以使身体和下肢有充分的时间适应。开始不要做太长时间,以 10 分钟为宜。

在步伐走动之前,先做热身和适当的伸展运动,特别是下肢的适度伸展非常重要。天冷时,热身时间要长,并多穿些衣服。在步伐走动前后测一下自己每分钟脉搏数并记录下来供参考。长时间锻炼后,心肺耐力会增加,心率会降低,运动后心跳恢复正常较快。

初学者以每周两三次,隔日为宜。然后可适当增加次数,直到自己感觉适量为止,绝对不要勉强。

(2) 卫生与健康。健身操运动后,要及时更换汗湿的衣服,避免着凉,特别是在空调房内运动后应做些伸展运动再行淋浴。

经常做有氧健身操者,要留心自己的脚部,常修剪脚指甲。热天运动出汗较多,汗留在趾缝中容易让细菌滋生,所以应时常保持脚部皮肤干燥。

(3) 适当的服装。做健身操时,应穿合身透汗的健身操服,不要赤脚穿普通皮鞋。健身鞋应有较厚的护垫,以减缓足部与地面撞击而造成的震荡。鞋身不宜太软,可采用半高筒式,以保护脚踝。

2. 组合练习

第 1 小节:原地踏步,先走左脚,双手摆臂,共做 2 个 8 拍(见图 13-15)。

第 2 小节:前后三步一点,双手叉腰,往前先走左脚,1 拍上一次脚。在第 4 拍时右脚点地，往后先退右脚，第4拍左脚点地，共做2个8拍（见图13-16）。

第3小节：在第2小节步伐的基础上加手，前后走步时，双臂在身体两侧摆臂，第4拍时双臂上举，在头上击掌，共做4个8拍（见图13-17）。

第4小节：前后三步一吸，双手叉腰，往前先走左脚，在第4拍时，右脚吸腿，往后先退右脚，在第4拍左脚吸腿，共做4个8拍（见图13-18）。

图13-15　　　图13-16　　　图13-17　　　图13-18

第5小节：在第4小节步伐的基础上加手，前两步双手握拳胸前转手，第三步时打开双臂平举，第四步吸腿的同时击掌（见图13-19和图13-20）。

第6小节：侧点，双手背后先上左脚右点，然后再上右脚左点，共4次，1个8拍（见图13-21和图13-22）。

第7小节：踏步后退，双手摆臂，共1个8拍（见图13-23）。

图13-19　　图13-20　　图13-21　　图13-22　　图13-23

第8小节：反复第6、7小节1次，结束。

课后练习

1. 练习原地踏步15次。

2. 练习双臂上举击掌 15 次。
3. 练习左右吸腿 15 次。
4. 熟练练习健身操组合 2 遍。

任务 3 >>> 社交舞蹈

任务分析

社交舞（ballroom dance），又称交谊舞或交际舞，是来源于西方的一种舞伴舞（partner dance）。社交舞当前已经以社交形式和比赛形式出现在世界各地。包括简单易学的普通交谊舞（Social Dance，俗称"普交舞"）和按全世界统一竞技比赛标准要求的国际标准交谊舞（International Standard ballroom dance，俗称"国标舞"）。以比赛形式出现的国际标准交谊舞也称体育舞蹈。

目前的国际标准交谊舞跳法，是在英国人跳法的基础上发展起来的，称为国际标准风格（International Style）。在美国，还流行着称为美国风格（American Style）的交谊舞。

国际标准交谊舞已被国际奥林匹克委员会承认为一种运动项目，分为摩登社交舞（简称摩登舞或现代舞，有时候也就直接叫做国际标准舞）和国际拉丁舞（简称拉丁舞）两种。摩登舞的舞步须在舞场反时针方向走动，而拉丁舞的舞步基本上在原地动作。目前的国际标准舞中，摩登舞和拉丁舞各有五种舞步。摩登舞的舞步有华尔兹（Waltz）、探戈（Tango）、狐步（Foxtrot）、快步（Quickstep）、维也纳华尔兹（Viennese Waltz）。拉丁舞的舞步有伦巴（Rumba）、恰恰（Cha-Cha）、桑巴（Samba）、牛仔舞（Jive）、斗牛舞（Paso Doble）。

美国风格的交谊舞。美国华尔兹（American Waltz）、美国探戈（American Tango）、美国狐步（American Foxtrot）、美国维也纳华尔兹（American Viennese Waltz），以上四种舞允许与舞伴离身，这就是它们和国际标准舞的主要区别。还有美国伦巴（American Rumba）、美国恰恰（American Cha-Cha）、美国东海岸牛仔舞（East Coast Swing）、美国西海岸牛仔舞（West Coast Swing）、曼波（Mambo）、波丽路（Bolero）、两步舞（Two-Step）、哈斯尔舞（Hustle）、莎尔莎舞（Salsa）、阿根廷探戈（Argentine Tango）等。

普通社交舞。目前中国流行的普通交谊舞舞步大都由国际标准交谊舞的舞步简化而来，常见的有慢三，快三，慢四，快四，伦巴，恰恰和桑巴。其中慢三由华尔兹简化而来；快三由维也纳华尔兹简化而来；慢四由狐步简化而来；快四由快步简化而来。

训练指南

1. 恰恰舞

恰恰舞起源于墨西哥，后传入拉美，大受欢迎并很快流行。其舞的特点，以胯部横 S 摆动，带动两脚动作。恰恰舞热情奔放，动作节奏明快，灵活轻盈。恰恰舞音乐节拍为4/4拍。

2. 组合练习

音乐4/4拍,组合共8个4拍。

预备拍:两人相对,双手相握,男伴手在下,女伴手在上(见图13-24)。

第1×4拍:第1拍:男伴:上左脚,右脚原地点一次,开左手(见图13-25)。
　　　　　　　　女伴:退右脚,左脚原地点一次,开右手(见图13-25)。
　　　　　第2拍:男伴:退左脚"恰恰恰"一次(见图13-26)。
　　　　　　　　女伴:进右脚"恰恰恰"一次(见图13-26)。
　　　　　第3拍:男伴:退右脚"恰恰恰"一次。
　　　　　　　　女伴:进左脚"恰恰恰"一次。
　　　　　第4拍:男伴:退左脚"恰恰恰"一次。
　　　　　　　　女伴:进右脚"恰恰恰"一次。

图 13-24　　　　　　　图 13-25　　　　　　　图 13-26

第2×4拍:第1拍:男伴:退右脚,左脚原地点一次,开左手(见图13-27)。
　　　　　　　　女伴:进左脚,右脚原地点一次,开右手(见图13-27)。
　　　　　第2拍:男伴:进右脚,"恰恰恰"一次。
　　　　　　　　女伴:退左脚,"恰恰恰"一次。
　　　　　第3拍:男伴:进右脚,"恰恰恰"一次。
　　　　　　　　女伴:退左脚,"恰恰恰"一次。
　　　　　第4拍:男伴:进右脚,"恰恰恰"一次。
　　　　　　　　女伴:退左脚,"恰恰恰"一次。

第3×4拍:第1拍:男伴:上左脚,右脚原地点一次,开左手(见图13-28)。
　　　　　　　　女伴:退右脚,左脚原地点一次,开右手(见图13-28)。
　　　　　第2拍:男伴:退左脚"恰恰恰"一次(见图13-29)。
　　　　　　　　女伴:进右脚,"恰恰恰"一次(见图13-29)。

图 13-27　　　　　　　图 13-28　　　　　　　图 13-29

　　第3拍：男伴：上步右脚360度转身，同时开手（见图13-30和图13-31）。
　　　　　女伴：上步左脚360度转身，同时开手（见图13-30和图13-31）。
　　第4拍：男伴：右"横移步"一次。
　　　　　女伴：左"横移步"一次。

图 13-30　　　　　　　　　图 13-31

　　第4×4拍：第1拍：男伴：斜上左脚，右脚原地点一次（见图13-32）。
　　　　　　　　　　女伴：斜退右脚，左脚原地点一次（见图13-32）。
　　　　　　第2拍：男伴：左"横移步"一次（见图13-33）。
　　　　　　　　　　女伴：右"横移步"一次（见图13-33）。
　　　　　　第3拍：男伴：斜退右脚，左脚原地点一次（见图13-34）。
　　　　　　　　　　女伴：斜上左脚，右脚原地点一次（见图13-34）。
　　　　　　第4拍：男伴：右"横移步"一次。
　　　　　　　　　　女伴：左"横移步"一次。

图 13-32　　　　　　　图 13-33　　　　　　　图 13-34

第 5×4 拍：第 1 拍：男伴：斜上左脚，右脚原地点一次。
　　　　　　　　　　女伴：斜退右脚，左脚原地点一次。
　　　　　　第 2 拍：男伴：左"横移步"一次。
　　　　　　　　　　女伴：右"横移步"一次。
　　　　　　第 3 拍：男伴：上步右脚 360 度转身，同时开手。
　　　　　　　　　　女伴：上步左脚 360 度转身，同时开手。
　　　　　　第 4 拍：男伴：右"横移步"一次。
　　　　　　　　　　女伴：左"横移步"一次。
第 6×4 拍：第 1 拍：男伴：往右上左脚，同时身体重心推上去，开右手。
　　　　　　　　　　女伴：往左上右脚，同时身体重心推上去，开左手。
　　　　　　第 2 拍：男伴：左"横移步"一次。
　　　　　　　　　　女伴：右"横移步"一次。
　　　　　　第 3 拍：男伴：往左上右脚，同时身体重心推上去，开左手（见图 13-35）。
　　　　　　　　　　女伴：往右上左脚，同时身体重心推上去，开右手（见图 13-35）。
　　　　　　第 4 拍：男伴：右"横移步"一次。
　　　　　　　　　　女伴：左"横移步"一次。
第 7×4 拍：第 1 拍：男伴：往右上左脚，同时身体重心推上去，开右手。
　　　　　　　　　　女伴：往左上右脚，同时身体重心推上去，开左手。
　　　　　　第 2 拍：男伴：左"横移步"一次。
　　　　　　　　　　女伴：右"横移步"一次。
　　　　　　第 3 拍：男伴：往左上右脚，同时身体重心推上去，开左手。
　　　　　　　　　　女伴：往右上左脚，同时身体重心推上去，开右手。
　　　　　　第 4 拍：男伴：右"横移步"一次。
　　　　　　　　　　女伴：左"横移步"一次。

图 13-35　　　　　图 13-36　　　　　　图 13-37

第8×4拍：第1拍：男伴：上左脚和女伴对脚一次，同时重心推上去（见图13-36）。

　　　　　　　　女伴：上右脚和男伴对脚一次，同时重心推上去（见图13-36）。

　　　　　第2拍：男伴：展开左手（见图13-37）。

　　　　　　　　女伴：展开右手（见图13-37）。

　　　　　第3拍：男伴：再对左脚一次。

　　　　　　　　女伴：再对右脚一次。

　　　　　第4拍：男伴：展开手，结束造型。

　　　　　　　　女伴：展开手，结束造型。

课后练习

1. 练习恰恰"进退步"15遍。
2. 练习恰恰"横移步"15遍。
3. 熟练练习恰恰组合2遍。

附录A 涉外礼仪规范

1. 涉外礼仪修养

服务行业从业人员如果与外宾交往,必须了解和掌握涉外交往的基本原则,它既是对国际交往管理的基本概括,又对参与涉外交际的服务行业从业人员具有普遍的指导意义。了解这些基础礼仪是涉外交往礼仪修养的集中体现。

(1) 信守约定。某年,国内的一家企业前往日本寻找合作伙伴。到了日本之后,通过多方的努力,这家企业终于寻觅到了自己的"意中人"——一家具有国际声望的日本大公司。经过长时间的讨价还价,双方商定,首先草签一个有关双边实行合作的协议。当时,在中方人士看来,基本上可以算是大功告成了。

到了正式草签中日双方合作协议的那一天,由于种种原因,中方人员阴差阳错,抵达签字地点的时间比双方预先约定的时间晚了一刻钟。当他们气喘吁吁地跑进签字厅时,但见日方人员早已衣冠楚楚地排列成一行,正在恭候他们的到来。不过在中方人员跑进来之后,还没容他们作出任何有关自己迟到的解释,日方人员便整整齐齐、规规矩矩地向他们鞠了一个大躬,随后便集体退出了签字厅。也就是说,因为中方人员在签字仪式举行时所迟到的一刻钟,双方的合作竟然搁浅了。事过之后,日方为此所作的解释是:"我们绝不会为自己寻找一个没有时间观念的合作伙伴。不遵守约定的人,永远都是不值得信赖的。"

假如对这一个案进行认真的剖析,就一定会得出公正的结论:在这一事件之中,错在中方,日方是没有任何错误的。中方的最大错误,就在于涉外交往中没有认真地做到"信守约定",违背了这一国际惯例。

在人际交往中,必须认真严格地遵守自己的所有承诺,说话务必要算数,许诺一定要兑现,约会必须要如约而至,尤其要恪守时间方面的约定。信守约定,讲求信用,从一点一滴做起,它事关信誉与形象,失实与失约的失礼行为,往往是使自己所做的工作走向失败的开端。

为此要做到以下三点。①必须谨慎许诺。一切从自己的实践能力及客观可能性出发,切勿草率从事,轻易承诺,凡承诺和约定必须慎之又慎,一定要字斟句酌,考虑周全。②必须如约而行。承诺一旦作出,就必须要兑现,要如约而行,应尽可能地避免对已有的约定任意进行修正变动,随心所欲地乱作解释。做到"言必信,行必果",只有这样才能赢得交往对象的好感与信任。③必须为失约致歉。如果由于遭受不可抗力,致使自己单方面失约,或是有约难行，需要尽早向有关各方通报，如实地解释，并且还要郑重其事地向对方致以歉意，并主动负担给对方造成的损失。

（2）不必过谦。中国人在待人接物时，讲究的是含蓄和委婉，奉行"满招损，谦受益"的古训，在对自己的所作所为进行评价时，中国人大都主张自谦、自贬，不提倡多作自我肯定，尤其是反对自我张扬。在这方面若不好自为之，就会被视之为妄自尊大，嚣张放肆，不够谦逊，不会做人。实际上，在对外交往时，过于自谦并非益事，它常常会引起他人的疑惑和不满，不利于涉外交际的顺利进行。

遵守不过谦的原则，会使人感到自己为人诚实，充满自信，因为过分的自谦、客套，只能给人以虚伪、做作的感觉。在涉外交往中，特别是在面临如下情况时，更要敢于、善于充分地从正面肯定自己。

① 当面对赞美时。当外国友人赞美自己的相貌、衣着、手艺、工作、技术等时，一定要落落大方高兴地道一声"谢谢！"而不应加以否认和自我贬低，说什么"哪里，哪里！"。接受外国人的赞美是对其本人的接纳和承认，是自己自信和见过世面的表现。曾有这样一则笑话：一个法国朋友在称赞一位中国姑娘漂亮时，那位中国姑娘表现得十分谦虚，连忙说："哪里，哪里！"没想到这一说却出了洋相。因为那位法国朋友误以为对方是在问他自己"哪里漂亮？"便立即答道："你的眼睛很漂亮"。可对方依然谦虚如故："哪里，哪里"，法国朋友又答道"你的鼻子也漂亮"……结果南辕北辙了。

② 当赴宴、馈赠时。宴请外国人出席宴会时，不必说："今天没什么好菜，随便吃一点"，当送礼给外国人时，也不要说："礼品很不像样子，真不好意思拿出手来"之类的话，而应得体大方地说："这是本地最有特色的菜"，"这是这家饭店烧得最拿手的菜"，"这是我特意为您挑选的礼物"等；反过来，在接受外国人的赴宴邀请或接受外国人送的礼物时，也不应过于谦虚地没完没了地说："真不敢当"、"受之有愧"之类的话，它会使人产生不愉快的感觉，使宴请和送礼者感到难堪，及时表示谢意是此时得体的做法。

③ 当做客、拜访时。到外国人家做客、拜访时，对主人准备的小饮不要推辞不用。如果主人问："喝点什么，茶还是咖啡"，你可以任选一种；若桌上备有小吃，可随意取用，但不可失态。若主人问是否加糖或加牛奶，则可按自己的喜好谢绝和选择其中一种。

④ 当交往应酬时。当自己同外国友人交往应酬时，一旦涉及自己正在忙什么、干什么的时候，无论如何都不要脱口而出，说什么自己是"瞎忙"、"混日子"，"什么正经事都没有干"，否则会被对方认为自己是不务正业之人。

（3）讲究次序。涉外交际中，对出席活动的国家、团体、人士的位次按某些规则和惯例进行排列，这种排列的先后次序被称为礼宾次序。为使国际交往顺利进行，必须讲究礼宾次序。

① 礼宾次序的依据。在国际交往中，其礼宾次序主要按宾客的身份与职务高低，依次排列。在多边活动中，有时可按姓氏的顺序排列；有时可按参加国的字母顺序（一般以英文字母为准）排列；有时则可按代表团组成日期的先后排列；有时则可按代表团抵达活动地点

的时间先后排列,等等。

② 礼宾次序的具体要求。在各类涉外交际中,大到政治磋商、商务往来、文化交流,小到私人接触、社交应酬,凡确定礼宾次序必须从其总的原则出发,这一总的原则就是"以右为尊",即一般以右为大、为长、为尊;以左为小、为次、为卑。

按照惯例,在并排站立、行走或者就座的时候,为了表示礼貌,主人理应主动居左,而请客人居右。男士应当主动居左,而请女士居右。晚辈应当主动居左,而请长辈居右。未婚者应当主动居左,而请已婚者居右。职位身份较低者应当主动居左,而请职位、身份较高者居右。

在不同场合也有特殊要求:

两人同行,以前者、右者为尊;

三人行,并行以中者为尊,前后行,以前者为尊;

上楼时,尊者、妇女在前,下楼时则相反;

迎宾引路时,主人在前,送客时,则主人在后;

宴请排位,主人的右边是第一贵客,左边次之。

进门上车时,应让尊者先行。上车时,位低者应让尊者从右边车门上车,然后再从车后绕到左边上车;坐车(指轿车)时,以后排中间为大位,右边次之,左边又次之,前排最小。

(4) 尊重隐私。所谓隐私,就是指一个人出于个人尊严和其他某些方面的考虑,因而不愿意公开、不希望外人了解或是打听个人秘密、私人事宜。在涉外交际中,人们普遍讲究尊重个人隐私,并且将尊重个人隐私与否,视作一个人在待人接物方面有没有教养,能不能尊重和体谅交际对象的重要标志之一。

在涉外交际中,首先要避免与对方交谈时涉及个人隐私,要做到"八不问"。

① 不问年龄。在国外,人们普遍将自己的实际年龄当作"核心机密",不会轻易告之于人。这主要是因为外国人,尤其是英美人对年龄都十分敏感,希望自己永远年轻,对"老"字则讳莫如深,对年龄守口如瓶。因而与外国人交往,打听对方的年龄,说对方"老貌",都属于不礼貌的行为。我国的传统向来对年龄比较随意,不仅如此,社会交往中还习惯于拔高对方的辈分,以示尊重。比如年轻男子相聚,彼此之间总喜欢以"老李"、"老张"、"老赵"相称,为了表示对对方的尊敬,人们会使用"老人家"、"老先生"、"老夫人"等一类尊称,实际上,这一类尊称在外国人听起来却似诅咒谩骂一般。在交往中,照套我国的传统,会使对方十分难堪。

在外国,人们最不希望他人了解自己的年龄,所以有这样一种说法:一位真正的绅士,应当永远"记住女士的生日,忘却女士的年龄"。

② 不问收入。在国际社会里,人们普遍认为:任何一个人的实际收入,均与其个人能力和实际地位有直接的因果关系。所以,个人收入的多寡,一向被外国人看作自己的脸面,十分忌讳他人进行直接、间接地打听。如果一位中国人问一位外国人:"您一个月挣多少

钱？"那位外国人会觉得："这个中国人真没有教养，干吗问我的工资呀！"

除去工资收入以外，那些可以反映个人经济状况的问题，例如，纳税数额、银行存款、股票收益、私宅面积、汽车型号、服饰品牌、娱乐方式、度假地点等，因与个人收入相关，所以在与外国人交谈时也不宜提及。

③ 不问婚姻。中国人的习惯，是对亲友、晚辈的恋爱、婚姻、家庭生活时时牵挂在心，但是绝大多数外国人却对此不以为然。西方人将此视为纯粹的个人隐私，向他人询问是不礼貌的。

在一些国家，跟异性谈论此类问题，会被对方视为无聊之举，甚至还会因此被对方控告为"性骚扰"，从而吃官司。

④ 不问工作。在我国，人们相见会询问对方："您正在忙些什么？"、"上哪里去？"、"怎么好久不见你了？"等问题，其实这只是些问题，回答不回答并不重要。但你若拿这些问题问外国人，他们会觉得你不是好奇心过盛，不懂得尊重别人，就是别有用心，因为这些问题在外国人看来都属个人隐私，"不足为外人道哉！"。

⑤ 不问住址。对于家庭住址、私宅电话，中国人在人际交往中，都是愿意告之于人的，是不保密的。但在外国，却恰恰相反，外国人大都视自己的私人居所为私生活领地，非常忌讳别人无端干扰其宁静。西方人认为，留给他人自己的住址，就该邀请其上门做客，在一般情况下，他们一般不大可能邀请外人前往其居所做客。为此他们都不喜欢轻易地将个人住址、住宅电话号码等纯私人资讯"泄密"。在他们常用的名片上，也没有此项内容。

⑥ 不问学历。初次见面，中国人之间往往喜欢打听一下交往对象"你是哪里人？"、"哪一所学校毕业的？"、"以前干过什么？"。总之是想了解一下对方的"出处"，打探一下对方的"背景"，然而外国人大都将此项内容视为自己的"底牌"，不愿意轻易让人摸去。外国人甚至认为一个人动辄对初次交往的对象"忆往昔峥嵘岁月稠"，并不见得坦诚相见，相反却大有可能是别有用心。

⑦ 不问信仰。在国际交往中，由于人们所处的社会制度、政治体系和意识形态多有不同，所以要真正实现交往的顺利、合作的成功，就必须不以社会制度画线，而以友谊为重，以信仰为重。不要动辄对交往对象的宗教信仰、政治见解评头论足，更不要将自己的政治观点、见解强加于人，这样做对交往对象来说，都是不友好、不礼貌、不尊重的表现。所以对宗教信仰、政治见解，这些在外国人看来非常严肃的话题，还是避而不谈为好。

⑧ 不问健康。中国人彼此相见，人们会问候："身体好吗？"，如果已知对方曾经一度身体欠安，还会问："病好了没有？"如果彼此双方关系密切的话，还会询问："吃了些什么药？""怎么治疗的？"，还会向对方推荐名医或偏方。

可是在外国，人们在闲谈时一般都是"讳疾忌医"，非常反感其他人对自己的健康状况关注过多，对他人的这种过分关心，外国人是会觉得不自在的。

此外，与个人隐私相联系，私人住宅有的国家受到法律保护，擅自闯入要受到制裁。到外国人家里做客，不经主人允许和邀请，不能要求参观主人的住房。即使双方很熟悉，也不能去触动书籍、花草以外的个人物品及室内陈设的其他物品。

与外国人交往时,不仅不要涉及在场人的个人隐私,对不在场人的个人隐私也应尊重。在背后议论同事的好坏、上级的能力、女人的胖瘦、路人的服饰等,都会被外国人视为喜好窥探隐私,纯属无聊之举。

(5)女士优先。在听演说时,演讲者总是首先这样称呼:"女士们,先生们",从没有人称呼:"先生们,女士们",为什么这样呢?原来这与国际社会公认的一条重要礼仪原则——"女士优先"有直接的关系。

"女士优先"主要是指成年异性间进行社交活动时的一个礼仪规范和礼仪原则。其含义是:在一切社交场合,每一位成年男子,都有义务主动自觉地去尊重、照顾、体谅、关心、保护女性,并且想方设法为女士排忧解难,只有这样才能体现出绅士风度。外国人强调"女士优先"并非因为妇女被视为弱者,值得同情、怜悯,最重要的原因是,他们将妇女视为"人类的母亲",处处对妇女给予礼遇,是对"人类母亲"的感恩之意。

在交往中,讲究"女士优先"时,作为男士要注意对所有的女士要一视同仁,不仅对待同一种族的妇女要如此,对待其他种族的妇女也要如此;不仅对待熟悉的妇女要如此,对待陌生的妇女也要如此;不仅对待年轻貌美的妇女要如此,对待年老色衰的妇女也要如此;不仅对待有权势的妇女如此,对待一般的妇女也要如此……具体要从以下几个方面做起。

① 行走。在室外行走时,如果是男女并排走,则男士应当自觉地"把墙让给女士",即请女士走在人行道的内侧,而自己主动行走在外侧,这样做既可以防止女士因疾驶的车辆而感到不安全,担惊受怕,还可避免汽车飞驶而溅起的污泥浊水弄脏女士的衣裙。

当具体条件不允许男女并行时,男士通常应该请女士先行,而自己随行其后,并与之保持一步左右的距离。当男士与女士"狭路相逢"时,前者不论与后者相识与否,均应礼让,闪到路边,请女士率先通过。男士在路上遇到认识的女士时,应点头致意,并把手抽出衣袋,也不要嘴里叼着烟。

当男士与女士走到门边时,男士应赶紧上前几步,打开屋门,让女士先进,自己随后。

② 乘车。陪伴女士或同乘火车、电车时,男士应设法给女士找一个较为舒适、安全的座位,然后再给自己找一个尽可能靠近她的座位;如果找不到的话,应站在她面前,尽可能离其近一些。

乘出租车时,男士应首先走近汽车,把右侧的车门打开,让女人先坐进去,男士再绕到车左边,坐到左边的座位上。有时,为了在马路上上下车安全起见,出租车左侧车门用安全装置封闭了,那么男士只好随女士其后从右侧上车,坐在本应由女士坐的尊贵的右边座位上,这种情况不算失礼。

当男士自己驾驶汽车时,应先协助女士坐到汽车驾驶座旁的前排座位上,而后绕到另一侧坐到驾驶座上。抵达目的地后,男士要先下车,然后绕到汽车的另一侧,打开车门,协助女士下车。

③ 见面。参加社交聚会时,男宾在见到男、女主人后,应当先行向女主人问好,然后

方可问候男主人。男宾进入室内后，须主动向先行抵达的女士问候。女士们如果已经就座，则此时不必起身回礼。

而在女宾进入室内时，先到的男士均应率先起身向其致以问候，已入座的男士也应起身相迎。不允许男士坐着同站立的女士交谈，而女士坐着同站立的男士交谈则是允许的。

当女士在场时，男士不得吸烟，在女士吸烟时，则不准男士对其加以阻止，必要的话，男士还要给女士点烟。

主人为不相识的来宾进行介绍时，通常应当首先把男士介绍给女士，以示对女士的尊重。当男女双方进行握手时，只有当女士伸过手来之后，男士才能与之相握，否则如果男士抢先出手，是违背"女士优先"原则的。为了表示对女士的尊重，男士还必须在与女士握手时摘下帽子，脱下手套，而女士在一般情况下则没有必要这样做。

④ 上下楼。在上下楼梯时，男士要跟随在女士的后面，相隔一两级台阶的距离；下楼梯时，男士应该先下。如果是乘电梯上下楼，进电梯时，男士应请女士先进去，然后自己再进入电梯。在电梯里，男士负责按电钮，礼貌地询问女士所上的楼层。

⑤ 进餐馆。如果男士预先选择预订了餐桌，则应走在前面为女士引路，如果不是这样，行进的顺序应该是：侍者——女士——男士。在餐桌旁，男士应协助女士就座，把椅子从桌边拉开，等女士即将坐下时再把椅子移近桌子。坐定后，男士应把菜单递给女士，把选择菜单的权利先交给女士。一般餐毕也总是由男士付账的。

若出席宴会，女主人是宴会上"法定"的第一顺序。也就是说，其他人在用餐时的一切举动，均应跟随女主人而行，不得贸然先行。按惯例女主人打开餐巾，意味着宣布宴会开始，女主人将餐巾放在桌上，则表示宴会到此结束。

⑥ 看影剧。进影剧院或是听音乐会时，应由男士拿着入场券给检票员检票。在存衣室，男士应先协助女士脱下大衣、披风，然后再自己脱去外套。如果没有专人引导入座，男士就应走前几步为女士引路。从两排之间穿行，走向自己的座位时，应面向就座的观众，并且女士走在男士的前面。如果是几个男士和几个女士一起去观看影剧或听音乐会，那么最先和最后穿过就座观众的应是男士，女士夹在中间进去，这样，可以使女士不与陌生人坐在一起。散场人挤时，男士应走在女士前面；不挤时，女士稍前或并排与男士同行。

⑦ 助臂。男士应该帮助他所陪伴的女士携带属于她的较重的或拿着不方便的物品，如购物袋、旅行包、伞等。

女士携带的东西掉在了地上，男士不论相识与否，都应帮他拾起。

在女士可能失足、滑倒的时候，男士应该以臂相助。

值得说明的是，以上"女士优先"的具体做法，主要使用于社交场合，在商务场合，人们强调的是"男女平等"，或是"忽略性别"，因而是不太讲究"女士优先"的。

2. 涉外基本礼仪

涉外交往中必须重视交际对象的特殊性，努力掌握如下涉外基本礼仪。

(1) 涉外迎送。迎送是国际公共关系常见的社交礼节。迎送不仅是整个社交活动的开始,也是对不同身份外宾表示尊重的重要仪式。对给外宾留下良好的第一印象,加深双方的友谊与合作,都发挥着重要作用。

① 迎送的安排。迎送活动的安排主要有两种不同档次:一是举行隆重的欢迎仪式,这主要使用于对外国国家元首、政府首脑、军方高级领导人的访问,以示对他们访问的欢迎与重视。二是一般迎送,使用于一般来访者。无论是官方人士、专业代表团的来访,还是长期在我国工作的外交使节,常驻我国的外国人士、记者和专家等,当他们到任或离任时,都可安排相应的人员前往迎送,以示尊重和友谊。

② 迎送规格的确定。关于迎送规格,各国的规定不尽相同。在确定迎送规格时,主要是依据来访者的身份、访问的性质和目的,并且适当考虑两国之间的关系,同时还要注意国际惯例,综合平衡。一般按照国际惯例的"对等原则",主要迎送人员应与来宾的身份相当。如果由于各种原因而不能完全对等时,可灵活变通,由职位相当的人士或副职出面,并向对方作出解释。

③ 成立接待班子。为了接待重要的贵宾和代表团、队,东道主一般组成一个接待班子来履行接待任务。接待班子的工作人员由外事、翻译、安全警卫、后勤、医疗、交通、通信等方面的工作人员组成。

④ 收集信息、资料。接待班子要注意收集来访者的有关信息和资料,了解其本次访问的目的,对会谈、参观访问、签订合同等事项的具体要求,前来的路线、交通工具,抵离时间,来访者的宗教信仰,生活习惯,饮食爱好与禁忌等。据报载:一位英国商人应邀前来我国与某地区洽谈投资项目。该地领导为了图个吉利,准备了一辆车号为"666"(六六大顺)的轿车前去机场迎接。谁知这位英国商人下了飞机,一看轿车后,直皱眉头,随即又乘机离去。后来我方人员才知道这位英国商人信奉基督教,十分崇拜《圣经》,在《圣经》中"666"表示"魔鬼"。在英国司机、乘客对带有这种号码的车辆退避三舍,英国警察部门已作出决定,逐步取消这个号码。由此可见多了解来访者的情况是十分重要的。

⑤ 拟订接待方案。接待方案包括各项活动的项目、日程及详细时间表,项目负责人和接待规格、安全保卫措施等。日程确定后,应翻译成客方使用的文字,并打印好,发给客方,以便及时与客方进行沟通。

拟订接待方案重点要落实好食、宿、行,并制定合理的费用预算,保证接待隆重得体又不铺张浪费。

⑥ 掌握抵离时间。必须准确掌握外宾乘坐的飞机(火车、船舶)抵达及离开的时间,迎送人员应在来宾抵达之前到机场(车站、码头)。送行人员应在外宾离行前抵达送行地点,切勿迟到、早退。

⑦ 献花。献花是常见的迎送外宾时用来表达敬意的礼仪之一。一般在参加迎送的主要领导人与客人握手之后,由青年女子或儿童将花献上,也有的由女主人向女宾献花,献花者献花后要向来宾行礼。献花须用鲜花,并注意保持花束整洁、鲜艳,一般忌用菊花、杜鹃花、石竹花及黄色花卉(黄色具有断交之意)等。有的国家习惯送花环,或者送一二枝名贵

兰花、玫瑰花等。在接待信仰伊斯兰教的人士时，不宜由女子献花。

⑧ 介绍。主宾见面应互相介绍其随从人员。主要的迎送人员在与来宾见面致意（如握手等）后，他还可以担负起介绍其他迎送人员的任务。一般是在客人的内侧引领客人与各位迎送人员见面，并把他们介绍给来宾。然后再由主宾将客人按一定身份一一介绍给主人。若主宾早已相识，则不必介绍，双方直接行见面礼即可。

⑨ 陪车。来宾抵达后，在前往住地或临行时由住地前往机场、码头、车站，一般都安排迎送人员陪同乘车。陪车时应请宾客坐在主人右侧。两排座轿车，译员坐在司机旁；三排座轿车，译员坐在主人前面的加座上。当代表团9人以上乘大轿车时，原则上低位者先上车，下车顺序相反。但前座者可先下车开门，大轿车以前排为最尊贵位置，自右向左，按序排列。上车时应当请客人首先上车，客人从右侧门上；如果外宾先上车坐到了左侧座位上，则不要再请外宾移动位置。陪同人员在替客人关门时，应先看车内人是否坐好，既要注意不要扎伤客人的手，又要确保将门关好，注意安全。

⑩ 具体事项。迎送中一些具体事项要引起注意，主要包括以下几个方面。

在客人到达之前最好将客房号、乘车号码等通知客人，如果做不到，可印好住房、乘车表，在客人刚到达时，及时发到客人手里。

指派专人协助客人办理入出境手续及机票（车、船票）和行李提取或托运手续等事宜。客人到达后，应尽快进行清点并将行李取出并运送到住处，以便客人更衣。

客人到达后，一般不要立刻安排活动，应让客人稍事休息，倒换时差。可在房间中适当放些新鲜水果或鲜花等。

迎送的整个活动安排要热情、周到、无微不至、有条不紊，使宾客有宾至如归的感觉。接待人员要始终面带微笑，彬彬有礼，不能表现得冷漠、粗心、怠慢或使客人感到紧张、不便。

陪同人员应尽力安排好客人的衣、食、住、行，对客人的要求作出反应，给予答复。翻译应如实翻译，不能掺进自己的意见和看法，不能打断双方的谈话或在一方一句话还没说完就翻译，就餐时不可因餐饮影响翻译工作。

司机在行车时，应集中精力驾驶，不能边驾驶边说话，如果司机主动与客人甚至陪同人员或翻译人员说话聊天，只会使客人感到不安全和被冷落。

在为外宾送行时，送行人员应在外宾临上飞机（火车、轮船）之前，按一定顺序同外宾一一握手话别。飞机起飞（火车、轮船开动）之后，送行人员应向外宾挥手致意，直至各交通工具在视野中消失方可离去。否则，外宾一登上飞机（火车、轮船），送行人员就立即离去，是很失礼的。尽管只是几分钟的小事情，却可能因小失大。

（2）会见会谈。会见和会谈都是国际公共关系交往的重要方式，会见，国际上通称接见或拜会。凡身份高的人士会见身份低的人士，主人会见客人，人们通常称其为接见或召见；凡身份低的人士会见身份高的人士，客人会见主人，人们通常称其为拜会或拜见。接见和拜会后回访，通常称为回拜。我国通常对此不作细分，统称会见。

会谈是指双方或多方就某些重大的政治、经济、科技、文化、军事、宗教及其他共同关心的问题交换意见,洽谈协商。会谈一般专业性、政策性较强,形式比较正规。会见多是礼节性的,而会谈多为解决实质性问题。有时会见、会谈也难以区分。因为会见时双方也常谈专业性或政治性问题,以上区分只是相对而言。

(1) 会见的礼仪。会见就其内容来说,多为礼节性的,也有政治性、事务性的会见,或兼而有之。礼节性会见一般时间短,话题也较为广泛。政治性会见一般涉及国与国之间的双边关系、国际局势及对一些重大国际问题的看法或意见等。事务性会见一般涉及贸易争端、业务交流与合作等。会见的礼仪主要有以下内容。

① 确定参加会见的人员。会见来访者,一般情况下应遵循"对等"的原则,但有时由于某些政治或业务的需要,上级领导或下级人士也可会见来访者。参加会见的人员不宜过多。

② 确定会见的时间、地点。会见的时间一般安排在来访者抵达的第二天或举行欢迎宴会之前。会见的具体的时间不宜过长,一般以半小时左右为宜。会见的地点多安排在客人住地的会客室、会议室或办公室,也可在国宾馆等正式的会客场所。

③ 做好会见的座位安排。会见时座位的安排必须依据参加会见人数的多少。房间的大小、形状、房门的位置等情况来确定。会见的座位安排有多种形式,宾主可以穿插而坐,也可分开坐,通常的安排是将主宾席、主人席安排在面对正门位置,客人坐在主人的右边。其他客人按照礼宾顺序在主人、主宾两侧就座。译员、记录员通常安排在主宾和主人的后面。座位不够时可在后排加座。

④ 掌握会见的一般礼节。会客时间到来之时,主人应在门口迎候客人,问候并同客人一一握手,宾主互相介绍双方参加会见的人员,然后引宾入座。主人应主动发言,创造一种良好的气氛。双方可自由交谈,就共同感兴趣的话题发表自己的看法。交谈时应注意坐姿,不要跷二郎腿,不可左顾右盼,漫不经心。主人与主宾交谈时,旁人不可随意插话,外人也不可随意进出。会见时可备饮料招待客人。主人应控制会见时间,最好以合影留念为由头结束会见。合影后,主人将客人送至门口,目送客人离去。

⑤ 注意合影的礼宾次序。合影时,一般主人居中,男主宾在主人右边;主宾夫人在主人左边,主人夫人在男主宾右边,其他人员穿插排列,但应注意,最好不要把客人安排在靠边位置,应让主人陪同人员在边上。

(2) 会谈的礼仪。会谈的形式多种多样,常见的有领导人之间单独会谈,有少数领导人及其助手与来访者进行的不公开发表内容的秘密会谈,有的是就有关重要而又复杂的问题,有关官员进行预备性问题而举行的正式会谈,也可称为谈判。

会谈的礼仪主要包括以下内容。

① 确定会谈的时间、地点、人员。会谈的时间、地点由双方协商确定。会谈的人员应慎重选择,会谈的专业性较强,一方面要求会谈人员有专业特长,另一方面还要考虑专业互补和群体智慧。会谈人员既要懂得政策法律,又要能言善辩,善于交际,应变能力强,并确

定主谈人和首席代表。

②会谈的座位安排。涉外双边会谈通常采用长方形或椭圆形会谈桌。多边会谈或小型会谈也可采用圆形或正方形会谈桌。

不管什么形式,均以面对正门为上座,宾主相对而坐,主人背向门落座,而让客人面向大门。其中主要会谈人员居中,其他人按着礼宾次序左右排列。

这里需要说明的是,许多国家把译员和记录员安排在主要会谈人员的后面就座。我国习惯上把译员安排在主要谈判人座位的右侧就座,这主要取决于主人的安排,说到这个习惯上的小差别,还有一段历史背景。当初,我国也是按国际上通用的做法把译员安排在后面就座的,但新中国成立不久,国家总理兼外交部长周恩来认为这个惯例不符合中国的情况,因为西方的译员大多是临时雇用的,不属于参加会谈的人员,而我国的译员却是参加会谈的重要人员之一,理应受到尊重,所以周总理在出访时坚决要求对方允许我方译员坐在主要会谈人员的右侧。从那时起,我国就有了这个做法并一直沿用至今。

如果长方桌的一端向着正门,则以入门的方向为准,右为客,左为主。

如果是多边会谈,可将座位摆成圆形或正方形。

此外,小范围的会谈,也可像会见一样,只设沙发,不摆长桌,按礼宾顺序安排。

(3) 涉外参观游览。涉外参观游览,是指外国客人在访问或旅游期间对一些风景名胜、单位设施等进行实地游览、观看和欣赏。来访的外国人及我国出访人员,为了了解去访国家情况,达到出访目的,都应组织一些参观游览活动。参观游览应注意以下礼仪。

①选定项目。选择参观游览项目,应根据访问目的、性质和客人的意愿、兴趣、特点及我方当地实际条件来确定。对于外国政府官员、大财团、大企业家一般应安排参观反映我国经济发展情况的部门单位和经济开发区,以及重点招商项目。对于一般企业家、商人和有关专业人员可安排参观与其有关的部门、单位,同时安排一些有地方特色的游览项目。年老体弱者不宜安排长时间步行的项目,心脏病患者不宜登高。一般来说,对身份高的代表团,事前可了解其要求;对一般代表团,可在其到达后,提出方案,如果确有困难,可如实告知,并作适当解释。

②安排日程。当参观游览项目确定后,应制订详细活动计划和日程,包括参观线路、座谈内容、交通工具等,并及时通知有关接待单位和人员,以便各方密切配合。

③陪同参观。按国际惯例,外宾前往参观时,一般都安排相应身份的人员陪同。如有身份高的主人陪同,宜提前通知对方。接待单位要配备精干人员出面接待,并安排解说介绍人员,切忌前呼后拥。参观现场的在岗人员,不要围观客人。遇客人问话,须有礼貌地回答。

④解说介绍。参观游览的重头戏是解说介绍。有条件的可先播放一段有关情况纪录片,这样既可节省时间,又可让客人对情况有所知,经过实地参观,效果会更好。我方陪同人员应对有关情况有所准备,介绍情况要实事求是,运用材料、数据要确切,不可一问三不知,也不可含糊其辞。确实回答不了的,可表示自己不清楚,待咨询有关人员后再答复。遇较大

团组，宜用扩音话筒。另外，遇有保密部位的，则不能介绍，如客人提出要求，应予婉拒。

⑤ 乘车、用餐和摄影。在出发之前，要及时检查车况，分析行车路线，预先安排好用餐时间和地点。路远的还要预先安排好中途休息室，要把出发、集合及用餐的时间和地点及时通知客人和全体工作人员。一般地方均允许客人摄影。如有不能摄影处，应事先说明，现场要树立中英文"禁止摄影"标志牌。

⑥ 在国外参观游览的礼节。出访人员、团组要求参观，可通过书面、电话或面谈方式向接待单位提出，经允许后方能成行。参观内容，要符合访问目的和实际，要注意客随主便，不要强人所难。在商定之后，要核实时间、地点和路线。参观过程，应专心听取介绍，不可因介绍枯燥或不对自己口味而显露出不耐烦和漫不经心状，这是极不礼貌的。同时应广泛接触、交谈，以增进了解，加深友谊。注意尊重对方的风俗和宗教习俗。如要摄影，事先要向接待人员了解有无禁止摄影的规定。参观游览，如果对服装要求不严格，不必穿礼服，穿西装可以不打领带，但应注意整洁整齐，仪容亦宜修整。参观完毕，应向主人表示感谢，上车离开时应在车上向主人挥手道别。

(4) 国旗悬挂。国旗是国家的一种标志，是国家的象征。悬挂国旗是一种外交礼遇与外交特权。人们往往通过悬挂国旗，表示对本国的热爱或对他国的尊重。在国际交往中，悬挂国旗要遵循以下惯例。

① 悬挂国旗的场合。按国际关系准则，国家元首、政府首脑在他国领土上访问，在其住所和交通工具上悬挂国旗（有的是元首旗）是一种外交特权。

东道国接待来访的外国元首、政府首脑的隆重场合，在贵宾下榻的宾馆，乘坐的汽车上悬挂对方（或双方）的国旗（或元首旗），是一种礼遇。

在国际会议上，除会场悬挂与会国国旗外，各国政府代表团团长亦应按会议组织者的有关规定，在一些场所或在车辆上悬挂本国国旗（也有不挂国旗的）。

有些展览会、体育比赛等国际活动，也往往悬挂有关国家的国旗。在大型国际比赛中，还往往为获前三名的运动员升起其代表国家的国旗。

伴随着我国加入WTO，双边、多边的经贸往来必将日趋频繁，在谈判、签字仪式上亦应悬挂代表国的国旗。

② 悬挂国旗的要求。在建筑物上或室外悬挂国旗，一般应在日出升旗、日落降旗。升降国旗时，服装要整齐，要立正脱帽行注目礼。不能使用污损的国旗。升国旗一定要升至杆顶。

悬挂双方国旗，按照国际惯例，以右为上，左为下。但这是以旗面本身为准的，搞不好会弄错。所以还应记住以挂旗人为准，"面对墙壁左为上，右为下"。挂旗时，挂旗人必然面对墙壁，这时左为上，悬挂客方国旗，右为下，悬挂主方国旗。乘车时应记住"面对车头左为上"，左边挂客方国旗，右边挂主方国旗（有时以汽车行进方向为准，驾驶员右手为上）。所谓主客标准，不以在哪国举行活动为依据，而以举办活动的主方为依据。如外国代表团来访，东道国举办欢迎宴会，东道国是主人；外国代表团答谢宴会，来访国是主人。由于国旗是一个国家的标志与象征,代表一个国家的尊严,所以挂国旗时,一定不能将国旗挂倒。

这里值得一提的是"下半旗"。"下半旗"也称"降半旗",是一种国家行为,一般是在某些重要人士逝世或重大不幸事件、严重自然灾害发生时来表达全国人民的哀思和悼念的一种重要礼节,是当今世界上通行的一种志哀方式,全国各公开场合的国旗,驻国外的使、领馆的国旗均应下半旗志哀。它并不是将国旗下降至旗杆的一半处,也不是直接把国旗升至旗杆的一半处,而是先将国旗升至杆顶,然后下降到离杆顶约占全杆三分之一处。降旗时,也应先将旗升至杆顶,然后再下降。这种做法最早见于1612年。一天,英国船"哈兹·伊斯"号在探索北美北部通向太平洋的水道时,船长不幸逝世。船员们为了表示对已故船长的敬意,将桅杆上的旗帜下降到离旗杆的顶端有一段距离的地方。当船只驶进泰晤士河时,人们见它的桅杆上下着半旗,不知何意。一打听,原来是以此悼念死去的船长。到17世纪下半叶,这种志哀方式流传到大陆上,遂为各国所采用。从中不难看出,下半旗这一志哀方式自古有之,至今已有近400年的历史。

3. 涉外礼宾次序

礼宾次序是指多边外事活动中对出席活动的国家、团体、各国人士的位次按某些规则和惯例进行排列的先后次序。一般地,礼宾次序体现东道主对各国宾客给予的礼遇;在一些国际性的集会上,则表示各国主权平等的地位。这一原则几乎渗透到一切外事交往中,迎来送往、衣食住行、会见、升旗、谁先谁后,都要符合礼仪规范,稍有差错会被认为是对一个国家的不尊重。礼宾次序安排不当或不合国际惯例,则会引起不必要的争执与交涉,其至影响国家关系。因此在组织涉外活动时,对礼宾次序应给予足够的重视。

对于礼宾次序的排列,国际上已有一些惯例,各国也有各国的具体做法。为此,有些排列顺序和做法已由国际法或国内法肯定下来,例如,外交代表位次的排列,在《维也纳外交关系公约》中就有专门的规定。很多国家对本国各级官员的排列也用法律形式固定下来,明确规定中央与地方的官方机构、团体和个人参加公共活动的排列顺序。所有从事涉外工作的人员都应掌握这些原则。常见的礼宾次序排列方法(林成益,帅学华. 现代礼仪修养教程. 杭州:浙江大学出版社,2007.)有以下几种。

(1) 按身份与职位的高低排列。这是礼宾次序的主要根据。一般的官方活动,经常是按这一次序排列的,如国家元首、副元首、政府总理(首相)、副总理(副首相)、部长、副部长等。

在通常的外事交往中,各国提供的正式名单或正式通知是确定职务高低的依据。由于世界各国的国家体制不同,所设的部门及部门之间的职务高低也不尽一致,排列时可根据各国的规定,按相当的级别和官衔进行安排。

在多边活动中,有时会按其他方法排列,但无论如何,按什么方法排列,都应考虑身份与职务。

(2) 按字母顺序排列。这是指在多边活动中,按照参加国国名字母顺序来排列礼宾次序。外事交往中一般以英文字母排列居多,但少数情况也有按其他语种的字母顺序排列的。

这种排列方法最常见于国际会议、体育比赛活动。

在联合国召开联合国大会时,为了避免一些国家的国名总是据前排席位,因此每年抽签一次,决定本年度大会席位从哪一个字母打头排起,从而让各国在运用这一排列原则时都有机会排列在前列。

在国际体育比赛中,体育代表队名称的排列和开幕式出场顺序一般也按国名字母顺序排列(东道国一般排在最后),代表团观礼或召开理事会、委员会等则按出席代表团的团长身份高低排列。

(3)按通知代表团组成的日期先后排列。这是国际交往中经常采用的礼宾次序排列方法之一。具体做法通常分为三种情况:东道国对同等身份的外国代表团,按派遣国通知东道国该国代表团组成的日期排列;按各国代表团抵达活动地点的时间先后排列;按派遣国决定应邀派遣代表团参加该活动的答复时间先后排列。

以上任何一种排列方法都可以酌情采用,但需注意的是东道国在致各国的邀请书中,都应加以说明。如注明"在级别相同的情况下,代表团团长的礼宾次序将按照通知代表团组成的日期先后确定。如果同时接到两个或两个以上代表团的组成通知,将按照其字母顺序确定先后"。

在实际工作中,情况往往十分复杂,多种因素纠缠在一起,如有的国家不管以上种种惯例,把关系密切的代表团排在最前列。所以礼宾次序的排列常常不能按一种排列方法,而是几种方法交叉,并考虑其他因素。比较客观公正的做法是:如在一次多边国际活动中,礼宾次序的排列首先按正式代表团的规格,即按代表团团长身份的高低来确定,这是最基本的。然后在同级代表团中则按派遣国通知代表团组成日期先后确定,对同级同时收到通知的代表团则按国名的英文字母顺序排列。在安排确定礼宾次序时所应考虑的其他因素包括国家之间的关系,地区所在,活动的性质、内容和对于活动的贡献大小,以及参加活动人的威望、资历等。通常的做法是把同一国家集团的、同一地区的、同一宗教信仰的或关系特殊的国家代表团排在前面域排在一起;对同一级别的人员,常把威望高、资历深、年龄大者排在前面。有时还要考虑业务性质、相互关系、语言交流等因素。将业务对口、语言相同、宗教信仰一致、风俗习惯相近的安排在一起,尤其是观看演出与出席宴会更应考虑这些因素。

总之,涉外人员应将礼宾次序的原则与具体情况有机地结合起来,耐心细致,反复研究,设想多种方案,以避免因礼宾次序方面的问题而引起不快。

附录B 三大宗教礼俗

1. 佛教礼仪

佛教起源于公元前6~公元前5世纪的古印度,由迦毗罗卫国释迦族的王太子乔达摩·悉达多所创立。公元前后传入我国,北传佛教以大乘佛教(普度众生)为主,传入汉族地区为汉地佛教,传入西藏和蒙古的叫喇嘛教。南传佛教为小乘佛教,分布在云南南部少数民族地区及泰国、柬埔寨等地。隋唐时,中国佛教有天台宗、律宗、净土宗、法相宗、华严宗、禅宗、密宗等。佛教为中华传统文化的重要组成部分,至今仍有很大影响。

(1) 基本要求。

① 出家与剃度。出家是指隐姓埋名,离开家庭到寺院去做僧尼,自称释家弟子或佛门弟子。剃度,"剃"指剃除须发,"度"指度越生死,剃度,则是指剃除须发,接受佛教的戒条,从而可以度越生死。

② 归依和戒律。归依,又称皈依,信奉的意思,指信仰佛教,信仰佛家三宝——佛、法、僧,又称三皈依。《大乘义章》卷十上说:"归投依伏,故曰归依。归投之相,如子归父,依伏之义,如民依王,如怯依勇。"戒律,"戒"有止过防非之义,受戒,指佛教徒通过一定的仪式,接受佛教戒律。五戒即不杀生、不偷盗、不邪淫、不饮酒、不妄语;十戒,即不杀生、不偷盗、不邪淫、不饮酒、不妄语、不彩衣(化妆)、不视听(歌舞)、不睡高床、不过午食、不蓄财宝;具足戒,汉地和尚修250条,尼姑修384条戒律的叫具足戒。佛教还有不少禁忌。如忌恶口、忌绮语、忌贪欲、忌嗔恚、忌邪见、忌污损法衣法器、忌结婚、忌做买卖、忌看相算命、忌掠夺威吓他人、忌比丘、比丘尼同住一寺、忌涂香、栽花、忌卧高广大床等。斋也是佛教的一种戒律。原指古人在举行祭祀前或典礼前,沐浴更衣、不饮酒、不吃荤,甚至不吃东西,叫作"斋",以表示诚敬庄重。在佛教中,斋有两种情形。一种是午后不进食,另一种是"吃素不吃荤"。斋的种类较多,有四斋日,即每月的一日、八日、十五日、二十三日为斋日;有十斋日,即每月的一日、八日、十四日、十五日、十八日、二十三日、二十四日、二十八日、二十九日、三十日等十天为斋日;还有三九长斋,也称"三斋月"。即正月、三月、九月每个月的初一至十五为斋日。

③ 称谓。佛教徒的称谓分为在家两众、出家五众。在家两众指在家信徒受三皈五戒的叫居士,在家男女居士称在家两众。出家五众是指受了十戒的男信徒叫沙弥,女的叫沙弥尼;受了具足大戒的男信徒叫比丘,女的称比丘尼;在沙弥尼和比丘尼之间还有一种叫式叉

摩尼，合称出家五众。对不同职位僧人的称谓是，称掌管寺院的僧人为住持或方丈；称当家和尚为监院；称一般和尚为大师，称尼姑为师太。

④ 饮食要求。一是过午不食即每天一到两餐在午前用毕，过午不能进食。但我国佛教徒因为参加农业劳动，体力消耗大，因此晚上加一餐，称为药食。二是禁荤、腥、酒及葱蒜等有刺激性的菜。因为吃荤不利于修定，所以为佛教所禁；腥则指鱼肉类的食品，但关于肉的规定因地区、教派不同而有所不同；另外，酒会乱性，不利于修定。

⑤ 修行。一是坐禅。这是佛教修行的重要方式。"坐"是指"结跏趺尘"，"禅"是"思维"、"思考"、"思虑"等意思。所以，坐禅指的是静坐思维，以求悟道。一般情况下，坐禅者在静室或者远离尘嚣的空地，放一把椅子，独自一人跏趺而坐，头正背直，不摇头晃脑，不倚靠椅背，思考佛理，参悟真谛，以期取道成佛。二是衣钵相传。"衣"指袈裟，佛教徒穿的衣服；"钵"指食器，据说，禅宗在六祖慧能以前，师传法于弟子以衣为信物，称为"传衣"；五祖弘忍传法给慧能时，则以衣钵为信物，称为"衣钵相传"，后来引申为师傅传法或传技艺于弟子，称为"传衣钵"。三是忏悔。佛教悔过的一种仪式。忏悔的本意是指当人发现自己的过错后，请求对方容忍宽恕，给自己一个改过自新的机会。佛教认为，人类由于欲海难填犯下了许多罪孽，只有不断悔过，真心向善，才能得道成佛。于是，规定出家人每半个月集合诵戒，给犯戒之人以说过、悔过、自新的机会。

(2) 主要法事活动。

① 超度与追福。超度是指僧尼为人诵经拜忏，据说可以救度亡灵，脱离苦海。追福亦称追善。是指通过读经、写经、舍财施斋、修建佛寺等善行，为死者谋得冥间幸福。

② 水陆道场。水陆道场又叫"水陆法会"、"水陆大会"、"水陆斋"等，是佛教法会中最隆重的一种，时间短则七天，多则四十九天，参加法事的僧众达几十上百人之多，供以饭菜瓜果，以普度水陆一切鬼魂，普度六道四生。相传为南朝梁武帝所创制。

③ 焰口。焰口又叫放焰口，是根据《救拔焰口饿鬼陀罗尼经》而举行的佛事仪式。佛事一般在黄昏时举行，供献饮食，以度饿鬼。同时这种佛事也可以用于追荐死者。据《救拔焰口饿罗尼经》记载：阿难夜见名叫焰口的恶鬼，且自己也将堕入饿鬼中，十分恐怖，急至佛所。佛令阿难诵经供食，以施恶鬼，即可免受饿鬼之苦，并能增寿增福。从此，施食放焰口广泛流传人间。

(3) 佛门礼节。

① 合十。"合十"亦称"合掌"，其形状是双手当胸，十指相合，注意力要集中。一般教徒见面时，多以合十礼表示敬意。

② 互跪与长跪。互跪是左右两膝交互跪地；长跪是两膝一齐着地，两腿跷空，两足指拄地，挺身。根据佛教有关规定，比丘行互跪礼，比丘尼行长跪礼。

③ 五体投地与顶礼。"五体投地"又叫"五轮投地"，佛教礼节之一。"五体"又叫"五轮"，是指两肘、两膝和头。"五体投地"即指行礼时两肘、两膝和头都要着地。"顶礼"是佛教最高礼节。其仪式为两肘、两膝和头着地，两手掌翻向上，然后用头顶礼尊者之足，所

以称为"顶礼"。

④ 四威仪。四威仪是指佛教徒行、站、坐、卧中应该保持威仪德相，不容许表现出轻浮，一切都要遵守如法，要尽力做到"行如风、站如松、坐如钟、卧如弓"。同时，僧人在行时、站时应心中不起恶念，坐时、卧时，应经常口念供养三宝，这些均是佛门的规矩。

(4) 主要节日。

① 佛诞节。佛诞节又称"浴佛节"，是纪念佛祖释迦牟尼诞生的节日。每年四月初八举行。据佛经记载，摩耶夫人在兰毗尼园的无忧树下生下了乔达摩·悉达多（成佛后称释迦牟尼）太子，难陀与优波难陀龙王口吐香水，为之洗浴。释迦牟尼涅槃后，佛教徒于每年四月初八佛诞日为其举行沐浴仪式，以示纪念。这一天，寺院张设宝盖，殿侧罗列香瓶，周围供以香花、鲜果、饮食、灯烛将释迦牟尼的金、银、铜、石像放在金、银、铜、石盘中，盘中盛以香水，用小勺或手指蘸水为佛像沐浴，并举行拜佛祭祖、施舍僧侣等活动。

② 盂兰盆节。盂兰盆节又称"盂兰盆会"、"盂兰盆供"，每年农历七月十五佛教徒为追荐祖先而举行，后广泛流传民间。"盂兰"是"倒悬"的意思，"盂兰盆"即"救倒悬盆"的意思。节日期间，除施斋供食外，还举行诵经法会和举办水陆道场、放焰口、放灯等祭祀活动，因而，盂兰盆节又称"鬼节"。

(5) 与佛教徒交往注意事项。

① 进入佛寺时要特别注意礼貌。进入山门，衣履整洁，轻声慢步，保持圣洁肃穆的气氛。绝不能穿背心拖鞋进入寺庙。过去我国有"文官下轿，武官下马"之说，现在乘车者无论职务多高，也应在山门口下车，步行进寺，不要驱车直入。

② 行礼要得体。非佛教徒遇到僧尼或者居士时最好行合十礼而不用握手，尤其不要主动同比丘尼握手。因为佛教徒不兴握手。

③ 称呼要得当。称住持为方丈，泛称僧尼为师父、法师或师太。另外，如果要询问法师的法名以便称呼时，可问："法师（师太）法号如何？"不能以社会上交际方式问僧尼尊姓大名，因为僧尼出家后不用俗姓，一律姓释。出家入道时，由其师傅赐予法名；受戒时，由其授戒师傅赋予戒名，而不用俗名。因此，不能用社交方式去问僧尼尊姓大名。

④ 严禁将荤腥食品带入寺庙。如果请僧尼吃饭，要注意请素食并注意时间，对方若有"过午不食"的习惯，最好在中午11点左右开始，不要过午。

⑤ 非佛教徒入寺拜佛时一般要烧香，拈香时要注意香的支数，由于佛教把单数看成吉数，所以烧香时，每炷香可以有很多支，但必须是单数。

2. 基督教礼俗

基督教与佛教、伊斯兰教并列为世界三大宗教。公元1世纪由犹太的拿撒勒人耶稣创立。崇奉耶稣为基督，为救世主。经典为《圣经》。后分裂为天主教、东正教等许多教派。

(1) 日常仪式。

① 礼拜。礼拜是基督教的主要宗教活动。相传耶稣基督是在星期日复活的，因而在这一天举行祈祷、诵经、喝酒、布道等活动，以示对基督复活的纪念。活动一般在教堂内举

行,由牧师主礼,无教堂的地方可在信徒家中举行,无圣职人员时可以推举一位信徒主领。礼拜时,教堂设有奉献箱,信徒可投钱奉献给上帝。

② 阿门。阿门是基督教祈祷仪式的结束语。意为"真诚",表示希望所有一切祈祷,唯愿如此,允获所求。古代犹太教和基督教新教在主礼人领祷结束时,所有信徒齐声念诵"阿门",以表示诚心所愿。

③ 祝福。祝福是指在聚会、礼拜或弥撒结束时,由主礼人祈求上帝赐福给全体参加者的仪式。天主教、东正教多由神父诵读规定的祝福词,而新教则多由牧师作简短的随口祷告。在平时,神职人员也可以专门对人(病人等)或物(宗教礼仪器具)等特定对象祝福。

④ 圣餐。基督教主要礼仪。天主教称圣体圣事,称其礼仪为弥撒;东正教称为圣体血;新教则称为圣餐。据《圣经·新约》上记载,耶稣在逾越节(最后的晚餐)拿起饼和酒祝祷后分给门徒说:"这是我的身体和血,是为众人免罪而舍弃和流出来的。"具体礼仪各教派不尽相同,但大都包括主礼人重复上述耶稣说过的话,不同之处在于,天主教徒只能领圣体,不能领圣杯,东正教和新教信徒可饼杯同领。

(2) 人生礼俗。

① 洗礼。洗礼是基督教主要仪式。经过洗礼,可洗去基督教徒的一切原罪并获赦免。洗礼有两种方式。一是点水礼,即用水洒在受洗礼者的额头上,或由神职人员用手蘸水在受礼者额头上画十字;二是浸水礼,即把受礼者全身浸在水中。天主教多施行点水礼,东正教多施行浸水礼。

② 婚配。婚配礼是天主教、东正教圣事之一。受过圣洗的男女双方在教堂由神父主礼,按教会礼仪结为夫妻的仪式。仪式的核心内容是:主礼神父询问男女双方是否同意结为夫妻,在得到肯定回答后,主礼人诵念祷文,宣布"天主配合的人,不可分开",算是对双方祝福。新教教徒结婚也有请牧师主礼证婚的,但并不视为圣事。

③ 终傅。"终傅"是天主教、东正教圣事之一。由神父或主教在患病者或生命垂危的信徒口、鼻、耳、目和手、足等处敷擦经过主教已经祝圣过的橄榄油,并诵念祈祷经文。认为这样可以帮助受敷者减轻病痛,使灵魂得救。

④ 圣诞节。圣诞节是纪念耶稣诞生的节日。耶稣诞生的时间,《圣经》并无记载,公元336年,罗马教会率先在12月25日举行仪式,庆祝耶稣诞辰。因为这一日是太阳神的诞辰。而人们认为,耶稣给人类带来光明、带来幸福,耶稣是正义、永恒的太阳。于是5世纪中叶以后,此节成为基督教重大节日并广泛流传。圣诞期间,人们设宴欢庆,互赠礼物;同时,用圣诞树、圣诞老人等丰富多彩的仪式为节日增添喜庆气氛,现已成为西方普遍的习俗。

⑤ 禁忌。崇拜禁忌,忌拜别的神、别的偶像,忌妄称上帝的名字。数字禁忌,忌数字"13",忌星期五做客或送礼,据《圣经》记载,耶稣吃最后的晚餐那天是星期五,十三人,耶稣被钉死在十字架上那天也恰好是十三日,星期五。道德禁忌,忌杀人、偷盗、奸淫、出假证明陷害别人;忌对别人的妻子与财物有不轨行为。日期禁忌,忌在斋戒节前举办婚礼、

不吃血是基督徒生活中比较明显的一个禁忌。

禁食是指出于表达信仰虔诚和专心致志地灵修的需要等，自愿停止进食或减食。禁食的情形通常有这样几种：一是在一段特定的时间内不进食，仅饮用一些水或流质，时间为一天或数天；二是绝对不进食，甚至滴水不进；三是短期或长期保持每天禁食一顿，以午餐为多。由于禁食容易影响个人健康，甚至危及生命，中国教会一般不提倡，并告诫信徒慎用这样的祈祷方式。

(3) 与基督教徒交往时注意事项。与基督教徒交往时也应注意避免基督教的禁忌。

① 称谓。一是神职人员的称谓。主要有主教、牧师、长老、执事、传道员五种。主教是实行主教制的教派中职位最高的神职人员，有权主持各种宗教活动；牧师是教会主持宗教仪式和管理教务的主要神职人员；长老是教会的领袖和负责人；执事是有些教派中协助牧师、长老管理教会事务的人员，但一般不主持宗教活动；传道员是教会中协助牧师、长老的宗教职业人员，主要是传道、向信徒和慕道友讲解《圣经》和教义、信条。二是信徒的称谓。信徒之间不论宗派国籍和长幼，都可以称呼弟兄和姐妹。信徒对于神职人员，一般都以他们所任的职位相称呼，前面冠之以姓；对传道员则多称他们先生、弟兄；女传道员则可称师母或小姐。在基督徒之间经常互称同工、同道，同工即为主共同工作，我国有神职和无神职的宗教人员及参加基督教三自爱国会、基督教协会和男、女青年会等团体工作的人员，都可以互称同工、同道，即共同信奉基督耶稣所传的道。三是非基督徒对基督徒的称谓。不能以同工、同道、弟兄或姐妹等称呼基督徒，而应以同志、先生、小姐等一般称呼相称，对于有圣职者，可以圣职称呼，如某主教、某牧师、某长老等，以表示尊敬。

② 日常交往须知。主要包括：向基督徒赠送礼品时，忌送各个其他宗教的神、各个少数民族的图腾及死者的灵位等。因为《圣经》里说："不拜别的神和偶像"。同时，如遇到基督徒不愿参加其他宗教的活动，或愿意参观但不愿意在那里观礼和进食，都不要强劝。不应以上帝起誓，更不可以拿上帝或耶稣来开玩笑。参加丧礼，遇死者或主持丧事者是基督徒的都不要下跪和鞠躬。在受难节那一个星期，不要请基督徒参加私人喜庆活动，有的基督徒每逢星期五都不愿参加这类活动。宴请基督徒时绝不能安排13人同桌进餐，还可以事先问明其饮食禁忌，然后再安排，这样才不算失礼。进教堂应衣冠整洁，进去后应脱帽，与人谈话应压低声音，不得妨碍对方正常的宗教活动。当教徒祈祷或唱诗时，旁观的非教徒不可出声，当全体起立时，应随其他人一起起立。

3. 伊斯兰教礼俗

伊斯兰教又称"回教"、"清真教"、"天方教"等，由阿拉伯人穆罕默德于公元7世纪初在阿拉伯半岛创立。伊斯兰教信仰真主安拉，相信除了安拉别无他神，寄希望于安拉会来拯救受苦受难的人。

(1) 五大功课。根据伊斯兰教规定，每个成年穆斯林必须履行五大功修，即念、礼、斋、课、朝。

① 念功。念功就是用阿拉伯语念作证词。词的大意为："我作证：万物非主，唯有安

拉，他独一无双；我作证：穆罕默德是主的奴仆，是主的使者。"作证词又叫"清真言"，这是每个穆斯林念得最多的言辞。婴儿初生到人间，首先听到的便是这段作证词；临终时听到的最后言辞也是这段作证词。据先知穆罕默德说："虔诚念诵清真言的人，没有算账（后世审判）即可进入天堂"。其实，念清真言的目的在于坚定信仰。

② 礼拜。"礼拜"也称"拜功"，伊斯兰教徒五大功修之一，也即穆斯林面向麦加的克尔白作祈祷的一种宗教仪式。包括每日五次礼拜，每周星期五午后的主麻拜（也称聚礼），以及开斋节和宰牲节的礼拜（也称会礼）等。礼拜时必须依次完成下述七个动作：面向麦加克尔白，口诵"真主至大"；口诵《古兰经》首章；鞠躬；口诵"赞颂主者，主必闻之"；叩头；跪坐；再叩首。

③ 斋功。"斋功"也称"斋戒"，穆斯林五大功修之一。伊斯兰教历每年九月，是斋月，在斋月期间，除病人和产妇外，每个成年的穆斯林从日升到日落，都要禁绝一切饮食和房事。教历九月，也称"莱埋丹"月，其意为练意志、练身体、练思想。其实斋月的目的也有让富有者体会贫困者的辛酸、同情并施舍穷人的用意。

④ 课功。这是伊斯兰教以神的名义征收的一种课税，由初期的施舍发展而来。

⑤ 朝觐。朝觐是每个成年穆斯林在身体表现方面重要的功课，即穆斯林亲身前往阿拉伯麦加城圣地巡礼的一种宗教仪式。在教历每年的十二月九日至十二日举行。主要宗教仪式有：受戒、转天房、驻阿尔法特、巡视克尔白，在萨法与麦尔卧两山之间奔走、射石、宰牲等。除朝觐季节外，任何时候个人都可以单独去麦加朝觐。

（2）特殊礼节。

① 净礼。净礼是使穆斯林的身体和礼拜的处所洁净无污的一种宗教仪式。包括沐浴、净衣、洁处等。有小净和大净等形式。小净就是用净水清洗部分肢体和某些器官。为参加一般礼拜前履行。包括洗脸、洗手、洗脚、诵念真主尊名等。大净是用净水清洗全身的仪式，是参加聚礼、会礼、祈祷之前履行的。包括用水冲头、冲右半身、冲左半身、冲下身、冲洗双脚。无论大净、小净都只能淋浴，忌用桶浴、盆浴，否则视为不洁。

② 割礼。割礼是伊斯兰教徒重大的人生礼仪，阿拉伯语称为"海特尔"，即割礼。伊斯兰教规定，男孩长到12岁就要承担宗教义务，履行宗教职责。因此，要割去阴茎上的包皮，开始他的宗教生活。过去，手术由专门的宗教人员施行，通常用简单的冰冻麻醉法和专用刀操作。现在，父母多送孩子去医院做手术。施行割礼时，家人要给阿訇送礼，请阿訇念经祈祷，然后宴请宾客，共同庆祝。

③ 圣纪节。圣纪节是纪念伊斯兰教创始人穆罕默德诞生和升天的节日。教历每年三月十二日举行。纪念活动一般安排在清真寺。届时，教徒们聚集清真寺，宣扬穆罕默德的高尚品德，讲述他在传教过程中所受到的种种艰难困苦。同时为穆罕默德诵经祈祷。此外，每个穆斯林家里还要炸油香、熬牛肉粥，宴请亲朋好友以示纪念。

④ 开斋节。开斋节是穆斯林的一个重大节日，在伊斯兰教教历9月29日或10月1日。斋戒结束的一天要寻看新月，见月的次日开斋；如未见月，开斋顺延，但一般不超过3天。

节日期间，穆斯林前往清真寺参加会礼，听阿訇宣讲教义；会礼之后，人们走亲访友，互送自己做的节日食品油香、馓子。中国新疆地区称开斋节为"肉孜节"。

⑤古尔邦节。古尔邦节又称宰牲节，使用汉语的穆斯林也称忠孝节，是伊斯兰教盛大节日。在伊斯兰教历12月10日这天，穆斯林举行会礼，宰牲献主。这一节日为了纪念易卜拉欣父子为安拉牺牲的精神。古尔邦节亦是伊斯兰教朝觐仪式之一。伊斯兰教规定：凡是有条件的穆斯林男女，一生必须去沙特阿拉伯麦加城内的"克尔白"朝觐一次，对于没条件的人在每年教历的12月10日这天，在本地区集体礼拜，拜后宰牲，也算是完成了这项功课。节日清晨，穆斯林们沐浴完毕后，要在清真寺"伊玛目"的带领下，一边诵赞词，一边步入礼拜大殿，举行节日会礼，互相拜会，并宰杀牛、羊、骆驼，互相馈赠以示纪念。

⑥登霄节。传说穆罕默德52岁时，在教历7月27日的夜晚，由天命哲布勒伊来陪同，从麦加到耶路撒冷，又从那里"登霄"，遨游七重天，见到了古代"先知"和"乐园"，火狱等，黎明时返回麦加。从此，耶路撒冷与麦加、麦地那一起成为伊斯兰教三大圣地。穆斯林在登霄节的夜晚举行礼拜、祈祷以示纪念。

⑦盖德尔夜。也称"平安之夜"，教历9月27日夜。传说安拉于该夜通过哲布勒伊来天使开始颁降《古兰经》，据《古兰经》载：该夜作一件善功胜过平时一千个月的善功。穆斯林对盖德尔夜非常重视，许多穆斯林于该夜礼拜祈祷，出散"乜贴"，捐赠财物等。有的家庭还制作美食佳肴，馈赠亲友。很多穆斯林前往清真寺守夜念经，因此盖德夜也称"坐夜"。

(3) 伊斯兰教的禁忌。伊斯兰教对穆斯林的饮食作了严格规定，如禁饮酒、禁食无鳞鱼，禁食猪肉，禁食被击死、勒死或跌死的动物肉，禁食虎、豹、蛇、鹰、马、骡、驴、狗等禽兽。进礼拜殿前须作大、小净和脱鞋。一般性的礼拜可做"小净"，即用清洁的水洗净身体的局部，如手、脸、口鼻、双脚等。"大净"即用清洁的水，按照一定的顺序、方式冲洗全身。在沙漠地带，也可用沙土代替水洗，称为土净或代净。禁用左手待客敬茶、端饭、握手均用右手，用左手被视为不礼貌。

(4) 与穆斯林交往时的注意事项。非穆斯林与穆斯林的交往中，要注意尊重他们的习惯。

①称谓。伊斯兰教对顺从安拉旨意并信仰伊斯兰教的教民称为"穆斯林"。对伊斯兰教学者、宗教家和教师等应尊称"阿訇"。在中国，一般在清真寺任教职，并主持清真寺教务的阿訇，被称作"教长"或"伊玛目"，其中的年长者被称"阿訇老人家"。

②拜访须知。非穆斯林到穆斯林家做客时，应注意不要把穆斯林禁食的东西作为礼品赠送，忌送带有动物形象的东西，他们认为带有动物形象的东西会给他们带来厄运。同时与穆斯林握手或递送礼物不能用左手，更不能用单手，也不能将雕塑、画像之类的物品相赠。交谈时，不要用穆斯林禁忌的字词，如"猪"、"杀"、"死"等。一般不要主动与妇女或少女握手、注目。对穆斯林的宗教信仰习惯要尊重，尽量不要随意评论。在平时尽量不要向穆斯林家借用餐具或茶具，因为穆斯林一般不用非穆斯林用过的餐具或茶具等。

③ 接待须知。接待穆斯林时，更要注意避免穆斯林的禁忌。宴请穆斯林时，最好上清真馆；若在家宴请，要用新买的或反复清洗过的餐具，除了注意不要安排穆斯林禁吃的东西外，不要摆上带酒的饮料，也不要以敬酒的礼仪招待穆斯林。

④ 非伊斯兰教进入清真寺应注意的事项。在进入清真寺时，不能袒胸露背，不能穿短裙和短裤，不经阿訇等寺内宗教职业人士批准，非穆斯林不准进入礼拜大殿，不准拍照。在穆斯林做礼拜时，无论何人何事，都不能喊叫拜者，也不能在礼拜者面前走动，更不能唉声叹气、呻吟。

(资料来源：林友华. 社交礼仪. 北京：高等教育出版社，2007.)

附录 C 中国民俗礼仪

1. 汉族传统节日与习俗

传统节日是按照历法时序排列而形成的、周期性的、约定俗成的社会民俗活动日。节日民俗是民俗的一种独特的表现形式,并渗入到人们生活方式的细枝末节中,带有强烈的人文因素和浓厚的民间礼仪色彩。

中国是一个多民族的国家,在几千年的发展过程中,各民族虽然形成了各具特色的丰富多彩的民族传统节日与习俗,但从历史悠久、流传面广,具有的普及性和群众性来看,汉族的传统节日与习俗占据着主导地位。

现按时序先后,介绍影响比较大、至今仍广泛流传的主要节日如下。

1) 春节习俗

春节俗称"年节",是我国一个古老的节日,是中华民族最隆重的传统佳节。传统的春节是从腊月二十四的扫尘开始的。

相传,在古时候,有个名叫万年的青年,看到当时节令混乱,就有了想把节令定准的打算。一天,他上山砍柴累了,坐在树下休息,树影的移动启发了他,便设计了一个测日影计天时的晷仪,测定一天的时间。后来,山崖上的滴泉启发了他的灵感,就动手做了一个五层漏壶来计算时间。天长日久,他发现每隔三百六十多天,四季就轮回一次,天时的长短就重复一遍。当时的国君叫祖乙,也常为天气风云的不测感到苦恼。万年知道后,就带着日晷和漏壶去拜见国君,对祖乙讲清了日月运行的道理。祖乙听后龙颜大悦,于是把万年留下,希望能创建历法,为天下的黎民百姓造福。过了一段时间,祖乙知道万年创建历法已成,亲自去看望万年。万年指着天象,对祖乙说:"现在正是十二个月满,旧岁已完,新春复始,祈请国君定个节吧。"祖乙说:"春为岁首,就叫春节吧。"据说这就是春节的来历。

(1) 扫尘。"腊月二十四,掸尘扫房子",据《吕氏春秋》记载,我国在尧舜时代就有春节扫尘的风俗。按民间的说法,因"尘"与"陈"谐音,新春扫尘有"除陈布新"的含义,其用意是要把一切穷运、晦气统统扫出门。这一习俗寄托着人们破旧立新的愿望和辞旧迎新的祈求。

(2) 贴春联。春联也叫门对、春贴、对联、对子、桃符等,它以工整、对偶、简洁、精巧的文字描绘时代背景,抒发美好愿望,是我国特有的文学形式。每逢春节,无论城市还是农村,家家户户都要精选一幅大红春联贴于门上,为节日增添喜庆气氛。

(3) 贴窗花和倒贴"福"字。在民间人们还喜欢在窗户上贴上各种剪纸——窗花。窗花不仅烘托了喜庆的节日气氛，还以其特有的概括和夸张的手法将吉事祥物、美好愿望表现得淋漓尽致，将节日装点得红火富丽。

在贴春联的同时，一些人家要在屋门上、墙壁上、门楣上贴上大大小小的"福"字。春节贴"福"字，是我国民间由来已久的风俗。"福"字指福气、福运，寄托了人们对幸福生活的向往，对美好未来的祝愿。为了更充分地体现这种向往和祝愿，有的人干脆将"福"字倒过来贴，表示"幸福已到"、"福气已到"。

(4) 年画。春节挂贴年画在城乡也很普遍，浓墨重彩的年画给千家万户平添了许多兴旺欢乐的喜庆气氛。年画是我国一种古老的民间艺术，反映了人民朴素的风俗和信仰，寄托着人们对未来的希望。

(5) 包饺子。新年的前一夜叫团圆夜，离家在外的游子都要不远千里万里赶回家来，全家人要围坐在一起包饺子过年。因为和面的"和"就是"合"的意思；饺子的"饺"和"交"谐音，"合"和"交"又有相聚之意，所以用饺子象征团聚合欢；又取更岁交子之意，非常吉利；此外，饺子因为形似元宝，过年时吃饺子，也带有"招财进宝"的吉祥含义。一家人聚在一起包饺子，话新春，其乐融融。春节过年包饺子是我国北方最普遍的习俗。

(6) 守岁。除夕守岁是最重要的年俗活动之一，守岁之俗由来已久。"一夜连双岁，五更分二天"，除夕之夜，全家团聚在一起，吃过年夜饭，点起蜡烛或油灯，围坐炉旁闲谈，等着辞旧迎新的时刻，通宵守夜，象征着把一切邪瘟病疫照跑驱走，期待着新的一年吉祥如意。

古时守岁有两种含义：年长者守岁为"辞旧岁"，有珍爱光阴的意思；年轻人守岁，是为延长父母寿命。自汉代以来，新旧年交替的时刻一般为夜半时分。

(7) 燃放爆竹。中国民间有"开门爆竹"一说。即在新的一年到来之际，家家户户开门的第一件事就是燃放爆竹，以哔哔叭叭的爆竹声除旧迎新。放爆竹可以创造出喜庆热闹的气氛，是节日的一种娱乐活动，可以给人们带来欢愉和吉利。

(8) 拜年。新年的初一，人们都早早起来，穿上最漂亮的衣服，打扮得整整齐齐，出门去走亲访友，相互拜年，恭祝来年大吉大利。拜年次序是：首拜天地神祇，次拜祖先真影，再拜高堂尊长，最后全家依次序互拜。拜亲朋的次序是：初一拜本家，初二、初三拜母舅、姑丈、岳父等，直至初五，有的一直延续到正月十六。

春节拜年时，晚辈要先给长辈拜年，祝长辈人长寿安康，长辈可将事先准备好的压岁钱分给晚辈。据说压岁钱可以压住邪祟，因为"岁"与"祟"谐音，晚辈得到压岁钱就可以平平安安度过一岁。

(9) 蒸年糕。年糕因为谐音"年高"，再加上有着变化多端的口味，几乎成了家家必备的应景食品。年糕的式样有方块状的黄、白年糕，象征着黄金、白银，寄寓新年发财的意思。

2) 元宵节习俗

元宵节是我国主要的传统节日，也叫元夕、元夜，又称上元节，因为这是新年的第一个月圆夜。因历代这一节日有观灯习俗，故又称灯节。

汉高祖刘邦死后，吕后之子刘盈登基为汉惠帝。惠帝生性懦弱，优柔寡断，大权渐渐落在吕后手中。吕后病死后，诸吕惶惶不安害怕遭到伤害和排挤。于是，在上将军吕禄家中秘密集合，共谋作乱之事，以便彻底夺取刘氏江山。此事传至刘氏宗室齐王刘襄耳中，刘襄为保刘氏江山，在众臣的帮助下，设计解除了吕禄的兵权，"诸吕之乱"终于被彻底平定。平乱之后，众臣拥立刘邦的第二个儿子刘恒登基，称汉文帝。文帝深感太平盛世来之不易，便把平息"诸吕之乱"的正月十五定为与民同乐日，京城里家家张灯结彩，以示庆祝。从此，正月十五便成了一个普天同庆的民间节日——"闹元宵"。这就是元宵节的由来。

(1) 吃元宵。正月十五吃元宵。"元宵"作为食品，最早叫"浮元子"，后称"元宵"、"汤圆"。生意人还美其名曰"元宝"，有团圆美满之意。

(2) 观灯。汉明帝永平年间（公元58—75年），适逢蔡愔从印度求得佛法归来，汉明帝为了弘扬佛法，下令正月十五夜在宫中和寺院"燃灯表佛"。此后，元宵放灯的习俗就由原来只在宫廷中举行而流传到民间。即每到正月十五，无论士族还是庶民都要挂灯，城乡通宵灯火辉煌。

元宵放灯的习俗，在唐代发展成为盛况空前的灯市。中唐以后，已发展成为全民性的狂欢节。唐玄宗（公元685—762年）时的开元盛世，长安（今陕西西安）的灯市规模盛大。燃灯五万盏，花灯花样繁多，唐玄宗命人做巨型的灯楼，多达20间，高150尺，金光璀璨，极为壮观。宋代，元宵灯会无论在规模和灯饰的奇幻精美都胜过唐代，而且活动更为民间化，民族特色更强。以后历代的元宵灯会不断发展，许多地方还举行玩龙灯、舞狮子、猜灯谜、踩高跷、划旱船、扭秧歌、打太平鼓等群众性的娱乐活动。

(3) 中国的情人节。元宵节也是一个浪漫的节日，元宵灯会在封建的传统社会中，也给未婚男女的相识提供了一个机会。传统社会的年轻女孩不允许出外自由活动，但是过节却可以结伴出来游玩，元宵节赏花灯正好是一个交谊的机会，未婚男女借着赏花灯也顺便可以为自己物色对象。元宵灯节期间，便是男女青年与情人相会的时机。

3）清明节习俗

清明节是中国历法中的二十四节气之一，标志着春耕时节的到来，节期在公历每年4月5日左右。

据历史记载，在两千多年以前的春秋时代，晋国公子重耳逃亡在外，生活艰苦，跟随他的介子推不惜从自己的腿上割下一块肉让他充饥。后来，重耳回到晋国，做了国君（即晋文公，春秋五霸之一），封赏所有跟随他流亡在外的随从，唯独介子推拒绝接受封赏，带了母亲隐居绵山，不肯出来。晋文公无计可施，只好放火烧山，他想，介子推孝顺母亲，一定会带着老母出来。谁知这场大火却把介子推母子烧死了。为了纪念介子推，晋文公下令每年的这一天，禁止生火，家家户户只能吃生冷的食物，这就是寒食节的来源。寒食节是在清明节的前一天，古人常把寒食节的活动延续到清明，久而久之，人们便将寒食与清明合二为一。现在，清明节取代了寒食节，拜介子推的习俗也变成清明扫墓的习俗了。

(1) 扫墓。清明节是一个纪念祖先的节日，主要的纪念仪式是扫墓。扫墓是慎终追远、敦亲睦族及行孝的具体表现，基于上述意义，清明节因此成为华人的重要节日。扫墓是清明节最早的一种习俗，这种习俗延续到今天，已随着社会的进步而逐渐简化。扫墓当天，子孙们把先人的坟墓及周围的杂草修整和清理干净，然后供上食品、鲜花等。由于火化遗体越来越普遍，因此，前往骨灰置放地拜祭先人的方式正在逐渐取代扫墓的习俗。

(2) 踏青。踏青又叫春游，古时叫探春、寻春等。三月清明，春回大地，自然界到处呈现一派生机勃勃的景象，正是郊游的大好时光。我国民间长期保持着清明踏青的习惯。

(3) 植树。清明前后，春阳照临，春雨飞洒，种植树苗成活率高，成长快。因此，自古以来，我国就有清明植树的习惯。有人还把清明节叫作"植树节"，植树风俗一直流传至今。1979年，全国人民代表大会常务委员会作出决定，每年的3月12日为我国的植树节。这对动员全国各族人民积极开展绿化祖国活动，有着十分重要的意义。

4) 端午节习俗

农历五月初五，是我国传统的端午节，又称端阳节、重五节、端午节。这是中国民间夏季最重要的传统节日。

据《史记·屈原贾生列传》记载，屈原是春秋时期楚怀王的大臣。他倡导举贤授能，富国强兵，力主联齐抗秦，遭到贵族子兰等人的强烈反对。屈原遭谗去职，被赶出都城，流放到沅湘流域。公元前278年，秦军攻破楚国京都。屈原眼看自己的祖国被侵略，心如刀割，但是始终不忍舍弃自己的祖国，于五月五日，在写下了绝笔作《怀沙》之后，抱石投汨罗江身亡，以自己的生命谱写了一曲壮丽的爱国主义乐章。传说屈原死后，楚国百姓哀痛异常，纷纷涌到汨罗江边去凭吊屈原。渔夫们划着船只，在江上来回打捞他的真身。有位渔夫拿出为屈原准备的饭团、鸡蛋等食物，"扑通、扑通"地丢进江里，说是让鱼龙虾蟹吃饱了，就不会去咬屈大夫的身体了。人们见后纷纷仿效。一位老医师则拿来一坛雄黄酒倒进江里，说是要药晕蛟龙水兽，以免伤害屈大夫。后来因为怕饭团为蛟龙所食，人们想出用楝树叶包饭，外缠彩丝，从而发展成粽子。以后，在每年的五月初五，就有了赛龙舟、吃粽子、喝雄黄酒的风俗，以此来纪念爱国诗人屈原。

(1) 赛龙舟。赛龙舟是端午节的主要习俗。相传起源于古时楚国人因舍不得贤臣屈原投江死去，许多人借划龙舟驱散江中之鱼，以免鱼吃掉屈原的身体。之后每年五月五日划龙舟以纪念之。后来，赛龙舟除纪念屈原之外，在各地人们还赋予了不同的寓意。江浙地区划龙舟，兼有纪念当地出生的近代女民主革命家秋瑾的意义。夜龙船上，张灯结彩，来往穿梭，水上水下，情景动人，别具情趣。贵州苗族人民在农历五月二十五日至二十八日举行"龙船节"，以庆祝插秧顺利和预祝五谷丰登。云南傣族同胞则在泼水节赛龙舟，纪念古代英雄岩红窝。不同民族、不同地区，划龙舟的传说有所不同。直到今天在南方的不少临江、河、湖、海的地区，每年端午节都要举行富有自己地方特色的龙舟竞赛活动。

(2) 吃粽子。端午节吃粽子，这是中国人民的又一传统习俗。粽子，又叫"角黍"、"筒粽"。其由来已久，花样繁多。

(3) 佩香囊。端午节小孩佩香囊，传说有避邪驱瘟之意，实际是用于襟头点缀的装饰。香囊内有朱砂、雄黄、香药，外包以丝布，清香四溢，再以五色丝线弦扣成索，做成各种不同形状，结成一串，形形色色，玲珑可爱。

(4) 悬艾叶、菖蒲。民谚说："清明插柳，端午插艾。"在端午节，人们把插艾叶、菖蒲作为重要内容之一。家家都洒扫庭除，以菖蒲、艾条插于门楣，悬于堂中。并用菖蒲、艾叶、榴花、蒜头、龙船花，制成人形或虎形，称为艾人、艾虎；制成花环、佩饰，美丽芬芳，妇人争相佩戴，用以驱瘴。

5) 中秋节习俗

每年的农历八月十五日，在中国人的心目中，是一个象征团圆的传统佳节；历来有"花好月圆人团聚"的说法。

相传，远古时候，射日的后羿从王母娘娘处求得一包长生不老药。据说服下此药，能即刻升天成仙。然而，后羿舍不得扔下妻子，只好将长生不老药交给妻子嫦娥珍藏。不料，此事被后羿的门客蓬蒙看见，蓬蒙等后羿外出后便威逼嫦娥交出长生不老药。嫦娥知道不是蓬蒙的对手，危急之时当机立断，取出长生不老药一口吞了下去。嫦娥吞下药后，身体立刻飞离地面，向天上飞去。由于嫦娥牵挂丈夫，便飞落到离人间最近的月亮上成了仙。后羿回来后，侍女们哭诉了一切。悲痛欲绝的后羿仰望夜空呼唤爱妻的名字，这时，他惊奇地发现，当天晚上的月亮特别圆，特别皎洁明亮，而且有个晃动的身影酷似嫦娥。后羿忙命人摆上香案，放上嫦娥最爱吃的蜜食鲜果，遥祭在月宫里的嫦娥。百姓们闻知嫦娥奔月成仙的消息后，纷纷在月下摆上香案，向善良的嫦娥祈求吉祥平安。从此，中秋节拜月的风俗便在民间传开了。

(1) 赏月。在中秋节，我国自古就有赏月的习俗，《礼记》中就记载有"秋暮夕月"，即祭拜月神。到了周代，每逢中秋夜都要举行迎寒和祭月，设大香案，摆上月饼、西瓜、苹果、李子、葡萄等时令水果，其中月饼和西瓜是绝对不能少的，西瓜还要切成莲花状。全家团圆，共同赏月叙谈。

(2) 吃月饼。我国城乡群众过中秋都有吃月饼的习俗，俗话中有："八月十五月正圆，中秋月饼香又甜。"月饼最初是用来祭奉月神的祭品，后来人们逐渐把中秋赏月与品尝月饼结合在一起，寓意家人团圆的象征。

6) 重阳节习俗

每年农历九月初九，为两个最大的阳数相重，故称重阳节，也叫重九节、登高节，现又称敬老节。

东汉时期，汝河有个瘟魔，只要它一出现，家家就有人病倒，天天有人丧命，这一带的百姓受尽了瘟魔的蹂躏。一场瘟疫夺走了恒景的父母，他自己也差点丧了命。恒景病愈后辞别了妻子和乡亲，决心拜仙学艺，为民除掉瘟魔。恒景访遍名山高士，求师学艺。一个仙长送给恒景一包茱萸叶，一盅菊花酒，并且密授避邪用法。恒景回到家乡，初九的早晨，他按仙长的叮嘱把乡亲们领到了附近的一座山上，然后发给每人一片茱萸叶，一盅菊花酒。中午时分,随着几声怪叫瘟魔冲出汝河,瘟魔刚扑到山下,突然吹来阵阵茱萸奇香和菊花酒气。瘟魔戛然止步,脸色突变,恒景手持降妖剑追下山来,几个回合就把瘟魔刺死剑下,从此九月初九登高避疫的风俗年复一年地传了下来。

(1) 登高。在古代,民间在重阳有登高的风俗,故重阳节又叫"登高节"。重阳节秋高气爽,登高一望,草木山川,尽收眼底。这实际上是一种野游,为我国人民传统的体育活动。

(2) 吃重阳糕。据史料记载,重阳糕又称花糕、菊糕、五色糕,制无定法,较为随意。古时,九月九日天明时,以片糕搭儿女头额,口中念念有词,祝愿子女百事俱高,是古人九月做糕的本意。讲究的重阳糕要做成九层,像座宝塔,上面还做成两只小羊,以符合重阳(羊)之义。

(3) 赏菊并饮菊花酒。重阳节正是一年的金秋时节,菊花盛开,民间还把农历九月称为"菊月",在菊花傲霜怒放的重阳节里,观赏菊花成了节日的一项重要内容。清代以后,赏菊的习俗尤为昌盛,且不限于九月九日,但仍然是以重阳节前后最为繁盛。菊花酒由菊花加糯米、酒曲酿制而成,古称"长寿酒",其味清凉甜美,有养肝、明目、健脑、延缓衰老等功效。

(4) 插茱萸和簪菊花。重阳节插茱萸和簪菊花的风俗,在唐代就已经很普遍。古人认为在重阳节这一天插茱萸可以避难消灾,或佩戴于臂,或作香袋把茱萸放在里面佩戴,还有插在头上的。

2. 我国少数民族习俗与礼仪

(1) 壮族习俗与礼仪。壮族是中国人口最多的少数民族之一,现有人口1600多万,其中绝大多数分布在广西壮族自治区,另有少部分生活在云南、广东、贵州和湖南等省境内。

壮族主食以大米、玉米为主,喜欢吃清淡食物和粽子,其风味食品有色、香、味俱全的五色饭、沙糕,鲜美可口、略带甜味的白斩鸡,以及色泽金黄、脆嫩香酥的烤乳猪等。

壮族婚姻一般是一夫一妻制。男女青年可以自由参加社交活动,谈情说爱,结婚则需要事先征得父母的同意。壮族盛行入赘的习俗,即男子上女家门。婚礼在女家举行。在婚礼上有一项特别的仪式,就是女家请本族德高望重的长者,为新女婿改姓换名。姓从妻,名只保留后一个字,中间的字表示辈分,参加女方家的排行。入赘后的男子,在家庭中和社会上与其他男子享有同等的地位,不受歧视。不过,少数地方认为上门不光彩。

壮族人素有尊老敬老的传统美德,平时尊敬老人,细心赡养老人,为老人祝寿时唱的《祝寿歌》简朴、动人:祝贺啊祝贺,祝你老人家,寿如清溪白鹤鸟,坚似高山香樟心。祝你七十好高龄,祝你八十好诞辰,祝你九十好高寿,祝你百岁抱玄孙。

壮族是一个善于歌唱的民族。农历三月初三,是壮族富有特色的歌节。相传三月三是壮族歌仙刘三姐去世的日子,人们为了纪念她,便在她的忌日唱歌怀念她。每逢三月三歌节,人们做五色饭和彩蛋,姑娘们精心赶制绣球。该日,小伙子们打扮得英俊潇洒,姑娘们穿戴如花似锦。人们先抬歌仙刘三姐的神像游行,然后汇集在风景秀丽的河边、山谷,进行交流和对歌。小伙子和他中意的姑娘对歌,姑娘把绣球抛向意中人,小伙子若中意抛绣球的姑娘,就把礼品绑在绣球上,抛还女方。歌节里歌声动人,笑声朗朗,充满了诗情画意。

(2) 回族习俗与礼仪。回族是回回民族的简称。回族是中国少数民族中人口较多、分布地区最广的一个民族。据1990年统计,全国共有回族居民860万人。根据2000年第五次全国人口普查统计,回族人口数为9816802。全国两千多个县、市中,几乎都有回族居民。回族相对集中在宁夏回族自治区,以及甘肃、河南、新疆、青海、云南、河北、山东、安徽、辽宁、陕西、天津、北京等地。

回族因长期和汉族杂居,基本使用汉语言,但在宗教生活中使用一些阿拉伯语词汇。回族人一般都用汉名汉姓,再另起一个阿拉伯语名字,称"经名"。例如,现代著名回族学者马坚,其经名为穆罕默德。

回族的衣着与汉族差别不大,其主要不同之处是,回族男子喜欢戴无檐小帽,以白色、圆顶居多,妇女戴头巾(盖头)较普遍。通常老年妇女戴白色盖头,已婚妇女戴黑色盖头,未婚女子戴绿色盖头。

回族信奉伊斯兰教。依据伊斯兰教义,回族在肉食上以牛、羊肉为主,禁食猪、马、驴、骡、狗、猫、鼠、鹰、乌鸦、蛇等动物,用火器击毙和自死的畜禽以及动物血。饮食以米、面为主,吃牛、羊、鸡、鱼肉等。逢年过节炸"油香"、"馓子"等食品。

回族一般是族内通婚,也有少量回族人与外族人结婚。回族青年男女成亲,需要具备下列条件:一是双方必须情愿;二是需要得到双方父母的允许;三是要有证婚人;四是男方赠送女方一件礼品信物或一个钱包,钱包中一般只有几枚硬币。婚礼通常在男方家举行。教长先问女方同意嫁给男方吗?再问男方同意娶女方为妻吗?当教长写完婚书并当众宣读后,女方家长和男方家长相继对这门亲事发表意见,众人鼓掌祝贺。

回族的民族节日主要有开斋节(伊斯兰教教历10月1日)、宰牲节(伊斯兰教教历12月10日)和圣纪(伊斯兰教教历3月12日)三大节。每逢这三大节,回族和其他信奉伊斯兰教的中国少数民族特放假一天,以便欢度伊斯兰教节。

(3) 维吾尔族习俗与礼仪。维吾尔族是中国古老的少数民族之一,人口800多万,主要聚居于新疆维吾尔自治区,其中88%住在天山以南的新疆南部地区。另有少数维吾尔族人居住在湖南省的桃源、常德等县。

维吾尔族有本民族的语言和文字。

维吾尔族的服饰丰富多彩。维吾尔族人喜欢戴帽,尤以四楞小花帽最具特色。维吾尔族妇女则着色彩艳丽的连衣裙,外套对襟背心,并配有耳环、手镯、项链等装饰品。

传统菜肴自成体系,以烧、煮、焖为主要烹调方法,以烤羊肉串、锅烤肉、烤全羊最具代表性,烤馕、抓饭是最常见饭食,还有烤包子、薄皮包子、炸馓子等。在节日或喜庆日子里,或者贵客光临,维吾尔族人要吃抓饭或以抓饭招待客人。汉族是先上酒菜后上饭,而维吾尔族是先上饭菜,后上酒,饭菜分几道上。维吾尔族在居家进餐时,讲究长辈坐上席,长辈先动筷。年轻人在长辈面前不得吸烟、喝酒。汉族喜欢纯清茶,回族喜欢盖碗茶,哈萨克喜欢奶茶，而维吾尔族人则喜欢喝药茶。维吾尔族人素有"歌舞民族"之称。男女老少几乎人人能歌善舞。

维吾尔族信奉伊斯兰教，禁食猪肉等。

维吾尔族最盛大的民族节日是古尔邦节（即宰牲节，伊斯兰教教历12月10日）。节日期间，维吾尔族人穿新衣，宰牛羊，唱歌跳舞，喜气洋洋。

（4）蒙古族习俗与礼仪。蒙古族是中国人口较多的少数民族之一，现有人口580万，大多数聚居在内蒙古自治区，其余分布在辽宁、吉林、黑龙江、甘肃、青海等省及新疆维吾尔自治区境内。

蒙古族有自己的语言和文字。

蒙古族男女老幼都穿身宽袖长的长袍，束以腰带，穿长筒皮靴。

蒙古族的饮食品种多样，牧民的饮食多以牛、羊肉及奶食、炒米为主，辅以粮食、蔬菜；农民以粮食为主，辅以肉食、奶食和蔬菜；普遍喜爱喝奶茶、马奶酒、酸奶子，手扒肉为招待贵客的特色食品。

易拆搭、搬运的蒙古包是其传统民居，现多为土木结构的"人字形"房屋。

蒙古族热情好客，讲究礼貌。蒙古族有句谚语："没有羽毛，有多大的翅膀也不能飞翔；没有礼貌，再好看的容颜也被人耻笑。"蒙古族人民对来客，不论熟人还是生人，总是热情问候，殷情待客。他们把客人请进蒙古包，先煮奶茶招待，再请客人吃酥脆的油炸粿子以及独具草原风味的"手扒羊肉"等。

蒙古族同辈相遇要互相问好，遇到长辈则首先请安。走路、上车、进门、落座、喝茶、吃饭、喝酒，一定要让老人或长辈领先。

"那达慕"大会是其传统节日，每年七八月间举行，源于摔跤、射箭、赛马三项竞技活动，现已成为蒙古族庆祝丰收、进行物资交流和举行民间体育活动的隆重集会。

（5）藏族习俗与礼仪。藏族是中国历史悠久的少数民族之一，现有人口500多万，主要分布在西藏自治区以及与之相邻接的四川、青海、甘肃和云南等省的部分地区。

藏族有自己的语言和文字。

藏族服饰颇具特色，农区男子穿右开襟氆氇长袍，脚着皮靴或"松巴鞋"；农区和城镇的妇女冬春穿长袖长袍，夏秋为无袖长袍，腰前系有彩色横条围裙，即"邦垫"，姑娘则不系。牧区男女服饰基本相同，均穿光板羊皮袍。女子头饰比较讲究，少女梳一条发辫，成年则分成两条，牧区妇女还习惯梳许多小辫，拢在一起，披在肩上。并在头顶挂三角形头饰，其上缀以珊瑚、松耳石。

主要传统主食和饮料为糌粑、酥油茶和青稞酒，牧区还有肉食和奶制品。

藏族青年的恋爱方式颇具特色，抢帽子就是其中之一。当小伙子看中了一位姑娘，他不是先向姑娘表白，而是设法抢走她的帽子，过几天再奉还。倘若姑娘喜欢这个小伙子，就会高兴地收回帽子；如果不喜欢，就不要这顶帽子了。藏族姑娘向小伙子表达爱情的方式则是赠送自己随身佩戴的耳环或者项珠之类的饰物。倘若正合小伙子的心意，他就会乐意接受，否则就不得收取姑娘的信物。

　　藏族人民有尊老爱幼的优良习俗。每年藏历新年（藏历正月初一，与汉族的春节相近）的黎明，家里的女儿或儿媳，要出去背回当年的第一罐水，即"吉祥水"，煮好酥油茶敬献给老人。

　　讲究礼仪，献"哈达"是藏族最为普遍的礼节。藏族人民在迎送宾客或与亲朋交往中，把哈达赠送给对方，表示敬意和祝福。

　　藏族是一个能歌善舞的民族，歌声悠扬、嘹亮。男性的舞蹈动作粗犷、奔放，女性的动作优美、轻柔。

附录 D 国外民俗风情

礼俗风情是某一国家、民族长期形成的，具有相对稳定性的礼节、人情、风尚、行为习惯、心理倾向等的总和，是一个民族区别于另一个民族的重要特征。

礼俗风情是一个历史范畴，随着社会的变迁、经济和文化的发展，还会出现新的内容与形式。各国、各民族和各地区由于不同的文化背景、礼仪传统和行为习惯，形成的礼俗风情存在很大的差异，因此我们在交往，尤其是国际公共关系交往中必须了解和掌握，以此作为入国问俗、入国随俗的依据，从而成功地与交际对象建立良好的关系。

1. 韩国民俗风情

韩国也称大韩民国，古称高丽，具有璀璨的文化遗产和美丽的风光。这里夏季多雨，气候湿润，经济发达。韩国的主要宗教是佛教，除此之外，一些韩国人也信奉儒教、天主教或天道教。

韩国国旗旗中央是太极图案，四周配以八卦图形。据韩国官方解释，太极图中的红色代表阳，蓝色代表阴，阴阳合一代表宇宙的平衡与和谐。火与水，昼与夜，黑暗与光明，建设与破坏，男与女，主动与被动，热与冷，正与负等，作为宇宙中两种伟大的力量，通过相互对立而达到和谐与平衡。以太极为中心，四角的卦分别象征阴阳互相调和，乾卦代表天空，坤卦代表大地，坎卦是月亮和水，离卦为太阳和火，各个卦还象征着正义、富饶、生命力和智慧。国旗底色为白色，象征韩国人民的纯洁和对和平的热爱。也有的说是象征单一民族。而整个国旗则代表韩国人民永远与宇宙协调发展的理想。韩国国旗的太极和八卦思想来自中国的《周易》。和谐、对称、平衡、循环、稳定等原理代表着中华民族对宇宙，对人生的深刻思考。从整体上看，韩国国旗外方而内圆，外刚而内柔，阴阳相生，动静相宜，体现了中国古代文化的包容精神和朴素的辩证法思想。外儒而内道，外儒而取其对事业的执著追求，对管理秩序的有条不紊；内道而取其对个体生命的身心双修，体现了利人利己的辩证原则。它的底色为白色，则象征着韩国人民永远与宇宙协调发展的理想。世界上有两个国家的国旗图案留有中国文化的痕迹，一个是韩国的太极旗，一个是不丹国的龙旗。木槿花是韩国的国花。花开时节，木槿树枝会生出许多花苞，一朵花凋落后，其他的花苞会连续不断地开，开得春意盎然，春光灿烂。因此，韩国人也叫它"无穷花"，象征世代生生不息，以及坚忍不拔的民族精神。在设计国徽时以五瓣木槿花为主体，在花蕊配以传统的阴阳太极图案，弘扬了独具特色的韩国民族风格。

(1) 交际习俗。男子见面时习惯微微鞠躬后握手,并彼此问候。当晚辈、下属与长辈、上级握手时,后者伸出手来后,前者须以右手握手,随后再将自己的左手轻置于后者的右手之上。韩国人的这种做法,是为了表示自己对对方的特殊尊重。韩国妇女一般情况下不与男子握手。女士之间习惯鞠躬问候,社交时则握手。韩国人与外国人交往时,可能会问及一些私人的问题,对此不必介意。韩国人有敬老的习惯,任何场合都应先向长者问候。

在一般情况下,韩国人在称呼他人时爱用尊称和敬语,但很少会直接叫出对方的名字。要是交往对象拥有能够反映其社会地位的头衔,那么韩国人在称呼时一定会屡用不止。

在社交场合,韩国人,特别是年轻一代的韩国人,大部分都会讲英语,并且将此视为有教养、受过良好教育的标志之一。由于迄今为止仍对日本昔日的侵略占领耿耿于怀,韩国人对讲日语的人普遍没有好感。

(2) 主要禁忌。韩国人大都珍爱白色,对熊和虎十分崇拜。在韩国,人们以木槿花为国花,以松树为国树,以喜鹊为国鸟,以老虎为国兽,对此,不要妄加评论。

由于发音与"死"相同的缘故,韩国人对数目"4"十分反感,受西方习俗的影响,不少韩国人也不喜欢"13"。韩国人忌将"李"姓解释为"十八子李"。在对其国家和人进行称呼时,不要将其称为"南朝鲜"、"南韩"或"朝鲜人",而宜称"韩国"、"韩国人"。

韩国人的民族自尊心很强,反对崇洋媚外,提倡使用国货。在韩国一身外国名牌的人,往往会被人看不起。

在韩国,忌谈的话题有:政治腐败、经济危机、意识形态、南北分裂、韩美关系、韩日关系及日本之长等。

(3) 饮食特点。韩国人的饮食,在一般情况下以辣和酸为主要特点。韩国人以大米为主食,主要是米饭和冷面。他们喜欢中国的川菜,爱吃牛肉、瘦猪肉、海味、狗肉和卷心菜等。"韩国烧烤"很有特色。

韩国人的饮料很多。韩国男子通常酒量都不错,对烧酒、清酒、啤酒往往来者不拒。韩国妇女多不饮酒。韩国人喜欢喝茶和咖啡。但是韩国人不喜欢喝稀粥和清汤,他们认为那是穷人才会如此。

在用餐时韩国人用筷子。近年来,出于环保的考虑,韩国的餐馆里往往只向用餐者提供铁筷子。关于筷子,韩国人的讲究是,与长辈同桌就餐时不许先动筷子,不可用筷子对别人指指点点,在用餐完毕后要将筷子整齐地放在餐桌的桌面上。

在宴会上,韩国人一般不把菜夹到客人盘里,而由女服务员替客人夹菜,各道菜陆续端上,每道菜都须尝一尝才会使主人高兴。

2. 日本民情风俗

日本古称大和,后来正式定名为日本国,具有"日出之国"的意思。日本人酷爱樱花,以其象征民族精神,因为樱花看起来平凡,可是汇集起来却很有气势。每年三月末、四月初,当春风从赤道纬线北上,樱花便由南向北顺势铺开,成林成片,如火如荼,日本人像过节一样,聚集在樱花树下,饮酒赏花,摄影留念,日本在世界上享有"樱花之国"的美称。

日本人多信仰神道教和佛教。

日本国旗也称太阳旗，呈长方形，长与宽之比为 3∶2。旗面为白色，正中有一轮红日。白色象征正直和纯洁，红色象征真诚和热忱。日本国一词意即"日出之国"，传说日本是太阳神所创造，天皇是太阳神的儿子，太阳旗来源于此。其国徽是一枚皇家徽记，在日本天皇及皇室使用的器具上经常出现这个徽记。由 16 瓣匀称花瓣组成的金黄色菊花，质朴典雅，庄重大方，蕴蓄着东方传统文化精神。

(1) 交际习俗。日本是以注重礼节而文明的国家，讲究言谈举止的礼貌。日本人见面时，要互相问候致意，鞠躬礼是日本最普遍的施礼致意方式，一般初次见面时的鞠躬礼是 30 度，告别时是 45 度，而遇到长辈和重要交际对象时是 90 度，以示尊敬。妻子送丈夫、晚辈送长辈外出时，弯腰行礼至看不见其背影后才直起身。在较正式的场合，递物和接物都用双手。在国际交往时，一般行握手礼。

日本人在谈话时，常使用自谦语，贬己抬人。与人交谈时总是面带微笑，尤其是妇女。

日本人与他人初次见面时，通常会互换名片，否则即被理解为是不愿与对方交往。在一般情况下，日本人外出时身上往往会带上自己的好几种印有不同头衔的名片，以便在交换名片时可以因人而异。

称呼日本人时，可称之为"先生"、"小姐"、"夫人"。也可在其姓氏之后加上一个"君"字，将其尊称为"某某君"。

日本人见面时除了行问候礼之外，还要问好致意，见面时多用"您早"、"您好"、"请多关照"，分手时则以"再见"、"请休息"、"晚安"、"对不起"等话语。

日本经济发达与日本人努力勤奋的工作精神分不开，日本的工作节奏非常快，而且讲究礼节。他们工作时严格按日程执行计划，麻利地处理一切事物；对顾客对象"唯命是从"，开展微笑服务；公私分明；对待上司与同事十分谦虚，并善于克制忍耐；下班后对公司的事不乱加评论。

(2) 主要禁忌。日本人的忌讳礼俗很多。日本人忌紫色和绿色，认为是悲伤和不祥之色。日本人忌讳"4"，和"9"，因为它们分别与"死"和"苦"发音相似。日本人喜欢奇数，不喜欢偶数，对"3"、"5"、"7"数字特别喜欢。日本人有三人不合影的习俗，因为他们认为在中间被左右两人夹着是不幸的预兆，很不吉利。

他们对狐狸和獾的图案很反感，认为这两种动物图案是晦气、狡猾、贪婪的象征。菊花和菊花图案是皇族的象征，送人的礼品上不能使用这一图案。

日本人喜欢仙鹤和乌龟，认为它们是长寿的象征。使用筷子有许多禁忌，如忌将筷子直插饭中，不能用一双筷子依次给每个人夹、拨菜肴。还有忌用半途筷、游动筷等。

(3) 衣食特点。在商务、政务活动中，日本人要穿西式服装；在民间交往中，有时也会穿自己的国服——和服。与日本人交往时穿着不宜过分随便，因为他们认为衣着不整是没有教养的表现。

"日本料理"的特点是以鱼、虾、贝等海鲜为烹调原料，可热吃、冷吃、生吃或熟吃。

主食为大米,逢年节和生日喜欢吃红豆饭,喜欢吃酱和酱汤。餐前餐后一杯清茶。方便食品有"便当"(盒饭)和"寿司"等。

在日本,人们普遍喜欢喝茶,久而久之,形成了"和、敬、清、寂"四规的茶道。茶道具有参禅的意味,重在陶冶人们的情趣。它不仅要求幽雅自然的环境,而且还有一整套的点心、泡茶、献茶、饮茶的具体方法。

3. 泰国民俗风情

泰国正式名称是泰王国,自称孟泰,泰语中"孟"是国家的意思,"泰"是自由的意思,"泰国"即自由之国。泰国国旗原本是清一色的红色,1899年时曾在中间画上一个象征泰国的白象。后因白象绘制不易,又受外国三色旗的影响,才于1917年改为目前的国旗。蓝色是泰国国王的颜色,红色表示国家,白色则是由白象演变而来,也具有佛教的意义。泰国国徽图案是一只大鹏鸟,鸟背上蹲坐着那莱王。传说中大鹏鸟是一种带有双翼的神灵,那莱王是传说中的守护神。

(1)宗教信仰。佛教是泰国的国教,全国人口的90%以上信奉国教。在社会各方面,佛教都对泰国人发挥着重要作用和影响。泰国的历法采用的是佛历。泰国男子年满20岁后,都要出家一次,当3个月的僧侣,即使国王也不例外,否则会被人看不起。几乎所有泰国人的脖子上,都佩有佛饰,用来趋吉辟邪。

(2)交际习俗。由于信奉佛教,泰国人在一般交际应酬时不喜欢握手,而是带有佛门色彩行合十礼。行合十礼时,需站好立正,低眉欠身,双手十指相互并拢,并且同时问候对方"您好!"合十的双手举得越高越表示对对方的尊重。行合十礼时,晚辈要先向长辈行礼,身份、地位低的先向身份、地位高的行礼,对方随后换之以合十礼,否则是失礼的。

泰国人很有涵养,总喜欢面带微笑,所以泰国也有"微笑之国"的美称。在交谈时,泰国人总是细声低语。在其看来,跟旁人打交道是面无表情、愁眉苦脸,或是高声喧哗,大喊大叫,是不礼貌的。与泰国人交往不要信口开河,非议佛教,或是对佛门弟子有失敬意,特别是不要对佛祖释迦牟尼表示不恭。

(3)主要禁忌。泰国人认为头是智慧所在,神圣不可侵犯的,不能用手去触摸佛像的头部,这将被视为极大的侮辱,若打了小孩的头部,认为触犯了藏在小孩头中的精灵,孩子会生病的。别人坐着的时候,切勿让物品超越其头顶。见面时,若有长者在座,晚辈应坐下或蹲跪以免高于长者的头部,否则就是对长者的不恭。所以,在泰国,当人们走过或坐或站着的人面前时,都得躬身而行,表示不得已而为之。

人们认为用左手拿东西给别人是鄙视对方的行为,所以给人递东西都用右手,切忌用左手。

在泰国民间,狗的图案是被禁止的。泰国人的家里大都不种茉莉花,因为在泰语里,它与"伤心"发音相似。

在泰国,睡莲是国花,桂树是国树,白象是国兽,对于这些东西,千万不要表示轻蔑,或是予以非议。

泰国宪法规定，国王是神圣不可侵犯的，对泰国国王和王室成员，绝不允许任意评说。

（4）饮食特点。泰国人不爱吃过甜或过咸的食物，也不吃红烧的菜肴。喜食辛辣、新鲜之食物，最爱吃的是体现其民族特色的"咖喱饭"。

泰国人是不喝热茶的，他们的做法是，在茶里加上冰块，令其成为冻茶。他们绝不喝开水，而习惯直接饮用冷水。在喝果汁时要加少许盐末。

4. 新加坡民俗风情

新加坡全称是新加坡共和国。新加坡在马来语中是"狮子城"的意思，因此新加坡称"狮城"。由于新加坡是一个岛国，面积极小，华侨普遍称其为"星洲"、"星岛"。新加坡气候宜人，环境优美，是一个城市国家，故又有"花园城市"的美誉。新加坡是世界第二大港口。

新加坡国旗由上红下白两个相等的横长方形组成，长与宽之比为3：2。左上角有一弯白色新月和五颗白色五角星。红色代表人类的平等，白色象征纯洁和美德；新月象征国家，五颗星代表国家建立民主、和平、进步、正义和平等的思想。新月和五颗星的组合紧密而有序，象征着新加坡人民的团结和互助的精神。其国徽由盾徽、狮子、老虎等图案组成。红色的盾面上镶有白色的新月和五角星，其寓意与国旗相同。红盾左侧是一头狮子，这是新加坡的象征；右侧是一只老虎，象征新加坡与马来西亚之间历史上的联系。红盾下方为金色的棕榈枝叶，底部的蓝色饰带上用马来文写着"前进吧，新加坡！"。

（1）交际习俗。在社交场合，新加坡人与他人见面的礼节多为握手。其礼仪习俗呈现多元化的特点，如在社交活动中，华人往往习惯于拱手作揖，或行鞠躬礼；马来人则大多数采用本民族的"摸手礼"。所以与新加坡人打交道要遇人问俗。

新加坡特别强调笑脸迎客，彬彬有礼。人际交往中讲究礼貌、以礼待人，不但是每个人应具备的基本素养，而且也已成为国家和社会对每一个人所提出的一项基本行为规则。

新加坡十分注重"礼治"，政府专门制定了《礼貌手册》，对于人们的各种不同场合的所作所为是否符合礼仪都作出了严格的规定。在新加坡不讲礼貌会寸步难行。

新加坡人崇尚清爽卫生，对于蓬头垢面、衣冠不整、胡子拉碴的人，都会侧目而视。

（2）主要禁忌。新加坡人喜欢红的。认为红色是庄严、热烈、喜庆、吉祥的象征，会激励人们奋发向上。在一般情况下过多地采用紫色、黑色不受人们欢迎，因为他们认为紫色、黑色是不吉利的。

新加坡人不喜欢"4"和"7"这两个数目，因为华语中"4"发音与"死"相仿，而"7"被认为是消极的数字。在新加坡人看来"3"是"升"，"6"是"顺"，"8"表示"发"，"9"则表示"久"，都是吉祥的数字。

在新加坡是不能说"恭喜发财"的。因为他们看来，"发财"有"横财"之意，祝愿对方发财无疑是鼓动他去发"不义之财"，是一种损人利己的行为。

在新加坡乱扔果皮、废纸、吐痰、在公共场所吸烟、嚼口香糖、过马路闯红灯都会被罚款，罚款额之高相当于一个普通工人一个月工资，搞不好还会吃官司，甚至被鞭打。

(3) 饮食特点。中餐是新加坡人的最佳选择，粤菜、闽菜等十分受欢迎。口味喜欢清淡，偏好甜食，讲究营养，平日爱吃米饭和各种生猛海鲜，对于面食不太喜欢。

新加坡人大都喜欢喝茶，他们经常在清茶中放橄榄之后饮用，称之为"元宝茶"，认为喝这种茶可以令人财运亨通。新加坡人还喜欢喝鹿茸酒、人参酒等补酒。

5. 美国民俗风情

美国全称为美利坚合众国，地处北美洲中部，国民主要信奉基督教、天主教。美国的绰号是"山姆大叔"，也有"世界霸主"、"超级大国"、"国际警察"、"金元帝国"、"车轮上的国家"等代称。

美国的国旗是星条旗，红白相间的13条横条，原意是代表美国独立时的13个州。后来固定了下来，用国旗上的星代表各个州。现在旗上共有50颗星，代表美国的50个州，白色代表廉洁公正；红色代表勇敢无畏；蓝色代表警惕、坚韧和正义。国徽是一个国家的主要象征之一。只有特定的国家重要文件才能盖上国徽大印，正式生效。美国国徽的图案是：外围为两个同心圆，内有一只美国秃鹰雄踞中央，双翼展开，右爪握一束橄榄枝，左爪握13支利箭，尖嘴中叼着一条飘带，上书"合众为一"。秃鹰的胸前是一枚盾形纹章，纹章上部是蓝色横纹，下部是红白相间的竖纹，象征美国国旗。秃鹰的上方是蓝色天空中13颗星，四周光芒万道，环绕着云朵组成的图案。国徽上的图案均有其象征意义。美国秃鹰象征着至高无上的统治权；橄榄枝和箭象征决定和平与战争的权力；秃鹰上方的群星图案象征着拥有主权的新生共和国。美国国徽上的中心图像就是美国秃鹰，它的正式名称是白头海雕，是美国的国鸟。今天，美国秃鹰已成了美国的象征，它不仅出现在国徽上，也出现在美国其他旗帜及硬币上。秃鹰是产于美国及加拿大的一种巨鹰。外貌美丽，性情凶猛，有"百鸟之王"之称。其实秃鹰头部有丰满的羽毛，并非光秃。秃鹰幼时全身披黑色羽毛，长成后头颈部羽毛变白色，老时尾部也相继变白。秃鹰虽是美国的象征，但在美国大部分地区却已濒临绝种。近年来经竭力抢救，才稳步恢复繁殖。估计1970年美国本土48个州只有秃鹰约1000只，现已达5000只左右，而且数量还在增长。另外两个州中的阿拉斯加州的秃鹰一直较多，约有3万只；夏威夷州则根本没有秃鹰。目前，国徽保存在美国国会中。美国宪法对于国徽在何时使用、用在何种文件上均有明确的规定。

(1) 交际习俗。美国人是"自来熟"，他们为人诚挚，乐观大方，天性浪漫，性格开朗，善于攀谈，喜欢社交，似乎与任何人都能交上朋友。与人交往时讲究礼仪，但没有过多的客套。朋友见面，说声"Hello"就算打招呼。每个人热情开朗，不拘小节，讲究效率，不搞形式主义。

社交场合一般行握手礼，熟人则施亲吻礼。较熟的朋友常直呼其名，以示亲热，不喜欢称官衔，对于能反映对方成就与地位的学衔、职称，如"博士"、"教授"、"律师"、"法官"、"医生"等却乐于称呼。经常说"请原谅"等礼貌用语。

交谈时，经常以手势助兴，与对方保持半米左右距离。不愿被问其年龄、收入、所购物品的价钱，不喜欢被恭维其"胖"。对妇女不能赠送香水、衣物和化妆品。交往时必须遵循

"女士优先"的原则。

（2）主要禁忌。美国人忌"13"和"星期五"。他们不喜欢黑色，偏爱白色和黄色，喜欢蓝色和红色。崇尚白头鹰，将其敬为国鸟。在动物中，美国人最爱狗。认为狗是人类的忠实朋友。对于那些自称爱吃狗肉的人，美国人是非常厌恶的。在美国人眼里。驴代表坚强，象代表稳重，他们分别是共和党和民主党的标志。

在美国，成年同性共居于一室之中，在公共场合携手而行或是勾肩搭背，在舞厅里相邀共舞，都有同性恋之嫌。

美国人认为个人空间不可侵犯，所以与美国人相处要保持适当的距离，碰了别人要及时道歉，坐在他人身边应征得对方认可，谈话时不要距离对方过近。

美国人大都喜欢用体态语表达情感，但忌讳盯视别人、冲别人伸舌头、用食指指点交往对象等体态语。

（3）饮食特点。美国人喜欢咸中带甜的菜肴，口味清淡。他们重视营养，爱吃海味和蔬菜。美国人早、午餐比较简单，晚餐较丰富。偏爱蛙肉和火鸡。饭后喜欢喝咖啡或茶。

6. 加拿大民俗风情

加拿大作为国名，出自当地土著居民的语言，本意是"棚屋"。也有人讲它来自葡萄牙语，意思是"荒凉"。它位于北美洲北部，除极少数印第安人和因纽特人外，国民多是英、法移民的后裔，多数信奉天主教。加拿大境内多枫树，素有"枫叶之国"的美誉。长期以来加拿大人民对枫叶有深厚的感情，加拿大国旗正中绘有三片红色枫叶，国歌也是《枫叶，万岁》。加拿大有"移民之国"、"粮仓"、"万湖之国"等美称。

加拿大国旗长与宽之比为2：1，从左至右由红—白—红两色组成，两条红边表示太平洋和大西洋，中间的白色表示加拿大辽阔的国土，红枫叶表示居住在这片富饶土地的全体加拿大人民。枫树是加拿大的国树，枫叶是加拿大民族的象征。加拿大国徽为1921年制定，其图案中间为盾形，盾面下部为一枝三片枫叶；加拿大国徽上部的四组图案分别为：三头金色的狮子，一头直立的红狮，一把竖琴和三朵百合花，分别象征加拿大在历史上与英格兰、苏格兰、爱尔兰和法国之间的联系。盾徽之上有一头狮子举着一片红枫叶，既是加拿大民族的象征，也表示对第一次世界大战期间加拿大的牺牲者的悼念。狮子之上为一顶金色的王冠，象征英女王是加拿大的国家元首。盾形左侧的狮子举着一面联合王国的国旗，右侧的独角兽举着一面原法国的百合花旗。底端的绶带上用拉丁文写着"从海洋到海洋"，表示加拿大的地理位置——西濒太平洋，东临大西洋。

（1）交际习俗。加拿大人讲究礼貌，但又喜欢无拘无束，不爱搞繁文缛节。加拿大人性格开朗热情，对人朴实友好，容易接近。人们相遇时，都会主动打招呼、问好，握手是其见面礼，拥抱、接吻等见面礼只使用于亲友、熟人、恋人和夫妻之间。

加拿大人在人际交往中的自由与随和，是举世知名的。他们对于交往对象的头衔、学位、职务，只在官方活动中才使用；在中国社交活动里普遍必备的名片，普通加拿大人不大常用，只有公司高层商务活动中才使用名片。

(2) 主要禁忌。枫叶是加拿大的象征，是加拿大国旗、国会上的主题图案。因此枫叶被加拿大人视为国花，枫树定为加拿大的国树，对此要充分尊重。在加拿大白色的百合花主要用来悼念死者，因其与死亡有关，所以绝对不可以之作为礼物送给加拿大人。白雪在加拿大人心目中有着崇高的地位，并被视为吉祥的象征与辟邪之物。在不少地方人们甚至忌讳铲除积雪。加拿大人很喜欢红色与白色，因为那是加拿大国旗的颜色。

与加拿大人交谈时，不要插嘴，打断对方的话，或是与对方强词夺理。议论性与宗教，评说英裔加拿大人与法裔加拿大人的矛盾，处处将加拿大与美国联系起来进行比较，将加拿大视为美国的"小兄弟"，或是大讲美国的种种优点和长处，都是应当避免的。

(3) 衣食特点。在日常生活里，加拿大人的着装以欧式为主。在参加社交应酬时，加拿大人循例都要认真进行自我修饰，或是为此专门上一次美容店。在加拿大，参加社交活动时男子必须提前理发修面，妇女们则无一例外地进行适当的化妆，并佩戴首饰。不这样做会被视为对交往对象的不尊重。

加拿大的饮食习惯与英美比较接近，口味比较清淡，爱吃酸、甜之物和烤制食品。忌吃肥肉、动物内脏、腐乳、虾酱及其他带腥味、怪味的食物。在一日三餐中，加拿大人最重视晚餐，他们喜欢邀请朋友到家中共进晚餐。

7. 英国民俗风情

英国的正式名称是大不列颠及北爱尔兰联合王国，有时它也被人们称为"联合王国"、"不列颠帝国"、"英伦三岛"等。"英国"是中国人对其的称呼，出自"英格兰"一词，其本意是"盎格鲁人的土地"，而"盎格鲁"的含义则为"角落"。英国的主要宗教是基督教。英国的国教是英国国教会，也称圣公会。

英国国旗呈横长方形，长与宽之比为 2∶1。为"米"字旗，由深蓝底色和红、白色"米"字组成。旗中带白边的红色正十字代表英格兰守护神圣·乔治，白色交叉十字代表苏格兰守护神圣安德鲁，红色交叉十字代表爱尔兰守护神圣帕特里克。此旗产生于 1801 年，是由原英格兰的白地红色正十旗、苏格兰的蓝地白色交叉十字旗和爱尔兰的白地红色交叉十字旗重叠而成。英国国徽即是英国皇室的徽章，左上、右下两部分图案相同，即红底上绘有 3 头金色雄狮，它们代表着英格兰；右上方点缀着鸢尾花的方框中有一头跃立的红狮，是苏格兰的标志，左下方镶嵌在蓝地中的金色银弦竖琴象征爱尔兰。一条嘉德勋章的蓝色绶带环绕盾徽，上面铭刻着英国上层社会的一句格言："恶有恶报"。盾徽两侧分别侍立着一头英国王狮和银色的苏格兰独角兽，上方有一顶金银相嵌的头盔，其上供奉着华丽富贵的帝国冠冕。盾徽底部的白色丝带上英王的座右铭熠熠闪光："神赐予我权力。"

(1) 交际习俗。不喜欢被统称为"英国人"，而喜欢被称为"不列颠人"。习惯握手礼，女子一般施屈膝礼。男子如戴礼帽，遇见朋友时微微揭起以示礼貌。英国人注重实际，不喜空谈，他们社交场合衣着整洁，彬彬有礼，体现"绅士风度"。妇女穿着较正式的服装时，通常要佩戴一顶帽子。

在社交场合，英国人极其强调所谓的绅士风度，坚持"女士第一"的原则，对女士尊重和照顾。他们十分重视个人教养,认为:教养体现出细节,礼节展现出教养。他们待人十分客气,"请"、"谢谢"、"对不起"、"你好"、"再见"一类礼貌用语,天天不离口。即使是家人、夫妻、至交之间,英国人也常常会使用这些礼貌用语。

在交际活动中,握手礼是英国人使用最多的见面礼节。在一般情况下,与他人见面时,英国人既不会像美国人那样随随便便地"嗨"上一声作罢,也不会像法国人那样非要跟对方热烈地拥抱、亲吻不可。英国人认为那样做都有失风度。

(2) 主要禁忌。英国人忌4人交叉握手,忌"13"和"星期五",忌用一次火点3支烟。不喜欢大象及其图案,讨厌墨绿色,忌黑猫和百合花,忌碰撒食盐和打碎玻璃。认为星期三是黄道吉日。喜欢养狗,认为白马象征好运,马蹄铁会带来好运。

在英国人看来,夸夸其谈、自吹自擂,说话时指手画脚都是缺乏教养的表现,所以与英国人刚刚认识就与他们滔滔不绝地交谈会被认为很失态。和英国人交谈要小心选择话题,不要以政治或宗教倾向作为话题。另外不要去打听英国人不愿讲的事情,千万不要说某个英国人缺乏幽默感,这很伤他们的自尊心,他会感到受侮辱。因为英国人历来以谈吐幽默、高雅脱俗为荣。

(3) 饮食特点。通常一日四餐,即早餐、午餐、午茶点和晚餐,晚餐为正餐。不喜欢上餐馆,喜欢亲自烹调。平时以英法菜为主。"烤牛肉加约克郡布丁"被誉为国菜。进餐前习惯先喝啤酒或威士忌。讲究喝早茶与下午茶。

8. 法国民俗风情

法国的正式名称是法兰西共和国。"法兰西"源于古代法兰克王国的国名。在日耳曼语里,"法兰克"一词的本义是"自由"或是"自由人"。"艺术之邦"、"时装王国"、"葡萄之国"、"名酒之国"、"美食之国"等都是世人给予法国的美称。法国首都巴黎更是鼎鼎大名的"艺术宫殿"、"浪漫之都"、"时装之都"和"花都",法国的主要宗教是天主教,近80%的人是天主教教徒,其余的人信奉基督教、犹太教或伊斯兰教。

法国的国旗以三色旗著称,最早出现在1789年的法国资产阶级革命时期(法国大革命时期),巴黎国民自卫队就以蓝、白、红三色旗为队旗。白色居中,代表国王,象征国王的神圣地位;红、蓝两色分列两边,代表巴黎市民;同时这三色又象征法国王室和巴黎资产阶级联盟,三色旗也曾是法国大革命的象征。1794年被确定为法兰西第一共和国的国旗。法国没有正式国徽,但传统上采用大革命时期的纹章作为国家的标志。纹章为椭圆形,上绘有大革命时期流行的标志之一——束棒,这是古罗马高级执法官用的权标,是权威的象征。束棒两侧饰有橄榄枝和橡树枝叶,其间缠绕的饰带上用法文写着"自由、平等、博爱"。整个图案由带有古罗马军团勋章的绶带环饰。

(1) 交际习俗。法国人非常善于交际,即使是萍水相逢,他们也会主动与之交往,而且表现得亲切友善,一见如故。

法国人天性浪漫,在人际交往中,他们爽朗热情,善于雄辩,高谈阔论,爱开玩笑,幽默风趣,讨厌不爱讲话的人,对愁眉苦脸者难以接受。

他们崇尚自由，纪律性较差，不大喜欢集体行动，约会也可能姗姗来迟。法国人有极强的民族自尊心和民族自豪感，在他们看来，世间的一切都是法国最棒。例如，法国人懂英语的不少，但通常不会直接用英语与外国人交谈。因为他们认定，法语是世间最美的语言，与法国人交谈时若能讲几句法语，一定使对方热情有加。懂法语而又不同法国人讲法语，则会令其大为恼火。

法国人注重服饰的华丽和式样的更新。妇女视化妆和美容为生活之必需。在社会交往中奉行"女士第一"的原则。法国人习惯行握手礼，有一定社会身份的人施吻手礼。少女常施屈膝礼。男女之间，女子之间及男子之间，还有亲吻面颊的习惯。社交中，法国人不愿他人过问个人私事。

(2) 主要禁忌。法国人忌"13"和"星期五"。他们大都喜爱蓝色、白色与红色，不喜欢金黄色和墨绿色。法国人视仙鹤为淫妇的化身，孔雀被看作祸鸟，大象象征笨汉。他们都是法国人反感的动物。视菊花、杜鹃花与核桃等为不祥之物。

向法国人赠送礼品时，宜选具有艺术品位和纪念意义的物品，不宜送刀、剑、剪、餐具，或是带有明显的广告标志的物品作为礼品。男士向一般关系的女士赠送香水，也被法国人看作不合适的。

与别人交谈时，法国人往往喜欢选择一些足以显示其身份、品位的话题，如历史、艺术等。对于恭维英国、德国，贬低法国的国际地位和历史贡献，议论其国内经济滑坡、种族纠纷等问题他们不愿意予以呼应。

(3) 饮食特点。法国人会吃，也讲究吃。法国菜风靡世界，被称为"法国大餐"。法国人喜欢吃蜗牛和青蛙腿，最名贵的菜是鹅肝。法国人喜欢喝酒，几乎餐餐必饮，白兰地、香槟和红白葡萄酒都是他们喜欢喝的。法国菜的特点是鲜嫩。法国人也非常喜欢中国菜。

9. 德国民情风俗

德国的正式名称是德意志联邦共和国。"德意志"在古代高德语里，其含义为"人民的国家"或"人民的土地"。在世界上，德国有"经济巨人"、"欧洲的心脏"、"出口大国"、"啤酒之国"、"香肠之国"等美称。德国的主要宗教是基督教和天主教。目前在德国全国总人口中，信奉基督教的约占47%，信奉天主教的约占36%。德国国旗呈横长方形，长与宽之比为5∶3。自上而下由黑、红、黄三个平行相等的横长方形相连而成。国徽：为金黄色的盾徽。盾面上是一头红爪红嘴、双翼展开的黑鹰，黑鹰象征着力量和勇气。

(1) 交际礼仪。德国人之间初次见面，如果需要第三者的介绍，作为介绍人要注意：不能不论男女长幼、地位高低而随便把一人介绍给另一人，一般的习惯是从老者和女士开始。向老年人引见年轻人，向女士引见男士，向地位高的人引见地位低的人。

双方握手时，要友好地注视对方，以表示尊重对方，如果这时把眼光移向别处，东张西望，是很不礼貌的行为。初次相识的双方在自报姓名时，要注意听清和记住对方的姓名，以免发生忘记和叫错名字的尴尬局面。在许多人相互介绍时，要做到尽量简洁，避免拖泥带水。

由于德语语言自身的特点,在与德国人交往中还会遇到一个是用尊称还是用友称的问题。一般与陌生人、长者及关系一般的人交往,通常用尊称"您";而对私交较深、关系密切者,如同窗好友、共事多年关系不错的同事,往往用友称"你"来称呼对方。交换称谓的主动权通常在女士和长者手中。称谓的变换,标志着两者之间关系的远近亲疏。对此必须熟练掌握和运用,这样才能得心应手地与德国人交往。

德国人十分遵约守时。德语中有一句话"准时就是帝王的礼貌"。德国人邀请客人,往往提前一周发邀请信或打电话通知被邀请者。如果是打电话,被邀请者可以马上口头作出答复;如果是书面邀请,也可通过电话口头答复。但不管接受与否,回复应尽可能早一点儿,以便主人做准备,迟迟不回复会使主人不知所措。如果不能赴约,应客气地说明理由。既不赴约,又不说明理由是很不礼貌的。在德国,官方或半官方的邀请信,往往还注明衣着要求。接受邀请之后如中途有变不能如约前往,应早日通知主人,以便主人另作安排。如因临时的原因,迟到10分钟以上,也应提前打电话通知一声,因为在德国私人宴请的场合,等候迟到客人的时间一般不超过15分钟。客人迟到,要向主人和其他客人表示歉意。

电影院中的迟到,人们可以习以为常,但对于音乐会的迟到,则是令人讨厌的。这时迟到者最好等到一幕或一个乐章结束后再入座。如等不急,需慢慢走到座位上,千万别走错排数,并且要对站起来让路的人轻说"谢谢"。

赴约赴宴,如遇交通高峰期,一定要提早出门,以免迟到。迟到固不礼貌,但早到也欠考虑。德国人如遇正式邀请,往往提前出门,如果到达时间早,便在附近等一等,到时再进主人家。

德国人不习惯送重礼,所送礼物多为价钱不贵、但有纪念意义的物品,以此来表示慰问、致贺或感谢之情,去友人家赴宴,客人带上点儿小礼物,俗话说礼轻情意重,一束鲜花、一盒巧克力糖果或一瓶酒足已。当然,去德国朋友家做客的中国人如能送给女主人一件富有民族风格的小纪念品,那定会受到主人由衷的赞赏。如果只是顺便看望,那就不必带什么礼物了,最多给小孩子带点儿小玩意儿。如果是业务的聚会,双方往来都是公事,只要按时应邀出席,不必另有表示。

在德国,如遇朋友乔迁或新婚,你可以事先同受礼者开诚布公地谈谈送些什么礼物好。有的德国新婚夫妇会把自己所需的日常用品列一份清单,送礼的朋友可在此单上画上自己送的东西,这样既可使新婚夫妇得到实惠,又令馈赠者高兴。

(2) 主要禁忌。德国人对黑色、灰色比较喜欢,对于红色以及掺有红色或红黑相间之色,则不感兴趣。

对于"13"与"星期五",德国人十分讨厌。他们对于四个人交叉握手,或是在交际场合进行交叉谈话,也比较反感,因为他们认为这是不礼貌的。

德国人对纳粹党徽的图案"卐"十分忌讳。它与我国民间表示吉祥的"卍"颇为近似。只不过前者的开口是呈顺时针方向,而后者的开口是呈逆时针方向,切不可将二者混淆乱用。另外,在德国跟别人打招呼时,切勿身体立正,右手向上方伸直,掌心向外。这一姿势过去是纳粹行礼的方式,因此也应避免。

与德国人交谈时,不宜涉及纳粹、宗教与党派之争。在公共场合窃窃私语或是大声讲话,德国人认为都是十分无礼的。

(3) 衣食特点。德国人在穿着打扮上的总体风格,是庄重、朴素、整洁。他们不大容易接受过分前卫的服装,不喜欢穿着过分鲜艳花哨的服装,并且对衣冠不整、服装不洁者表示难以忍受。德国人在正式场合露面时,必须穿戴整齐,衣着一般多为深色。在商务交往中,讲究男士穿三件套西装,女士穿裙式服装。德国人对于发型较为重视。在德国男士不宜剃光头,免得被人当做"新纳粹"分子。德国少女的发式多为短发或披肩发,烫发的妇女多为已婚者。

德国人讲究饮食,最爱吃猪肉,其次才是牛肉。以猪肉做成的各种香肠,令德国人百看不厌。德国人一般胃口较大,喜食油腻之物,在口味方面,德国人爱吃冷菜和偏甜、偏酸的菜肴,对于辣或过咸的菜肴则不太欣赏。德国人最喜欢饮啤酒,人人都是海量,当然他们对于咖啡、红茶、矿泉水,也很喜欢。

10. 俄罗斯民情风俗

俄罗斯联邦简称"俄罗斯"。俄罗斯是从其民族名称"罗斯人"演化而来的。汉译名"俄罗斯",是通过蒙古语转译过来的。"俄罗斯苏维埃联邦社会主义共和国"于1917年11月7日宣布成立;1922年12月30日加入前苏联,1991年12月8日宣布建立独立国家联合体,并宣布1922年的苏联联盟条约对他们不再适用,国名改为"俄罗斯联邦"。俄罗斯联邦全国面积1707.54万平方公里,是国土面积最大的国家。俄罗斯联邦包括16个自治共和国,5个自治州、10个自治区、6个边疆区、49个州,首都莫斯科。货币为"卢布"。官方语言是俄语。

俄罗斯国旗采用传统的泛斯拉夫颜色,旗面由三个平行且相等的横长方形组成,由上到下依次是白、蓝、红三色。旗帜中的白色代表寒带一年四季的白雪茫茫,蓝色代表亚寒带,又象征俄罗斯丰富的地下矿藏和森林、水力等自然资源,红色是温带的标志,也象征俄罗斯历史的悠久和对人类文明的贡献。三色的排列显示了俄罗斯幅员的辽阔。但另一方面,白色又是真理的象征,蓝色代表了纯洁与忠诚,红色则是美好和勇敢的标志。1699年彼得大帝到荷兰学习造船术时,他意识到需要为俄国的海军设计一面军旗。他因此效仿荷兰的三色国旗设计,但颜色是另选的(当时的荷兰国旗是橙—白—蓝三色)。彼得大帝当时选择的颜色是红、白、蓝三色,也就是后来的泛斯拉夫颜色。1883年5月7日这面旗帜正式成为俄国国旗,1917年十月革命后三色旗被取消。1991年8月21日这面旗帜再次被采用,成为独立的俄罗斯联邦的国旗。1993年11月30日,俄决定采用十月革命前伊凡雷帝时代的、以双头鹰为图案的国徽:红色盾面上有一只金色的双头鹰,鹰头上是彼得大帝的三顶皇冠,鹰爪抓着象征皇权的权杖和金球。鹰胸前是一个小盾形,上面是一名骑士和一匹白马。

(1) 交际习俗。俄罗斯人养成了注重礼貌的良好习惯。与客人相见,总要相互问好并道:"早安"、"日安"或"晚安"。言谈中"对不起"、"请"、"谢谢"时常"挂在嘴边"。他们在待客中，常以"您"字表示尊敬和客气；而对亲友往往则用"你"字相称，认为这样显得随便，同时还表示出对亲友的亲热和友好。外出时，总习惯衣冠楚楚。衣扣要扣得完整，从不像有些国家的人那样，把外衣搭在肩上或系在身上。

俄罗斯人对妇女颇为尊敬。"女士优先"在他们的国家里很盛行。凡在公共场所，无论是行走让路，还是乘车让路，他们总要对女士有特殊的优厚。他们时间观念很强，对约会总习惯准时赴约的。他们对马怀有特殊的感情。认为马能驱邪，会给人带来好的运气。故有不少农民非常喜欢把马头形的木雕钉在屋脊上，以示吉祥求得四季平安。他们一般都偏爱"7"。认为"7"预兆会办事成功，"7"还可以给人们带来美满和幸福。他们普通对红色溺爱。人们把红色视为美丽和吉祥的象征。他们很讲究餐桌陈设的艺术性。认为美好的餐台设计会带给人喜悦心情，并有增进人们食欲的作用。他们由于受地理环境的影响，一般都怕热不怕冷，夏天尤其喜欢餐厅内带有空调设备。俄罗斯的女主人，对来访客人带给她的单数鲜花是很欢迎的；男主人则喜欢高茎、艳丽的大花。

俄罗斯人在社交场合与客人见面时，一般惯施握手礼。拥抱礼也为他们常施的一种礼节。他们还有施吻礼的习惯，但对不同人员，在不同场合，所施的吻礼也有一定的区别：一般对朋友之间，或长辈对晚辈之间，以吻面颊者为多，不过长辈对晚辈以吻额为更亲切和慈爱；男子对特别尊敬的已婚女子，一般多施吻手礼，以示谦恭和崇敬之意。吻唇礼一般只是在夫妇或情侣间流行。

(2) 主要禁忌。来访者若私带艺术品出境或与市民私下交换货币是严重的犯罪行为。

绝不能在街上丢弃任何东西，连一张过期的电影票也不行。这种行为有损俄罗斯的整洁，而且是违规的。

约会必须准时到达。

应邀去俄罗斯人家里做客时可带上鲜花或烈性酒，送艺术品或图书作礼品是受欢迎的。

俄罗斯联邦主要宗教有俄罗斯正教、伊斯兰教、天主教、新教、犹太教和佛教。他们对盐十分崇拜，并视盐为珍宝和祭祀用的供品。认为盐具有驱邪除灾的力量。如果有人不慎打翻了盐罐，或是将盐撒在地上，便认为是家庭不和的预兆。为了摆脱凶兆，他们总习惯将打翻在地的盐拾起来撒在自己的头上。他们有"左主凶右主吉"的传统思想观念，认为左手握手或左手传递东西及食物等，都属于一种失礼的行为。他们忌讳"13"数，认为"13"是个凶险和预示灾难的数字。他们对兔子的印象很坏，认为兔子是一种怯弱的动物，尤为若从自己眼前跑过，那便是一种不祥的兆头。他们忌讳黑色，认为黑色是丧葬的代表色。因此，他们对黑猫更为厌恶，并视黑猫从自己面前跑走为不幸的象征。

(3) 饮食特点。俄罗斯人在饮食上，一般都不吃乌贼、海蜇、海参和木耳等食品；还有些人对虾和鸡蛋不感兴趣，个别也还不吃这两种食品。境内的鞑靼人忌吃猪肉、驴肉和骡子肉。境内的犹太人不吃猪肉，不吃无鳞鱼。伊斯兰教徒禁食猪肉和使用猪制品。

俄罗斯人总的饮食特点是菜汤加稀粥，餐餐上饭桌，菜肴、小吃、饮料丰富多彩。主食普遍爱吃面食；肉类偏爱牛肉；蔬菜最爱白菜、蘑菇；饮料最爱格瓦斯；酒类最爱伏特加，水果最爱苹果,干果最爱葡萄干。

俄罗斯各民族的饮食嗜好各不相同：俄罗斯人爱吃黑麦面包、黄油、酸牛奶、酸黄瓜、咸鱼等食品；喜欢用盐来招待客人，常用面包夹盐待客，以示热情和礼貌。俄罗斯联邦境内的鞑靼人以烤面饼、抓饭、面条、馅饼等为主食，以牛奶、羊奶、马奶为饮料。俄罗斯联邦境内的巴什基尔人主要吃奶、肉和面粉制品，也吃土豆、蔬菜；爱吃酸面包、无盐面包、面片抓肉丝、马肉香肠等；喜欢酸乳、马奶酒和茶，茶中乐于加些奶。俄罗斯境内的摩尔多瓦人爱吃油煎薄饼、奶渣饼、馅饼、麦粥、豌豆和白菜，喜欢喝密制啤酒。俄罗斯境内的犹太人只吃反刍的，有分趾蹄的动物，如牛、羊等肉。

俄罗斯人一般对晚餐要求较为简单，对早、午餐较为重视。他们用餐时间一般都习惯拖得很长。他们一般以吃俄式西餐为主，大多都使用刀叉用餐，也有个别人习惯用手抓饭吃。他们对中餐极为欣赏。一般都乐于品尝不同风味的菜肴，菜肴乐于熟透和酥烂。

由于受地理环境的影响，特别爱喝烈性酒，而且酒量都偏大，一般人爱饮伏特加，也愿意喝啤酒，也喜欢喝中国的珍珠水酒；对饮料中的柠檬汁、红茶、可可、咖啡、汽水、橘子汁、酸牛奶和矿泉水也很爱喝。

11. 澳大利亚民俗风情

澳大利亚正式名称为澳大利亚联邦。澳大利亚作为国家的名称，来自于拉丁文。在拉丁文里其含义是"南方之地"。"牧羊之国"、"骑在羊背上的国家"、"坐在矿车上的国家"、"淘金圣地"等都是对澳大利亚的美称。澳大利亚的主要宗教是基督教，全国居民之中约98%的人都是基督徒。

澳大利亚国旗为长方形，旗面为蓝色，靠旗杆侧上角有英国米字旗，靠旗杆侧下部有一颗白色的七角星；其余部分有四颗较大的白色七角星与一颗较小的白色五角星，代表的是太平洋上空的南十字星座。国旗的左上角为英国国旗图案，表明澳大利亚与英国的传统关系。最大的一颗七角星代表的是澳大利亚的六个州与一个区，蓝色象征着大海环抱着澳大利亚领土。其国徽图案中袋鼠和鸸鹋是澳国特有动物，为国家的标志、民族的象征。盾面上有六组图案：红色圣·乔治十字形象征新南威尔士州；王冠下的南十字形星座代表维多利亚州，蓝色的马耳他十字形代表昆士兰州；伯劳鸟代表南澳大利亚州，黑天鹅象征西澳大利亚州，红色狮子象征塔斯马尼亚州。盾形上方为一枚象征英联邦国家的七角星。背景为澳国花金合欢。绶带上用英文写着"澳大利亚"。

（1）服饰礼仪。男子多穿西服，打领带，在正式场合打黑色领结，达尔文服是流行于达尔文市的一种简便服装。妇女一年中大部分时间都穿裙子，在社交场合则套上西装上衣。无论男女都喜欢穿牛仔裤，他们认为穿牛仔裤方便、自如。土著居民往往赤身裸体，或在腰间扎一条围巾，有些地方的土著人讲究些，披在身上。他们的装饰品丰富多彩。

（2）交际礼仪。澳大利亚人情味很浓，乐于同他人进行交往，并且表现得质朴、开朗、热情。过分地客套或做作，均令其不快。他们爱交朋友，爱同陌生人打招呼、聊天，爱请别人到自己家里做客。

与澳大利亚的男士们相处,感情不能过于外露,大多数男人不喜欢紧紧拥抱或握住双肩之类的动作。在社交场合,忌讳打哈欠、伸懒腰等小动作。

澳大利亚是一个讲求平等的社会,不喜欢以命令的口气指使别人。

澳大利亚人见面习惯于握手,不过有些女子之间不握手,女友相逢时常亲吻对方的脸。

澳大利亚人大都名在前,姓在后。称呼别人先说姓,接上先生、小姐或太太之类。熟人之间可称小名。

(3) 主要禁忌。澳大利亚人对兔子特别忌讳,认为兔子是一种不吉利的动物,人们看到它都会感到倒霉。与他们交谈时,多谈旅行,体育运动及到澳大利亚的见闻,议论种族、宗教、工会和个人私生活以及等级地位问题,最令澳大利亚人不满。

在数目方面,受基督徒的影响,澳大利亚人对于"13"与"星期五"普遍感到反感。

澳大利亚人不喜欢将本国与英国处处联系在一起。

澳大利亚人对于公共场合的噪声极其厌恶。在公共场所大声喧哗者,尤其是门外高声喊人的人,他们是最看不起的。

(4) 饮食特点。澳大利亚人在饮食上以吃英式西菜为主,其口味清淡,不喜油腻。澳大利亚的食品素以丰盛和量大而著称,尤其对动物蛋白质的需要量更大。他们爱喝牛奶,喜食牛肉、猪肉等。他们喜喝啤酒,对咖啡很感兴趣。

12. 西方主要节日习俗

节日,是指某一国家或地区为庆贺、纪念、缅怀某一事件或某一人物而约定俗成的时日。各国、各民族都有自己传统的节日庆典,有些节日还逐渐变成世界性的传统节日。

(1) 圣诞节。圣诞节本是基督教用以纪念耶稣基督诞辰的一个宗教节日,但是随着基督教势力的扩展和西方文化传播的影响,它已经成为一个世界的民间节日。它的时间延续很长,通常为12月24日至次年1月6日。在许多国家和地区,包括港澳,圣诞节都是例行假日。

西方人以红、绿、白为圣诞色,每逢圣诞节来临,家家户户都要用圣诞色来装饰。红色的有圣诞花和圣诞蜡烛。圣诞花即一品红,它被西方人用来象征圣诞节令。圣诞蜡烛不同于普通蜡烛,它五色俱全,精致小巧。过圣诞节时,家家都要点燃它。绿色的是圣诞树。它是圣诞节的主要装饰品,用砍伐来的杉、柏一类呈塔形的常青树装饰而成。上面悬挂着五颜六色的彩灯、礼物和纸花,还点燃着圣诞蜡烛。圣诞花是由圣诞树演变而成的室内装饰物,它用松、杉、柏一类常青树的枝条扎成圆形,放上几颗松果,再配上红缎带就做成了。

红色与白色是圣诞老人的颜色,他是圣诞节活动中最受欢迎的人物。圣诞老人名叫圣克劳斯,传说他白须红袍,每到圣诞夜,便从北方驾鹿橇而来。他身背大红包袱,脚蹬大皮靴,通过每家的烟囱进入室内发送礼物。因此西方儿童在圣诞夜临睡之前,要在壁炉前或枕头旁边放上一只袜子,等候圣诞老人在他们入睡后把礼物放在袜子内。在西方,扮演圣诞老人也是一种习俗。

圣诞节前后,大多数西方国家正值严冬,洁白美丽的雪花使圣诞节富有诗意。然而地处南半球的澳大利亚和新西兰此刻恰恰是烈日当空。由于天热，他们的节日活动极少狂欢，而是走亲访友，融洽感情。他们的圣诞食品品味以清凉为主，各种冷盘、沙拉和水果最受欢迎。

传说耶稣是夜时诞生的，因此12月24日之夜被称作圣诞夜。圣诞节庆祝活动自此夜开始，而以半夜为高潮。这一夜，天主教教堂里灯火通明，举行纪念耶稣出生的半夜弥撒。在圣诞夜里，人们会唱起圣诞歌。圣诞歌很多，以《平安夜》最为著名。

西方人在圣诞夜全家要聚餐一次，餐桌上将出现火鸡、羊羔肉、葡萄干、布丁和水果饼。其中火鸡被叫作圣诞鸡，是圣诞大餐中必不可少的。英美人讲究圣诞之夜吃火鸡，德国人则习惯吃烤鹅。

西方人在圣诞节相见时，要互道"圣诞快乐"！英国人在这天一大早，就要通过窗户向邻人或朋友们高呼这一句话。

（2）复活节。复活节是仅次于圣诞节的基督教第二大节日，是基督教用以纪念耶稣复活的一个宗教节日，但已经被世俗化了。复活节的日期是每年春分（3月21日或22日）月圆后的第一个星期日。每逢复活节来临，教会都要举行隆重的纪念礼拜。信徒们相见，第一句话就是"主复活了！"复活节期间，人们经常相互赠送复活节彩蛋，它由鸡蛋涂上各种颜色而成。在古代，鸡蛋象征着生命，并被视为复活的坟墓。西方还有复活节小兔一说。兔子是繁殖力最强的动物，所以被人们选作生命的象征。时至今日孩子们过复活节依然少不了吃兔子糖和讲述各种有关兔子的故事。

现在，西方各国在复活节时，大都举行游行活动。美国的游行队伍是化了装的，其中最受人们喜爱的是卡通人物米老鼠和唐老鸭。其他国家的游行队伍也都各具民族特色。复活节晚上，各家都要举行复活晚宴。晚宴上的传统主菜是羊肉和熏火腿。用羊祭祀是基督教信徒千百年来的传统，而猪则一直象征着幸运。

（3）狂欢节。狂欢节起源于古罗马的农神节，发展于中世纪，盛行于当代，是欧美各国的传统节日。狂欢节主要是以辞旧迎新、憧憬未来为基本主题。在欧美诸国中保存最为完整的是德国科隆城，每年慕名从国内外赶来欢度狂欢节的人不计其数。节日里，科隆城里到处是热闹的人群，各大小酒家、舞厅及娱乐场所被挤得水泄不通，人们相互致以节日祝贺，穿上节日的盛装，尽情地打扮自己。街上有大规模的化装游行，有彩车队、乐曲队、舞蹈队等，彩车上不时有礼物抛向人群，男女老少互相争抢，热闹非凡。

巴西的狂欢节是堪称世界之最的群众性集会庆祝活动。狂欢节前，巴西人都要耗资购买节日服装、面具及食品、饮料等，即使借钱负债也在所不惜。首都里约热内卢是狂欢节的中心，狂欢节期间商店关门、工厂停工，人们不分肤色、种族、年龄、贫富、贵贱都是狂欢节的参与者，而巴西的圆舞、桑巴舞表演是狂欢节最精彩的节目。

在现代，狂欢节已成为许多国家人们抒发渴望幸福之情的节日。由于各国的习俗不同，狂欢节的日期不统一，甚至在同一国中也有因地制宜的情况。多数国家定在气候适宜的2、3月份举行。世界著名的狂欢节还有法国的春季狂欢节、加拿大的冰上狂欢节、德国狂欢节、欧洲狂欢节等。

(4) 愚人节。愚人节是每年 4 月 1 日，在欧美的一些国家及地区都以开玩笑使人上当度过这一有趣节日。

此节的起因，一说是古罗马谷物神色列斯的女儿普丽芬丝在天堂玩耍时，被冥王普路托掠走，还欺骗其父色列斯到天堂去寻找，使其白跑一趟，由此沿袭成"愚人节"，成为提醒人们谨防上当的节日活动。

另一说起源于法国，1564 年，法国采用阴历 1 月 1 日为一年之始的新纪元法，却遭到国内保守派的反对，他们依然按照旧历 4 月 1 日为新年，互赠礼品。为了蒙蔽保守派，改革新历法的团体继续在这天请保守派参加招待会，赠送给他们礼品。后来人们把这些上当受骗的保守分子称为"4 月傻瓜"，或"上钩的鱼"。从此，人们在 4 月 1 日便互相愚弄，成为法国流行的习俗，后来传到其他国家和地区。

但是不论哪一种传说，愚人节的内容与日期都是相同的。在这一天，人们可以尽情地相互开玩笑，甚至连报纸、电台、电视台也会故意制造出一些有趣的"新闻"来戏弄人们。当然开玩笑也要掌握适当的分寸，不能损害国家的整体利益，更不能触犯国家的法律、政策，否则，不仅会受到道德舆论的谴责，而且会受到法律的惩处。

(5) 情人节。情人节又称瓦伦丁节，每年的 2 月 14 日许多欧美国家都把这一天作为表白爱情的甜蜜日子，是青年男女喜爱的节日。

节日这天，情侣们相互交换"情侣卡"表示自己忠贞不渝的爱情，在欢乐愉快的情人舞会中，还向情人送上自己的玫瑰花以表示自己的爱心，也有的赠送巧克力或带有"心"形的装饰物、附有祝词的小卡片等。

不过，情人节并非情侣们的"专利"。在这一天，任何年龄的人也可以向自己的父母、尊重的长者及相熟的朋友表达自己的一份情意。

(6) 感恩节。感恩节又称火鸡节，为每年 11 月的第四个星期日。该节日起源于 1820 年，一些英国的新教徒为了摆脱宗教和政治上的迫害，远涉重洋前往美国马萨诸塞州的普利茅斯避难，后来在当地印第安人的帮助下，他们学会狩猎、捕鱼、种植玉米和荞麦，才得以生存。第三年的 11 月中的最后一个星期的星期日，他们准备了大批水禽和火烤野火鸡，做南瓜馅饼招待印第安客人，并用赛跑、射箭、歌舞等活动来感谢上帝的恩赐，以报答印第安人。

美国独立后，林肯在 1863 年宣布感恩节为全国性节日，1941 年又获美国国会法定通过。从此，每年这一天，美国总统和各州州长都要发表献词，人们举行花车游行，并到教堂对上帝的慷慨恩赐表示感谢。然后一家老少团聚，围坐在火炉旁，品尝着包括火鸡和南瓜馅饼在内的丰盛晚餐，做着各种有趣的游戏，心情欢畅。

(7) 母亲节。母亲节又称省亲星期日，起源于 18 世纪的英国，原是出嫁女儿回家探望母亲的日子。1921 年美国国会将每年 5 月的第二个星期日定为母亲节。

母亲节这天，人们向母亲献上康乃馨，或在胸前佩戴一朵花，以示对母亲的敬意。此外，每个家庭和教堂都要举行各种仪式的纪念活动。现在世界上的每个国家都有纪念活动。

(8) 父亲节。父亲节是美国索诺拉多德夫人于1920年创立的，因其母亲早亡，父亲把两个子女在极端困难的情况下抚养成人，为了感谢父亲的培育之恩而创立了这个节日。1971年美国国会把每年6月的第三个星期日定为父亲节。届时子女们都亲手制作有意义的贺卡和小礼物送给父亲，以表示崇敬的心情。如今，世界上很多国家和地区都有父亲节纪念活动，我国台湾地区定在8月8日，这一天，儿女们都要回家向父亲祝福。

附录 E　常用礼仪资料

1. 传统敬语

拜望——意为探望。

拜服——意为佩服。

拜辞——意为告辞。

赐教——给予指教。

呈——恭敬地送上去。用于晚辈对长辈或下级对上级。

呈正——把自己的作品送请别人批评改正。

重教——尊称长者给予的教诲。

重问——尊称长者或上级的问题。

重念——尊称长者或上级的挂念。

大作——尊称别人的文章。

奉告——意为告诉。

奉还——意为归还。

奉陪——意为陪伴。

贵庚——询问对方年龄。

贵姓——询问对方姓名。

惠存——请保存。多用于送人相片、书籍等纪念品时。

惠顾——指对方到自己这里来。多用于商家对顾客。

华翰——尊称别人的书信。

华诞——尊称别人的生辰。

恭候——恭敬地等候。

请便——请对方自便。

钧鉴——敬请长辈或首长者信。用于书信开头的称呼之后。

高就——指离开原职就较高职位。

高寿——用于询问老人的年纪。

府上——尊称对方的家或老家。

光临——宾客来到。

光顾——商家多用以欢迎顾客。
璧还——用于归还原主或辞谢赠品。
璧谢——意为退还原物并表示感谢。多用于辞谢赠品。
千金——称别人的女儿。
驾临——指对方到来。
宽衣——请别人脱下衣服。
仰承——意为遵从对方的意图。

2. 传统谦辞

敢——表示冒昧地请求别人。
敝——旧时用于与自己有关的事物。
寒门——贫寒的家庭。
刍议——指自己的议论。
错爱——表示感谢对方的爱护。
斗胆——形容大胆。
痴长——用于年纪较大的人，说自己白白地比对方大若干岁。
不才——自我谦称。
笨鸟先飞——指能力差的人，做事恐怕要落后，比别人先行动。
拙——多谦称自己的文章、见解等。
卑职——旧时官吏自我谦称。
老朽——老年人的自我谦称。
才疏学浅——意为学而不广，学而不深。
过奖——对方过分地表扬或夸奖。
不敢当——表示承当不了。

3. 公历节日一览

2月7日："二七"纪念日
3月5日：学雷锋纪念日
3月8日："三八"国际妇女节
3月1日：国际海豹节
3月12日：中国植树节
3月14日：国际警察日
3月15日：国际消费者权益日
3月21日：世界森林日、消除种族歧视日
3月22日：世界水日
3月23日：世界气象日
4月1日：愚人节

4月7日：世界卫生日、世界无烟日
4月22日：世界地球日
4月第四个星期日：儿童预防接种宣传日
4月24日：世界青年团结日
4月25日：世界儿童日
5月1日：国际劳动节
5月4日：中国青年节
5月8日：世界红十字日
5月12日：国际护士节
5月14日：中国母亲节
5月17日：世界电信日
5月30日：中国"五卅"运动纪念日
5月31日：世界无烟草日
6月1日：国际儿童节、国际儿童电影节
6月5日：国际环境日
6月18日：中国父亲节
6月23日：国际奥林匹克日
6月25日：中国土地日
6月27日：国际禁毒日
7月1日：中国共产党成立纪念日、国际建筑日
7月3日：国际合作节
8月1日：中国人民解放军建军节
9月8日：国际新闻工作者日、国际扫盲日
9月10日：中国教师节
9月第三个星期二：国际和平日
9月第四个星期日：国际聋人节
9月最后一周的一天：世界海事日
9月20日：中国爱牙日
9月27日：世界旅游日
10月1日：中华人民共和国国庆节、世界音乐节、国际老人节
10月2日：国际和平斗争日
10月第一个星期一：国际住房日
10月第二个星期三：国际减轻自然灾害日
10月9日：世界邮政日
10月14日：世界标准日

10月15日：国际盲人节

10月16日：世界粮食日

10月24日：联合国日

10月31日：世界勤俭日

11月1日：万圣节

11月10日：世界青年日

11月17日：国际学生日

11月的第四个星期四：感恩节

12月1日：世界艾滋病日

12月5日：社会经济发展国际志愿人员日

12月10日：世界人权日、诺贝尔日

12月25日：圣诞节

4. 农历节日一览

正月初一：春节

正月十五：元宵节、壮族歌圩节、朝鲜族上元节、苗族踩山节、达翰尔族卡钦

正月十六至二十：侗族芦笙节

正月二十五：填仓节

正月二十九：送穷日

二月初一：瑶族忌鸟节

二月初二：春龙节、畲族会亲节

二月初八：傈僳族刀杆节

三月十五：佤族播种节

三月十五至二十五：白族三月街

清明日：清明节

四月十八：锡伯族西迁节

五月初五：端午节、黎族朝花节、苗族龙船年

五月十三：阿昌族泼水节

五月二十二：鄂温克族米阔鲁节

五月二十九：瑶族达努节

六月初六：天贝兄节、姑姑节、壮族祭田节、瑶族尝新节

六月二十四：彝族、阿昌族、白族、佤族、纳西族、基诺族火把节

七月初七：女儿节、乞巧节

七月十三：侗族吃新节

七月十五：盂兰盆会、普米族转山会

八月十五：中秋节、拉祜族尝新节、仡佬族后生节

九月初九：重阳节

十月初一：祭祖节

十月十六：瑶族盘王节

十二月初五：苗族姊妹饭

十二月初八：腊八节

冬至日：冬至节

十二月二十三、二十四：祭灶日

十二月三十：除夕

5. 世界时差对照表

地名	时间	地名	时间	地名	时间
北京	20：00	地拉那	13：00	莫斯科	15：00
旧金山	4：00	维也纳	13：00	德黑兰	15：30
墨西哥城	6：00	华沙	13：00	卡拉奇	17：00
危地马拉城	6：00	罗马	13：00	科伦坡	17：30
哈瓦那	7：00	布拉格	13：00	新德里	17：30
巴拿马城	7：00	巴黎	13：00	孟买	17：30
利马	7：00	日内瓦	13：00	达卡	18：00
纽约	7：00	布达佩斯	13：00	仰光	18：30
加拉加斯	7：30	柏林	13：00	金边	19：00
圣地亚哥（智利）	8：00	索非亚	14：00	河内	19：00
布宜诺斯艾利斯	9：00	大马士革	14：00	乌兰巴托	19：00
蒙得维的亚	9：00	安卡拉	14：00	雅加达	19：30
伦敦	12：00	开罗	14：00	新加坡	19：30
科纳克星	12：00	开普敦	14：00	马尼拉	20：00
巴马科	12：00	布加勒斯特	14：00	伊尔库茨克	20：00
达喀尔	12：00	赫尔辛基	14：00	平壤	21：00
阿尔及尔	12：00	巴格达	15：00	东京	21：00
布尔柴维尔	13：00	内罗毕	15：00	大阪	21：00

6. 数字礼仪寓意

数字	寓意	忌意	主要适用对象
0	以0结尾的数是积极的		印度人
	完美、独尊、起始		西方人
3	神性、尊贵、祥瑞		希腊及埃及人
	天、地、人的尊贵		佛教徒
	敬意、尊重、诀别		多国人
4		巫术	非洲贝宁人
		死兆，不祥	一些西方人
		死亡、厄运	朝鲜及日本人等
	宠爱、好感、美感		泰国人
	长生不老、重视		阿拉伯人
5	尊重、好感、重视		埃及、印度北部人
6		无赖，二流子	日本人
		无用之人	
7	吉祥、好意、福运		一些欧洲人
	吉祥、坦然、尊重		阿拉伯及犹太人
	纯洁、神奇、崇尚		多国人
8		不吉利，背运	新加坡人
		不顺利	新加坡人
9	至极、祥瑞、长久		华人
	神性、神圣之至		西方人
		苦命，痛苦	日本人
11	自豪、吉利、崇尚		瑞士人
13		不幸，厄运，倒霉	西方人等
		不吉利，不顺	新加坡与加纳人
17		不祥，不顺	加纳人
37		不祥，不吉利	新加坡人
42		死，死兆	日本人
69		不吉利	新加坡人

续表

数字	寓意	忌意	主要适用对象
71		不吉利	加纳人
108	神和、神秘、驱邪		华人，日本人
奇数	消极的象征		多数非洲人
	祝贺、兴旺、美满		日本人
	非常尊重、祥和		泰国及北欧人
偶数	积极的象征		多数非洲人
	庄重、和美、尊重		华人等

7. 常用礼仪网址

内容	网址
吾爱礼仪之美	http：//hi.cersp.com/zt/2005.9/zhrs_li/
礼仪频道	http：//etiquette.asiaec.com/
中国礼仪培训网	http：//www.chinaliyi.cn/
礼仪世界	http：//www.eexb.com/
新华网——各国概况	http：//news.xinhuanet.com/ziliao/2003－01/29/content_712506.htm
中国政府网——文明礼仪	http：//www.gov.cn/ztzl/wmly_index.htm
中华礼仪网	http：//www.zhlyw.net/zhlyw/news/index.asp

8. 各行业通用文明用语

您好，欢迎光临！
请问您需要什么服务？
请稍等一下。
对不起，让您久等了。
对不起，请您排队等一会儿。
请走好，欢迎下次再来。
请别着急，我们马上给您办理。
请出示您的证件。
请您用钢笔填写清楚有关事项。
先生，这里是无烟场所，谢谢合作。
请多提宝贵意见。
请您有话慢慢儿说，您的要求我们尽量满足。

请签名，请对号。
您好，我是××单位总机，请讲！
对不起，他不在，您需要留言吗？
请问您办理什么业务？
由于我们的工作疏忽，给您添了麻烦，真对不起。
欢迎您监督。
谢谢您的支持和合作。
不用谢，这是我们应该做的。

9. 旅游服务文明用语

欢迎光临！
让您久等了。
您有什么事需要帮忙吗？
随时愿意为您提供服务。
祝您在这里住得愉快！
我们会使您满意的。
很抱歉，给您添麻烦了。
请用茶。
请问您哪里不舒服？
请用毛巾。
欢迎再次光临。
十分抱歉，我的工作给您带来了不便。
您慢走！
祝您愉快。
可以进来吗？
有事请拨打电话。
请问你们共几位？
请跟我来。
早上好！
打扰您了，这边请！

10. 金融服务文明用语

您好，请问您办理什么业务？
请收好，请到××柜取款。
请问您提多少款？
请您点清收好。
请走好，欢迎下次再来。

请稍等一下。
对不起,让您久等了。
对不起,请到××柜台办理。
对不起,您的票据填错了,请您重新填写一份。
对不起,您交的款少(多)了××元,请在存款登记本上登记。
很抱歉,您交的款中有××张假钞,按照人民银行规定,需要没收,这是给您的没收凭证,请收好。
真对不起,现在人很多,请排队等一会儿。
请您别着急,我们马上给您办理。
对不起,机器出现故障,请稍等。
对不起,麻烦您跑了几趟。
请签名,请对号。
请问提款金额是多少?
请您把凭证(条)××项填上。
您的款项有误,请您重新自点一下好吗?

11. 卫生服务文明用语

请问您挂哪个科?
对不起,××专科门诊今天没有,请挂普通号行吗?
对不起,请先去划价后再来。
对不起,请先去付款再来配药。
钱没带够,请您找医生减点量或换一种药行吗?
请别紧张,有什么不舒服请告诉我。
这是下次用的药和注射单,请放好。
对您化验的项目需空腹抽血,您吃过早饭了吗?
您的化验结果需××小时报告,请稍候。
您是病人亲属吗?他伤势很重,需立即抢救,请您合作。
请将衣扣(带)解开,项链取下,请放好。
片拍好了,请您回病房,报告我们会送去的。
请您详细填写家庭住址、单位及联系人姓名(书写有困难者),让我帮您填写,好吗?
您好,我是您的床位医生,我姓×,希望在今后的治疗中能合作愉快,在治疗上有何要求和问题可随时找我。
您好,我是您的责任护士,我姓×,您如果有事,请按指示灯,我随时会来的。
探望时间结束了,请您放心回去,我们会尽力照顾好的。
请将预收金收据给我,准备为您开票,请等候。
同志,根据您的病情和症状,不适宜用××药,如病情需要我们一定会用的,请您相信和谅解我们。

您的病情比较复杂,需住院进一步检查和治疗。现请您拿住院单到住院处办理手续。

您出院后,请按时服药,好好儿休息,定期到门诊复诊。

12. 交通服务文明用语

对不起,请稍等。

请出示车票。

请大家排好队。

请问您到哪里去?

请讲,您有什么事?

您有困难,我们尽量帮助解决。

请对号入座。

请遵守秩序。

请不夹带危险品。

请打开包裹,配合检查。

欢迎来站乘车。

请出示证件。

请您重讲一遍好吗?

对不起,您有零钱吗?

请拿好找零和票。

欢迎多提宝贵意见。

请您多关照。

欢迎您来常州。

欢迎您再次光临常州

祝您一路平安。

参考文献

[1] 关小燕. 礼仪：规范行为的学问. 北京：清华大学出版社，2008.
[2] 牟红，杨梅. 旅游礼仪实务. 北京：清华大学出版社，2007.
[3] 唐树伶，王炎. 服务礼仪. 北京：北京交通大学出版社，2006.
[4] 张晓明，袁林. 沟通与礼仪. 北京：科学出版社，2009.
[5] 尹菲，武瑞营. 形体礼仪. 北京：机械工业出版社，2007.
[6] 王华. 金融职业服务礼仪. 北京：中国金融出版社，2009.
[7] 王伟伟. 礼仪形象学. 北京：人民出版社，2005.
[8] 杨海清. 现代商务礼仪. 北京：科学出版社，2006.
[9] 刘长凤. 实用服务礼仪培训教程. 北京：化学工业出版社，2007.
[10] 王斌. 会展礼仪实训教程. 重庆：重庆大学出版社，2007.
[11] 林友华. 社交礼仪. 北京：高等教育出版社，2007.
[12] 郭文臣. 交际与公关礼仪. 大连：大连理工大学出版社，1998.
[13] 杨丽敏. 现代职业礼仪. 北京：高等教育出版社，2007.
[14] 周朝霞. 营销礼仪. 北京：中国人民大学出版社，2006.
[15] 李兰英. 商务礼仪. 上海：上海财经大学出版社，2007.
[16] 谢红霞. 公关实训. 大连：东北财经大学出版社，2008.
[17] 胡爱娟. 商务礼仪实训. 北京：首都经济贸易大学出版社，2008.
[18] 李莉. 实用礼仪教程. 北京：中国人民大学出版社，2006.
[19] 马志强. 语言交际艺术. 中国社会科学出版社，2006.
[20] 尹菲，武瑞营. 形体礼仪. 北京：机械工业出版社，2007.
[21] 周彬琳. 实用口才艺术. 大连：东北财经大学出版社，2006.
[22] 吴蕴慧，徐静. 现代礼仪实务. 上海：上海交通大学出版社，2008.
[23] 林成益，帅学华. 现代礼仪修养教程. 杭州：浙江大学出版社，2007.
[24] 刘长凤. 实用服务礼仪培训教程. 北京：化学工业出版社，2007.
[25] 鲍尔德里奇. 企业人礼仪手册. 海口：海南出版社，1997.
[26] 陈秀泉. 实用情景口才：口才与沟通训练. 北京：科学出版社，2007.
[27] 徐克茹. 秘书礼仪实训. 北京：中国人民大学出版社，2008.
[28] 彭澎. 礼仪与文化. 北京：清华大学出版社，2007.
[29] 张岩松，路振平，王艳洁，等. 新型现代交际礼仪实用教程. 北京：清华大学出版

社,2008.

[30] 崔志锋. 礼仪. 北京:科学出版社,2008.

[31] 王琦. 旅游礼仪服务实训教程. 北京:机械工业出版社,2009.

[32] http://www.gznc.edu.cn/jpk/lyxy_lyly/002/lvyouliyi_jiangyi.doc

[33] http://www.huliw.com/bbs/viewthread.php?tid=7560

[34] http://zhidao.baidu.com/question/31348982.html

[35] http://hi.baidu.com/hanchuncai/blog/item/0cf71c2461c9b928d50742d2.html

[36] http://blog.sina.com.cn/s/blog_503ecbd601008cxh.html

[37] 张英. 护患沟通案例启示. 苏州健康网 http://www.szjkw.net 2005-10-28.

[38] 李晓洋. 人际沟通. 长沙:湖南科学技术出版社,2005.

[39] 徐淑秀. 护士礼仪与交际. 北京:人民军医出版社,2007.

[40] 李杰群. 非言语交际概论. 北京:北京大学出版社,2002.

[41] http://www.jtbk.cn/class/qgtd/zcsh/page/8

[42] http://zhaoqiuyu007.blog.sohu.com/73232240.html

[43] http://www.jtbk.cn/class/qgtd/zcsh/page/8

[44] 唐山职业技术学院现代推销技术精品课程:http://www.tzjyzd.com/xdtxjs

[45] 张岩松. 公关交际艺术. 北京:经济管理出版社,2004.

[46] 谭永康. 服务语言的使用原则. 重庆广播电视大学学报,2005(3).

[47] 谭永康. 服务语言的控制表达. 重庆广播电视大学学报,2005(10).

[48] 食神网: http://www.CooKGoD.com.

[49] 金正昆. 服务礼仪教程. 北京:中国人民大学出版社,2005.

[50] 张岩松. 现代公关礼仪. 北京:经济管理出版社,2006.

[51] 洪美玉. 旅游接待礼仪. 北京:人民邮电出版社,2006.

[52] 孙光言. 中国舞考级考试教材. 北京:人民音乐出版社,2009.

[53] 孙国荣,余美玉. 大学生舞蹈教学指导. 上海:上海音乐出版社,1998.

[54] 科雯瑜伽: http://www.kewen.com.cn/.

[55] 王华. 金融服务礼仪. 北京:中国金融出版社,2009.

[56] 舒伯阳,刘名俭. 旅游使用礼貌礼仪. 天津:南开大学出版社,2008.

[57] 王琦. 旅游礼仪服务实训教程. 北京:机械工业出版社,2009.

[58] 金正昆. 社交礼仪教程. 北京:中国人民大学出版社,2005.

[59] 金正昆. 商务礼仪教程. 北京:中国人民大学出版社,2005.